"神话学文库"学术支持

上海交通大学文学人类学研究中心

上海交通大学神话学研究院

中国社会科学院比较文学研究中心

陕西师范大学人文社会科学高等研究院

上海市社会科学创新研究基地——中华创世神话研究

"十二五""十三五"国家重点图书出版规划项目
第五届、第八届中华优秀出版物奖获奖作品

神话学文库

叶舒宪主编

叶舒宪　章米力　柳倩月◎编

文化符号学

大小传统新视野

CULTURAL SEMIOTICS

陕西师范大学出版总社

图书代号　　SK23N1128

图书在版编目(CIP)数据

文化符号学：大小传统新视野／叶舒宪，章米力，柳倩月编. —西安：陕西师范大学出版总社有限公司，2023.10
（神话学文库／叶舒宪主编）
ISBN 978－7－5695－3689－8

Ⅰ.①文…　Ⅱ.①叶…　②章…　③柳…
Ⅲ.①符号学—研究　Ⅳ.①H0

中国国家版本馆 CIP 数据核字(2023)第 110862 号

文化符号学:大小传统新视野
WENHUAFUHAOXUE:DA XIAO CHUANTONG XIN SHIYE

叶舒宪　　章米力　柳倩月　编

出 版 人	刘东风
责任编辑	谢勇蝶
责任校对	雷亚妮
出版发行	陕西师范大学出版总社
	（西安市长安南路 199 号　邮编710062）
网　　址	http://www.snupg.com
印　　刷	中煤地西安地图制印有限公司
开　　本	720 mm×1020 mm　1/16
印　　张	22
插　　页	4
字　　数	339 千
版　　次	2023 年 10 月第 1 版
印　　次	2023 年 10 月第 1 次印刷
书　　号	ISBN 978－7－5695－3689－8
定　　价	132.00 元

"神话学文库"总序

叶舒宪

神话是文学和文化的源头，也是人类群体的梦。

神话学是研究神话的新兴边缘学科，近一个世纪以来，获得了长足发展，并与哲学、文学、美学、民俗学、文化人类学、宗教学、心理学、精神分析、文化创意产业等领域形成了密切的互动关系。当代思想家中精研神话学知识的学者，如詹姆斯·乔治·弗雷泽、爱德华·泰勒、西格蒙德·弗洛伊德、卡尔·古斯塔夫·荣格、恩斯特·卡西尔、克劳德·列维－斯特劳斯、罗兰·巴特、约瑟夫·坎贝尔等，都对20世纪以来的世界人文学术产生了巨大影响，其研究著述给现代读者带来了深刻的启迪。

进入21世纪，自然资源逐渐枯竭，环境危机日益加剧，人类生活和思想正面临前所未有的大转型。在全球知识精英寻求转变发展方式的探索中，对文化资本的认识和开发正在形成一种国际新潮流。作为文化资本的神话思维和神话题材，成为当今的学术研究和文化产业共同关注的热点。经过《指环王》《哈利·波特》《达·芬奇密码》《纳尼亚传奇》《阿凡达》等一系列新神话作品的"洗礼"，越来越多的当代作家、编剧和导演意识到神话原型的巨大文化号召力和影响力。我们从学术上给这一方兴未艾的创作潮流起名叫"新神话主义"，将其思想背景概括为全球"文化寻根运动"。目前，"新神话主义"和"文化寻根运动"已经成为当代生活中不可缺少的内容，影响到文学艺术、影视、动漫、网络游戏、主题公园、品牌策划、物语营销等各个方面。现代人终于重新发现：在前现代乃至原始时代所产生的神话，原来就是人类生存不可或缺的文化之根和精神本源，是人之所以为人的独特遗产。

可以预期的是，神话在未来社会中还将发挥日益明显的积极作用。大体上讲，在学术价值之外，神话有两大方面的社会作用：

一是让精神紧张、心灵困顿的现代人重新体验灵性的召唤和幻想飞扬的奇妙乐趣；二是为符号经济时代的到来提供深层的文化资本矿藏。

前一方面的作用，可由约瑟夫·坎贝尔一部书的名字精辟概括——"我们赖以生存的神话"（Myths to live by）；后一方面的作用，可以套用布迪厄的一个书名，称为"文化炼金术"。

在21世纪迎接神话复兴大潮，首先需要了解世界范围神话学的发展及优秀成果，参悟神话资源在新的知识经济浪潮中所起到的重要符号催化剂作用。在这方面，现行的教育体制和教学内容并没有提供及时的系统知识。本着建设和发展中国神话学的初衷，以及引进神话学著述，拓展中国神话研究视野和领域，传承学术精品，积累丰富的文化成果之目标，上海交通大学文学人类学研究中心、中国社会科学院比较文学研究中心、中国民间文艺家协会神话学专业委员会（简称"中国神话学会"）、中国比较文学学会，与陕西师范大学出版总社达成合作意向，共同编辑出版"神话学文库"。

本文库内容包括：译介国际著名神话学研究成果（包括修订再版者）；推出中国神话学研究的新成果。尤其注重具有跨学科视角的前沿性神话学探索，希望给过去一个世纪中大体局限在民间文学范畴的中国神话研究带来变革和拓展，鼓励将神话作为思想资源和文化的原型编码，促进研究格局的转变，即从寻找和界定"中国神话"，到重新认识和解读"神话中国"的学术范式转变。同时让文献记载之外的材料，如考古文物的图像叙事和民间活态神话传承等，发挥重要作用。

本文库的编辑出版得到编委会同人的鼎力协助，也得到上述机构的大力支持，谨在此鸣谢。

是为序。

文化即表述

（代序）①

徐新建

1

在人类各个族群及各派思想全面相遇的今天，文化表述已成为跨边界和跨领域的重要问题。与此同时，无论作为实践还是理论，表述自身亦面临日益加深的诸多危机。②对此，被视为新兴交叉学科的文学人类学理应做出特定的回答和贡献。

由叶舒宪教授主编的这本专集，即围绕文化表述问题，从符号及编码诸方面展开，不仅回应了来自现实的理论挑战，同时也体现出了文学人类学的前沿景观。在我看来，自最早在 20 世纪 80 年代提出文学及文化研究的"三重证据"及"经典重释"③以后，经过近年以"前文字时代"（注意不是"史前"）为中心对西方人类学经典理论中所谓"大小传统"的排序颠覆和话语重建，再到如今提出"多民族文学史观"的重建和"中国非物质文化遗产体系"的探索，④以及还原和深究以实物–图像叙事为起点的"N 级编码"，中国文学人类学的基础理论探求已进入了重要和关键的发展时期。如果说"经典重释"与"多重证据"还停留在对过往文学与文化研究既定模式的批判、反思及对新理论路径的尝试性开拓

---

① 本文首发于中国文学人类学研究会第六届学术年会的专题对话，后被《社会科学家》（2013 年第 2 期）以学术对话方式刊用。此处有所修改，特此说明。

② 关于"表述危机"的相关论述可参见马尔库斯、费彻尔：《作为文化批评的人类学：一个人文学科的实验时代》，王铭铭等译，生活·读书·新知三联书店，1998 年。

③ 参见王建辉：《这一套书让我难忘——谈"中国文化的人类学破译"》，载《中国出版》2010 年第 1 期。

④相关的标志性体现是 2010 — 2011 年三项国家社科基金重大招标项目"中国文学人类学理论与方法研究"（10&ZD100）、"中国多民族文学的共同发展研究"（11&ZD104）和"中国非物质文化遗产体系探索研究"（11&ZD123）的先后立项和实施。

的话，以"N级编码"为代表的系列探讨则展示出全新的话语构建。①

对此，本书概括说：

　　　"我们用N级编码理论来打通大传统与小传统，既说明了文化原型的N种表现模式，也解决了文化传承研究过程中缺乏理论依据的窘境。"（见本书第15页）

而这种将"表述问题""大小传统"及"N级编码"相关联的重要意义在于：

　　　通过建立一种历时性的文化文本的符号编码理论，可以把"表述"和"被表述"的问题深化，让它成为文学人类学研究的具有穿透力的一种分析工具。（见本书第4页）

下面不妨以当代社会的文化表述事象为例再做说明。

2

2012年的伦敦奥运会开幕式由电视转播之后，引起中国观众的不少联想和议论。其中之一便是将它拿来与四年前的北京奥运会开幕式做比较，思考彼此在文化表述上的同和异。我觉得可以将北京奥运会开幕式看作伦敦开幕式的"前文本"，就是说后者的创作团体多半会把北京奥运会开幕式当作一种对照，要么由此超越，要么与之对比。这两个影响全球媒体的"表述事件"跟我们今天的对话主题紧密关联。从文学人类学的眼光来看，北京和伦敦的开闭幕式乃至整个奥运会的运作和转播本身，都可以视为族群、国家及世界性的文化表述。更有意思的是这些此起彼伏的表述看似无关，实质相互呼应，构成了整体性的全球话语，需要看到彼此间的内在联系方可予以解读。

从开闭幕式展示的文化表述来看，伦敦即是北京的对照或延伸。一个体现不列颠的守成，一个突出大中华的崛起。伦敦的主题富有诗意和幻想，叫作"奇幻之岛"（Isles of Wonder），内容由"三部曲"组成，分别是"田园牧歌""工业黑幕"和"未来世界"。这三部曲的呈现，一方面试图呈现和回答不列颠及欧洲工业强国自己的问题，另一方面也在呼应并（试图）回答北京的问题、东方的问题、发展中国家的问题……乃至世界的问题。总之，通过主创者们的精心构思，伦敦的奥运舞台呈现了暗含将东西方并置同时又体现彼此各不相同的二元

---

① 参见叶舒宪：《国学考据学的证据法研究及展望——从一重证据法到四重证据法》（《证据科学》2009年第4期）、《探寻中国文化的大传统——四重证据法与人文创新》（《社会科学家》2011年第11期）、《文化文本的N级编码论——从"大传统"到"小传统"的整体解读方略》（《百色学院学报》2013年第1期）。

世界。

3

可见，如今通过竞争在世界各国游走的现代奥运会——尤其是它的开闭幕式，向我们揭示出一个重大的学理及现实问题，就是过去由"文学"（literature）理论所限定的所谓小说、诗歌和散文、戏剧等部类，已不足以涵盖人类应有的表述领域，就连内涵与外延都日益渐宽的"文学性"的概念也难以回应当前的文化表述问题。面对这些强大挑战，我们的学科、观念和分析工具都不够用，必须突围。这就是我称为人类"表述危机"的第一种现象，即以往的范畴和理论均已跟不上现状。

如果以这样的方式来审视当下的世界电影，不难发现在中国与西方，比如美国的"好莱坞"之间也存在着类似于"奥运会开闭幕式"那样的多重差异，同样值得从文化表述角度加以对照分析。几年以前，在中国使劲推广自己的主流影片《孔子》时，院线里正遭遇"好莱坞"大片《阿凡达》的热映。两相比较，一边还在力图使先秦诸子"国族化"（然后"国际化"），另一边已开始焦虑人类危机和星球未来。也就是说，此处在坚持文化的"族群表达"与"国家叙事"，彼处则在呈现"世界叙事"或"人类表述"。[①]

类似的事例很多，相关的比较还可无限延伸下去。我想强调的是，应当看到由于全球化的联通及媒介的推进，如今的人类已被裹挟到了一个整体相关的表述世界里。因此，"表述的世界"和"世界的表述"，已成为普遍和根本的问题。如果对此没有清醒的眼光和准确的判断，我们的所谓研究乃至现实的生存都将会面临难解的疑惑和困境。

4

以上述事例为前提，我想提出一个新的观点：文化即表述。其中需要展开的面向如下——

第一，作为跨学科和跨领域的基本事象，表述问题正面临日益加深的诸多危机。其中最主要的表现是，人们在表述的本意上已不知如何表述，或者说在实现沟通的意义上已无法表述。现实生活中，看似表述的言说和交流，正走向不

[①] 关于美国影片《阿凡达》与文化表述的关联论述可参见叶舒宪：《〈阿凡达〉：新神话主义的启示录》，载《文汇读书周报》2010 年 1 月 22 日。

是自说自话就是全盘抵牾。

第二，"文化表述"的提出可以说是对人类自身文化的一种观察、认知以及阐释和反思，在此基础上的思想汇集，又构成了各种各样、可称为不同话语式的"表述文化"。

第三，文化在本质上就是一种表述。作为人类世界的创造物，文化的特征之一就是意义外显，也就是把自我的特征和意义加以揭示，通过表述，坐实意义。于是人类的存在方式便体现为互为依存的两面——内在和外显。二者并联，则又体现为循环抵达的过程。

在此意义上，人可称为表述的动物，就像人曾被称为"文化的动物""语言的动物""政治的动物"一样。表述的作用在于使人的生命得以立，也就是得到由内及外、由我及他的展现。古今各地的人类通过表述呈现自我、观照彼此，并借助表述完善自知、抵达超越。

从表述的视点出发，文化可称为人类的心性言说，及其导致的自然人化。

第四，从学术研究的角度来说，讨论表述问题需要关注三点：（1）表述的主体；（2）表述的对象；（3）表述的目的和方式。换成问题的话，即：为何表述？为谁表述？用什么来表述？

在这个意义上，我们不能悬空地建立新的理论，而应在原有的知识基础上完善、补充和超越，需要进行深入地反思和追问。比如说"文""史""哲"的分类，是一种表述的结合体，它相对应的表述意义就是"真""善""美"，但这样的表述显然不够。在今天，我们还会关注美术、音乐、博物馆、运动会，还有身体、心性等，都可以包含在在这个表述体系里面。[①]

除此之外，我们的讨论还应与人类既有的其他理论言说有所承继，形成对话，比如福柯的《词与物——人文科学考古学》、德里达的《论文字学》以及人类学家杰克·古迪对于书写与口语彼此关联和对照的论述。[②]回到汉语的经典文献，则还有古代关于言与义、形和神以及象和道等范畴的阐释。这些论述都讨

① 详尽论述还可参见笔者专文《表述问题：文学人类学的起点和核心——为中国文学人类学研究会第五届年会而作》，载《西南民族大学学报》（人文社会科学版）2011 年第 1 期，以及由中国文学人类学研究会组织刊于《重庆文理学院学报》（社会科学版）2013 年第 1 期和第 4 期的系列文章《族群身体的社会表述——从人类学看全国少数民族传统体育运动会》《视觉和仪式：民族运动会上的服饰叙事》及《缺席的在场——第九届民运会开、闭幕式分析》等。

② 参见米歇尔·福柯：《词与物——人文科学考古学》，上海三联书店，2001 年；雅克·德里达：《论文字学》，上海译文出版社，2005 年；杰克·古迪：《书写和口述之间的接合点》（*The Interface Between the Written and the Oral*），剑桥大学出版社，1987 年。

论文化和表述问题。我们不应离开他们，另起炉灶，自言自说，建构一个新的系统，而是要回溯这些经典；只是在回溯的时候，既考虑东西之别，又要超越民族边界。

5

总而言之，作为文学人类学关注的基本问题之一，文化及其再表述无疑将吸引众多学者的继续关注。可喜的是，本书的面世不但体现了中国文学人类学领域中年一代学者十数年的执着追求，而且展示了新生代勤奋扎实的传承后继。其中如代云红、权雅宁、柳倩月及李永平等来自多学科的青年学者，他们的参与加盟给文学与人类学的交叉研究及理论与现实的沟通对话开拓了疆域、增添了活力。在本书里，他们承担撰写的各个章节既集中展示了"文化符号学"选题的团队分量，更表现出新一代学人各具特色的多样开创。在这当中，无论是"N级编码论"（第三章）、"编码的符号学"（第四章），还是"古代中国的文化编码自觉"（第六章）或"探案式逆推与多重解码"（第十九章）等，都令人感到长江后浪推前浪的势头和扩展。

以这样的新作为基础，从文学人类学角度对表述问题的研讨无疑便有了新的起点和目标。在本书最后一章里，彭兆荣教授以人类学对"原始思维"的研究为例，讨论了自泰勒、弗雷泽以来直到马林诺夫斯基及列维－斯特劳斯等一批西方学者有关"万物有灵"及"交感巫术"等重要论述，提出："只有了解人类祖先是怎么想的，才能理解他们的文化"；理由是："毕竟，文化存续与思维形态关系密切。"我想，这样的分析于古代是有效的，于当今亦然。

文化出自人类本心，所有表述不过是由"本"及外的"文"而已——文理、文饰、文字、文章、文化、文明……莫不如此。从更为内在的意义上说，人的心性才堪称一切文化赖以催生的"大传统"或"内传统"。表述得其外表，知本方可解"文"。这才是最为重要的。

目　录

导论:N级编码——文化的历史符号学
——大小传统的整体再解读

第一节　文化文本的构成：从"表述"到"编码"

　　文化文本与文学文本的关系，是中国文学人类学研究会成立后于 1997 年在厦门召开的第一届年会的主题，这次会议的论文集以《文化与文本》[①]为题出版以来，已有十五年时间了。文学人类学研究在国内已获得长足发展，目前处在新兴交叉学科的理论建构阶段。

　　文化文本是由特定社会群体构成的，有其历时性的发生、发展和传承过程。文化文本虽然是个比喻性的概念，但研究它显然要比研究单个作家创作的文学文本复杂得多。中国文学人类学研究会近五年来的专题研讨围绕着"文化表述"问题展开。2008 年在贵阳举行的第四届年会就以此为主题，当时主要的考虑是学理上的对接，即把握住文化人类学与文学学科的共同议题。现在看，把文学当作一种表述是没有太大争议的。但文化是怎么得到表述的？比如原住民文化是自己表述的，还是被表述的，这里面就有非常多的哲理需要探究。在现代性和殖民化时代，此类问题处在潜伏状态；而到了后现代、后殖民时代，出现强烈的解殖民化（decolonize）要求，长期处在被表述状态的弱势群体或边缘文化，也都先后觉悟到自我表述的合法性，由此就对"他表述"或"被表述"的可信性形成质疑和挑战。表述问题和文学专业的叙事学直接相关，和史学专业的"新史学"一派提出的"不在于书写的历史是真是假，而在于谁掌控着书写权力"的观点也有关系，同时还和哲学解释学的立场与方法密不可分。

　　在国际上，人类学界自上世纪 80 年代兴起的"书写文化"大讨论，揭示出"文化"的背后有一个权力的问题，即由谁来表现，谁注定只能被表现。在"表现"与"被表现"的转换当中，真实的东西往往就模糊了，甚至消失了。王明

---

　　① 叶舒宪主编：《文化与文本》，中央编译出版社，1998 年。

珂先生研究氐羌族，称之为"华夏边缘"①。如果说氐羌族群是和中原传统不同的一个族群，那么，它什么时候和中原文化发生交接？在华夏这个多元的文化传统中占有什么样的重要地位？从文字符号的角度看，"羌"字本身是从"羊"的，"羌"在甲骨文中是可以和"姜"字通用的。国人习惯自称"炎黄子孙"。炎帝姜姓，很可能即来自古老的氐羌族群。许慎《说文解字》解释"羌"为"西戎，牧羊人也"（方位也说明了，游牧生态也说明了）。而中国美学的最高范畴之"真善美"，三个字里有两个字是从"羊"的，这应该是中原以外的牧羊文化对中原农耕文明的一种重大贡献。"善""美"这样的文字表明，在殷商人发明和使用甲骨文的时代，中原文明已经对西方的牧羊文化有所编码，如今视为二级编码。要理解这种二级编码的所以然，不宜仅从文字本身着眼，而需要探寻更早的一级编码，即探寻史前期崇拜羊的游牧文化。对华夏文化构成中这样的多时空交错的元素问题，我们如果不用民族的、多元文化的视角去研究，不做田野工作，那将完全是一团乱麻。所以，"文化表述"曾经是文学人类学研究群体一贯关注的问题。

现在大家面临着新学科建构的任务，需要建立起自己的理论体系，这个理论体系起码有以下几点基本诉求：一要有学理依据，能够有效解释较为复杂的研究对象；二要具有独树一帜的开拓性，发前人所未发，见前人所未见；三要有可传播性，便于学习、推广和应用。不希望搞成玄虚的自娱自乐或纸上谈兵。出于传播的考虑，要尽量避免将中、西方的东西彼此生硬地翻译，选择采用简明的、便于表现和记忆的术语。按照这些原则，我们选用了人类学中现成的一对术语——"大传统"与"小传统"，重新赋予它们不同以往的意义。2012年6月在重庆文理学院举行的中国文学人类学研究会第六届年会提出了"重估大传统：文学与历史的对话"的主题，希望用新的理论、概念把我们看到的对象提升到一个过去没有的地位。

什么是大传统？我们认为出现汉字后的文明传统是"小传统"，即甲骨文、金文以及后来的这一套文字叙事。而在这些之前，有很多没有文字记载的文化存在过。比如，崇拜玉的文化，崇拜巨石、金属（青铜、黄金）的文化。这些是通过物的叙事、考古发掘和博物馆展示的材料，才将其文化脉络梳理出来的。这样一些考古实物资料的出现，虽然无文字，却给考察中国文化传统多提供了一种途径，而且这是前所未有的。大家逐渐意识到，要让自己的知识与时俱进，

---

① 王明珂：《华夏边缘——历史记忆与族群认同》，社会科学文献出版社，2006年。

需要反思小传统文字编码后的"牢房作用"。知识人只习惯于从书本中找知识、找历史、找真相，其实这种寻找存在南辕北辙的问题。严格地说，小传统文字编码的内容都是植根于大传统的。人类不是因为有了文字书写才开始认识和表现世界的。在这种情况下，只要找到大传统的再现方法，找到进入文字书写以前的世界的方法，就可以进行新的拓展研究。如今我们倡导用历时性的动态视野去看文化文本的生成，将文物和图像构成的大传统文化文本编码算作一级编码；将文字小传统的萌生算作二级编码的出现；用文字书写成文本的早期经典，则被确认为三级编码；经典时代以后的所有写作，无非都是再再编码，多不胜数，统称 N 级编码。

第二节　表述、编码与权力

2012 年 8 月在重庆永川的茶山竹海，教育部首届中国高校文学人类学青年骨干教师高级研讨班期间，加夜班举办了关于文化表述问题的高峰论坛，发言专家有高研班的六位教授：王明珂、赵毅衡、彭兆荣、徐新建、牟延林和笔者。徐新建教授首先就"文化表述"发表高见。他的基本看法：文化即表述。

> 就像人被称为"文化的动物"、"语言的动物"、"政治的动物"，在表述的意义上，人就是"表述的动物"。表述的作用就是使人的生命得以运行，就是由内及外、由我及他的展现。[①]

以符号学家身份发言的赵毅衡教授进一步指出：

> 关于"文化表述"，我的概念：文化是所有社会相关的意义活动的总集合，这是我从 80 年代开始形成的一个想法。全世界有几百个关于文化的定义，所以我这个定义没人理睬，但是，我自己理睬。为什么呢？我是做符号学（研究）的，符号学研究意义，符号学就是意义之学，那么文化是什么呢？文化是一个社会相关的表意活动的总集合。[②]

在各位专家高见的启发下，笔者以讨论总结人身份，这样表达自己的观点：需要再补充说明的一点，"文化表述"的问题实际上是一种文化政治，今天的文

[①] 徐新建：《文化即表述》，载《中国文学人类学研究会通讯》（电子版）2013 年总第 9 期，第 97—98 页。

[②] 赵毅衡：《文化表述与人类学研究本质追问》，载《中国文学人类学研究会通讯》（电子版）2013 年总第 9 期，第 95 页。

化研究和传统的文学批评、文学欣赏的重大区别就在于特别强调文化政治层面的问题。文化研究起源于英国工人阶级聚居的地方，从曼彻斯特到伯明翰这一带，是英格兰工业重镇分布区。这里产生的学术话语，不同于牛津、剑桥这些贵族传统的、代表神学传统的学院话语，所以，从工人阶级立场提出的文化关键词、关于文化与社会的构想，基本上都带有英国左翼知识分子的色彩。今天流行全球的文化研究，其实也是与文化人类学密切相关的，因为"culture"一词就是从文化人类学中借用来的术语，只不过文化研究所关注和批判的是当代社会，而不是原住民和原始人。以当代研究为主要对象的文化研究，凸显出文化政治与身份认同问题，在过去的文学理论中并没有这样表述过。符号编码也有主动和被动之分。今天的商业社会都在抢这个"符号权"。茅台酒能不能用"国酒茅台"来表述，如今也成了问题。从酒业厂商的利益出发，追求自表述为"国"字号的命名权力；但对茅台酒以外的其他酒业厂商来说，就会觉得在符号竞争上的不公平。你自封为"国酒"，其他酒厂怎么办？按道理是国家才有这个命名权，企业自己这样叫有合法性吗？儒家就讲究名正言顺。法兰克福学派则尖锐批判这种符号的暴力，符号本身是有暴力的。因为人是语言的动物，所以，表述与编码的背后涉及所有人与人、人与神之间的关系。

从历史上来看，谁有权力表述？谁制定编码规则？一般都是社会中最高政权的统治者。汉代以来的史料中"大禹出西羌"的表述从何而来？羌文化又如何表述为后来的华夏文化或汉文化？或者说先进入中原的羌人怎样被表述成"夏（华夏）人"及"汉人"？如何从人类学的角度解决这些问题呢？思想家福柯的提示是展开系谱学调研，也有学者叫"寻找元话语"。怎么找？目前较可行的办法就是寻找足以代表本土文化特殊性的说法。比如就医学来说，不是从现代的医学理论中去找答案，而是回到《黄帝内经》中去找。

通过建立一种历时性的文化文本的符号编码理论，可以把"表述"和"被表述"的问题深化，让它成为文学人类学研究的具有穿透力的一种分析工具。徐新建教授的观点是"文化即表述"。窃以为需要补充，文化（如果仅从精神方面讲，不包括物质方面的话）是表述以后再表述，再再表述，不断被表述，被改变了的表述（《文学人类学教程》讲到五种不同的叙事方式，包括人类学研究的仪式叙事）。表述多了会怎样呢？一位人类学家说得好，神话讲第一遍的时候是神话，讲第二遍的时候是传说，讲第三遍的时候就成了历史。所以，"表述"与"再表述"的区别是非常微妙的。我们不承认有什么纯粹客观的历史，因为所有的历史都是由某个权力集团的执笔人书写表述的，你让他站在一个联合国大法官的立场上去书写一次战争，这可能吗？不妨说，所有的"历史"都是对客观发生的事件的 representation。表述什么，不表述什么，怎样表述，这背后全是文化政治。作为人类学者，难道我们就任由历史变成一个"被打扮的新娘"吗？当我们发现历史是被发明创造出来时，就要放弃对真相的寻找吗？有没有责任去揭露那些"伪表述"？又怎样用求真的办法去找"元话语"？怎样用所学的人文知识和法律公正性去尽量排除"伪表述"，发掘那些被遮蔽的、被埋没的或者曾经发挥过重大历史意义的"真表述"？

我们尝试提出的四重证据法的初衷，就是想回应和解决上述学术难题。"四重证据说"中的第四重证据叫物证。这是这些年来我们用功研究最多的，也是得益于人类学和博物馆学研究范式的。

试问：为什么离开人的表述去寻找无言的"物"？因为法官在最终裁决时，起到关键证据作用的不是原告和被告的表述，而恰恰是物证。当然，这里所说的物还是与人和人的活动有关联的，并非纯自然状态的物。从文化文本的历史生成看，物的符号在先，文字符号在后。文字产生之前肯定存在大量的口传文本，但是口说的东西没有物质化的符号，不能保存下来。于是，要探寻原表述或原编码，就只有诉诸物的叙事与图像叙事。

第三节 哈利·波特的猫头鹰与莫言的蛙

2012 年 11 月 14 日上午，笔者第 N 次到鲁迅文学院给中青年作家班授课。那时的中国文学界，正沉浸在莫言获得诺贝尔文学奖的讨论热潮中。为满足理论联系实际的授课需求，便在"文化自觉与文学人类学"的讲题下新添一个副题——《哈利·波特》的猫头鹰与莫言的蛙。作为交叉学科研究的倡导者，笔者想从本土文化深度再认识的方法上，给当今的文学和影视创作提供一点切实可行的学术建议，启发学员们思考如何让符号想象能够拉动"符号经济"①。

首先需要提示的是，在今日的新兴媒体掌控人类视听的时代条件下，文学写作已经开始发挥拉动文化创意产业的引擎作用。在神话形象猫头鹰引领下的魔

---

① 自 2005 年起，中国文学人类学研究会关注符号经济和文化资本博弈时代的文学增值问题，参看中国文学人类学研究会会刊，叶舒宪主编：《文化与符号经济》，广东人民出版社，2012 年，第 199—213 页。

法少年哈利·波特，成为新世纪以来全球最流行的文化符号之一。来自英伦民间的女作家罗琳通过这个文学形象的塑造，从一个领取政府救济金的单亲母亲，摇身一变成为英国作家中的首富。有多少人看明白了罗琳塑造的猫头鹰形象之文化底蕴呢？那不是作家奇思妙想、游戏笔墨的产物，而是知识人自觉发掘传统神话意象的厚实资源，精心构思的点睛之笔。和新获诺贝尔文学奖的中国作家莫言笔下的"蛙"一样，猫头鹰形象出现在文明起源之前辽远的石器时代，伴随着史前人类的女神信仰传统（在欧亚大陆持续约两三万年）。[①]换个说法，青蛙、蟾蜍一类的水陆两栖动物和猫头鹰这样的猛禽都曾经充当主管生育的母神之象征。莫言的小说《蛙》以计划生育政策实施为现实题材，为什么要选择"蛙"为书名呢？人类生育的对象叫"娃"，这个字在《蛙》中使用频次达到200多次，而"蛙"字的出现频次也高达200多次。这两个数据似乎足以彰显作者的隐喻用意。不过，更重要的隐喻之根却藏匿在文字以外的世界里，需要用福尔摩斯式的侦探手段去发掘。

上世纪原型批评派的宗师诺思洛普·弗莱曾经宣称，批评家应该比作家更了解作品的文化蕴涵。尽管这一说法会得罪许多创作者，我还是想借用此说来阐明一个道理。有些创作者有意识地对自己的作品做深层编码的处理，如《魔戒》和《达·芬奇密码》的作者，再如《黑客帝国》《让子弹飞》和《赛德克·巴莱》的编导者；也有些创作者是半自觉或无意识地赋予作品以文化的原型内涵的。不管哪一种情况，已有的文化文本的编码程序一定会对新创作的文学文本发挥作用。莫言写作《蛙》，酝酿十年，笔耕四载，三易其稿，显然是一种自觉从事文化再编码的写法。只要读《蛙》第四部第二节关于牛蛙养殖场（求偶配对的情场兼繁育后代的生殖场）的描写，就会对作者的苦心有所体会。

从大传统小传统的重新划分看，我把一万年以来的文化文本和当代作家的文学文本之关系归纳成"N级编码论"。先于和外于文字书写的文化传统称为"大传统"，文字书写传统称为"小传统"。从大传统到小传统，可以按照时代的先后顺序，排列出N级的符号编码程序。无文字时代的文物和图像，有着文化意义的原型编码作用，可称为一级编码，主宰着这一编码的基本原则是神话思维。其次是汉字的形成，可称为二级编码或次级编码。先民按照猫头鹰的叫声，用"鸮"或"枭"这样发音的汉字指代猫头鹰（英文"owl"的发音也是模拟猫头鹰叫声的）；又用"蛙"和"娃"字分别指代青蛙和婴儿，因为二者发出的声音十

---

① 叶舒宪：《神话意象》，第三章"神圣猫头鹰"，北京大学出版社，2007年，第41—66页。

分相似。人类生育的对象"娃",降生到这个世界上所发出的第一声啼哭,为什么偏偏和青蛙的叫声如此类同呢?这样的类比现象正是神话思维时代最关注的,因为神话思维的基本逻辑就是类比联想。[1]当代作家莫言先生对此当然不会放过,其所描写的牛蛙养殖技术就有给雌蛙饲料添加催卵素一项,所用的字是六个:"蛙蛙蛙——哇哇哇——"[2]

三级编码指早先用汉字书写下来的古代经典,如《越绝书》记载的越王勾践"见怒蛙而式之"的典故,蛙之怒是代表神之怒的。这种想象来自信仰时代的"物候"观念,即通过观测某些小动物的变化,来预报季节或气候的变化甚至地震等自然灾害的发生。所谓三级编码,在中国包括先秦典籍等早期书写文本,在希腊则是写为希腊文的荷马和赫西俄德作品,在印度有四部"吠陀"和两大史诗,在埃及有《亡灵书》等纸草书,在苏美尔有《吉尔伽美什史诗》等泥版文书。

中国文化中的蛙神主题,从五千多年前马家窑彩陶上的蛙人神形象,直到清代作家蒲松龄《聊斋志异》中的小说《青蛙神》,来自大传统的信念通过民俗信仰的方式依然在延续传承。《青蛙神》写道:"江汉之间,俗事蛙神最虔。祠中蛙不知几百千万,有大如笼者。或犯神怒,家中辄有异兆。"今日的作家写作,无疑是处在这一历史编码程序的顶端,我们统称之为 N 级编码。谁最善于调动程序中的前三级编码,尤其是程序底端的深层编码,谁就较容易获取深厚的文化蕴涵,给作品带来巨大的意义张力空间,而不只停留在就事论事的描写上。用心理学家荣格的说法,就是"集体无意识"显现为"原型"。对于今人来说,最需要补习的全新知识是来自考古学的大传统知识。据此可知,中国史前的女神崇拜有 8000 年之久。从那时起,蛙、娃、娲的神话类比联想就已形成,[3]因为神话的发生远远早于文字和文明。1984 年出土于内蒙古林西县的石雕蟾蜍,属于兴隆洼文化,距今约 7800 年。而蛙人神形象大量出现在西北的马家窑文化彩陶上,距今约 5000 年。玉雕蛙神形象,在北方的红山文化和南方的良渚文化中都有发现。成都平原的三星堆出土了石蟾蜍,金沙遗址出土了纯金打造的金箔蛙。我在《千面女神——性别神话的象征史》一书中,用了 69 幅考古文物和民俗艺术图像[4]说明人类表述蛙神的多样化方式。其中最早的蛙人形象案例是 15 000 年

---

① 俞建章、叶舒宪:《符号:语言与艺术》,上海人民出版社,1988 年,第 125 — 131 页。

② 莫言:《蛙》,上海文艺出版社,2012 年,第 197 页。

③ 叶舒宪:《从女娲到女蛙——中国的蛙神创世神话及信仰背景》,见《金枝玉叶——比较神话学的中国视角》,复旦大学出版社,2012 年,第 48 — 62 页。

④ 叶舒宪:《千面女神——性别神话的象征史》,图版 332 — 400,上海社会科学院出版社,2004 年,第 137 — 159 页。

前的旧石器时代晚期的法国骨雕。"女神象征系统中有一个源远流长的动物化身意象——青蛙或蟾蜍。人类的先民在很早的时候就注意到蛙类生物的周期性变形特征，并且把它认同为生命力的超常衍变和永恒的表征。又由于蛙类在生育繁殖方面的特强能力，也就同鱼类一样，类比为生育神或母亲神的化身形式。于是，我们在万年以前的简单造型表现中，就开始不断地发现蛙蟾动物的反复呈现。其表现特征往往是蛙体与人体的结合，尤其是女性人体。我们把这种表现类型称为'女蛙'。了解到'女蛙'传承的古老性和普遍性，有助于洞观中国古人崇奉的女娲大神的发生背景。"[1]莫言给《蛙》中叙述者取名叫"蝌蚪"，小说第五部内容则是蝌蚪写出的九幕话剧《蛙》。话剧落幕之前让猫头鹰和蛙鬼同时登场，寓言式地表现主宰生育的古老神灵被亵渎的荒诞离奇场面。

莫言自己说以《蛙》做小说题目的原因之一是他"怕极了青蛙"。他害怕的原因却自己也说不清楚。[2]他写完这部书后，感到有八个大字压在心头：他人有罪，我亦有罪。不难看出，是现代人的生活方式，因为忘本而导致渎神，让原来的不死蛙神变成蛙鬼。作家想通过文学来实现自我心灵的忏悔，也替失去信仰的现代人忏悔。[3]

第四节　N级编码程序

从马尔克斯、罗琳到莫言，当代中外作家的神话编码式写作已向理论界提出新的建构要求。文学人类学方面提出大、小传统的分界，直接带来传统文化观念的变革，这种变革既是深化，也是细化。若要简单直观的说明，就是应用于文化文本和文学文本关系的新理论框架——N级编码程序：

一级编码：物与图像（兴隆洼文化石蟾蜍/良渚文化玉蛙神）

二级编码：文字（汉字"蛙"与"娃"的同根同构）

三级编码：古代经典（《越绝书》蛙怒）

[1] 叶舒宪：《千面女神——性别神话的象征史》，上海社会科学院出版社，2004年，第136页。
[2] 莫言：《蛙》代后记，上海文艺出版社，2012年，第341页。
[3] 小说第三部开篇，蝌蚪写给杉谷义人先生的信中说："近两年来，我故乡的发展变化很大。新来的书记是个不到四十的年轻人，留美博士，有气魄，雄心勃勃。据说要在高密东北乡胶河两岸大开发。许多庞大的工程机械已经隆隆开进。用不了几年这里就会发生巨大变化，你上次来看到的风景可能会荡然无存。这种即将到来的变化，到底是好事还是坏事，我无法做出判断。"（《蛙》，第145—146页）作者对现代生活变革的不判断中其实已有判断。

N 级编码：后代创作（从《聊斋志异》蛙神到莫言《蛙》）

依照人类学家的看法，猫头鹰和青蛙、蟾蜍都是女神文明时代逝去之后留在父权制文明中的遗产。对于文艺创作和文化创意来说，这是足以连通文化大传统的"女神的语言"。莫言和与他竞争同一届诺贝尔文学奖的日本作家村上春树，都是努力探寻此类原型隐喻的高手。把莫言的《蛙》和村上春树的《青蛙君救

马家窑文化蛙人神形象彩陶器，距今约 5000 年，摄于甘肃临洮马家窑彩陶文化博物馆

玉雕蛙神，1977 年江苏吴县张陵山良渚文化遗址出土，距今约 5000 年，南京博物院藏

商代青铜器提梁卣上的蛙纹图像，距今约 3300 年

金箔蛙，成都金沙遗址出土，距今约 3000 年

东京》对照着读，会有意想不到的收获。在莫言这方面，渎神的主题借助于魔幻想象，给计划生育的当代现实再度编码。在村上春树那方面，主人公青蛙君继承的是蛙神崇拜传统，他拯救日本都市人免遭大地震的毁灭性灾难。二人表达的主题不同，用来给作品整体编码的蛙神原型却是惊人的一致。要从根本上说明其缘由，那就是来自一级编码的文化文本之潜在力量。

用一个比喻来讲，如果作家是孙悟空，那么文化文本就是如来佛。

只有如来佛的掌心制约孙悟空的活动范围，不可能出现孙悟空制约如来佛的现象。

第五节　N级编码与"神话历史"

传统史学是所谓"历史科学派"，认为历史是历史，神话是神话。新史学则要打通二者的人为界限，并倡导通过神话和文学作品研究历史信息。《百色学院学报》自 2009 年以来讨论"神话历史"主题，至今已有五年。新提出的关于文化文本的"N 级编码论"与"神话历史"概念的关系如何，也需要做一个初步说明。

神话是文史哲等未分家之前，最初的表述和编码形式。当今的符号学理论家如罗兰·巴特，就用"神话学"之名比喻符号学。他在《作为符号学系统的神话》一文中指出，神话当中有两种符号学系统，一种是语言系统，另一种是神话本身构成的系统。①罗兰·巴特能够超越一般形式主义符号学立场的特异之处在于，他要兼顾符号的形式方面和历史方面。

> 符号学是一门形式科学，因为它研究意义，而不管意义的内容。
> 对这样一门形式科学，我想就其必要的条件和界限说几句。必要的条件，就是适用于一切明确的语言。……历史批评较少受到"形式主义"幽灵的恐吓，也可能有较多的成效；它清楚对形式的特定研究与整体性和历史的必然原则完全不矛盾。正好相反：一个系统越是特定地在其形式上得到界定，就越适用于历史批评……看到解释的统一性不能依赖对各种研究方法的消减，而是按照恩格斯的说法，依赖牵涉到的各类专门科学的辩证关联。如此，便产生了神话修辞术（又译为"神

---

① ［法］罗兰·巴特：《神话修辞术——批评与真实》，屠友祥、温晋仪译，上海人民出版社，2009 年，第 175 页。

商代蛙纹铜钺，汉中出土，摄于陕西省历史博物馆　　蛙——当代民间艺术家剪纸作品，摄于非物质文化遗产展

话学"——引者）：它属于作为形式科学的符号学，又属于作为历史科学的意识形态，它研究呈现为形式的观念。[①]

罗兰·巴特的这种兼容意识使得他的"神话学"分析能够避免列维-斯特劳斯的"神话学"那样的形式主义的、非历史的偏向。但是我觉得他的历史感还是不够深广，他关注巴黎铁塔、肥皂粉广告、脱衣舞等资本主义符号现象，有批判现实之功，但毕竟离符号的原型编码的大传统过于遥远，需要用布罗代尔《地中海考古——史前史和古代史》式的超长时段大视野，加以补充和改造。神话历史这个概念，恰好可以引导我们迈出这一步。首先要明确的是，研究神话历史，不等于研究神话，而是要研究文化文本及其编码程序。出于这个目的，才会有研究对象"从'中国神话'到'神话中国'"的根本性转换。

当文学和历史等人为划分的学科界限被拆解之后，神话编码的文化功能意义得以呈现。以下引用历史人类学家王明珂教授在2012年8月关于文化表述问题的高峰论坛上的发言：

我在羌族地区所作的田野考察让我发现，他们的历史叙事有个结

①［法］罗兰·巴特：《神话修辞术——批评与真实》，屠友祥、温晋仪译，上海人民出版社，2009年，第172—173页。

构，那个结构就是"历史"都从最早的几个兄弟开始。此外，我又思考我们所有所谓文明世界的人所相信的"历史"都是起源于一个英雄，如亚伯拉罕、成吉思汗，或者黄帝、檀君，都是这样的英雄。大家想想看，其实这个"历史"与前面提及的弟兄祖先历史一样，它们都是一种历史心性下的产物，我称此种历史心性为弟兄祖先历史心性。值得注意的是，在《华阳国志》书写年代的巴蜀，此种历史心性已在消失之中，相关的"历史"被认为是神话。

后来我写了一篇文章，提到反思性研究。反思性研究在西方有很多不同的定义，其中有一个就是 self-reference，就是将自己作为一个参照。那篇文章的主题是《"惊人考古发现"的历史知识考古》。我讨论的是三星堆文化，但我强调的不是又发现了一个中国古文明源头，而是为什么当真实的历史出土时我们会感到如此惊讶。我们的惊讶代表一种认知断裂：我们认为在这么早的时期，蜀地不可能有如此高的文明存在。因此我们要问的是，这种知识理性是从什么时候开始出现的。我在此研究中，仍是透过文本分析，来解读汉晋蜀人写的一些本地历史。比如《蜀王本纪》，我们可以看到写下这些作品的古蜀作者如何把本地"蚕丛"的历史遥远化，变成神话，并最后切断汉晋蜀人与古人之间的关系。[①]

当发现每一个民族或族群的历史讲述都是神话历史后，接下来的工作就是历史地重构其原型编码（一级编码），据此梳理随后的再表述过程，即二级、三级编码及其以下编码。对于文化大传统来说，文字符号的出现如同筛子的使用。书写的知识构成的是一种筛子中的世界，其所造成的文化断裂和文化失落是无可估量的。缺乏田野经验和考古意识的当代读书人，容易成为书本知识牢房中的囚徒。"N级编码论"能否以分级编码的明确意识有效地启发学人自觉走出文字牢房，追求新的思想自由和学术自由？

（叶舒宪）

---

①王明珂：《"文本"与"情境"对应下的文化表述》，载《中国文学人类学研究会通讯》（电子版）2013 年总第 9 期，第 96—97 页。

上 编
文化传统多级编码论

导　读

对文化应当怎样做系统性的研究？

近代以来，文化热已几经起落，对传统文化的反思、批判与研究从未停止。由于缺乏有效的理论解释系统，价值判断式的争论一浪高过一浪，但是大都只见开花和落花，罕见结出果实。

本书旨在针对这种学术困境，提出一套文化研究和解释的理论系统，即一种兼顾历时性与共时性的文化符号学，定名为"N 级编码论"，希望能够以其充分的可操作性，引导后学真正进入承前启后的学术传承中。文化编码符号应当如何看待，又如何阐释呢？

本书导论中的四行字（见第 8、9 页）已能表达清楚，每一行字（每一级编码）都象征着人类文明发展的一个台阶，但并不意味着人类只走了四个台阶。人类在上下几千年的漫长岁月里，发生了无数次的遗忘与重构。一千个人心中有一千个哈姆雷特，我们用"N 级编码论"来打通大传统与小传统，既说明了文化原型的 N 种表现模式，也解决了文化传承研究过程中缺乏理论依据的窘境。

尽管无法考证世界上第一个讲故事的人，但 1940 年在法国西南部的拉斯科（Lascaux）洞穴所发现的距今 36 000 年前的壁画，成为了我们祖先讲故事的有力证据。史前的群猎者描绘了猛犸象、野牛、马、鹿和驯鹿。最大的动物画像长达 5.5 米。[①]在对这些画像的诸多解释中，记录狩猎、预言成功、祝福猎物繁殖是比较集中的三种论点。

解剖学意义上的现代人拥有几乎相同的生物特性。19 世纪后半叶，德国心理学家 Hermann Ebbinghaus 首次对记忆和遗忘展开系统研究。1968 年，有心理学家提出了甚具影响力的记忆的阶段理论，指出人类拥有三阶段的记忆，这三个阶段分别符合了我们需对信息做出不同时长的贮存。第一阶段保持信息的时间极为短暂——通常不到 1 秒钟；第二阶段对信息的保持不超过 30 秒钟，除非

---

① ［美］康拉德·菲利普·科塔克：《人类学——人类多样性的探索》，黄剑波、方静文等译，中国人民大学出版社，2012 年，第 196 页。

这一信息已被更新；第三阶段则为更加永久性的记忆贮存。[①]这里有三个关键词：短暂、更新、永久。"N 级编码论"解释的是具有推动人类文明进步能力的"长时记忆"所带来的结果，正如 Collins 和 Loftus 在 1975 年的实验中提出的"激活扩散模型"："我们基于自己的经验，在各种概念及其特征之间建立起连接，当我们被提问时，概念或特征的表征就会被激活。"[②]从一级到 N 级的过程中，那些被激活的表征也许正是基于当事者的经验之上的。我们虽然不能简单地照搬适用于个体研究的心理学实验，但从个体置换到人类整体的生理学特征研究，正是荣格和皮亚杰早已尝试过的，并在人类学和文化研究领域产生了重大的影响。

"N 级编码论"研究的是人类如何"记忆"文化原型的过程，记忆和遗忘是一对双生儿，遗忘的程度直接决定了记忆的质量。弗洛伊德曾经认为人的意识会经常性地对不愉快或危险的信息进行压抑，从而将之驱逐到潜意识里。弗洛伊德的假设在今天看来是十分片面的，因为他仅仅将情绪和遗忘的动机捆绑在一起，事情远远没有那么简单。Fredric Bartlett 爵士在 1932 年提出的重构理论（图式理论）更具说服力，他认为在长时记忆中储存的信息并不是在通常意义上被忘记了，而是有时候以一种歪曲的、不正确的方式得到了回忆。图式是由信念、知识和期望所组成的联系网络。[③]这正是"N 级编码论"在重构原型方面所试图努力的记忆理论基础。在从第 N 级往第一级倒推回去的过程中，对于歪曲、遗忘、遮蔽等各类错误重构手法的发现也是极富乐趣的。

本编的各章从不同的理论角度对"N 级编码论"切入展开分析，这既与作者本人的专业背景有关，也是为了对这个新理论效应进行完整的考察。但我们更愿意给它留一些开放性的补充空间，比如：能够从一走到 N 的编码都是些什么类型的自然概念？人类对原型的认知发展经历了哪些阶段？它与皮亚杰的认知发展四阶段模式高度契合，这是文学人类学和认知心理学的巧合吗？

每一个文化原型都有第一个叙述者，他们在人类的童年时代充分发挥了自我中心论的可爱特质，因此，当我们在研究物与图像这些初级编码物时，不妨也站在"儿童"的立场来还原他们眼中的神话世界。

（叶舒宪）

---

① ［美］本杰明·B. 莱希：《心理学导论》，吴庆麟等译，上海人民出版社，2010 年，第 237 页。
② ［美］本杰明·B. 莱希：《心理学导论》，吴庆麟等译，上海人民出版社，2010 年，第 245 页。
③ ［美］本杰明·B. 莱希：《心理学导论》，吴庆麟等译，上海人民出版社，2010 年，第 254 页。

第一章 大小传统论

陈寅恪先生说,一个时代有一个时代的学问。当今的国学知识复兴,不应是简单地恢复西学东渐以来被打倒的本土旧学传统,而需立足于当代的新知识谱系,提出重新理解和重新进入以往所未知的传统文化之课题。三十年来,在这方面努力探索的一门新兴交叉学科是文学人类学,其所关注的核心命题是文学文本与文化文本的关系。而近年来文学人类学正在建构的新理论以文化文本的二分法为基础,把先于和外于文字记录的传统视为大传统,把文字书写的传统视为小传统,[①]希望借助考古学和人类学给出的大传统新知识,突破唯文献马首是瞻的国学旧局面,对文献知识的小传统展开再解读与再认识。

在 2012 年文学人类学第六届年会上,台湾中兴大学陈器文教授对大传统的界定有以下五点:

(1)长时间的延递;

(2)社会群体的认同;

(3)对个体具有内化作用与制约力;

(4)潜意识的优势合法性;

(5)具有人文意义与价值感。

大传统在历史的延递过程中,其下游会发生沦替与置换,但其本质不会改变。

第一节 大传统如何重解小传统

无论是时下都市年轻人中流行的"密室逃脱"游戏,还是畅销书排行榜上的常客——解密类小说,都说明了一个问题:人类是最好奇的生物。因此,我们

---

① 参看叶舒宪:《中国文化的大传统与小传统》,载《光明日报》2012 年 8 月 30 日;叶舒宪、阳玉平:《重新划分大、小传统的学术创意与学术伦理——叶舒宪教授访谈录》,载《社会科学家》2012 年第 7 期。

先从三个中国传统文化解码的案例入手，来了解大传统对于小传统的重建具有怎样的一种价值。

一、田野的"玉石之路"VS 文献的"丝绸之路"

德国人李希霍芬在 19 世纪后期率先提出的"丝绸之路"，由于是依据汉语文献知识而提出的，所以被算作小传统的知识命题。那时还没有中国考古发掘，汉代文献之前的历史文化内容基本上处于沉睡的或被遮蔽的状态，不为人知。以史书记载的汉武帝通西域一事建构出的所谓"丝绸之路"概念，只在有限的小时间范围里是有文化揭示意义的，而在大时间范围里却是起文化遮蔽作用的。如果后代学者都亦步亦趋地跟随李希霍芬的概念去研究，就无法发现 4000 年来新疆和田玉输送到中原给华夏文明发生所带来的物质的和精神的意义，从《尚书·禹贡》到《史记》有关美玉来自西方的说法也难以探明其究竟。在河南二里头遗址和安阳殷墟出土的距今 3000 多年的精美玉器中，有一部分是产自新疆昆仑山一带的透闪石玉料，即和田青玉与和田白玉，中原地区自古至今都未找到同样色泽和质地的透闪石玉矿资源。虽然在矿物学的数据比对与鉴定方面目前还无法定出完全客观的量化指标，但是从《管子》和《穆天子传》等古书中反映的取玉之艰难（跨越三江五湖，千人往，百人返）和遥远，夏商周三代中原政权建构逐渐增加对和田玉资源的依赖过程，是可以通过出土的玉器数量和质量变化得到实证的。近 30 年来以中国考古学者为主提出的"玉石之路"命题，对于揭示"丝绸之路"假说背后更加深远的中西交通真相，促进多学科视角的合作与互动，开辟新领域，探索新问题，都是极富启迪意义的。与此相呼应的国际研究潮流也是摆脱以往史学研究的文献资料束缚，通过考古发掘实物重建史前期的青金石贸易和绿松石贸易路线图。[①]2008 年由宾夕法尼亚大学东亚语言与文明系梅维恒教授编辑出版的俄罗斯学者艾伦娜·库兹米娜的英文著作《丝绸之路史前史》也正式使用了"玉石之路"（the Nephrite Road）[②]的术语。就此而言，我们希望走出小传统的"丝绸之路"旧观念窠臼，让更多的学人加入对"玉石之路"大传统的研究之中，发挥人类学的文化整合视野及田野作业优势，使"玉

①关于青金石贸易在中亚、南亚与西亚、北非地区间的传播路线，参看［美］乔纳森·马克·基诺耶：《走近古印度城》，张春旭译，浙江人民出版社，2000 年，第 160—161 页。中文译者译为"天青石"，不准确，笔者改为"青金石"。关于绿松石贸易的路线，参看 David W. Anthony, *The Horse, the Wheel and Language.* Princeton University Press, 2007, pp. 281−283.

②E. E. Kuzmina, *The Prehistory of the Silk Road.* Philadelphia: University of Pennsylvania Press, 2008, p. 4.

石之路"的具体时段和路线（包括分支路线）得到实证性的调研。[①]

二、考古发掘中的玉柄形器 VS 宗教传统中的祖宗牌位

依据新认识到的文化大传统解读文明史小传统的第二个案例是祖宗牌位。

与西方宗教文化相比，中国宗教的祖先崇拜倾向极为鲜明。看鲁迅小说《故乡》，可知即使到了现代，国人仍然习惯于在家庭的堂屋里进行祖先拜祭活动。"正月里供祖像，供品很多，祭器很讲究，拜的人也很多，祭器也很要防偷去。"与祖像同样常见的是祖宗牌位，祖像加牌位的祭拜制度是古代祖先崇拜的遗留物，上至国家的太庙，下至平民之家，牌位具有极大的普及性，其通常的表现形式是祖灵凭附的实物加上文字书写的先祖名字。如果把前者视为大传统的原型遗留物，把后者视为文字小传统的后添加要素，那么就可以借助考古发现的新材料，走出文献知识的束缚，探查到华夏祖先崇拜的史前之根及其具体的传承情况。

在华夏宗教崇拜现象之后，隐含有一种根源性的拜物教情结，即将坚硬而美丽透光的玉石视为有灵的圣物，玉可以制作成人形或人头像，代表祖像，或制成类似牌位的器物，即一种柄形器，将之视为祖先之灵的凭附物。目前考古发掘出的最早的较为标准的玉制祖像和玉柄形器属于距今 4200 年的湖北天门石家河文化，当时已经批量生产和使用。其中有的玉柄形器上雕着人面纹形象[②]，有的在柄端上方雕着四瓣开花的形状[③]。这两种形制的柄形器都经过传播影响到中原文明起始期的二里头文化，表现在距今 3700 年的二里头遗址出土的玉柄形器，共有 18 件。其中一件白玉质的神人兽面纹叠加花瓣形柄形器，可以和更早的龙山文化兽面纹玉器、石家河文化及良渚文化兽面纹玉器等，合并看成同一种玉礼器应用传统的延续变体。年代上相当于夏代末期的二里头玉柄形器礼制，经过商代数百年的因袭和传承，到西周时期仍然流行于墓葬中，几乎看不出有衰微的迹象。商代自早期到晚期的遗址和墓葬，大都出土有玉柄形器。其中数量最多的是殷墟妇好墓，出土玉柄形器多达 33 件。"商代前期的玉柄形器不仅与爵、觚、斝等成为铜礼器墓葬较为固定的随葬组合，而且在小型墓葬中也有相

---

① 参看叶舒宪：《玉石之路黄河段刍议》，首届全国玉器收藏文化研讨会论文，2012 年 11 月；《黄河水道与玉器时代的齐家古国》，载《丝绸之路》2012 年第 17 期；《西玉东输与北玉南调》，载《能源评论》2012 年第 9 期；《西玉东输与华夏文明的形成》，载《光明日报》2013 年 7 月 25 日。

② 荆州博物馆编著：《石家河文化玉器》，文物出版社，2008 年，第 122 页图版。

③ 荆州博物馆编著：《石家河文化玉器》，文物出版社，2008 年，第 123 页图版。

当的普及率。出土位置不仅见于墓内死者的头部或腰部附近，还见于棺椁之间，尤其在祭祀坑中也能见到它的身影。这些表明，商代前期的玉柄形器在当时的礼仪活动尤其是宗教祭祀中开始扮演重要的角色，其社会地位比起夏代已经有了明显的提高。"[1]商代人信奉的神谱中，逝去的先公先王占据着很大比例，从甲骨卜辞的内容就可以清楚地看出当时的祖先崇拜已达到登峰造极的地步。1996年安阳黑河路 M5 出土的一件玉柄形器，其"柄首上半部呈简化人面形"[2]。柄形器上方的人面形刻画，尽管十分简略和粗线条，但是却明显呈现出柄形器造型与人体形象的类比关联。这不是明确告诉人们，玉柄形器的身份与祖像的身份可以合二为一吗？这就为求证素面无纹饰形象的玉柄形器之由来，及其与以玉雕人像形式出现的祖像原型之间的联系，提供了宝贵的解读线索。

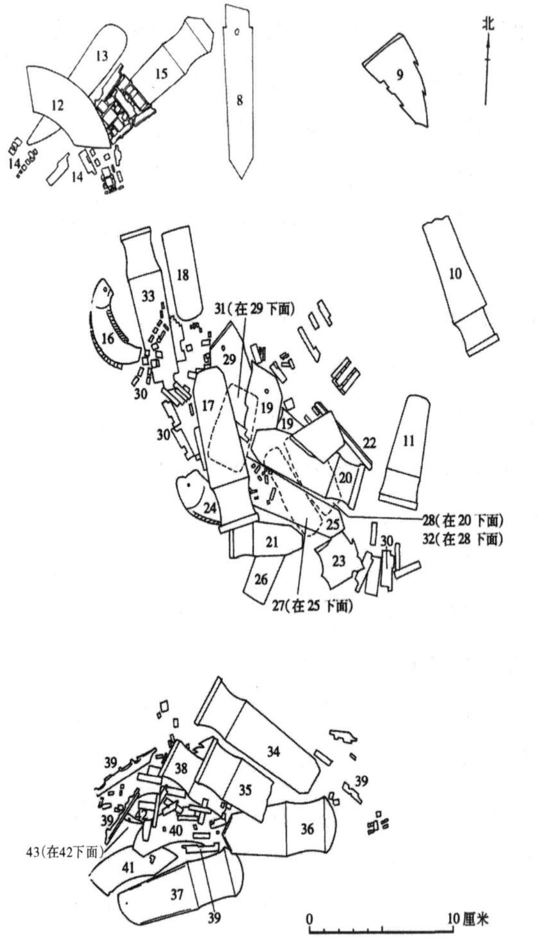

从中国社会科学院考古研究所编的《张家坡西周玉器》一书反映的近400座西周墓情况，可以看出玉柄形器在西周时期历经二三百年而沿用为玉殓葬主要器物的持续性现象。关于柄形器的数量，一座墓中出土 1 件到22 件不等（图 1-1），表明墓葬等级及所代表祖先数量上的差异。数量上的变化如同人间供奉的祖宗牌位，有供一位祖先的，也有供三代或多代列祖列宗的。在器形上有浮雕凤鸟纹的和柄下端附饰众多小碎玉粒及绿松石的两种。前者反映了周族人得天下的

图 1-1　张家坡西周墓 M302 随葬件玉器位置图，其中有 22 件柄形器[3]

① 李小燕：《玉柄形器研究》，吉林大学硕士学位论文，2008 年，第 18 页。
② 中国社会科学院考古研究所编著：《安阳殷墟出土玉器》，科学出版社，2005 年，第 28 页图版。
③ 引自中国社会科学院考古研究所编：《张家坡西周玉器》，文物出版社，2007 年，第 37 页。

"凤鸣岐山"的王权神话，唯有后者尚未得到有效的解释。

中国文化整体是多族群和多民族互动与共融的大熔炉，这一点得到了古今学界的公认。但是在研究传统国学问题时，却往往在取材上以汉语文献为中心，在价值取向上以中原王朝为中心，非华夏的和非汉族的文化内容被边缘化处理，大都作为王朝正史中附带的、点缀性的内容，安排在诸如《西南夷列传》的部分里，其和华夏原典（如四书五经和十三经）的关系如何，根本不成为学术探讨的问题。这样就无法做到文化认识上的融会贯通，也就不能从整合意义上去把握传统。文学人类学倡导走出传统学问的三个中心主义的观念束缚，[①]汉民族祖宗牌位由来的探究，需要重新进入汉民族尚未形成以前的文化渊源中，找出玉柄形器的1400年延续传统，并试图加以解读，以竹笋和开花植物为造型的柄形器，需要按照礼失而求诸野的方式，到少数民族宗教祭祀礼俗中寻求有效的参照系，重新建立跨越时空的神话信仰的解释学原则。这方面有北方萨满教的"萨满树百子图"和"萨满树人丁兴旺"两幅剪纸[②]可以引为参照。剪纸以植物生长象征祖先生命的后代传承兴旺发达，绵绵不绝。还有南方彝族祭祖用竹根做祖灵牌，以竹笋多者为子孙旺盛的标志。[③]我们将来自民族学和民俗学的活态文化参照视为解读古典文献和古代文物之意义的第三重证据，借此可以回到4000年前的玉礼器语境中，看出竹笋或开花植物生长母题在玉柄形器传统造型中一以贯之延续的信仰意义所在。就此而言，如今在民间祠堂中供奉着的祖灵牌位，完全可以还原到文化大传统脉络中获得透彻的整体理解。而考古发掘的史前玉柄形器和彝族以竹根做祖灵牌的宗教实践行为，都是大传统的直接见证。换言之，大传统不一定仅仅存在于史前时代，其表现形式既可以是文物，也可以是自古传承下来的民俗礼仪活动。

如果要寻找从大传统的无文字祖先崇拜符号圣物到小传统的有文字书写的祖灵牌位之间的过渡环节，可以从1991年安阳殷墟后冈M3出土的6件朱书玉柄形器中找到重要线索。那6件玉柄形器上分别用红色字体写着6位祖先的大名，其中5个较清晰的名字是祖庚、父□、祖甲、祖辛、父癸。[④]目前商周出土的大

---

① 叶舒宪：《文学人类学教程》，中国社会科学出版社，2010年，第95页。

② 王纪、王纯信：《萨满剪纸考释》，时代文艺出版社，2004年，第256—257页。

③ 吕大吉等主编：《中国各民族原始宗教资料集成·彝族卷》，中国社会科学出版社，1996年，第135页。

④ 中国社会科学院考古研究所编著：《安阳殷墟出土玉器》，科学出版社，2005年，第21—26页图版；古方主编：《中国出土玉器全集》第5卷，科学出版社，2005年，第81—82页图版。

量玉柄形器中虽然仅有这一座商墓中的柄形器上书写着祖先之名，但是这也足以说明柄形器在商代是可以代表祖灵的！无独有偶，1985年在殷墟刘家庄南发掘的60座商墓中，有关于出土朱书玉璋残片的报道，其中的朱书文字也同样有祖甲等祖先名字。这些所谓朱书玉璋残件的性质和宗教功能，应该和后冈M3出土的朱书柄形器大致相同。它们都相当于3000多年以前殷商人心目中的祖宗牌位，让玉器所承载的祖灵祖德能够庇护墓葬中的死者，让其在死后重获生命，以至于永恒。

以上情况说明，晚至鲁迅小说中描写的现代民间祭祖形式，如何从大传统视角去追根溯源，一直找到甚至比夏代还要早的实物证据。华夏文化传统的源远流长，不再是凭空说说的状态，而是呈现出脉络清晰的一整套活态过程，把民间调研的和史前期出土的信息真正整合成为一个文化有机体的完整认识。

三、马祭仪式之冥马升天 VS《离骚》之车马飞天

这个案例是以大传统的车马升天神话观再解读汉语书面文学中表现的车马意象。

家马的驯化和使用是欧亚大陆腹地的中亚草原文化之首创。家马大约在距今4000年前开始零散地传播到河西走廊的齐家文化；在距今3000多年前传播到中原王朝——商王朝。考古学给出的这个新认识，给中国文化中的天马神话的解读带来了前所未有的宏观视角。

屈原在《楚辞·离骚》中多次写到驾车飞行于天空的想象："驷玉虬以乘鹥兮，溘埃风余上征。""为余驾飞龙兮，杂瑶象以为车。"洪兴祖补注："言以鹥为车，而驾以玉虬也。"《易》曰：飞龙在天。许慎云：飞龙有翼。瑶，美玉也。言以瑶象为车，而驾以飞龙也。"飞龙也好，玉虬也好，都是神话化的天马之别称、美称。《说文解字》中就明确说到马"八尺为龙"。龙在先秦时代被认为是升天之工具，由龙马所驾的有美玉和象牙装饰的车，是屈原所能够想象出的最华贵的升天媒介物。问题在于，车马升天的神话发明权应该属于中国文学史上第一位著名的大诗人，还是另有所属？宋玉《高唐赋》说的"王乃乘玉舆，驷仓螭"，是效法老师的同类修辞表现，还是另有所本？

局限于文字记录的书面文学小传统之内，这样的问题很难有所突破。一旦了解到车与马为外来输入的文化要素及其进入华夏文明的时间，在书面文学问世之前的大传统车马神话想象景观，就能够借助于商周两代的车马随葬制度，得

到出土实物（第四重证据）及背景知识的印证了。古人不认为死亡就是人类生命的终点，而认为死后的灵魂升天是获得永生的必要条件。车马随葬制度（图1-2）就是这样伴随着商代初用车马的现实而流行开来的。直到汉代用墓葬画像石雕刻车马出行升天形象（图1-3、图1-4），以及东汉镇守张掖的军事长官及其妻合葬墓中出土的青铜器"马踏飞燕"之类随葬品出现，才取代用活马真车

图1-2　商代车马坑，摄于安阳殷墟博物苑

图1-3　汉画像石中的有翼天马[1]

---

[1] 引自闻宥：《四川汉代画像选集》，群联出版社，1955年，第86页第37图。

023

图1-4　汉画像石中的车马出行图[①]

陪葬的礼俗。

和上文探讨的祖先崇拜形式一样，车马升天或骑马升天神话不仅是中原汉民族想象的产物，而且是多民族共享的重要信仰文化资源。在文学中看到的各种表现，需要还原到信仰和葬礼仪式语境中去体会和认识。2011年新出版的贵州麻山苗族英雄史诗《亚鲁王》，就是在当地葬礼上讲唱的"文学"，与之伴随的还有一卷专门指引亡灵骑马升天用的《砍马经》，以及用活马杀祭去完成亡灵升天旅程的砍马仪式。[②]西南地区的彝族也信仰死后亡灵骑马升天的神话。巴莫阿依《彝族祖灵信仰研究》列出的"驮灵马"一项，就是非常生动的由神话信仰驱动民间习俗的例子。书中指出："马在各地彝文《指路经》以及实际的祭祖仪式中均是祖灵去祖界必不可少的交通工具。《西南彝志》中记载早在彝族先祖实勺时代便'骑马来转夏，牵马去驮魂'。驮灵马的形式有活马、木马、草马、纸马种种。在云南和凉山彝区解放前还保留用活马送灵的巫术行为。用活马送灵有饰马习俗，'饰马饰马首，额间饰葵花，耳缀马英花……鞍镫小金杯，鞍皮燕盘旋……'（《作祭献药供牲经》）。凉山彝族还有念诵《赞马词》的赞马习俗：'良种骏马驹，鼻孔冒白云，尾似竹梢摆……镫子鹰翼翔，漆鞍供灵骑。'据彝

①引自赖非主编：《中国画像石全集·2·山东汉画像石》，山东美术出版社，2000年，图一〇三。
②叶舒宪：《〈亚鲁王·砍马经〉与马祭仪式的比较神话学研究》，载《民族艺术》2013年第2期。

族老人说，牵马驮灵的人，灵魂很容易随祖灵而去，因此事后必行招魂唤魂仪式，一般只有贫贱之人肯做牵马人。而驮灵马在送灵仪式后，被蒙上眼牵到很远很远的森林中去，若马能寻路回到主祭者住地，便视为不祥，表明祖灵还滞留在人间。《查诗拉书·敬送马篇》有用松木砍雕木马作祖灵驮灵马的记载：'抬斧上高山，砍倒青松木，松木做成马，良马送给你。'并赞木马道：'看看四只脚，就像粗铁柱。看看马喘气，就像云雾飞。看看马眼睛，就象星星闪。……这样的良马，实在难寻到。'除了活马、木马，人们还用稻草、纸扎的草马、纸马送灵归祖。关于驮灵马在送灵中的作用，《查诗拉书·敬送马篇》强调得淋漓尽致：'寻祖道路上，坡路有九条。若是不骑马，难爬九座坡。寻宗道路上，九条平路长；若是不骑马，平路难走完；寻考道路上，深涧有九个；若是不骑马，难过九深涧。寻妣道路上，大河有九条；若是不骑马，难过九条河。'尽管驮灵马从活马变成了各种象征性代用物，用马驮灵归祖的仪式行为是不能没有的。"[1]虽然国内各少数民族有关亡灵乘马升天的信仰与屈原《离骚》中车马飞天的情节有所不同，但是毫无疑问，其想象的原型都是神话化的马，即来自本土大传统中接受外来输入的家马和马车时，当下投射给马和马车的神话升天功能。商周王室贵族墓葬的车马坑实物可为生动的说明：那样近乎残酷和奢侈的葬礼行为不是为了炫富，而是由大传统的神话观念驱动的。从《离骚》中的玉虬龙马，到《西游记》中唐僧的白龙马，其神幻想象的文学原型还是一以贯之的。再往后，则有张承志《黑骏马》中的黑骏马、冯玉雷《敦煌·六千大地或者更远》"引子"中的天马。成语"天马行空"则是一个更加直观的佐证，语出明刘子钟《〈萨天锡诗集〉序》："其所以神化而超出于众表者，殆犹天马行空而步骤不凡。"由此可观大传统原型对小传统再编码的深远制约作用。

第二节　文化表述与文学功能

　　文化文本的历史性生成，贯穿于大传统到小传统的全过程。过去的知识局限是只知道小传统的存在，不知道大传统的存在。如今从多学科整合的意义上，研究者若能从大传统探寻其神话思维的原编码奥秘，则后起的小传统文字再编码就可以察其源而知其流。这样的创新研究范式需要破除学科本位主义支配下的

---

① 巴莫阿依：《彝族祖灵信仰研究》，四川民族出版社，1994 年，第 121 — 122 页。

各种壁垒，充分调动文献以外的实物资料。

一、突破"书写文化"的霸权遮蔽

文化是要靠表述的，甚至我们说，历史上没有被表述的文化就不是文化，但表述方式在历时性的"层累"之后，后面的表述扭曲、忽视乃至遮蔽了前面的表述，"大传统"概念的提出就是对人类表述方式之——"书写文化"的深刻反思。历史上的文明古国因为民族更替，历史被层累覆盖，遭受殖民统治的民族国家"集体失语"，他们的表述在展示或表达民族文化传统时，殖民心态使传统经历再遗忘和再选择，在被话语围困的处境中很难再有突围的视野、勇气和魄力。

文字产生以后，书写媒介参与了话语权力的分配。媒介权力的文化表述面目繁多：书写媒介霸权以"白纸黑字"的表述参与了真实与虚构的话语实践，历史叙述已经习惯性地把没有文献叙述的事件和历史看成子虚乌有，把没有文字的民族看成"低级""原始""野蛮""蒙昧"的民族。历史学确立了依据文献史料判断历史叙述真实性的真理观，然后又依据这种真理观否认口述历史和民间历史的真实性，从而否认其作为历史叙事的权力。

经由国家权力和书写、印刷等媒介技术的整合，书写叙述又成为"想象的共同体"必需的建构链条。口传时代和信仰紧密关联的口耳相传的口述事实，即便记录下来，仍然被书写媒介规制、筛选，要么被抬升成为经典，要么被断裂、遮蔽，被遗忘为"神话""传说"甚至"志怪"。

来自人类学、考古学反思的大传统范式，独辟蹊径方能舍筏登岸，在一定意义上，超越西方现代性的"魔咒"和书写媒介的双重遮蔽，重新以整体宏观的眼光审视包括华夏文明在内的世界各国文明的起源及其关系。

在传统的自觉上，民族国家急需一场多元文明、多元文化价值、本土文化自觉的转型和启蒙。在这个意义上，大传统的文化观从后现代知识观出发，自觉认同后殖民批判的立场，把无文字民族的文化遗产和文化传统看成和文明传统一样重要，[①]引领民族国家最大限度地摆脱现代性话语权力规制，实现思想和文化的再启蒙。大传统文化观把文学还原到原初的文化环境中，对文学的理解和文学观念革新的价值与意义同样可圈可点。

长期以来，中国文学史的编写仍然贯穿着本土的儒家"夷夏之防"，以及"华

---

① 叶舒宪、阳玉平：《重新划分大、小传统的学术创意与学术伦理——叶舒宪教授访谈录》，载《社会科学家》2012年第7期。

夏/四夷"二元对立的中原中心文化观念和现代西方"民族"观念建构起来的权威的、不容置疑的"文学"及"文学史"的书写观念。大传统对口语文化及其多元文学形态的重视,对神话、少数族裔和边缘、弱势族群文化的关注,从多元族群关系互动的角度提出"多民族文学史观"及"重绘中国文学地图"的努力,既显示出在华夏的边缘,那些文化交汇碰撞的板块连接地带的多元文化景观的连接碰撞和融合,又反思西方中心论、中原中心论、汉族中心论、汉字崇拜及书写媒介崇拜等。

"多民族文学史观"在价值立场上对西方中心主义、中原中心论、文本中心论的批判反思,其价值指向的是在文学人类学立场上的多元文化对话及文学史重建,最大限度体现出中国文学内部的多样性和丰富性。①

二、还原文学发生的"第一现场"

大传统所引领的是人文学科走出书斋,走进田野,眼光向下,重视族群、民间活态的口头传统范式,是后现代知识观的推动下,本土文化自觉和学术范式变革的表现。口传文化和物叙事超越文字拘牵,更能舍筏登岸,复原远古文化的真实语境与多重证据所呈现的文化表达的立体关联,是对文学谱系的重新思考和全新定位。

大传统之于文学最值得重视的是对口头传统的再发现。这使得对文学的理解重新还原到最初的"多媒体"场域,在原初的视、听、仪式等空间场域中,立体的、聚焦式的呈现使文学发生的第一现场更加清晰。长期以来,后起的文字媒介小传统对文学进行筛选、扭曲、祛魅、矮化,以致圆凿方枘,所造成的遮蔽显而易见。考索荷马史诗的流传史,细听藏族史诗《格萨尔》神授艺人尕藏智华的实地采访录音,可以发现,文字媒介所承载的文学只是对漫长得多的口头传统的规训和固化。透过今天几乎所有文学现象的纸背,沿波讨源,就像宇宙学家通过测量宇宙微波背景辐射来推断宇宙大爆炸一样,大传统就是要通过民俗、仪式、原始宗教、图腾信仰等文化事象,捕捉文化事象第一现场发出来的声波。大传统观念的建立,可使被学科分离所规制的支离破碎的文化重获整体感。这意味着文学批评家向人类学家学习田野作业的考察方式,尝试从交往和传播情景的内部把握口传到书写的文学谱系的变异,以及由此而产生的信息

① 叶舒宪:《本土文化自觉与"文学"、"文学史"观反思——西方知识范式对中国本土的创新与误导》,载《文学评论》2008 年第 6 期。

缺失、传达变形、阐释误读和效果断裂。

大传统还原文学演进谱系对口语诗学的回归，其意义正如美国学者弗里所言，使长期沉浸在书写和文本中的人们"重新发现那最纵深的也是最持久的人类表达之根"，为"开启口头传承中长期隐藏的秘密，提供了至为关键的一把钥匙"。①且不说中国传统的累积型小说，今天各民族的诗史传唱、民歌民谣、说唱性展演本身就是次生口头传统②；就是中国早期用文字记录的文献《尚书》《论语》等同样来自口头大传统。③对口传文化的发掘，使得文化溯源工作在材料搜罗和比较上，接续上世纪初的歌谣运动发出"口语诗学"之新声，再次引领知识界从文艺到学术的"民间转向"，口语诗学又重回多媒体生态，与视觉叙事在"声像相求"的互文中求索真相。④

三、神话价值和文学功能的再认识

我们知道，信仰时代的叙述大都是从神话框架开始的。以往神话被认为是文学的一种，大传统视野绝不把神话形式仅仅理解为文学。人类早期的认识和信仰的全部表现为神话叙事，所以神话成为后世认识史前文化最重要的门径，神话叙事留给后世文学许多原型意象和符号资源，大传统观念对神话叙事格外重视。

对于神话阐释有两个原则。第一，对文学原初的神话叙述，在理性中心的影响下，无论是《圣经·旧约》中的希伯来历史还是《春秋》和《史记》，都距离现代人所设想的"客观"历史或"历史科学"十分遥远。但从大传统所倡导的功能主义角度看，神话叙述都是广义社会结构的组成部分，神话所反映的原始思维中的心理和情感，对社会结构和功能的有序运作至关重要。第二，在写实层面上，神话的深层结构的隐喻的无意识认知秩序，是一种普遍的思维模式。由神话开启的文学叙述是一部人类精神的秩序建构与疗救（即恢复秩序）史。

神话表达、激发、拓展了人们对世界进行的现实描述。相对于科学家那种单一的物质世界里的真理来说，神话式的真理，更加具有道德上、价值观念上以

---

① ［美］约翰·迈尔斯·弗里：《口头诗学：帕里-洛德理论》中译本前言，朝戈金译，社会科学文献出版社，2000 年。

② 沃尔特·翁提出了原声口语文化和次生口语文化的分野，详见其著作《口语文化与书面文化——语词的技术化》，何道宽译，北京大学出版社，2008 年。

③ 叶舒宪：《孔子〈论语〉与口传文化传统》，载《兰州大学学报》（社会科学版）2006 年第 2 期。

④ 徐新建：《全球语境与本土认同——比较文学与族群研究》，巴蜀书社，2008 年。

及显著的宇宙观上的意味。①

在德国哲学家雅斯贝斯所言的"轴心时代"，中国、印度、以色列、希腊都发生了"哲学的突破"，又都同时出现了诗歌，体现出了精神发展的普遍性。②而中国的"礼乐文明"传统中还有"巫"的成分，但儒、道、墨三家都不约而同地克服了"巫"的余威，同时又把"巫"的内核收归文化传统的"心"中。考释早期儒家文化的起源，可知仪式唱诵由瞽矇等神职人员担任，交通人神。神权衰落后，瞽矇成为乐师和史官。官学失守后，瞽矇流落民间成为盲艺人或算命先生。对口头传统的研究，会重新发现"那最纵深的也是最持久的人类表达之根"③。在神圣的祈禳仪式上，"祭司王"进行沟通人神活动所使用的祝、颂、咒语、演剧等形式，是文学最早的意识源头。诗为"寺人之言"④，"诗言寺"祭祀禳灾仪式是诗乐舞等文学艺术早期产生的场域。

后世叙述文学由通神祝颂和讲唱等活动的声教转化为对族群英雄祖先事迹"出生入死"的仪式性反复吟诵，长期累积为口头程式，在集体记忆中逐渐叠加为传统，用以教化族群，凝聚族群力量，实现族群认同。

神话的价值促使我们反思以往对文学功能的认识。在我们以往的认识中，文学有认识、教化、消遣娱乐、宣泄等功能，而大传统观念对文学功能问题的阐释，则显现了其治疗和禳灾等文化整合功能。文学治疗的两种基本类型对应着人类两大基本表述传统：抒情/叙事传统。抒情诗歌的治疗主要是"唱咒诗治疗"，其疗效的发生主要在于激发语言的法术力量；叙事治疗的疗效来源于幻想的转移替代作用。⑤文学叙事的治疗途径在于"回归大传统"，即回归文学传统中历久弥新的叙事程式和认知模式，让作家的叙事和读者的阅读回归以往的人类经验和文化传统，以求获得对现实问题的理解框架，找到所依赖的价值评判体系，获得稳定的文化和身份认同，达成认知协调。由此，人们可以消除内心生活的障

---

① 在后现代大传统的视野下，不是只限于自然法则下的理性和物质世界的知识，而是存在各种各样的知识：他人的经验性的知识、修辞型的知识、隐喻的知识、社会的知识以及道德和审美上的知识。关于确定性和多变性的想象在神话中扮演了重要角色，具有明显的政治含义和社会含义。神话通常表达了特定的政治观点，有别于一般的权力模式的规约。通过这样的安排，神话就能够清晰地描绘出特定模式的恰当性和畸异性。参见〔英〕奈杰尔·拉波特、乔安娜·奥弗林：《社会文化人类学的关键概念》，鲍雯妍、张亚辉译，华夏出版社，2009年，第264页。

② 〔德〕卡尔·雅斯贝斯：《历史的起源与目标》，魏楚雄、俞新天译，华夏出版社，1989年。

③ 〔美〕约翰·迈尔斯·弗里：《口头诗学：帕里-洛德理论》中译本前言，朝戈金译，社会科学文献出版社，2000年。

④ 叶舒宪：《诗经的文化阐释——中国诗歌的发生研究》，湖北人民出版社，1994年。

⑤ 叶舒宪：《文学治疗的民族志——文学功能的现代遮蔽与后现代苏醒》，载《百色学院学报》2008年第5期。

碍，维持身心、个人和社会之间的健康均衡关系，从容应对突发事件，抚平心理创伤。①所以，文学在社会人类学意义上的功能发挥和个体心理、社会心理意义上的情绪、情感的宣泄和满足是统一的。大传统的文学治疗功能在个体生理、心理和族群文化传统之间建立了双向关联，并和以往的文学认识、教化、消遣娱乐、宣泄等功能实现了认识上的统一。

四、开拓文化与文学的原型视野

文化大传统观念下的文学人类学模式分析法对文学的分析犹如乔姆斯基"转换生成语法"对语言的驾驭和分析：世界上面貌繁多、千变万化的各种语言，是由深层模式高度统一的结构转换生成的。因之，不同国家文学的"具体语法"，在不同文化的深层，具有一种"普遍语法"结构。文化大传统视野下的文学，将古今中外的释古材料"一网打尽"，将释古方法上的多重证据立体聚焦。和下象棋一样，棋局再千变万化，都必须遵守基本规则，文学人类学的"文化模式"原则中蕴含着"普遍语法"这一基本规则。

文学人类学的理论先导是"人类学诗学"和"民族志诗学"，此二者被西方用来解构自古希腊亚里士多德以来占据西方思想统治地位的"诗学"观念，使当今文学理论的概念能够真正涵盖并有效阐释现存人类的数千种族群的活着的多媒体表演情境中的文学及其文化传统。从这一意义上看，大传统的文学人类学立场首先是民族的，因为该理论蕴含了保护人类文学的多样性存在，特别是众多的无文字社会的文学存在，同时也能够更加突出现象学意义上的文学认识，抢救在全球化浪潮冲击下陷入失语状态的原生态文学；同时，其立场又是世界的，是比较文学与世界文学的，因为它试图在包罗万象的民族文学背后探考其普遍的、永恒的逻辑规律和语法结构。②

加拿大文艺理论家提出"原型"概念，旨在从文化传统和历时性演变的角度探讨文学主题的发生和发展。在文化大传统的观念支配下，探讨不可经验的，但又实际存在并支配、决定着千变万化的文化表象下的深层结构模式，除一般意义上的文学外，还把仪式、民俗、宗教等学科结合起来，在跨学科视野中，从人类象征思维的普遍性方面对这种深层模式做出合理的发生学阐释，力求在主体——人的（思维）心理结构和客体对象的结构之间的对应关系中，把握原型

①代云红：《中国文学人类学基本问题研究》，云南大学出版社，2012年。
②叶舒宪：《从"世界文学"到"文学人类学"——文学观念的当代转型略说》，载《当代外语研究》2010年第7期。

生成及转换的规律性线索。①因之，大传统对文学的把握是文化的、整体宏观的、大视距的，本身包含着比较文学的内核与视界。

第三节　本章小结：用大传统重解小传统

文化大传统的文学观念必须处理好大传统和小传统的关系。由文字承载的文学形式可谓异彩纷呈、面目多样。如果说大传统是文字产生以前的传统，那么无文字的大传统文学和由文字记录的文学及其小传统之间的逻辑关联是什么？其中间环节又是什么？

大传统视野下的文学包括两个方面：前文字的文学；与文字书写传统并行的口头传统。研究前者主要靠文物、图像和遗址等物的符号；研究后者主要靠仪式、民俗活动中的口传叙事等。西方"荷马问题"的研究给我们回答这一问题提供了思路：由神话思维的原编码转化为口头传统。按照沃尔特·翁的观点，大传统所表现出来的"口头传统"和小传统所表现出来的"书写文化"是文化传统的两个极端。米尔曼·帕里发现，前文字时代和荷马史诗一样的口头叙事诗的表演创作者大多是文盲，他们吟诵的诗歌韵律规整、套语众多。也就是说，在创造了辉煌的神话、诗史和传说的口头大传统演变为小传统的漫长过程中，形成了大量套语和程式。②这些标准化的套语围绕一定主题形成一些群落，其主题有议事会、调兵遣将、对垒叫阵、英雄的盾牌等等。

大传统给书面文学提供了土壤和营养，不同民族的书写文学诞生于大传统时期的"巫术－宗教意义的神圣空间"，如今其所产生的原型意象贯穿于大大小小的文学主题之中。书写传统和口头传统之间存在明显的张力，学习读书写字会使口头诗人的创作逐渐具有脱离神圣空间和信仰的倾向，从而丧失创造力。读写能力产生的文本观念远离了文学艺术的初衷，这对口头诗人的叙事起着一种潜在抑制作用，甚至直接干扰口头创作的过程。③

前文字时代的大传统和以书写为特点的书写传统之间的过渡形态是"次生口

---

　　① 叶舒宪：《文学的人类学研究》，见《英雄与太阳——中国上古史诗的原型重构》引言，上海社会科学院出版社，1991年；陕西人民出版社，2005年。

　　② ［美］阿尔伯特·贝茨·洛德：《故事的歌手》，尹虎彬译，中华书局，2004年。

　　③ ［美］沃尔特·翁：《口语文化与书面文化：语词的技术化》，何道宽译，北京大学出版社，2008年，第45页。

头传统"。人类学家更为直接地进入口语文化的研究领域，他们吸收了帕里、洛德、哈弗洛克、沃尔特·翁等学者的研究成果。杰克·古迪证明，迄今为止从巫术到科学的转变，或者从所谓"前逻辑"到日益"理性"的意识的转变，或者从列维－斯特劳斯所谓的"野性"思维到驯化思想的转变——所有这些都可以用口语文化到书面文化各阶段的转变来解释，而且这样的解释既言简意赅又切中要害，令人信服。[①]

文化大传统观念对文学的影响表现为对前文字时代的文学大传统神话、传说、诗史、说唱、歌谣等早期文学形式和书写传统下的文学关系的思考。我们要克服把大传统下的文学和小传统下的文学对立甚至割裂开来的做法。大传统和小传统在时间上有历时性和共时性两种关系。在前文字时代，二者是历时性的关系；在文字时代，二者是共时性关系。二者之间存在多种次生形态。

文学大传统和小传统界定的意义在于把文学批评置身于文化人类学的视野中，从文化演进的"田野"出发，从交流和传播的角度，来认识、判断从口传到书写的文本变异，以及由此而来的信息缺失、变形、阐释误读等等。

（叶舒宪　李永平）

[①] ［美］沃尔特·翁：《口语文化与书面文化：语词的技术化》，何道宽译，北京大学出版社，2008年，第21页。

第二章　N 级编码论

文学人类学的宗旨之一就是破除学科壁垒,其学科意义也在于对学科壁垒森严过犹不及的弊端提出警示和反思。从语词构成看,"文学人类学"的命名涉及两个学科:文学与人类学。它的重点和意义不在于"文学的人类学研究",也不是"借助文学的人类学",而是"文学+人类学",是从原有学科归属中剥离出来、用新观点看到的新对象,是文学与人类学的关系问题。在理清这一关系后,进而重新把握文学的属性和解读方式,重新认识在学科壁垒下被误读的许多典籍,从而对文学、对相关学科产生连带性的新视野、新认识。但是,取消任何分类秩序的完全破学科显然是不可能的,因为分类作为人类掌握世界的规则之一是非常有效和必要的。那么,文学人类学的破学科实际上是按另一种标准进行的重新分类。但由于文学人类学理论以破学科为立论策略(武器),反而没有很辩证地确立新的学科分类意识,当然也就没有明确的学科分类标准了。

从文学人类学作为理论对其自身作为学科的指导来看,有一个问题需要思考:所谓"破学科"是只能破文学与人类学,还是也可以破其他学科?如果只能破文学与人类学,那文学与人类学的渊源、关系就成为该学科的重点理论突破口,并且在此二种学科的界限弥合处引出新分类的依据,从而使文学人类学理论的应用获得更广阔的空间。如果其他学科也可以破,那如何破,破成何种新秩序,形成何种新格局,也自是题中之义了。

第一节　"N 级编码论"的学术渊薮

2005 年以来,我们的学术范式主要着重从本土文化自觉立场上对中国历史、文化及文学进行再认识,包括五个主要问题:一是提出了"四重证据法";二是重审了中国文化的多源性构成;三是提出了如何进入中国历史和中国文化的问题;四是深入探讨了多民族文学史观的问题;五是提出重建文学人类学意义上的文学观问题。① "N级编码论"是最新的一次理论总结。

在此我们简要回顾一下这些学术范式之间的思想逻辑，有利于更好地认识"N级编码论"。

一、以"四重证据法"建立"神话中国"新文学观

首先是"四重证据法"。文学人类学重视对方法论的突破，"方法不是纯工具。方法是思维形式。有什么样的思维境界，就有什么样的方法形式"。"四重证据法"是从王国维的"二重证据法"和孙作云的"三层证明法"发展出来的，简单讲，就是从只重书写文化转到同时重视口传文化，并吸收了麦克卢汉的媒介思想，强调在口传文化与书写文化的价值冲突或对立中来反思与批判文明史。这一研究视点、研究重心的转移改变了探究"历史"的方式以及对"历史"的认识，即从书本到田野，从实地调查去重构被书写文化所遮蔽或遗忘的"历史"，这样的"历史"就是"神话历史"。"神话历史"不同于"神话的历史化"，它指的是历史的神话性质，即神话与历史的"同一性"。我们从神话历史的角度提出了"神话中国"的概念，它"指的是按照天人合一的神话式感知方式与思维方式建构起来的五千年文化传统"②。如果算上玉器符号的神话信仰叙事，五千年还可延展到八千年。"神话中国"是对中国文化内在价值观和宇宙观所支配的文化编码逻辑的一种描述，同时也是对中国历史不同于古希腊、苏美尔和埃及历史特性的一种说明。

"四重证据法"是以人类神话思维普遍性原理或文化通则为结构内核的，它整合了诺思洛普·弗莱的"原型"思想和张光直的"中级理论模式"③。"四重证据法"对人类神话思维普遍性原理的探寻扩展到"物叙事"或"图像叙事"的范畴，即从"文字表现的原型之外去寻求图像的表现的原型，以及作为实物的原型。通过补充有关图像叙事和物的叙事的新知识，来重新判断乃至纠正文本叙事的局限性"④。如何根据"物叙事"或"图像叙事"进入中国历史呢？就以

---

① 代云红：《叶舒宪：中国文学人类学的积极倡导者及革新者》，载《邯郸学院学报》2012年第1期。

② 叶舒宪：《中国的神话历史——从"中国神话"到"神话中国"》，载《百色学院学报》2009年第1期。

③ 代云红：《中国文学人类学基本问题研究》，云南大学出版社，2012年，第195页。

④ 廖明君、叶舒宪：《迎接神话学的范式变革》，载《民族艺术》2009年第3期。

夏文化的分析思路为例说，首先是"将夏代历史视为夏代的神话历史，然后根据在夏代纪年范围内出土的物质文化材料，锁定重要的神话信仰和崇拜观念符号物，再结合夏代之前的新石器时代、夏代之后的商周时代的同类器物的线索，上引下联，重构出一个相对完整的认知谱系"[1]。所以，"历史必从神话启程，而且要伴随着神话思维前行，这一认识是重新进入中国历史的门径"[2]。以往我们质疑文字中心主义，在这个基础上，我们更强调物叙事或图像叙事。而对于"文学"概念，我们理出"文学作品→文学文本→文化文本"这个思想进化脉络。

在确定了中国历史与中国文化的性质以及研究路径之后，又如何认识中国历史和中国文化的问题呢？"重新进入历史的理论前提是，对中国文化传统做出'大'和'小'的区分，以汉字的有无为标记，前汉字时代的传统称为'大传统'，汉字书写的传统称为'小传统'。"[3]在前一章中我们提出重构大、小传统的目的是重新认识中国文化的特性，具体地讲，就是借助对考古出土实物及图像的研究和重构来进入中国大传统。读者可以参看前一章，具体内容不在此重复展开。

有了以上这些共识，我们还需要建立文学人类学意义上的文学观。这主要包括三个层次：一是对中国文化多源构成的分析以及对"少数民族文学"价值与地位的再重估。二是通过探讨多民族文学史观问题，提出文学人类学意义上的文学史观念构架。在之前的研究中，我们提出了中国文化及文学的两条传播路径——红山文化—河西走廊和氐羌—藏彝走廊及其发生源流。据此重构了从熊图腾神话到鲧禹启的文学叙事、昆仑玉神话叙事到《红楼梦》玉叙事、从《穆天子传》到《西游记》的"西游"范式等。三是提出文学人类学意义上的文学观，它包括活态文学/固态文学、口传文学/书写文学、多民族文学/单一民族文学等范畴。这种新文学观蕴含着对西方中心论、中原中心论、汉族中心论、文本中心论的批判性反思。

---

①叶舒宪：《玉的叙事——夏代神话历史的人类学解读》，载《中国社会科学报》2009年7月1日第B10版。

②叶舒宪：《玉的叙事——夏代神话历史的人类学解读》，载《中国社会科学报》2009年7月1日第B10版。

③叶舒宪：《从文学中探寻历史信息——〈山海经〉与失落的文化大传统》，载《文艺理论研究》2012年第2期。

二、大小传统与编码历时形态的对应

综合上面的分析可看出，"四重证据法"是探究中国历史、文化及文学的基础，大小传统的再阐释与重新划分是认识中国历史、文化及文学源流的认识前提，建立文学人类学意义上的文学观是学术研究的重要目的之一，而贯穿其中的就是神话思想、神话观念和神话思维。"N级编码论"就置于上述思想逻辑的发展之中，它综合并提炼了上述思想，使上述思想凭借着"N级编码程序"拥有了历史时序的发生形态。我们可用表2-1来表述大小传统内涵及"N级编码论"：

表 2-1

大传统	一级编码：物与图像（兴隆洼文化石蟾蜍/良渚文化玉蛙神）
小传统	二级编码：文字（汉字"蛙"与"娃"的同根同构）
	三级编码：古代经典（《越绝书》蛙怒）
	N级编码：后代创作（从《聊斋志异》蛙神到莫言《蛙》）

从表2-1来看，"N级编码论"体现的是"物及图像叙事→文字叙事"的研究思路，它具有明显的实证研究倾向。"从文化文本的历史生成看，物的符号在先，文字符号在后。文字产生之前肯定存在大量的口传文本，但是口说的东西没有物质化的符号，不能保存下来。于是，要探寻原表述或原编码，就只有诉诸物的叙事与图像叙事。"[1]我们以这种方式来表述"N级编码论"的思想要义，是出于对年代学的考虑，因为重新划分大小传统的依据是以历史进程、历史的延续程度为尺度的，这是抽掉"口传言说传统"的原因。

其次，我们用 N 替代了理论上存在的无限多，以填补原先证据无法穷尽的缺憾，终结了由"三"到"四"的逻辑惯性，以后不必再随着新材料的发现而提出五、六重等证据。

第三，"N级编码论"补充了"四重证据法"不曾关注的材料逻辑问题，即一种"历时性的文化文本符号编码理论"：第一级是物证（物），第二级是古文字及其隐含的上古思维信息（字），第三级是古代文本（文），N级是近现代以至

---

①叶舒宪：《文化文本的N级编码论——从"大传统"到"小传统"的整体解读方略》，载《百色学院学报》2013 年第 1 期。

未来无法穷尽的文本（对上古文化编码的演绎或再造）。

第二节　当代文艺学的人类学（文化）转向

将文学与文化"混搭"起来进行全新的研究，"N级编码论"显然是一种后现代文论。与解构主义、狭义后现代理论、新历史主义、后殖民主义、女性批评、文化研究和文化批评、生态文论等一样，所追求和所表征的是一种更加鲜明的"大文学性"和文学的大语境关联性。如美国当代解构主义批评家 J. 希利斯·米勒所说：事实上，自 1979 年以来，文学研究的中心有了一个重大转移，由文学"内在的"、修辞学研究转向了文学"外在的"关系研究，并且开始研究文学在心理学、历史或社会学语境中的位置。由于其着眼点即"所欲探寻"、思考的问题产生了位移，这种转移使学者们从对阅读本身的兴趣，从对语言的文学性的兴趣，即集中研究语言及其本质与能力，转向各种各样的阐释性的解读方式，其关注的中心在于语言与神话、社会、自然、历史、自我等诸如此类常常被认为属于语言之外的事物之间的关系。因此，拉美文化研究、马克思主义、福柯主义等就具有了一种空前的号召力。与此同时，一些早于新批评、已经过时了的注重传记、主题、文学史的研究方式，包括中国古代的"知人论世"也开始大规模地回潮。

这正是中西方当代文艺学的"文化转向"，即文学弥漫为文化，文艺学也转型为文化诗学的时代性状况。在此意义上，文学性也自然演变为"文化诗性"——与文化深度粘连着的大文学性。大文学性研究实际上可以视为对文学的大语境关联性的研究。

对文学的语境关联性的重视，罗兰·巴特的互文理论表达得十分深刻甚至极端：我们现在知道文本不是一行释放单一的"神学"意义（从作者——上帝那里来的信息）的词，而是一个多维的空间，各种各样的写作（没有一种是起源性的）在其中交织着、冲突着。文本是来自文化的无数中心的引语构成的交织物。文本由多重写作构成，来自许多文化，进入会话、模仿、争执等相互关系。①他在这里着重指认的是文学作品成了互文性的文化编织物，就是指文本内含着语境

---

① ［法］罗兰·巴尔特：《作者之死》，林泰译，见赵毅衡编选：《符号学文学论文集》，百花文艺出版社，2004 年，第 510—511 页。

的关联，文学变成了不能自足的呈"网状物"的文本，网格间互相依赖，文本只有关联性，而没有独立性。

后现代文论正是不约而同地，同时也是非常自觉自信地离开了传统的"文学"，而把触角伸向了文学的后现代文化语境关联性。如：解构主义的着眼点是能指之网或互文本性；新历史主义重视文本与历史、历史与文本的"书写性"关联；后殖民主义则关注文化帝国主义霸权结构中的"看与被看"关系；至于英美文化研究和文化批评，则更是明确强调话语表征的政治内涵、文本中的意识形态建构和压抑性质。依此推论，"N级编码论"作为一种后现代文论，它的着眼点从字面看当然是文学与人类学的关联，即文学文本与文化文本的复杂关系，其理论的贯通能力似乎比任何后现代理论、文化理论都强大。它将人类文化史上出现的所有符号和表达都纳入其中，并且认为在时间最早、最古老的文化符号与最现代的文学表达之间存在着类似于罗兰·巴特互文性的有着"网状"关联的文本密码，这些密码既可以直接从一级编码中拿来，也可以从二、三级编码中拿来，那些有意无意地对文学作品进行深层编码处理的作家才能够创作出最优秀的作品。谁最善于调动程序中的前三级编码，尤其是程序底端的深层编码，谁就较容易获取深厚的文化蕴涵，给作品带来巨大的意义张力空间，而不只停留在就事论事的描写上。

不再局限于对单个文学文本的穷经皓首式探究，即研读其文字编排的技巧与魅力，而是以一种超长的历史观、超大的文化（学）观，试图从无字处、有字处、实物中、图像中、身体中等等，凡有人类表达符号处，以超常的智慧探索人类祖先的文化系统编码程序。只有这种大时空大文化视野下的文化编码探索，才能解释"为什么当真实的历史出土时我们会感到如此惊讶"。文字传统和后世学科分类的遮蔽所造成的文化断裂、文化误读和文化失落既是无法想象的，也是人们容易承认的知识理性误区。"N级编码论"在文学观、文化观、学术范式上有重要的贡献，它有力地证明了文字藩篱对当代学人的桎梏，并且提出了文化研究的分级编码路径，其所构想的文化编码新秩序是非常令人鼓舞的。

文学作为一种表述，其自身相关要素之间的关系可表示如下：

表 2-2

文化分期	表达符号	所欲表达	编码形式	表达内容
无文字时代	第一级：史前文物与图像（如实物、图绘、结绳等）+口传、身体	个体的、强烈情感的；群体的、社会的、客观性的、程式性的	口传；诗歌；神话	需分类：口传的虚构、传承中的再度加工；实物、图绘等的记录事实
文字时代	一、二、三……N级证据同时存在，即：文字+上述符号	同上	以上+更多类型	仍需分类对待
电子时代	一、二、三……N级证据同时存在，即：电子符号+上述符号	同上	以上+更多类型	仍需分类对待

人类所欲表达的具体内容随着时代发展而千变万化，无法也没有必要一一研究，但人类所欲表达的事物在不同时代都可以分为个体性的或群体性的，这是不变的。此外，人类根据需要的变化和工具的发展，创造了不同的表达符号，用以更加准确、细致、完满地表达自身和社会。所以对"所欲表达"与"编码形式"应该予以足够的重视，这样才能在表达符号的单调、稀少与表达内容的丰富、庞杂之间，探索稀少的符号是通过怎样的编码形式传达人们什么样的心声，从而触摸到文本的本来蕴含，尽量减少过度阐释造成的变异。

"N级编码论"中要探讨的是文字时代以后的文学书写中蕴含何种上古密码，即元话语、原型。"N级编码论"如果重在解决后世各种文学中潜在的主题支配密码，那就需要与原型理论做一辨析，可视为对原型理论的发展；如果重在解读上古文献的真实内涵、丰富信息与其在社会学语境中的地位，那后世各种相关文学主题写作就成了证据。

第三节　与相关方法论的比较

在分析了后现代文学观的语境关联性之后，接下来的问题是："N级编码论"的思想内涵、理论要义是什么？这里，我们拟将"N级编码论"与诺思洛普·弗莱的神话"置换变形"理论、后现代"互文性"理论以及"类型学"思想做简要的比较，使读者能进一步了解该理论的内涵。

一、与"置换变形"理论的比较

把"N级编码论"与诺思洛普·弗莱的神话"置换变形"理论进行比较，主要是基于下述原因：我们对文学人类学理论的一条重要建构线索就是弗莱的文学人类学理论。

弗莱的文学人类学理论体现出历时性批评与共时性批评的统一。弗莱从历时性维度提出了西方文学的五种模式——口头神话、传奇、高模仿、低模仿、反讽（现实主义）。五种文学模式与五种思维形态——隐喻、联想、类比、明喻、并列，是相互对应的，同时又与四种写作模式——想象力模式、意识形态模式、论证模式、描述模式，是相互对应的。我们把"N级编码论"与弗莱的上述思想的比较用表2-3表示如下：

表 2-3

N 级编码论	诺思洛普·弗莱
一级编码：考古文物及图像	
	口头神话
	传奇
二级编码：汉字形成	
三级编码：古代经典	高模仿
……	低模仿
N 级编码：当代作家创作	反讽（现实主义）

从表2-3可以看出五点内容。一是二者对人类文学史的理论描述的差异。"N级编码论"是针对中国历史、文化及文学历史演化形态的一种理论描述。而弗莱主要是针对西方文化史或文学史的情况，吸收了有关口语文化的特征，以及口传文化与书面文化两极性心理反差性研究的理论，扩展了维柯的"诗性智慧"思想，认为人类五种思维形态与五种文学模式以及四种写作模式之间是一种对应关系。弗莱做如此说明是要表达这样一种文学观念：文学创作都是神话，文学创作的结构原理来自口传文化时代的神话传统与隐喻。[1]

二是"N级编码论"呈现出了文化文本→文字文本→文学作品的历史演化形

---

[1] 代云红：《论弗莱文学理论的口语文化内涵与启示》，载《文艺理论研究》2009 年第 5 期。

态，而弗莱的"置换变形"理论呈现的是（具有口传文化内涵的）神话文字文本→文学作品的历史演化形态。

三是表格中的空白处指相应的缺失项。我们认为，口说的东西没有物质化的符号，不能保存下来，而要探寻原表述或原编码，就只能主要诉诸物及图像叙事的方式了。对于坚持文学中心论的弗莱来讲，文学批评的原理应建立在对文学文本内部构造特征的洞察上，不能把人类学的原则强加于文学。[①]因此缺少对考古发掘的"实物及图像叙事"这一环节的认识，也没有对文字产生的说明。

四是弗莱归纳了西方历史变迁中的五种文学模式与五种思维形态以及四种写作模式之间的对应关系，并对其思维形态与写作模式内涵做了理论上的描述。而"N级编码论"则不单单停留在文学批评的层面上，而是试图用考古发掘的实物及图像叙事原型来重新判断和纠正文本叙事的局限性。如果要运用于文学批评，则需要与其他的理论互补。

五是弗莱注意到了历史进程中的延续、变异及遮蔽等问题，不过他更关注和强调历史进程中的"同一性"问题，也就是说，他的文学理论体现了打破口传文学与书面文学、原始文化与现代文明、高雅文学与通俗文学的二元对立界限的诉求。"N级编码论"则更有意强调大传统在历史进程中断裂或被文字遮蔽、遗忘的一面，这反映出福柯等后现代思想家的影响。

"N级编码论"既吸收、借鉴了弗莱理论的某些思想，又做了中国化的修正、改造与拓展。从跨文化比较角度来讲，两个理论上的差异既可以看作是中西方理论的差异，也可以看作是理论范式的差异。

弗莱的理论虽然是针对文学文本建立的，但他自觉地通过口传文化/书写文化的二元思维框架来探究文学观念、文学创作的历史流变问题，所以是具备了人类学视野的文学批评理论。无论是弗莱还是"N级编码论"，对文学观念及文学创作演化的历史时序的描述里，贯穿的核心思想就是神话编码传统（神话思想—神话思维—神话意象），所不同的只是对神话的解释。"大传统对于小传统来说，是孕育、催生与被孕育、被催生的关系，或者说是原生与派生的关系。大传统铸塑而成的文化基因和模式，成为小传统发生的母胎，对小传统必然形成巨大和深远的影响。反过来讲，小传统之于大传统，除了有继承和拓展的关系，同时也兼有

---

① 代云红：《文艺学的人类学转向——来自西方文艺学视域中的理论思考及反省》，载《文艺理论研究》2011年第6期。

取代、遮蔽与被取代、被遮蔽的关系。换言之，后起的小传统倚重文字符号，这就必然对无文字的大传统要素造成某种筛选、断裂和遮蔽、遗忘。具体来讲，有必要从传统的延续与断裂这两个不同视角，考察和透视二者的微妙关联。就历史的断裂一方面说，主要是数以万年计的口传文化要素，在新兴的文字书写文化中被终结和取代的过程。对这一过程的自觉体认，为考察中国思想史发生期提供独特视角的理解模型。就延续的一方面看，则有大传统的神圣物崇拜及其神话观，为汉字发生奠定重要的原型编码基础。"[1]对于弗莱来说，神话是文化的主要传递力量，作为一种想象力模式或抽象的故事模式，它为"作家提供一个现成的十分古老的框架，使作家得以穷竭心计地去巧妙编织其中的图案"[2]。另外，弗莱还说，我们在文学的一个极端方向上看到了纯粹的传统，我们在文学的另一个极端方向上又看到了纯粹的变异性。不过，弗莱还指出，在后一情况中存在着一种故意标新立异的意图，它反映了将原型遮掩起来或晦涩化的做法。[3]"N级编码论"和弗莱的神话"置换变形"理论都体现了文化寻根与文明反思的价值指向。当然，这种相通之处主要偏向于传统的延续性一面。对于弗莱来讲，这种延续性是建立在对西方思维形态和写作模式的归纳上的；对于"N级编码论"来讲，这种延续性是建立在张光直对中华文明连续性的判断上的。

二、与后现代"互文性"理论的比较

下面，我们再把"N级编码论"与后现代的"互文性"理论做一比较，来看一下"N级编码论"的另一理论面向。

"互文性"又称"文本间性""文本互涉"或"互本文性"。从朱莉娅·克里斯蒂娃、罗兰·巴特、雅克·德里达等人的"互文性"理论来看，"互文性"的基本含义有二：一是某一确定的文本与它所引用、改写、吸收、扩展，或在总体上加以改造的其他文本之间的关系；二是任何文本都是复数文本，在一个给定的文本中，不同程度地以各种多少能辨认的形式存在着其他的文本——如先时文化的文本和周围文化的文本。总之，任何文本都是过去的引文的重新组织。从文学创作角度来讲，"互文性"是文学创作重要的发生心理机制。后现代的"互文性"

①叶舒宪：《探寻中国文化的大传统——四重证据法与人文创新》，载《社会科学家》2011年第11期。

②吴持哲编：《诺思洛普·弗莱文论选集》，中国社会科学出版社，1997年，第124页。

③［加拿大］N. 弗莱：《作为原型的象征》，叶舒宪译，见叶舒宪：《神话—原型批评》，陕西师范大学出版社，1987年，第156页。

理论彰显了人类表意实践活动中多元文化、多元话语相互交织的事实。①它包括引用、继承、拓展、改写、取代乃至遮蔽、遗忘或断裂等复杂问题。

"N 级编码论"与后现代的"互文性"理论的关联性主要体现在四个方面：一是后现代立场，即强调差异、多元与边缘；二是三重/四重证据法里包含着"互文性"思想②；三是对大小传统源流关系的阐释体现出"互文性"的思想，如继承、拓展、筛选、取代、遮蔽、遗忘或断裂等；四是"N 级编码论"与后现代的"互文性"理论在理论内涵上也有着某些相通之处。我们可把"N 级编码论"与（经过修正后的）后现代的"互文性"理论的关联性用表 2-4 来加以说明：

表 2-4

N 级编码论	共通点	后现代"互文性"理论
一级编码：考古文物及图像	原生母型	基因型文本
二级编码：汉字形成	踪迹型文本一	先前的模型文本
三级编码：古代经典	踪迹型文本二	衍生型文本
……	……	……
N 级编码：当代作家写作	踪迹型文本 N	当代作家文本

如前所述，"N 级编码论"包含着对文学传统延续与断裂、遮蔽与遗忘等问题的综合考虑。其核心问题是表述与被表述的问题，正是在表述与被表述的多重关系中，文化文本与文学文本的多元话语交织关系才得以在"N 级编码程序"中呈现出来。从朱莉娅·克里斯蒂娃、罗兰·巴特、雅克·德里达等人的后现代"互文性"理论来看，他们都反对一种直线式的或单向决定论的写作思想，也不关注起源与影响的问题。他们想说明的是人类表意实践活动是如何在多元文化、多元话语交织中移动、改道和消失的。也就是说，朱莉娅·克里斯蒂娃、罗兰·巴特、雅克·德里达等人的后现代"互文性"理论要凸显的是文本中的多元文化、多元话语交织中的价值冲突问题。③"N 级编码论"与后现代的"互文性"理论都关注文化表述的问题。

不过，应当说明的是，"互文性"有两种形态：解构意义上的"互文性"和原型意义上的"互文性"。前者以朱莉娅·克里斯蒂娃、罗兰·巴特、雅克·德里达等人为代表，后者以诺思洛普·弗莱为代表。以往对"互文性"的研究更

---

① 代云红：《互文性写作中的价值冲突》，载《当代文坛》2003 年第 2 期。
② 代云红：《从汉字到图像——论叶舒宪的原型研究》，载《曲靖师范学院学报》2005 年第 5 期。
③ 代云红：《互文性写作中的价值冲突》，载《当代文坛》2003 年第 2 期。

偏向于解构意义上的"互文性"的阐释，而较少论及弗莱的"互文性"思想。两者在价值指向上虽然相互抵牾，甚至是对立的，但在理论内涵方面却也是可以互补与融合的。"原型"与"互文性"（解构意义上的）互补与融合的"中介"因素就是"踪迹"（trace）。在解构主义的思想语境里，"踪迹"就是"延异"（包含着"差异""播撒""延宕"三层意思）。不过，解构主义者没有注意到的是，"踪迹"不仅可以指涉延异，同时也可指涉历史和传统的"在场"。如荣格就说到，"原型"是踪迹，它在形式和内容上都包含着神话主题的远古特征。因此，从"原型"角度来看，"踪迹"就体现为某种熟悉性现象的"在场"。若按解构主义的说法，随着文本的无限延迟，一种有机、连续、整一的历史以及文化传统也不断地浮现在文本之中。正是这种断断续续的"熟悉性"凸现出了各文本之间的内在联系并显示出某种历史或文化传统的"在场"。在此意义上讲，"踪迹"就是一种历史和文化记忆的形态，它造就了互文。其实，历史变化的过程既是一个不断向外开放、扩展的过程，同时也是一个不断向内收缩、积淀为历史的过程——传统化的过程。在这一过程中，时间轴成为构成历史结构不可或缺的要素。[1]正因如此，"互文性问题的关键还在于文学与原始模型或已有原型所保持的关系。这一关键的问题也促使我们考虑首先以历史为基准的起源和特性之间的关系。"[2]"踪迹"的"双向性"反映了文化传统延续与变异的情形。这样，"原型"与"互文性"两个概念的视界融合就成为我们理解"N级编码论"的一个新角度。这就是我们把"N级编码论"与弗莱的"置换变形"理论以及后现代的"互文性"理论联系起来考虑的一个理由。

从"N级编码论"、弗莱的神话"置换变形"理论以及后现代的"互文性"理论内涵的相通之处来看，三种理论表达了这样的观念：一是对文学的看法，即文学是用来进行社会交际或社会交流的；二是对文学批评的看法，即文学批评是一种社会批评；三是理论意向，即既要识别出文学的"同一性结构"，又要能反映出文学的多样性特征。

三、与"类型学"的比较

"N级编码论"与类型学的思想与研究理路也存在着部分暗合。弗莱对"类

---

① 代云红：《"灵韵"：在原型与互文性之间——对机械复制时代艺术创造问题的思考》，载《曲靖师范学院学报》2006年第2期。

② ［法］蒂费纳·萨莫瓦约：《互文性研究》，邵炜译，天津人民出版社，2003年，第120页。

型学"的解释可以帮助我们认清这一点。弗莱是在解释《新约》与《旧约》复杂的渊源关系时对"类型学"的含义、特点做出明晰解释的。他指出，"类型学从根本上讲是一种全新的思维方式和修辞手法"①。其含义及特点如下：一是作为一种思维方式，类型学是对历史进程的一种研究；作为一种修辞手法，类型学包括先前的模型和目前的原型（或未来的原型）。二是类型学遵循因果律，它一方面与过去相联系，认为历史是单向、不可逆转的，因此在探究历史进程时常采用追溯的方法；另一方面它与现在及未来相联系，体现了纵向的深入和横向的扩展。三是重复与变形是类型学的两个延伸向度。四是类型学是神话反复不断的一种特殊形式，它继承了原始人看事物的视角，却颠倒了其意义。五是类型学研究是一种比较研究。总之，类型学是一种解释学，它是对神话、历史及文学错综复杂的历史进程关系的探究。②

"N级编码论"的类型学思想有多种来源。其一是弗莱的神话"置换变形"理论。其二是弗雷泽的方法论。弗雷泽的方法论体现了结构主义方法与类型学方法的结合。它使弗雷泽将起源研究与结构分析合为一体，这样他的人类学研究就获得了两个维度上的方法论支撑：一是历史总体性的透视方法，二是跨文化比较的结构分析法。③其三是布罗代尔的长时段历史结构理论。其四是考古类型学思想。实际上，考古学常常借助于考古文化的类型学或出土器物的类型学特征来探究和确定文化属性、历史年代等问题。

下面，我们通过表2-5，从类型学角度来参看"N级编码论"。

表2-5

	主要依据：实物及图像叙事	获取环境信息的方式（概要性说明）
考古学语境中的神话编码系统	1. 兴隆洼文化石蟾蜍	考古学与环境史学
	2. 良渚文化玉蛙神	考古学与环境史学
	3. 甘肃马家窑蛙人神形象陶器	考古学与环境史学
	4. 金沙遗址金箔蛙	考古学与环境史学
	……	

① [加拿大] 诺思洛普·弗莱：《伟大的代码——圣经与文学》，郝振益、樊振帼、何成洲译，北京大学出版社，1998年，第116页

② [加拿大] 诺思洛普·弗莱：《伟大的代码——圣经与文学》，郝振益、樊振帼、何成洲译，北京大学出版社，1998年，第114 — 138页。

③ 代云红：《中国文学人类学基本问题研究》，云南大学出版社，2012年，第65页。

口承文化语境中的神话编码系统	主要依据：异文及新生文化现象	
	1.少数民族创世神话与史诗中的蛙神	人类学与民族学
	2. 民间传说中的蛙神	人类学与民族学
	3. 歌谣、谚语中的蛙	人类学与民族学
	……	
文字书写语境中的神话系统	主要依据：文字及文字叙事	
	1. 文字（"蛙"与"娃"的同根同构）	文字学与民俗学
	2. 古代文献经典（《越绝书》蛙怒）	历史人类学
	3. 历代文人创作（《聊斋志异》蛙神）	文学人类学
	……	
	N级编码：当代作家创作（莫言《蛙》）	文学人类学

表 2-5 强调了三个问题。一是"N 级编码论"体现出考古学语境、口承文化语境和文字书写语境中的神话编码系统。它们在历史时序上有延续、并列、交融、改造、扩展、冲突、遮蔽、遗忘、断裂等复杂关系，需要借助考古学、环境史学、人类学、民族学等交叉学科加以辨析和识别。二是重视对三类神话编码系统的社会历史、文化环境信息的说明，以确定大概的社会历史情境信息及社会心态。三是在运用"N 级编码论"分析文化或文学问题时，应重视交叉学科研究，注意实证分析、艺术形式与诗学阐释、文学人类学文化阐释的有机融合。

近年来，对玉石文化、熊图腾文化、"西游"范式等的探讨也是类型学思想或研究理路的实践。比如对熊图腾谱系的梳理与总结："从 8000 年前的兴隆洼文化石熊，到 5000 年前的红山文化玉熊，4000 年前的小河沿文化蛙雕熊，以及3000 多年前的殷商文化，我们几乎已经把中国古代的熊神传统串成了一线，它中间没有中断过，从来没有中断过，只不过是文字没有记录，这种线索如果没有存在过的话，那么决不会出现黄帝号有熊，伏羲号黄熊，鲧治水失败化为黄熊，大禹治水化为熊，启从山洞中出来像从熊穴出生一样，这一系列的叙事。包括楚国的 25 位君王全以熊来命名，而嬴秦的祖先也崇拜熊，熊图腾应该是中华文化中的一个主脉。"[1]在这里，我们希望传达的两个思想观念是：懂得了起源便懂得了本质；熟知并非真知。再看对玉石神话信仰与文明起源问题的研究："20

---

[1] 叶舒宪：《四重证据的立体释古方法——〈熊图腾〉与文化寻根》，载《华夏文化论坛》2010年第 5 辑。

世纪后期，红山文化、兴隆洼文化、大汶口文化、河姆渡文化、凌家滩文化、良渚文化、石峡文化、齐家文化、石家河文化等一大批史前文化玉器相继被发现，世人终于明白了《山海经》142座产玉之山记载背后的真相：在北起黑龙江，南至广东和越南，东起黄海和东海之滨，西至河西走廊的广大地域，华夏先民崇玉爱玉的心理情结，发生在八千年前的新石器时代早期，成熟于中晚期，并伴随着玉器琢磨加工的技术不断发展，始终如一地延续下来，一直带入夏商周三代文明社会。《山海经》对玉石矿产的格外关注，既非出于小说家的虚构，也不是完全客观的科学真实，而恰恰体现出史前至上古时期人们玉崇拜心理的主观真实，即玉石神话信仰或玉教观念的真实。"[1]

从以上比较分析可看出，"N级编码论"的思想内涵和理论要义可用"一个核心问题""一个理论要素""一对概念""两个视角""一种基本方法"来加以概括和说明。"一个核心问题"就是文化表述问题，它包括表述与被表述的多重关系，它表明"N级编码论"是一种文化政治理论。"一个理论要素"就是神话编码思想（神话思想—神话观念—神话思维），它说明"N级编码论"是一种神话理论。"一对概念"就是大传统和小传统，它表明"N级编码论"是一种历史理论，是对历史进程的研究。"两个视角"就是延续与断裂，它表明"N级编码论"是一种知识考古学理论。"一种基本方法"就是类型学解释法，它是以比较研究为特点的。从多样性与新颖性中发现"同一性"，从"同一性"中发现多样性与新颖性，应成为我们认识"N级编码论"的一个重要认识原则。

第四节 "N级编码论"的历史意义和政治意义

我们完全可以想象在封建统治时期，掌握着文化发言权的大概是一些什么阶级，具备著书立说能力的大致又是一些什么人群。三级编码所举的例子是《越绝书》，这部吴越地方志的作者最终被《四库全书》的编撰者考证为汉朝的袁康和吴平，然其生平已不可考。文化的主导权永远掌握在精英集团手中，精英集团内虽时时有异见者，甚至屡屡上演政治屠杀的戏剧，但这个剧场的大门并不向普罗大众开放，它的高高在上、神秘莫测确实对社会平民形成了巨大的吸引

---

[1] 叶舒宪：《从文学中探寻历史信息——〈山海经〉与失落的文化大传统》，载《文艺理论研究》2012年第2期。

力。科举制度的出现使平民找到了可见的敲门砖，"士"阶层既与统治者同心，又同时是根植于乡村的士绅。中国人崇文的传统实则是崇尚知识阶层的政治发言权，而在政治黑暗的时代，遁入民间的失意文人只有通过精神分裂的自弃或避世超脱的隐居来获取平衡。

因此，由一级到三级的编码工作是在一个文化政治核心圈子里完成的，这既给后世的解码者带来谜语般的难题，但也留下了珍贵的信息，即意识形态和政治生态的考古。文化意义上的大传统具有丰富的内容，一个民族的服饰、饮食、节庆、仪式、音乐、绘画……这些当然是文化，一个社会的民众对政治的参与、所受的教育、秉持的伦理道德也是文化，但为什么文学专业的课堂上对后一类的内容讨论得比较少？因为后者的这些议题，已经被政治学、经济学和法学的教授"认领"去了。这种割裂对于在大学里受到专门教育的学生来说，无疑是设置了一道无形的屏障，在学习欧洲思想大家的理论时，往往是在"架空"的状态下勉为其难地理解，最终不免沦为片面，甚至在为己所用的目的下造成扭曲。文学绝不是脱离政治和社会价值而独立存世的，在中华民族的大传统中，文学也是考察历朝政治的最佳载体，尤其是诗歌，其丰富的隐喻无不承载着编码者的巧妙心思。

英国马克思理论研究者泰瑞·伊格尔顿（Terry Eagleton）在其著作《文学理论》中开宗明义地说：文学是没有确切的定义的。不同时代的人对文学有不同的认同，叙事学、符号学、结构学、修辞学皆可发言。文学和真实之间的微妙关系，充其量只是拉康所说的象征界，文学是主体与他者的中介，当然，文学本身未必是绝对真实的。但人类学的态度是科学的，它面对的是混沌的史前时代，是用神话思维处理具体问题的地球居民。还有学者提出了人类学和社会学的关系，认为人类学是研究以百年为一个代际的人类社会问题的，社会学则以十年为一个代际，这门和社会学分享着相同研究对象的学科追求着科学意义上的真实，虚拟和真实碰撞所产生的化学反应便是文学人类学。为了厘清人类这个大概念上的真实，研究者可以借助一套用隐喻来表达的工具，这不就是文学人类学大有可为之处吗？

人类学家的田野考察和作家的体验生活之间存在着什么样的关系呢？

受过良好训练的人类学家所采用的记录手段是多媒体的，包括文字、摄影、录音、图像，其考察是精细、全方位的，一整套人类学家的工具便能反映这个行业的工作维度。上述技术手段对作家来说不是必需的，但超越于所见真实的想象却是作家必备的条件。当编码工作开展之后，只有作家才能"逾越"至 N 级。显然，人类学家可以不丧失作家的身份，弗雷泽的《金枝》和列维-斯特劳斯的《忧郁的热带》便有文学的意义。

前文我们讨论了不要让文字的世界遮蔽历史的真实，在此我们却要讨论隐藏在 N 级中的可贵真实。这个秘密似乎是历朝文人皆知且频频使用的，大幅度置换变形的文艺创作虽看起来远离现实，但只有在这个"疏离"的过程中，它才能得以安全地编码。由于对这类创作的解码难度不亚于达·芬奇密码，所以文学批评的专业人士始终大有可为。正如弗莱所言：批评能够讲话，而所有的艺术都是哑巴。①

如果将后现代主义和后殖民主义置于人类思潮变革的历史长河中，也不过是一个旗帜鲜明的特殊时期。后世在谈论这个时期时，或许会和我们今天谈论文艺复兴、古典主义一样"置身事外"。后现代苦苦追求着反乌托邦、反历史决定论、反体系性、反本质主义、反意义确定性，而倡导多元主义、世俗化、历史偶然性、非体系性、语言游戏、意义不确定性。②不破不立的另一个极端就是形成了新的"专权"，这是一个赎罪感如此强烈的时代，曾经的殖民地努力消解着自己的殖民记忆，曾经被认为"野蛮"的边缘族群被重新"邀请"加入多元文化的阵营。后现代在前台以身份认同为使命组建了大批同盟，但摇旗呐喊的观众久而久之就会形成新的"乌合之众"。印象派三杰之一的高更曾经辞去银行股票经纪人的工作，把自己流放于塔希提岛上，语言不通的土著竟然能够理解他那些在巴黎美术学院不受待见的作品。毛姆在《月亮和六便士》中是如此羡慕高更，然后在 20 世纪下半叶，塔希提岛终于"荣升"为世界十大度假圣地之一。

后现代的商业价值比学术价值更广为人知，大有可为的第 N 级编码在后现代主义的语境下被霓虹灯和摇滚乐装点得光芒四射。客观地讲，我们无妨就让它以原生态的姿态生长，因为任何一种艺术和文学形式都有相应的批评理论。后现代主义是属于入侵者的精神救赎，当他们与土著居民"打成一片"的时候，他们的快感来自于怜悯和救世的满足；当他们把边缘文化介绍给主流群体时，却享受着"他者"文化的新奇，也在众人的啧啧称奇声中感到自满。身着长袍、留着发辫的中国男人在 19 世纪的欧美世界被围观称奇，其中不乏恶意的嘲弄。今

① [加拿大]诺思罗普·弗莱：《批评的解剖》，陈慧、袁宪军、吴伟仁译，百花文艺出版社，2006 年，第 5 页。

② 王岳川：《后现代后殖民主义在中国》，首都师范大学出版社，2011 年，第 2 页。

天的少数民族地区被接连开发成"心灵禅修地"，接纳着避世者的同时也在旅游经济中获利良多。毛利人的 Haka（战舞）由新西兰国家橄榄球队带到了世界杯的绿茵场上，自然也是旅游必参观项目。而在国内，收视率颇高的《中国达人秀》舞台上连大象也被牵上来了，为的是表现来自云南自然保护区两个小姐妹的"原始感"。

如果说莫言的《蛙》，以及西方世界的魔幻作品《哈利·波特》《魔戒》等潜藏着负载深厚文化背景的编码，那么商业世界的编码则浅显易见且无处不在。"N 级编码论"虽然是个新鲜的理论，但 20 世纪的艺术家已经在反艺术的叛逆中闪现了用编码"发言"的智慧。面对发达资本主义的消费文化"原型"，美国"波普艺术之父"安迪·沃霍尔的作品紧密地围绕随处可见的大生产环境下的商标展开，例如著名的《一百坝贝尔汤罐头》[1]。在半个多世纪以后的今天，家常的坎贝尔罐头在中国的进口食品超市内也已经变得"日常"。但坎贝尔牌浓汤罐头本身不是原型，沃霍尔所编制的原型是发达工业社会消费文化的泛滥，是人们对机器生产和大量复制的崇拜，是日趋成为主流的商品拜物教。N 级编码不是文学作品的专利，它同样是艺术表现手法所青睐的创意内核。

那么，不如遵照存在即合理的信条，让这些姿态各异的 N 级编码自由自在地存在着，为我们的时代做个见证。

（代云红　权雅宁　章米力）

---

[1] 1962 年，安迪·沃霍尔在个展上展出了三幅作品，分别是《一百个坎贝尔汤罐头》《一百个可乐瓶》《一百张美元钞票》，奠定了他作为美国"波普艺术之父"的重要地位。

第三章　编码的符号学

与之前"大小传统""四重证据法"和"五重叙事"不同的是，在 N 级编码体系中，研究者被赋予主动参与的权利，在每一层级的编码过程中，作家的积极作用得到认可，解码者即使依然带着追根溯源的研究目光，他也要研究编码中的技巧、策略和方法，以备文化创新之需。在本章中，我们从编码的符号学角度出发，尝试在更大的范围内对"N 级编码论"的效应做出评估。

第一节　N 的符号学解读

一、西方人文科学的阐释模式

要对"N 级编码论"的方法论实质做出评估，我们首先要对西方人文科学的阐释模式做出基本评估。

西方人文科学的阐释模式，深深扎根于西方哲学的本体论。"哲学之父"泰勒斯的追求万物始基和埃利亚学派追求运动中的"不动者"，都为还原论的形而上学方法奠定了基础。从当下感觉所及的事物回溯至这一感性事物的根源，成为形而上学的基本致思路径。还原主义的形而上学，在经历西方思想从"本体论"到"认识论"的转变后，就以索绪尔搭建的能指–所指二元结构构建起了西方文化阐释理论的基本理论框架。

能指–所指的二元格局为符号学的工具革新提供了基础。这个二元格局是以西方思想的深度模式为理论背景的。二元格局揭示了，在文化表述中，表层叙事与深层内涵之间具有对应关系。在索绪尔的《普通语言学教程》中，能指与所指之间的关系是随意的，现实的一棵树与 tree 之间并没有内在关联；另外，通过能指的指向和呈现，所指有望得到全面而准确的传达。因此，虽然具有随意性，但能指与所指的关系是透明的。

索绪尔语言学中设想的透明关系很快被证明只是一个理论神话。不透明性的表现比比皆是。在文学研究中，英美新批评对文学语言中的含混、多义的发现证明，文学家根本就没有指望语言这一能指清晰透明，反倒是要运用含混、歧义等不确定性达到特殊的效果。①在读者反应批评中，由于读者参与了文学意义的创造，对所指的清晰界定不再可能，文学接受中的有意误读使得所指（文学意义）成为不可把捉的飘絮。②如果说文学领域是一片自由想象的自留地，那么在号称严谨的哲学中，思想家至少应该有相对清晰的二元结构工具吧？但实际情况依然不明朗。哲学在用语言这一能指探求最高确定性的所指（形而上学的最高设定：第一推动力、存在、上帝）失败后，将研究的目光投向能指自身，却发现在语言中蕴藏着无法描述的混沌。所谓 20 世纪哲学的语言学转向，实际上是西方睿智头脑在对"超级所指"无望把握后，一头栽进能指泥沼中的挣扎。维特根斯坦（Ludwig Wittgenstein，1889—1951）把语言的界限等同于世界的界限，完全缩进能指之中；奎因（Willard Van Orman Quine，1908—2000）等语言哲学家将语义真值作为关切点，将哲学命题表述为以正确的方式言说。对于维特根斯坦和奎因来说，在语言范围内依然是可以区分出能指和所指的，能指就是语言的表述，而所指则是语言的意义和真值。但这已经不再是朝向世界自身并把握世界的二元了。可以说，他们在语言范围内的再次二元化，是西方思想深度模式的重现，但也更深地暴露出二元模式的内在问题。

哲学的语言学转向表明，在语言能指和世界所指的二元关系中，繁复难解的中介环节冒出来了。这种中介环节首先在语言中滋生繁衍，将语言这一预想的透明的能指分裂开来。中介环节对于二元的裂解，倒并没有证明二元格局的完全失效，而是证明二元的设定本身只是提供了认识的框架，具有哲学认识论最基本的语法功能，在基本二元的中间，还有层层不可穿透的辩证中介的迷雾，它深化而不是取消了二元语法。

语言哲学是从能指的分裂中暴露出中介环节的。与之相对，海德格尔（Martin Heidegger，1889—1976）的现象学则是从对世界即"实事"的贴近中让二元中

① 燕卜荪（William Empson）探讨诗歌中"意义含混"的问题；退特提出"张力论"；布鲁克斯对反讽做了最详备的解释，他把反讽定义为"语境对一个陈述语的明显的歪曲"；瑞恰兹把比喻分为两个部分——喻体与喻旨，前者是一种具体的形象，后者则是从形象中引申的抽象意义，一般来讲比喻中的明喻是喻体对喻旨的直接说明，而隐喻则要求喻体与喻旨"远距离""异质"。

② 读者反应批评认为，作品文本不存在某种"唯一正确的含义"，没有唯一正确的阅读。对作品的一致意见、解说的一致性，只存在于特定条件的某些读者中。

的辩证中介暴露出来的。海德格尔对语言的关切，与语言哲学的关切角度正相反，他是在对形而上学的"超级所指"——"存在"的逼近中，在存在真理之"绽出"这一存在"实事"中让语言现身的。（必须注意的是，海德格尔是在深入形而上学的存在问题后才切入语言这一问题的。他用斯蒂芬·格奥尔格的诗"词语破碎处，无物可存在"所重点强调的，是存在的缺失。）

可以说，语言哲学中的"语言"在经典二元格局中应该划归能指领域，而海德格尔的"语言"则应归入所指领域。在海德格尔那里，立足"存在"的最难解的问题是，存在之神秘是超出语言而不可言说的，但思想家又必须说出这种神秘。语言与存在的相互依赖和无言的对视，逼使思想家说些什么，让存在"存在起来"。可以说，由于海德格尔将语言与存在做了同一化处理，能指－所指二元之间的理论势能被消解了很多。但在存在之神秘中，又分明有着二元势能的涌动。

语言哲学在语言能指中重新分裂出二元格局和海德格尔在存在"实事"中将存在与语言做同一化处理，这两种对能指的不同处理方式，暴露的是能指－所指二元中的复杂性。以图示方式，二元基本结构可以表示如下：

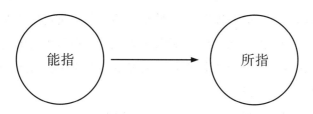

图 3-1　二元基本结构

经由语言哲学和海德格尔的深化，二元基本结构可以更加细化：

图 3-2　二元基本结构的细化

其中的辩证中介可以被视为能指的推衍，也可以看作所指的映像，思想家可以根据自身焦点的变化做出自己的解读。核心问题只在于，二元设定已不敷用，二元之间的第三者、第四者层出不穷。形而上学的僵化性通过人文学科阐释的困境得到表现：哲学真理不能够以还原主义的方式被完全把握（海德格尔的"真理绽出"）；文学性不能够通过分析文学语言而穷尽（结构主义和新批评的困境）；历史学的价值根本不能落实在对客观史实的确定（克罗齐的"一切历史都是当代史"，海登·怀特等的新历史主义等）上；童女受孕、末日审判等宗教观念不应该从实证意义上来理解（象征神学）；等等。伽达默尔阐释学对传统解经学做出革新，将任何一位后来者的"视界"也纳入阐释过程中，使得能指与所指之间的界限变得模糊。

西方现代理论尝试着对二元框架做出了扩充与修订，包括：斯宾诺莎主义结合了唯理论、唯物主义和泛神论，否认了超自然神的存在；尼采试图以赫拉克利特的"流"（"一切皆流"）同时化解僵化的符号和理性的始基；恩格斯以"最终决定论"化解了经济基础与上层建筑之间的僵化映射关系；阿尔都塞以"过度决定"对恩格斯经济最终决定论的修正；弗洛伊德、荣格调动起"无意识"的阐释功能；李约瑟的过程哲学；德里达以"异延"（difference）、"踪迹"（trace）、"播撒"（dissemination）将能指放逐到无限展开的辩证中介中去；韦尔施尝试一种不同于深度模式的"横向理性"[①]，使垂直的、单向决定的理性方式遭到全面清算。应该说，虽然能指－所指二元框架的局限性已在后现代语境中被彻底暴露出来，但是，这种二元框架正是西方思想表象主义的深层语法，支撑着西方人文学科的阐释和自我言说。

在这一深层方法论革新的意义上，我们要把"N级编码论"的理论能量释放出来。就N的不定指代而言，"N级编码论"确认了能指的层级是不定的，还为更多层级不透明的能指留下生长空间。在人文学科阐释领域中，恰如伽达默尔所证明的，后起的"视界"作为新生长着的能指系统，要求积极参与到阐释之中去，阐释活动自身具有无穷生长性，这种生长性使得阐释不可穷尽。蒙娜丽莎被描上胡须后，作为艺术整体的经典名画降格为一个能指符号，在新近的阐释中被阐释者强行征用，这样，在能指序列中，又活泼泼生长出新的一级。能指符号的不断衍生，在文化工业生产中呈现出一派不可预测的蓬勃景象。

在表象主义的深度模式和N级代码的编/解码操作实务之间，研究者的主动

---

① ［德］沃尔夫冈·韦尔施：《我们的后现代的现代》，第十一章"横向理性"，洪天富译，商务印书馆，2004年。

创造性截然不同。表象主义深度模式着力于对终极所指的步步逼近；而"N 级编码论"则旨在揭示不断展开着的中介性编码的隐蔽的作用。N 级编码拓宽了深度模式的领域（从意识哲学的思想关联狭窄领域到文化文本的广阔视野），提升了深度模式的思想内涵（不是在意识的深海里钩深极奥，而是在文化符号的立体世界中实现多向勾连），为深度模式赋予了行动力（使文化符号编/解码工作有法可循）。

如果"N 级编码论"可能实现对表象主义深度模式的更新，我们就有理由尝试一种超越西方符号学建制的编码符号学，将 N 的能动性再次激发。

二、对表象主义深度模式的革新

就《哈利·波特》的猫头鹰意象和莫言的蛙意象来看，"N 级编码论"在编码自身的功能上，具有区别于西方表象主义的特征。揭示这一功能性特征，也需要与表象主义的意义阐释模式进行比较。

形而上学以最高确定性作为其真理性追求的目标，这个最终证明不可把握的最高确定性，成为西方思想 2000 多年（古希腊至黑格尔）的最高期盼。最高确定性的不可把捉与感觉经验的现实可感形成强烈对比，也为西方思想注入了不竭的活力。在通过感觉追求超感觉的思想动力结构中，阐释学的任务表现为对于一个具有无穷牵引力的"绝对所指"的把捉。受形而上学动力模式决定，西方阐释学在是否存在"绝对所指"、能否"当场逮住""绝对所指"这样的玄虚问题上费尽思量。西方思想的真诚执着性与执拗倔强性互为因果又共属一体。由于感觉世界与超感觉世界之间的绝对性差异，形而上学的真理追求具有明确的指向性，即朝向那不可感知的最高确定性。借助最高确定性的绝对牵引力，思想的动量被单极而执着地引向超感性世界。与之相应，阐释学将文本本意能否完全把握作为核心理论问题。在形而上学的最终指向和阐释学的有效标准问题上，西方思想的目光是单向的。因而，能指-所指二元阐释框架中的具体问题就表现为：如何由最贴近阐释者的能指符号层层递进，推向那个令思想家魂牵梦绕的"绝对所指"。这样，以形而上学为思想背景的阐释学，最终是严格按照能指的层级递进关系层层推进的。在这样的层层推进中，没有给能指的回头"顾盼"和平级"盘旋"留下空间。西西弗斯式的劳役和浮士德式的追求，正是这种没有终点、永在途中的西方思想的艺术化写照。西方思想对这种单向性追求的自我辩解是，这是一种"有根"的思想。因而，从阐释终端的最新一片树叶回溯到最深的根须末梢，被看作是西方思想的规范性作业。

在后现代思想中，这种单向性、根喻式的阐释路径受到检讨。游牧思想、块茎思想、平面化、互文性、多级映射等突破性概念正是对表象主义深度模式顽疾的清算。这些新的方法论尝试，使得多级互渗的文化阐释得以可能。"N级编码论"创造的也是这种多级编码交融互渗的可能。在莫言的蛙意象中，作为文化阐释终端的《蛙》（第N级）并非严格依照从一级逐层到N-1（N减1），再到N级的僵化阐释路径。引发莫言之《蛙》创作的，可能是从一级到N-1级中的任何一级。这些不同级编码之间的关系，并非因与果、本与末的决定性关系，而是互为镜像、相互引发的关系。

"N级编码论"中的这种多级互渗共融关系，在对艺术作品的解析中可以得到清楚的表现。另外，人文世界的多元性使得艺术符号也呈现出多样化姿态。从艺术起源的"诗乐舞一体"，传统艺术中所谓"书画同源"、禅诗、禅画、建筑与音乐的互相阐发（"凝固的音乐"与"流动的建筑"）到当代艺术中的跨界（crossover）艺术，艺术媒介与艺术样态之间的互相阐释和相互引发，是作为整体的人文世界中的基本生态。在人文学的阐释领域，中国传统有所谓"文史哲不分"，西方当代科学界于20世纪70年代兴起的爱丁堡学派"科学知识社会学"（Sociology of Scientific Knowledge，简称SSK）更是试图实现社会科学与自然科学之间能指系统的互通。

在形而上学的僵化对立被化解后，充沛完整的"生活世界"（胡塞尔）参与到传统人文世界的阐释之中，这样，多元、多级能指符号之间的互渗共融就成为理论的必然。"N级编码论"有理由参与到这种广义的阐释学之中，并且借助文学人类学的跨界视野，将文化编码中的深远信息带到文化符号创新事业中去。

"N级编码论"在参与革新形而上学的表象主义的任务时，也将深度革新表象主义基本模式。在表象主义的深度模式中，单向的、深度的意义模式为一种多级交错的、共生的意义生成模式所取代。从当下感觉经验形而上学到"第一因"、从树梢顶端最新一片树叶到树根末梢的溯源式探讨所勾画的单向线条，被多层级能指互相涵摄、引发的神经元一般的转换、飘荡的意义之网所取代。人文世界的广度、深度和活力陡然剧增。"N级编码论"的编/解码一致性也对形而上学的单向还原提出深层批判。由于执着于对"第一因"的把握，西方思想的目光长期被锚定在一个虚幻的客体上。在形而上学的最高确定性追求失败后，虚无主义在欧洲蔓延。"N级编码论"以编/解码的一致性，将文化意义的获得与付出和人文整体世界借助编/解码者（人）所实现的自我创生结合起来，同时赋予编/解码者（人）和生活世界以坚实的现实性。

三、多级编码理论的间性问题

在阐述"N级编码论"对文化创新主动性的激发可能性之前，我们先提出以下几个问题：第一，在西方思想家放弃"编码""符号"这些表象主义的残骸后，我们为什么依然坚守这些概念？第二，N级编码在面对中国素材和西方素材时，其有效性分别如何？第三，N级编码对表象主义的救偏补弊作用究竟如何？我们能否借助N级编码，走出一条文化表述的健康之路？第四，西方思想家当救命稻草一般看待的关联思维，在N级编码中如何发挥功效？

加达里（F. Guattari）因能指的专制性而抛弃编码，福柯对文化表述中话语的透明真切性彻底失望，利奥塔以对表述工具的批判作为批判的工具。他们的批判矛头指向表象主义中的僵化能指：能指自足化并对所指形成宰制，符号比它所指代的事物本身更具威力。能指的霸权是深度模式中最深层基质之霸权的对应。源点对于事物的重要性，从泰勒斯寻找始基就已经开始了其绝对的霸权，直到康德为未来形而上学奠基，遵照的都是这种深度模式的逻辑。"N级编码论"中，如果依然有深度模式之符号的僵化性，则N级编码就依然是对某种粗糙简单的因果决定论的坚守。但我们强调的是各个编码之间多向互动、秘响旁通的天然关联。在多级编码之间，西方学者所津津乐道的类比思维打破了编码之间的单向决定，比如乳房（a）和苹果（b）之间的同一性[1]，并非"因为a，所以b"的单向因果，而是两者在形状上的相似性使得它们神秘地统一起来。同样的例子，比如，事物的抽象特征"重"与人的行为准则"稳重"之间的同一关系[2]，道的回环往复运动、卮言的浑圆无际、自然造化的变动不居、天体旋转、陶钧往复转动、石圆圈祭坛，亦是如此。

从一到N，编码并未呈现出严格的次第关系，能够激发N之创作的，是贯穿于整个编码系列的内在文化基因，而非某一邻近级的编码。N级编码在保持文化基因完整性的同时，也为自主创新者留下了广阔的空间。多级编码之间并非线性的前后勾连，而是网状的多向互通（莫言《蛙》中的多级编码相互引发），在自主的文本创造者面前，一张漂浮的代码之网诱发着一次次的N的创新。在

---

① 叶舒宪：《老子与神话》，陕西人民出版社，2005年，第33页。

② 叶舒宪：《老子与神话》，陕西人民出版社，2005年，第34页。

深度模式中的永远挖不透的表象之墙，为一种灵动的代码之网所取代。这张代码之网中的任何一个节点，都会成为敏锐的文化表述者实施再再编码的灵感之源和意义之源。在过去的文章中，我们也强调了四重证据之间的间性问题，这一"间性问题"如果放在"N级编码论"中，则可以看作是不同层级编码之间的相互应和问题。①

在人类文化表述史中，当文字编码经过意识形态、权力、资本等棱镜折射后，其本原意义的离散似乎是不可避免的。但在与图像和物的叙事、神话、民俗等编码的互证互释中，文化本义有望得到本真的呈现。这正说明了"四重证据"和"五重叙事"所具有的阐释学功效。在对玉器时代的历史学勘定中，"玉"这一物质自身所负载的多重编码信息实现了对勘与互训。玉德、玉质、玉音、玉意，在使人成圣的玉教传统中，相互交织为一个复杂多维的表述系统，在这个复杂的系统中，蕴含着中国古文明意义生成的秘密。②

编码中的随意性和不自觉化是不可避免的，但这并不能妨碍在文化表述—再表述的历史长河中基本意义的基因式持存。从猫头鹰形象的多级编码解读可以看出，基于对猫头鹰形象的跨文化和贯穿多级编码的基本意义的确认，在对出土玉器的器形辨认中，甚至可以"以意逆志"般收到奇效。③

人类学家带着好奇心在"原始"人类中发现了类比思维，西方的哲学家也摸索着按图索骥找到了中国思想的宝库。但中国思想显然不是"原始"的思维方式的代名词，也不是福柯提出、于连认可的"异质邦"（l'hétérotopie）[《词与物》（Les mots et les choses）]。就保护文化整体的全息性而言，中国文化不该简简单单作为西方学者寻找灵感的"文化他者"，它的价值应该从自身、从人文学科的独特价值角度得到认可。在中国文化表述中，类比性方式在各种不同的思想体系中得到广泛运用，《易》的天地人感通，以简易、变易、不易三重境界概括了宇宙一切理，儒家的君子比德于玉，养气、修身、立言一体多修，皆是文化全息基因的体现。

西方学者对于表象主义意义模式的反思、人类学家对于"原始"思维的探寻、汉学家借以了解中国文化的基本思维逻辑等，在当代中西对话语境中实现

　　① 叶舒宪：《我的"石头"记》，载《民族艺术》2012年第3期。
　　② 叶舒宪：《中国圣人神话原型新考——兼论作为国教的玉宗教》，载《武汉大学学报》（人文科学版）2010年第3期。
　　③ 叶舒宪、祖晓伟：《红山文化"勾云形玉器"为"鸮形玉牌"说——玄鸟原型的图像学探源续篇》，载《民族艺术》2009年第4期。

了会通。在这种会通语境中，"N级编码论"可以视作是对所谓"类比思维"的技术性描述。任何一级都具有的开放性，使得文化阐释与意义生成具有多种可能性。在对中国文化典籍的解读中，这种全景式文化阐释和多样化意义生成模式已经得到了基本的演示。①

"N级编码论"在中国思想的"故园"找到了可供操演的广阔领地，但这一理论的方法论意义却绝对不应限于中国素材。如果能够将这种理论在更多的文化文本和文学文本之中付诸研究实践，就能够更大程度唤醒文化与人文的自我创新力量。这种力量在培根"知识就是力量"的豪言壮语之后，已经被现代科技的喧嚣声淹没了。

第二节 "编码符号学"的尝试

在围绕大小传统和"N级编码论"展开讨论的过程中，"源代码"和编码终端是青年学者们比较感兴趣的两个点。"源代码"的意义建构一开始也许随意，但"源代码"一旦成为象征，会如语言符号一样约定俗成。那个从对世界自身的把握中第一次出现的编码，是否可能被我们掌握？因为第一次编码具有随意性，所以从这一编码"朝前"对于事物自身的解释、"朝后"对于后续编码的解释，其有效性都需做出衡量。如果换用能指－所指框架，这一问题可以做出如下描述：如果将事物自身抽象化理解为尚未得到解释的"物本身"，由于解释的缺失，我们首先将这个"物本身"命名为0，这个0就是纯粹的所指，或者叫终极所指，那么对0的第一次解释就是0+1级编码（"源代码"）。这个编码是在能指与所指之间的复杂中介里最靠近所指本身的，但由于多重辩证中介的存在，这个编码自身的身份是模糊的：既靠近终极所指，又具有辩证中介的复杂特点。

关于编码终端，有学者认为，由于包括自然、科技、通信等在内的各种认知都可能被运用到编码中，编码体系就会有涵盖所有人类认知的野心，这样，N级编码就会出现序列上的问题，"源代码"对于N级编码，就不再是充分条件，而只是必要条件了，越往后越不能涵盖和派生。这种观点是立足于N级编码终端来审视整体编码中的程序合法性的，着眼点在于保证各级编码之间的逻辑连贯

①叶舒宪：《庄子的文化解析》，湖北人民出版社，1997年。可参看第四章第四节对剖判葫芦意象的阐释。

性和内在关联，防止因编码程序的驳杂而导致各级编码之间意义离散。

由此，我们站在辩证中介的两端，对更本质意义的绝对所指（0）和绝对能指（N）展开追问。就追问绝对所指而言，一种抽象意义的"物本身"会在凝视中消失，消散融汇到辩证中介的多级代码中去；就追问绝对能指，即在编码程序终端的 N 级编码而言，终端编码必然带有多级编码的信息，编码与解码的工作是无法割裂的。在我们对文化工业和符号经济的关注中，正是希望通过解码工作为符号生产的参与者提供编码的指导。在 N 级编码体系的多级双向互动下，能指与所指框架的单向决定论被打破，取而代之的，是多级编码之间的活泼的相互阐释。多级编码之间的流动性关系，可以用下图表示：

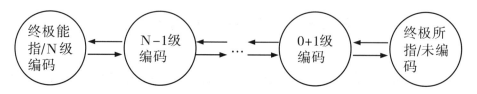

图 3-3 　多级编码之间的流动性关系

从莫言的《蛙》中，我们可以看到编码之间多级互释的紧密关系。编码程序并不严格依照从一到二，经三到 N 的僵化路径，至于是哪一级，我们无法确定。莫言自述"怕极了青蛙"，并深感"他人有罪，我亦有罪"，这样的剖白告诉我们，直接引发莫言《蛙》之创作的原因，是要实现自我心灵的忏悔，也替失去信仰的现代人忏悔。而对于现代人之渎神的醒悟，是与蛙所代表的生命力以及蛙神崇拜的神圣性相对照而反思得来的。所以，要在《蛙》这个 N 中寻找上级代码，似乎一、二、三都不能直接说明。另外，N 的未定性，在蛙的编码体系中也为蛙和娃的相似叫声留下了空间。初生娃的第一声啼哭和蛙的叫声的相似性，为神话思维提供了一条编码纽带。这样的神秘关联，正是人之丰产和蛙之丰产之间的天然关联。

由于对所指-能指二元框架的单向决定论做出了深层的革新，"N 级编码论"指向一种崭新的意义建构模式。这种模式我们可以尝试性地用"编码符号学"来勉强命名。"编码符号学"这一概念似有叠床架屋之感，因为任何一种代码必然就是符号，具有符号的指向性。以"码"和"符号"并列的方式，编码符号学试图将 N 级编码中"编"的主动性融入符号系统，而对"符号"的保留则旨在说明，各个代码之间可以互相涵摄，互相引发，甚至"互为符号"。编码符号学意味着在文化文本与文学文本的交互引发中，多级多维关系中的动力性得到体系性激发。

"N级编码论"以编码之网挑战表象之墙，就方法论而言，是对现代理性思维的"他者"——关联思维的关注。在中西比较哲学语境中反思因果思维与关联思维之区别，郝大维、安乐哲的论述可谓集先贤之见。在《期望中国——对中西文化的哲学思考》中，二人梳理了这一问题的问题式，将葛兰言《中国人的思维》视作关联思维（类比思维）概念的现代源头，并对列维-斯特劳斯、卡西尔、李约瑟、张东荪、费耶阿本德、葛瑞汉等人的相关论述做出了评价。[①]关联思维的思想实质超越于方法论之上，具有人文学科的本体/本源意义。深入研究这一问题，无疑是对人文学科自主性的再确认，其价值堪比维柯对笛卡儿体系的挑战和借此挑战建立"新科学"的尝试。"N级编码论"以理解与阐释的相互助益，本色而坚实地贴近了人文学科的思想"实事"。但是，"N级编码论"所具有的人文学科本体意义，尚待进一步深入探讨。

第三节　多级编码的逻辑梳理

编码是按某种规则将信息用规定的一组代码来表示的过程。[②]编码是信息从一种形式或格式转换为另一种形式或格式的过程，我们可以将信息的原初形式称为源码，转换之后的形式称为代码，它们之间转换的方式或规则称为编码规则。解码，是编码的逆过程，所以在解码过程中，解码规则是编码规则的逆向操作，代码要通过这个逆向操作还原成源码。源码和代码都是一种符号，所以我们可以借用皮尔斯（C. S. Peirce）的符号三元模式来进行分析。

丁尔苏在《皮尔士的三元符号模式》一文中认为，皮尔斯的"符号媒介"（sign 或 representamen）大致相当于索绪尔的"能指"（signified），符号媒介或形式具有唤起概念的能力，但不同之处是"在前者的理论中，符号媒介有时在形态上类似于指称对象，或者在时间和空间上连接指称对象；在后者的理论中，物

---

① ［美］郝大维、安乐哲：《期望中国——对中西文化的哲学比较》，第二章"文化的偶然性"，施忠连、何锡蓉、马迅、李琍译，学林出版社，2005年。

② 《辞海》，上海辞书出版社，1990年，第1337页。

理的世界被彻底排除在符号学的考虑之外"①。

皮尔斯符号三元模式中的"指称对象"（object 或 referent），则是符号媒介所代表的"某样东西"，"这样东西既可以是我们的感官能够察觉到的物体，也可以是我们想象中的存在"②。

最重要也是最复杂的一个概念是"符号意义"，英文词语为 interpretant，丁尔苏认为它"指的是符号媒介在解释者头脑里唤起的'心理效应'或'思想'，大体相当于索绪尔的'所指'或叶姆斯列夫的'符号内容'"③。

而约翰·迪利（John Deely）则认为 interpretant 是"一个符号被视为与另一物所指发生联系的基部（ground）"④。

维基百科对"interpretant"一词的解释是："The concept of 'interpretant' is part of Charles Sanders Peirce's 'triadic' theory of the sign. For Peirce, the interpretant is an element that allows taking a *representamen* for the sign of an *object*, and is also the 'effect' of the process of *semeiosis* or signification."⑤

从"interpretant"的"inter"前缀中，我们就已经可以看出，这是一个代表"转换""关系"和"连接"的词，是让符号得以连接或指向对象的元素。

所以，我们很难认同丁尔苏将"interpretant"翻译成"符号意义"，并认为其大致等同于索绪尔符号理论中的所指。皮尔斯的符号学研究范围要远广于索绪尔，在某种意义上，索绪尔理论中的符号只涉及皮尔斯三种符号——类象符号（icons）、引得符号（indexes）和常规符号（symbols）中的第三种，"常规符号与其所指对象并无内在的联系，两者之间的关系完全是约定俗成，自然语言和其他标记系统都属于这一类"⑥。因此，对于索绪尔来说，一个符号的意指是一个相对固定的状态。如果一定要将两者类比的话，皮尔斯的"interpretant"更像是符号能指连接所指的机制，也就是我们为什么会对"树"这个词形成"树

---

① 丁尔苏:《符号学与跨文化研究》，复旦大学出版社，2011 年，第 32 页。

② 丁尔苏:《符号学与跨文化研究》，复旦大学出版社，2011 年，第 32 页。

③ 丁尔苏:《符号学与跨文化研究》，复旦大学出版社，2011 年，第 32 页。

④ ［美］约翰·迪利:《符号学基础》（第六版），张祖建译，中国人民大学出版社，2012 年，第 31 页。

⑤ http: //en. wikipedia. org/wiki/Interpretant.

⑥ 丁尔苏:《符号学与跨文化研究》，复旦大学出版社，2011 年，第 12 — 13 页。

的观念"的心智原理。因此，我们更倾向于把"interpretant"翻译为"诠释"或"诠释项"。

根据上文对编码的分析，我们可以认为：源码相当于"指称对象"，代码相当于"符号媒介"，而"诠释"则是解码规则。

接下来，让我们看一下"N级编码论"的源码、代码和编码规则。

一、源码（指称对象）

中国文化的内在精神指向都是来自"神话的观念，或者说是直接来自神话思维的信仰观念，它对于整个中国传统来说，具有文化基因的作用"[①]。这个观点借鉴了荣格的原型理论，荣格认为人类不仅会把个体经验内化成个体无意识，同样也会把集体经验内化为一种无意识形态，人类不仅把后天直接习得的集体经验和意识传承下去，也会把原始文化中的精神和意象通过一种隐匿的方式世代传承。荣格将这种人的头脑中继承下来的祖先经验称作"种族记忆""原始意象"或"原型"。

所以，在N级编码体系中，源码就是神话感知与思维或神话所代表的原始信仰。由于篇幅所限，这里不展开探讨原始信仰的根源，暂且把整个逻辑框架的原点设定在原始信仰或神话上。

二、代码

我们所说的代码广义来讲是：某种神话体系或原始信仰的文化辐射范围内的族群在自觉创作中使用的符号。

需要特别指出的是：源码和代码必须是同一文化范畴中的，虽然我们不排除跨文化的相互影响，但倘若不限定范围，研究将会变得过于散漫，包罗万象的大一统理论是一个危险的尝试，任何缺乏限制和限定的系统都会因失去参照而变得空洞。

就文学人类学的研究范围来讲，我们可以把自觉创作限定在文学领域。在"N级编码论"中，一级编码的代码是物和图像；二级编码的代码是文字；三级编码和N级编码的代码不是古代经典或现代作家创作的文本，而是这些文本中

[①] 叶舒宪：《神话历史丛书·总序》，南方日报出版社，2010—2013年。

的重要符号，并且这些符号在这些文本中的使用方式与这个符号在当下习俗中的一般使用方式是不同的。举例来说，我们当下使用"蛙"这个词是指代青蛙这种动物，但莫言的《蛙》中"蛙"则并不直接意指这一具体的动物观念，而是用来指称一种更为复杂的繁衍观念，成了一种象征符号。此处的象征与弗莱在《批评的解剖》中对象征的分析是一致的。

三、编码规则

根据上文的分析，一级编码是把代码——物和图像指向作为源码的神话和原始信仰，因此编码规则就是：史前人类是如何将神话和信仰的观念转变成物和图像的，也就是这些物和图像与神话和原始信仰的映射关系，在此简化为"图像—神话"。

在二级编码中，作为代码的文字，其来源是图像（尤其是汉字），图像的指向是神话和原始信仰，因此编码规则就是：文字如何从图像中演变而来，并最终映射了神话和原始信仰的观念，简化表述为"文字—图像—神话"。

在三级和 N 级编码中，作为代码的象征符号，其能指是具体的文字，文字来源于图像，而图像指向了神话和原始信仰，因此编码规则就是：文字是如何获得象征功能，并最终通过追溯其图像来源映射至神话和原始信仰的观念的，简化表述为"象征符号—文字—图像—神话"。

由于篇幅所限，无法在本节中详细探讨编码规则形成的内在机制和根本原因，但是，我们可以探讨编码规则中隐含的一些基本原理：生存形态影响了信仰体系，信仰体系决定了理解方式，理解方式导致了符号形态。

人类自觉的文化创作是一个将复杂意义隐藏在抽象、可数的符号背后的过程。创作者在文本中使用的符号有其自觉或不自觉的认知来源。这些认知既来源于其特殊的个体经验，也受限于其生存的社会之集体意识，此即为文本中符号的象征原型。

根据以上代码、源码和编码规则的分析，对比国标编码，可以将"N 级编码论"总结如下：

表 3-1

	国标编码	一级编码	二级编码	三级编码	N 级编码
源码(指称对象)	汉字、标点符号、外文字母	神话和原始信仰	神话和原始信仰	神话和原始信仰	神话和原始信仰
代码(符号媒介)	区位码	物和图像	文字	象征符号	象征符号
源码(诠释)	汉字、标点符号、外文字母—94 行、94 列方阵—区位码	图像—神话	文字—图像—神话	象征符号—文字—图像—神话	象征符号—文字—图像—符号

四、各级编码之间的关系

1. 各级编码的源码都是神话和原始信仰。

2. 各级编码的代码是一个演进的关系，即：图像—文字—象征符号。

3. 从一级编码到二级编码，再到三级编码和 N 级编码是一个编码规则不断复杂化的过程，并且下一级编码的编码规则都包含了上一级编码的编码规则。

第四节 原型编码和序列倒置

考古学和民族学所发现的实物本身只是神话编码的载体，维系 N 级编码的是这些实物中所蕴含的神话观念或神话思维。当然，这些神话观念或神话思维只有在各级编码中才能够表现，就像伽达默尔所理解的原型只有在绘画的表现中才能实现对自我的表现。卡西尔《神话思维》中说："（神话的）这种客观性既不在于隐藏其后的玄学实在，也不在于隐藏其后的经验—心理的实在，而在于神话本身,在于神话所造就的东西,在于神话完成的客观化过程的方式和形式。"①

因此，"N 级编码论"的基层与脉络，就是一以贯之的神话。在保持一贯性的基础上，我们可以在序列和层级上尝试变形，比如：倒置，并增加原型编码。还是以蛙为例：

N 级编码：当代创作 （莫言的《蛙》）；

……

---

① ［德］恩斯特·卡西尔：《神话思维》，黄龙保、周振选译，中国社会科学出版社，1992 年，第 16 页。

三级编码：古代经典（以《越绝书》中的蛙怒与《聊斋志异》中的蛙神为例）；

二级编码：文字（以汉字中的"蛙"与"娃"同根同构为例）；

一级编码：无文字时代的文物与图像（以兴隆洼文化石蟾蜍与良渚文化玉蛙神为例）；

[原型编码：神话（以蛙这个神话意象所蕴含的神话思维或观念为例）。]

将原来的顺序颠倒，是为了更加形象地显示：在这个理论中，作为原型编码的神话是整个理论的主脉，也是基础和支撑点。经过这样的调整，整个理论体系的内在联系就会得以明确。除此之外，这样的排列使该理论在时间顺序之外又有了另一种排序的依据：每一级编码都以下一级编码为基础，在其之上纳入新的信息，成为更加复杂而庞大的信息体系，同时也会对下一级信息造成遮蔽或者扭曲。每一级编码都包含对作为原型编码的神话的再次阐释，也可能会呈现出另外一种表现形式。"对于神话原型的发掘与构拟……是希望将神话原型与其次生型式做一对比，以便显示历史中的人们如何通过操作一个古老的型式来表达新时代的、与古人迥异的意图，并据此攫取新的话语权力。……古老神话的传承也就成为一个不断被阐释的过程。"[1]在再阐释的过程中，神话原型可能会遭到遮蔽或者遗忘，会遭遇到各种挑战。但是，神话"既提供了行为的认知基础，也提供了行为的操演模式"，它"描绘生命和宇宙最重要的方面"，被定义为一定意义上的"本体论"，[2]是不会在各级编码中彻底消失的，而是变换了传达自身的方式，它"以保持自身存在的方式所发生的变化正是为了避免其功能的削弱或完全消失"[3]。神话原型编码不会彻底消失，就像涂尔干所说的那样，它"乃是这个群体共同的信仰体系。它永久保存的传统记忆把社会用以表现人类和世界的方式表达了出来"。[4]

大量的研究已证明神话原型编码是贯穿于各级编码的主线。从调整后的 N 级编码的结构看，一级编码是距离原型编码最近的一级，也是最直观地保存着神话原型编码的一级，而之后的各级编码，都对神话原型编码产生了不同程度

① 吕微：《神话何为——神圣叙事的传承与阐释》，社会科学文献出版社，2001 年，第 428 页。

② [芬] 劳里·杭柯：《神话界定问题》，见 [美] 阿兰·邓迪斯编：《西方神话学读本》，朝戈金等译，广西师范大学出版社，2006 年，第 64 页。

③ [荷] Th. P. 范·巴伦：《神话的适应性》，见 [美] 阿兰·邓迪斯编：《西方神话学读本》，朝戈金等译，广西师范大学出版社，2006 年，第 266 页。

④ [法] 爱弥尔·涂尔干：《宗教生活的基本形式》，渠东、汲喆译，商务印书馆，2011 年，第 518 页。

的抽象、扭曲和遗忘（其程度可能是越来越严重的）。在进入其他级的编码之前，首先要面对的应该是无文字时代的实物与图像，从这级编码（被权力所掌控的文字书写产生之前的编码）中，挖掘出为我们"提供了行为的认知基础，也提供了行为的操演模式"的神话原型编码。

毋庸置疑，实物及其图像在研究史前文明中占据着关键的位置。安德列·勒鲁瓦-古昂在《史前宗教》中论述实物的作用时以欧洲大陆常见的"驯鹿角"为例："一只经过装饰的驯鹿角，一旦变成了'指挥棒'，一切便昭然若揭了……如果放弃这种了解旧石器时代人的简便方法……尽管对此解释的途径有千万条，但都被划上了禁止通行的白线。"①

第五节　自觉运用编码振兴文化产业

"N 级编码论"除了表现在对一级编码的彰显之外，还在于对当下文学的创作以及文化创意产品的生产提供了指导与启发。对于处于"倒金字塔"上部的当代作家创作以及文化产品生产，我们认为：谁调动了前三级编码，尤其是程序底端的深层编码，谁就较容易获取深厚的文化蕴涵，给作品带来巨大的意义张力空间。"深层编码"指的就是神话原型编码。发展文化产业不是一句空话，中国的文学创作与文化产业要"从单纯的运用符号人类学所揭示的远古神话仪式原型，到发掘利用视觉符号和听觉符号联想效应，再到反思现代性文明弊病，重估'文明'的渊源，成倍增加作品的知识含量和艺术含量……"②如果在创作中自觉运用"N 级编码论"，就可能会使作品的文化底蕴愈加深厚，在被接受的过程中易于获得更多的反响与消费市场。莫言十分善于挖掘文化现象背后的原型，这便使作品获得了更大的阐释、理解空间。神话原型编码不只是初民的"原始思维"，神话学研究不只是"发思古之幽情"的表现之一，神话实实在在地与当下人们的生活、心理范式发生着联系。"N 级编码论"不仅形成了一个重释文化传统的理论体系，还是一个对未来创作具有指导意义的创作指南。

可以说，"N 级编码论"不仅能够为探寻文化之根源、去除"小传统"对"大

---

① [法] 安德列·勒鲁瓦-古昂：《史前宗教》，俞灏敏译，上海文艺出版社，1990 年，第 68 — 69 页。

② 叶舒宪主编：《文化与符号经济》，广东人民出版社，2012 年。

传统"的遮蔽提供指导，还能为当代中国文化产业的兴起带来契机。近年来，对中国文化早期经典的重新解读成为一股热潮，甚至在以市场价值为导向的大环境中，形成了一个新的文学娱乐阵地。当代人已经没有足够的耐心和时间去了解历史，更何况熟读经典。应运而生的是一批以符合当代人理解方式去重读经典的作品，比如这两年大热的《明朝那些事儿》《历史是个什么玩意儿》。这一类的"破译""解码"呈现出新的维度，虽然其可信度和表现方式面临各种批评，但它们的确就是文化产业在这个时代的"解码"特征。

理解与阐释、解码与编码之间的张力，是人文学科的动力之源。阐释的人为性和编码的独创性，使得人文学者能够一次次将湮没无闻的源代码唤醒，使之成为文化创造的发动机。

（赵周宽　唐蓉　夏陆然）

第四章 玉石之路与华夏文明的资源依赖
——石峁玉器新发现的历史重建意义

第一节 寻找夏文化：重建神圣符号物叙事链

从上个世纪末的"夏商周断代工程"到新世纪以来的"中华文明探源工程"，伴随着考古新发现，重建国家早期历史脉络的重大学术研究不断取得引人注目的成果，同时也形成了若干疑难点，其中最难获得突破的难点之一是，如何认识夏文化的源流与都城所在，找出中原国家形成的雏形。在启动中国社会科学院重大项目"中华文明探源的神话学研究"（2009—2012）前夕，笔者完成的前期准备性工作是 2008 年出版的《河西走廊：西部神话与华夏源流》一书。该书从神话历史视角审视玉文化从周边向中原的运动，初步探讨晋南的陶寺文化、西北的齐家文化和中原二里头文化三者的关联，希望从中窥测到奠定 4000 年来西玉东输文化现象的玉石之路的形成线索，找出文明诞生前夜西北文化与中原文化互动的主要脉络。①当时未能解决的两个困惑是：中原地区的庙底沟二期文化玉礼器萌芽（山西芮城清凉寺墓地）和陶寺文化玉礼器体系（玉璇玑、玉璧、玉琮组合）是如何西传并影响到齐家文化玉器生产的？齐家文化玉器又是通过怎样的路径和中原二里头文化玉器发生关系的？

现在，时隔五年，陕北的石峁古城（图 4-1）及其玉礼器体系的情况首次得到年代学的证明，无异于给上述的两种联系找到了关键的时空中介点。简言之，距今 5000 年至 4300 年之际在黄河东岸谷地缓慢形成的玉礼器文化，在山西襄汾陶寺文化衰亡后转移或传播到黄河西岸并北上，在河套地区的石峁遗址获得空前的发扬光大，于 4300 年前形成以大件的玉璋和玉刀为主导器形的玉礼器新体系，用于城墙建筑的辟邪防御，并再度向西北和南方传播，直接影响到后

---

① 叶舒宪：《河西走廊：西部神话与华夏源流》，第七章第五节"寻找夏文化源：以玉礼器为新证据"，云南教育出版社，2008 年，第 155 — 160 页。

图4-1 陕西神木县石峁遗址龙山文化古城之东门，摄于考古工地

来的齐家文化玉器（4000年前）与二里头文化玉器（3800年前）。[1]

从理论上看，阐发中华文明起源的难点，在于探究从龙山文化到夏文化的过渡转移契机和进程。这也就意味着探究使得中华文化地理版图从新石器时代多中心分立格局（所谓"满天星斗"说）到有史以来的一元中心格局（华夏国家）的转换及其动因，即从多地域的地方性政权到一个具有充分统治力和号召力的中原国家政权雏形样态。这种雏形样态虽然在距今4000年之际只是"小荷才露尖尖角"的萌芽期，却为后来的商周国家奠定了基本的中原区辐射周边地域的四方一心格局，体现为《山海经》中的五方空间的同心方式国家地理展开模式，又体现为《禹贡》等典籍所载的五服制的、职贡图的范式模型。如果说，青铜时代黄河流域商周国家建构政权和意识形态所必需的青铜器生产及其所需要的

①关于石峁遗址与齐家文化的关系，参看马明志：《河套地区齐家文化遗存的界定及其意义——兼论西部文化东进与北方边地文化的聚合历程》，载《文博》2009年第5期；叶舒宪：《齐家文化玉器色谱浅说》，载《丝绸之路》（文化版）2013年第11期。关于石峁遗址与陶寺文化的关系，依据的是笔者2013年6月16日在榆林机场对中国社会科学院考古研究所李健民先生的访谈（未刊）。

铜矿资源依赖问题，已经引起中国早期文明研究的充分注意，①那么，探讨 4000 年前早于商周青铜开采和生产的中原政权主导性资源依赖的情况，就不能诉诸文献记载，而只能以考古新发现的实物为依据，把目光聚焦到先于青铜礼器数千年就形成华夏礼乐文化之源的玉礼器生产和使用情况上来。②这方面尚未引起研究者的足够关注，原因是华夏玉文化发展史的史前阶段，玉器生产的玉料取材从多点开花的各地区地方玉矿资源，转移和集中到一点独大的新疆和田玉资源，其过程和完成时间问题，学界一直没有得出较为确切的新认识，尚处在自说自话和众说纷纭的状态。

笔者将史前用玉的多点开花格局向中原国家用玉的一点独大格局之转变过程概括为先有"北玉南传""东玉西传"后有"西玉东输"的两阶段过程。③前一阶段在距今 4000 年前基本完成，以玉礼器文化自东向西传播，进入河西走廊为标志；后一阶段则以距今 4000 年为开端，通过齐家文化和中原龙山文化的互动，将西北地区的新疆和田玉及甘青地区的祁连玉源源不断地输送到中原。两大阶段的交汇点就在距今 4000 年之际，这也正是夏发展为华夏第一王朝的年代。要求证这一资源大转移的过程，仅靠齐家文化和二里头文化的资料显得捉襟见肘。结合陕西神木县石峁遗址玉器新发现，上海交通大学联合中国收藏家协会研究部，于 2013 年 6 月在陕西榆林召开了"中国玉石之路与玉兵文化研讨会"。通过对陕北地区龙山文化玉器、玉料的实物观摩和现场讨论，与会专家达成基本一致的认识：在龙山文化晚期和齐家文化时代，即距今 4000 年前后，真正开启了西玉东输的华夏国家资源供应模式，河套地区的古代方国政权起到了重要的中转作用，这一模式一旦形成就推展到商周以后的历朝历代，和田玉输入中原的过程从上古开始，甚至一直延续至今日，其间发生变化的只是运送的规模和具体输送路线。

2012 年以来的考古新发掘情况表明，陕西神木县石峁遗址史前石城及其建

---

① [日] 梅原末治：《中国青铜器时代考》，胡厚宣译，商务印书馆，1936 年；[美] 张光直：《中国青铜时代》，生活·读书·新知三联书店，1983 年；易华：《夷夏先后说》，民族出版社，2012 年。

② 叶舒宪：《中国玉器起源的神话学分析——以兴隆洼文化玉玦为例》，载《民族艺术》2012 年第 3 期；叶舒宪：《"丝绸之路"前身为"玉石之路"》，载《中国社会科学报》2013 年 3 月 8 日。

③ 叶舒宪：《西玉东输与北玉南调》，载《能源评论》2012 年第 9 期；叶舒宪：《玉石神话与中华认同的形成——文化大传统视角的探索发现》，载《文学评论》2013 年第 2 期。

筑用玉现象，昭示出以石峁遗址为代表的河套地区龙山文化聚落社会①以其强大的地方性方国政权统治形式，在距今 4300 年至 4000 年之际，大批量地生产和使用玉礼器、玉兵器。②在当地迄今没有找到玉料矿藏资源的条件下，面积达 400 万平方米的石峁古城政权很可能同时充当着史前期"东玉西传"（玉教观念和玉文化的传播）与"西玉东输"（玉石资源的传播）的双重中介角色。石峁玉器群在今日的重现天日，对考察华夏文明发生期的玉石资源依赖与具体运输路线图来说，意义非同小可。

第二节 《管子》"尧舜北用禺氏之玉而王天下"解

华夏国家形成期的资源依赖情况，在先秦文献中有重要线索提示。如《管子》一书中向统治者提出的政治经济话语，就有反映远古时期中原王朝政权之资源依赖的说法。《管子·揆度篇第七十八》：

> 齐桓公问于管子曰："自燧人以来，其大会可得而闻乎？"管子对曰："燧人以来，未有不以轻重为天下者也。共工之王，水处什之七，陆处什之三，乘天势以隘制天下。至于黄帝之王，谨逃其爪牙，不利其器，烧山林，破增薮，焚沛泽，逐禽兽，实以益人，然后天下可得而牧也。至于尧舜之王，所以化海内者，北用禺氏之玉，南贵江汉之珠，其胜禽兽之仇，以大夫随之。"

管子明确说到尧舜王权建立的首要条件是"北用禺氏之玉"。此话值得注意者有二：其一是表明玉料来自北方；其二是表明掌握玉矿资源的人群是外族的禺氏之人。所谓"禺氏"，何许人也？王国维和日本的江上波夫等认为就是游牧在北方草原与河西地区的大月氏③，徐中舒认为是有虞氏，相当于印欧人种④。至

---

① 戴应新：《陕西神木县石峁龙山文化遗址调查》，载《考古》1977 年第 3 期；王炜林、孙周勇、邵晶等：《2012 年神木石峁遗址考古工作主要收获》，载《中国文物报》2012 年 12 月 21 日第 8 版。

② 叶舒宪：《重建"玉石之路"》，载《文汇读书周报》2013 年 5 月 17 日；叶舒宪：《探寻"中国梦"的缘起，重现失落的远古文明》，载《鉴宝》2013 年第 5 期。

③ 王国维：《月氏未西徙大夏时故地考乙丑》，见《王国维全集》第 14 卷，浙江教育出版社，2009 年，第 283 页；[日] 江上波夫：《月氏和玉》，见《亚洲文化史研究·论考篇》，东京大学东洋文化研究所，1967 年。

④ 徐中舒：《先秦史论稿》，巴蜀书社，1992 年，第 46 页。

于尧舜圣王通过什么途径得到禺氏掌控的北方玉料，不得而知。如今参照石峁玉器大量使用的情况判断，玉料或许是通过黄河水路自北向南运送到中原地区的，河套地区史前玉器的批量发现为此提供了新线索。但是玉料的原产地未必在北方，而是在西北方，即祁连山—昆仑山一线。禺氏活跃在整个北方和西北地区，所以中原人和东方齐国人印象中的玉料是来自北方的，并不知道其原来出自西方。《管子》书中同一篇还说到玉矿：

> 桓公问管子曰："吾闻海内玉币有七策，可得而闻乎？"管子对曰："阴山之礝碈，一策也；燕之紫山白金，一策也；发、朝鲜之文皮，一策也；汝、汉水之右衢黄金，一策也；江阳之珠，一策也；秦明山之曾青，一策也；禺氏边山之玉，一策也。此谓以寡为多，以狭为广。天下之数尽于轻重矣。"①

管子所说的边山之玉，是作为当时国家重要战略资源而提及的。边山具体的地理距离，下文有所交代："珠起于赤野之末光，黄金起于汝汉水之右衢，玉起于禺氏之边山。此度去周七千八百里，其途远，其至陋。故先王度用其重而因之，珠玉为上币，黄金为中币，刀布为下币。先王高下中币，利下上之用。"在《轻重甲》中又一次提及玉矿，表明尧舜时代获得北方玉料的方式之一，是朝贡的交换方式：

> 禺氏不朝，请以白璧为币乎？昆仑之虚不朝，请以璆琳、琅玕为币乎？故夫握而不见于手，含而不见于口，而辟千金者，珠也；然后，八千里之吴越可得而朝也。一豹之皮，容金而金也；然后，八千里之发、朝鲜可得而朝也。怀而不见于抱，挟而不见于掖，而辟千金者，白璧也；然后，八千里之禺氏可得而朝也。②

从珠玉资源的输送方向看，边缘性的资源对中央政权的供给是多方向运动的：玉石，自北而南；珠，自南而北。两种资源供给路线图大致勾勒出了早期华夏国家的地域控制范围，即北至边山，南抵江汉。石峁玉器的生产和使用的具体地理位置，表明这个权倾一时的巨大方国，正是处在中原王朝以北的稍远地区，使得"尧舜北用禺氏之玉"的判断得以落实到 4300 年前的河套地区北方豪强势力。虽然其距离中原的里程远没有"八千里"之遥，所谓"八千里"之说，应该包括禺氏从昆仑山和祁连山向东输送玉石的全程距离吧。

---

① 郭沫若：《管子集校》（三），见《郭沫若全集·历史编》，人民出版社，1984 年，第 162 页。
② 郭沫若：《管子集校》（三），见《郭沫若全集·历史编》，人民出版社，1984 年，第 163 页。

在当今国际考古学界，受到沃勒斯坦的世界体系理论（world-system theory）影响，学者们开始关注大范围空间系统中的文化相互作用关系："关注区域之间的一种劳动分工，其中周边区域为核心区域提供原料，而核心区域在政治和经济上占主导地位，所有地区的经济和政治发展受制于它们在该系统中作用变化的影响。菲利普·科尔（Philip Kohl）认为，古代的世界系统很可能仅在表面上类似现代的世界系统。特别是他声称，核心和周边的等级关系很可能远不如现代的稳定，而政治力量在调节这种等级关系上，可能发挥着更显著的作用。个人和群体的迁徙也再次被讨论。而最重要的是日益意识到，社会与相邻的社会而言，就像它们与自然环境的关系一样，并非一种封闭的系统，一个社会或文化的发展很可能受制于它所置身其中的一个较大社会网络，或受其影响。人们也日益意识到，也值得对主导这些进程的规则本身进行科学的考察。"[1]华夏文明起源期形成的数千公里资源供应链，充分表明这个文明国家不可或缺的战略资源出自边缘地区，对此资源的需求却不是来自边地，而是来自中原核心地区。这种资源依赖格局还能说明：这一文明古国为什么直到今日都一定要把河西走廊以西地区视为统一的文化共同体，将新疆的广大地区看成统一国土不可分割的组成部分。

第三节　华夏文明之黄河摇篮说的更新

在关于文明起源的理论中，有所谓"大河流域"说。如美国学者刘易斯·芒福德的经典著作《技术与文明》一书指出：

> 文明总是沿着大河的流域在发展。历史上所有的伟大文化都通过人员、制度、发明和商品的流动而沿着河流发展：黄河、底格里斯河、尼罗河、幼发拉底河、莱茵河、多瑙河以及泰晤士河。也许海洋两端的文明算是某种例外，在那里海洋代替了河流。各种早期的技术就在这种原始的流域背景下发展着。[2]

从世界最古老的五大文明古国的情况看，芒福德列举的几大河流还应该加上

---

① ［加拿大］布鲁斯·G·特里格：《考古学思想史》，陈淳译，中国人民大学出版社，2010年，第331页。

② ［美］刘易斯·芒福德：《技术与文明》，陈允明、王克仁、李华山译，中国建筑工业出版社，2009年，第59页。

印度河，这样即可完满地将每一个古文明的发生落实到一条母亲河的孕育。它们分别是：底格里斯河、幼发拉底河流域（合称两河流域）孕育的苏美尔文明和巴比伦文明；尼罗河流域孕育的古埃及文明；印度河流域孕育的印度文明；黄河流域孕育的华夏文明。由于大河流域与文明古国发生的对应性十分醒目，以至于美国历史学家魏特夫在20世纪中期提出一种新的文明起源理论：挑战－应战模式下的水利灌溉说，即每一文明古国的起源都遵循着人类应对大河泛滥的环境挑战需求，通过人工建设水利设施而发展灌溉农业，在此基础上孕育出伟大的城市文明。仔细地而不是笼统地辨析华夏文明起源与黄河的关系，我们可以看到华夏文明初始期根本没有也不可能有利用黄河之水利发展大规模灌溉农业的情况。黄土地的生态特性选择的唯一本土性粮食作物是耐干旱的小米，这样，在外来输入的小麦进入黄河中游地区以前，也就不需要什么灌溉农业。这个事实意味着关于华夏文明起源的黄河摇篮说需要重新界定理论方向：黄河不是因为集约化农耕生产的水利灌溉条件而成为文明起源要素的，穿越整个黄土高原区的黄河，作为东亚地区最大的河流之一，主要是作为中原文明所依赖的外地资源的水路运输渠道而成为文明起源要素的。仅此一个微妙的区别，就让我们不能认同魏特夫的水利说文明起源的普世论调，需要提出符合国情的中国人自己的华夏起源观。"玉石之路"黄河段的研究课题，将会带来研究格局的更新与文化观念的更新。①从《尚书·禹贡》到《水经注》，华夏九州大地上的河流怎样从文明起源期就发挥远距离的资源调配作用，值得结合考古新发现情况做出全盘的考量。

东亚洲的青铜时代到来之前，是不是先有一个玉器时代作为铺垫呢？铜矿石和其他金属矿石起初被先民发现之际，其实也都是某种特殊石头。据此可以说，冶金术的起源确实以石器时代切磋琢磨的攻玉实践为前身。如果要在漫长无比的石器时代中划分出早段无玉器时代和晚段有玉器时代，那么原有的旧石器时代和新石器时代的划分就不够用了，需要在新石器时代中期至青铜时代初期之间，重新划分出一个玉器时代。对于华夏文明的特殊文化基因而言，玉器时代的孕育作用至关重要。问题在于阐明玉器从石器中被筛选而出的观念因素是什么。刘易斯·芒福德的说法是：

> 在挖掘、采石和采矿之间并没有明显的分界。发现石英的露天岩

---

① 叶舒宪：《黄河水道与玉器时代的齐家古国》，载《丝绸之路》2012年第17期；叶舒宪：《玉石之路大传统与丝绸之路小传统》，载《能源评论》2012年第11期。

层，也同样可能展现黄金；黏土河岸的河流中也可能闪现一颗或两颗金粒。它们对于原始人之所以可贵，不仅是因为其稀有，而且是因为它们柔软，能延展，不易氧化，不用火就能加工。在所谓的金属时代到来之前，人们应用的是黄金、琥珀和玉石。它们受人珍重主要不是因为能制作什么，而是因为它们的稀有及奇异的性质。人们对这些稀有物质的追求与扩大食物来源或感官的舒适毫无关系；因为在发明资本主义和批量生产之前很久，人类就已经不仅能满足生存需求，而且有更多的精力了。①

难道仅仅由于"稀有和奇异"就能被人珍视甚至推崇备至吗？看来至少还需要从史前信仰观念上说明问题，那就要落实到玉石神话的形成和传播。有关夏代的历史记忆中充满着各位统治者崇玉、佩玉和用玉的传说。从鲧生禹和涂山氏生启的方式看，是石中生出玉的现象之神话拟人化；从禹之玉圭和启之玉璜，到夏桀之玉门、瑶台，可以说整个有关夏代的想象都离不开玉的神话信仰，这或许并不是空穴来风。国人都熟悉瑶台是华夏神话中的专名，特指掌管不死仙药的女神西王母的居所，又称瑶池。夏桀建瑶台，莫非要在人间营造一个模仿昆仑山的神仙永生世界？石峁石城发掘出4000年前建筑用玉景观，让争议夏代是否存在的双方都会有新的思考：肯定夏代存在的一方需要探讨石峁建城用玉与夏代玉文化的关系；否认夏代存在的一方则可思索相当于夏代纪年的石峁城之族群属性与文化归属，还有其玉料的来龙去脉；②甚至从河套地区的方国政权统治势力及辐射规模，重新审视中原文明崛起的外来影响要素③，尤其是北方草原游牧文化带的形成及其与中原农业文明的冲突、互动及融合④。

第四节　石峁玉器解读：通神、避邪的玉教神话观

笔者自2012年夏以来三次走访石峁的龙山文化古城遗址，从考古现场得知，

　①［美］刘易斯·芒福德：《技术与文明》，陈允明、王克仁、李华山译，中国建筑工业出版社，2009年，第63页。

　②叶舒宪：《神木、神煤与神玉》，载《能源评论》2013年第4期。

　③叶舒宪：《文化传播：从草原文化到华夏文明》，载《内蒙古社会科学》（汉文版）2013年第1期。

　④［以色列］吉迪：《中国北方边疆地区的史前社会——公元前一千年间身份标识的形成与经济转变的考古学观察》，余静译，中国社会科学出版社，2012年，第128—150页。

有中国史前最大城市之称的石峁城有 400 万平方米，2012 年发掘清理的只是该石城的一座东门，在垮塌的墙体中发掘出 6 件玉器，有玉铲、玉璜和玉璋残件。陕西当地学者有人将石峁古城看作黄帝集团的遗址，其文章在《光明日报》刊登并引起争论。不过，从石峁城墙中木料取样的碳-14 测年结果看，建城和使用的年代在距今 4300 年至 4000 年间，约相当于夏代早期及更早些的传说时代即唐尧虞舜时代，与自古相传的黄帝 5000 年说，尚有近千年的差距。根据以往研究经验，不宜轻易将史前考古遗址同传说的某一位古帝王直接挂钩，因为此类挂钩来自主观猜测，容易引起持久的争议，很难证实，除非有考古发现的文字记录或其他较确实的符号系统证明。就连河南二里头遗址是不是夏代都城所在，至今还有争议，更不用说石峁遗址是不是黄帝集团的遗迹了。

目前更需要学界关注和解释的是：相当于夏代的 4000 多年前的古城墙建筑用玉现象意味着什么？这一现象和古书记载中有关夏代帝王的事迹有没有对应点？如果有，又该做出何种因果联系的解释。石峁当地出古玉的名声已有半个多世纪。陕北民间一直有大量玉器外流，学界却弄不大清楚具体出处。20 世纪 70 年代，陕西省考古研究所的戴应新先生到当地调研时，曾经通过村干部动员，一次就从石峁村民手中采集到玉器 126 件。[1]当地农民的一个说法就是玉器来自石墙的墙体。为了获取古玉，许多墙体遭到盗掘和破坏，现在残存的城墙已经十分破败和零碎。由于这一带本来就是明代长城分布的地区，人们也就一直以为这些藏玉的石城属于明长城残部。现在终于真相大白：这些残垣断壁是史前期的龙山文化先民修筑和使用的。该城在距今约 4000 年时被废弃后，并没有发现商代及其以后的建筑和遗物，这意味着石峁古城代表的是一种失落的文化。石峁的玉器生产和使用并没有在当地的后世文化中传承下来，而是传播到了其他地域。可能的传播方向，一是向西，进入宁夏、甘肃、青海地区，成为齐家文化玉器的源头之一；二是向南，成为延安和关中等地龙山文化玉器的源头，并辗转而波及影响到河洛地区二里头文化玉器及商代玉器。二里头遗址高等级墓葬出土的玉刀、玉璋组合（图 4-2），从形制和墨玉用料看，均与石峁玉刀、玉璋如出一辙（图 4-3），或可作为文化关联的很好的物证。

商代建筑仪式划分为三类：奠祭、祀墙和祀门。三种仪式中仅有祀门仪式使

---

① 戴应新：《我与石峁龙山文化玉器》，见杨伯达主编：《中国玉文化玉学论丛》（续编），紫禁城出版社，2004 年，第 228—239 页。

② 杨谦：《商代中原地区建筑类祭祀研究》，山东大学硕士论文，2012 年。

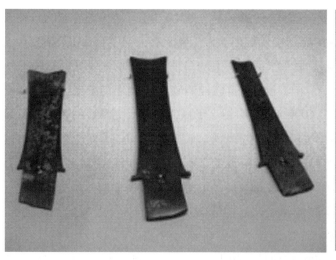
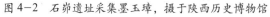

图4-2　石峁遗址采集墨玉璋，摄于陕西历史博物馆　　　图4-3　二里头遗址出
土墨玉璋，摄于中国国家博
物馆玉器馆

用玉器。②如今看来，建筑仪式用玉的传统也是殷商人继承的史前文化传统。石
峁古城还有一个让人惊悚的发现：城墙东门路面下和墙基外侧有两处集中埋放
人头的遗迹，每处都是 24 个人头。以年轻女性头骨居多，部分头骨有明显的砍
斫痕迹。先民建造城池用砍伐人头的行为作为奠基礼，这和建筑用玉的辟邪目
的是一致的。2012 年发掘清理的只是古城地势最高处的一座东城门，就发现两
处 48 位牺牲者的头骨。2013 年 6 月笔者再度考察时，人头坑的数量已经增加到
4 个，开始发掘的东门北侧城墙基址下方，沿墙体伸展的方向有新发现的两个人
头坑，大坑中依然有 24 个人头（图4-4），小坑中则发掘出 6 个人头。奠基用人
头数量已经达到 78 个之多。照此推测，全城（外城墙现存长度约 4200 米，内城
墙现存长度约 5700 米，合计长度将近 10 公里）之下不知有多少被砍的人头。这
78 个头骨多为年轻女子之头，她们和石峁建城者与统治者有怎样的关系？是敌
对一方的俘虏被残杀，还是同族的自愿牺牲者作为祭品而献身？这一切还都是谜。

　　"辟邪"的"辟"字，下方加上"玉"字就是代表玉礼器的"璧"，可象征
精神上的通神、防御和保佑；下方加上"土"字就是代表城墙的"壁"，可象征
现实的防御和保护。辟邪需要人头祭祀的情况，在中原龙山文化的建筑仪式遗
迹中多有发现，但从来没有发现使用这么多人头的。辟邪用玉用金（金属）的
情况，在华夏周边少数民族的建筑奠基礼上至今还能见到。联系石峁遗址出土
的玉雕人头像（图4-5）及石雕巨型人面像（图4-6）等，4000 年前先民用玉

图4-4　石峁城基下的祭祀人头坑，摄于考古工地

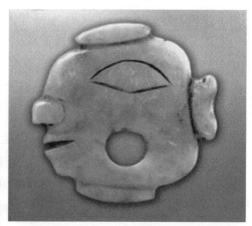

图4-5　石峁遗址采集玉雕人头像，摄于陕西历史博物馆

图4-6　石峁遗址出土石雕巨型人面像，摄于榆林学院陕北历史文化博物馆

的辟邪功能可呈现得十分明显。有关史前时代的石雕或陶塑人头、人面等，萧兵先生均从辟邪意义上去理解。他写道：

> 李水城《从大溪出土石雕人面谈几个问题》认为，它（即玉雕人面）确实可能是一种"护身符性质的形象化灵物"。它出现在一座儿童墓中，我们觉得，就更可能是辟邪护身的"佩饰"，就好像后来的贾宝玉佩戴"通灵宝玉"，一般孩子戴"金锁"项圈、虎面佩饰一样——至于那人面所"属"还难于认定，只是可以肯定，无论是"祖灵"或"人神"造像，抑或猎获的"敌枭"造像，都具有辟除邪恶的功能。[1]

结合石峁建城用玉器于墙壁中的情况看，《红楼梦》等文学作品表现的玉器能够辟邪护身的观念，后世普及流行于民间，其源头显然是史前大传统的玉石神话信仰。玉器或玉质建筑物的想象，其观念原型即神话中的神仙所居之地。

---

① 萧兵：《避邪趣谈》，上海古籍出版社，2003年，第75页。

《穆天子传》卷三云：

> 吉日甲子，天子宾于西王母。……天子觞西王母于瑶池之上。西
> 王母为天子谣曰："白云在天，山陵自出。道里悠远，山川间之。将子
> 无死，尚能复来？"天子答之曰："予归东土，和治诸夏。万民平均，
> 吾顾见汝。比及三年，将复而野。"

后世文学关于瑶池或瑶台的想象再造，总是和玉界仙境联系在一起，如"仙宫莫非也寂寞，子夜乘风下瑶台""若非群玉山头见，会向瑶台月下逢""飞雪漫天传圣讯，速邀芳客赴瑶台""瑶台休更觅，只此即神仙"等等，皆是其例。夏代帝王用美玉砌成的楼台，从命名上看就是模拟昆仑山玉界的。除了瑶台之外，还有所谓"璇室"，特指饰有璇玉的宫室。"璇"通"旋"，故又写作"旋室"。有一种说法认为，旋室指装有旋转机关的宫室。《淮南子·墬形训》："倾宫、旋室、县圃、凉风、樊桐，在昆仑阊阖之中。"高诱注："旋室，以旋玉饰室也。一说，室旋机关可转旋，故曰旋室。"从石峁玉器中多见玉璇玑的现象看，璇室的原型或许和玉璇玑本身的神话宇宙论意蕴有关，值得进一步探究。在有关夏代玉质建筑物的三种名目中，唯有"玉门"一项成为华夏文明史上著名的河西走廊地名和关口名，而且其地点就在向中原输送和田玉的玉石之路枢纽上。

玉门关遗址位于甘肃省敦煌市城西北 80 公里的戈壁滩上，一名小方盘城，是长城西端的重要关口。现存的玉门关城垣完整，总体呈方形，东西长 24 米，南北宽 26.4 米，残垣高 9.7 米，全为黄胶土筑成，面积 633 平方米，西墙、北墙各开一门，城北坡下有东西大车道，是历史上中原和西域诸国来往及邮驿之路。玉门关为什么叫玉门关的问题，民间文学的叙事给出了更加贴近上古信仰的解释：玉门关原来不叫玉门关，而叫小方盘城。由于和田玉大量输入中原，数千里路上的主要运载工具是骆驼。骆驼队一旦进入小方盘城就卧地害病，这使押运玉石的官员十分恼火。有一位回鹘老人说，骆驼害病是由于被运送的玉石在作怪，需要为玉石祈祷，并安抚它。具体做法是在小方盘城的城门上砌一圈玉石。玉石进关时见到城上有光泽，以为仍在和田故土，就不作怪了。官员听从回鹘老人的建议，在小方盘城城门上方砌了一圈晶莹光润的玉石，小方盘城也就改名叫玉门关了。[1]

根据原始信仰的万物有灵观念，草木石头等自然物都是像人一样的有灵之活物。玉石通灵的观念直接源于玉石通神的观念与长期祭祀实践。具体而言，这

---

[1] 唐光玉整理：《丝路的传说》，载《甘肃民间文学丛刊》1982 年第 2 期。

一套玉教信仰观念的核心在于如下几点：其一，神灵高高在上，看不到也摸不到；其二，世间稀有的玉石即代表着下到凡间的神灵，使得遥不可及的神灵变得具体而实在；其三，玉石之所以能够代表神灵，主要是因为玉石的颜色和半透明性近似天空之体，于是先民在想象中将玉类比于天和天神；其四，将玉石用于祭祀礼仪活动，就好比信仰者直接感触到超自然存在，实现了人神沟通和天人沟通；其五，最初的玉教形式就是石头崇拜和石头祭祀，祭祀玉石如神在，如羌族的白石崇拜；其六，以玉石为材料，制作出象征圆天的玉礼器——玉璧，专门用于祭祀仪式。看《尚书·顾命》的周公祭祀、《穆天子传》的穆天子与河宗氏祭祀黄河、《山海经·五藏山经》的山川祭祀情况，可知华夏祭礼文化在西周时期已经完成改造升级，即形成以玉璧为主体的玉礼器体系。

石峁城东门山墙墙体中发现玉器，表明那也是 4000 年前古人心目中的一座"玉门"。最有参照意义的解读旁证，出自云南兰坪河西一带普米族在建筑奠基仪式上演唱的《祭中柱》，其歌词云：

> 我们寻找一个藏金埋玉的地方
> 打上地基的围栏
> 挖了第一锄基槽
> 埋下了第一个基石①

普米族的建筑选址讲究"藏金埋玉"之地，这样的祭祀歌词听起来像是文学性的夸张或夸饰，但是如此措辞中带出的宗教信仰意蕴不在于炫富和奢侈，而是具有祈祷和辟邪的双重作用，那就是借助金与玉的通神作用实现辟邪驱魔之效果。可以和 4000 年前石峁建城者的辟邪行为——墙体中藏玉和墙基下埋人头，相提并论、相互对照和诠释。

陕西礼泉县流传的唐太宗李世民修建陵墓时选址的民间传说，也有先选风水宝地，然后埋下一枚玉钱，压石为记的细节。玉钱自汉朝起就被生产和使用，但是玉钱并不能用作在市面上流通的货币，而是用于宗教性或准宗教性的祈祷祭祀场合。建筑必须先破土，才能动工，用人做牺牲和用玉钱埋到地下，此类行为都潜含有向地鬼买地谢罪的宗教意图。玉和人头一样，具有强烈的辟邪神话意蕴。此类民间口碑资料虽然产生年代较晚，但是其中体现的玉器通神通灵的作用，依然可以作为第三重证据，给玉教观念支配下的华夏文化文本解读带来必要的启迪。

---

① 和顺昌讲述：《祭中柱》，见《云南普米族歌谣集成》，采自"中国口头文学遗产数据库"，中国民间文艺家协会与汉王科技公司，2013 年。

第五章　古代中国的文化编码自觉

——以《周易》为例

第一节　《周易》的文化编码自觉

早在中国先秦时代，孟子就已提出"尽信书，则不如无书"，暗示除了文字记录下来的文化传统之外，还存在着比文字传统更久远、更广阔、更具有发生学意义的文化传统，今天可以概括为前文字时代和无文字社会的文化大传统。对这种文化大传统的特点及把握方式，中国古人也给予了明确的提示，如《周易·系辞》曰："天生神物，圣人则之。天地变化，圣人效之。天垂象，见吉凶，圣人象之。河出图，洛出书，圣人则之。""《易》者，象也。象也者，像也。"[1]《周易·系辞》的论断，明确地将中国文化之发生奠定在了"象思维"的基础之上，由"象思维"（或称原始思维、诗性智慧）催生的文化传统，就是中国的文化大传统。

作为中国先秦时期最为深入地探讨天地自然与社会人文之关系的智慧经典，《周易》不仅深刻地揭示了中国传统文化发生的过程及原理，也说明了古代中国的文化编码活动在先秦时期就已进入自觉状态。郭沫若认为："《周易》是一座神秘的殿堂。因为它自己是一些神秘的砖块——八卦——所砌成，同时又加以后人的三圣四圣的几尊偶像的塑造，于是这座殿堂一直到二十世纪的现代都还发着神秘的幽光……神秘最怕太阳，神秘最怕觌面。把金字塔打开，你可以看见那里只是一些泰古时代的木乃伊的尸骸。"[2]今人觉得神秘的《周易》，古代哲人却早已指明"易简"之理，只要我们能理解《周易》的文化编码，就能进入《周易》这座神秘的殿堂。

《周易》由"经"和"传"构成。"经"产生的时间早于"传"，包括卦爻象

---

[1] 本章所引用《周易》原文以清人阮元校刻《十三经注疏·周易正义》（中华书局，1980年影印本）为据，标点参考通行校注本。

[2] 郭沫若：《中国古代社会研究·青铜时代》，见《郭沫若全集·历史编》第1卷，人民出版社，1982年，第32页。

和卦爻辞，前者为图像符号，后者为文字符号。理解了卦爻象符号的生成，就能理解《周易》的文化编码机制。我们知道，《易经》六十四卦，是由八经卦象按照一定的次序和规则相重而成，那么八经卦又是怎么来的呢？据《易传·系辞》，一般认为主要有四种说法：大衍之数说、太极生八卦说、仰观俯察说、圣人则"河图、洛书"说。进一步可归纳为两种观点，即大衍之数说和仰观俯察说，因为它们正好合于"数"和"象"，是后来《易》学"象数派"的根源。从大衍之数说和仰观俯察说中，都可以发现《易经》反映了早期人们的文化编码自觉。

首先，大衍之数及相关的揲蓍演卦过程体现出文化编码的自觉性。《系辞》云："大衍之数五十（有五），其用四十有九。分而为二以象两，挂一以象三，揲之以四，以象四时，归奇于扐以象闰，五岁再闰，故再扐而后挂。①（天一、地二，天三、地四，天五、地六，天七、地八，天九、地十。）天数五。地数五。五位相得而各有合，天数二十有五、地数三十。凡天地之数五十有五。此所以成变化而行鬼神也。②《乾》之策二百一十有六，《坤》之策百四十有四，凡三百有六十，当期之日。③二篇之策万有一千五百二十，当万物之数也。④是故四营而成《易》。十有八变而成卦。⑤八卦而小成。引而伸之，触类而长之，天下之能事毕矣。显道神德行，是故可与酬酢，可与祐神矣。"⑥通过揲蓍演卦，演算出来的结果只有九（老阳数）、八（少阴数）、七（少阳数）、六（老阴数），这四种数

---

① 这是揲蓍之法，借用蓍草演算天地之数是五十，实际用四十九（根），将四十九根蓍草一分为二，以象征太极生两仪。从右手蓍策中任取一根置于左手小指间，以象天地人三才。左右手之策以四为一组数以象四时。将左右手所余之数（或1、或2、或3、或4）归置于手指之间以象余日而成闰月。五年（一挂两揲两扐故为五岁）中有两次闰月，所以再一次归余策于手指间，而后经三变而成一爻。

② 大衍之数为什么是五十五？天为阳，阳数奇，以一三五七九属之。地为阴，阴数偶，以二四六八十属之，合之得五十五，以天地之数概万物。

③ 乾卦六爻，每一爻经十八变之后，皆得36策，六爻之策216。坤卦六爻，每一爻经十八变皆得24策，六爻之策为144，乾、坤两卦策数相加得360，与一年360天相当，故曰"当期之日"。

④ 二篇之策指《周易》上下两篇64卦，384爻所有的策数。其中阳爻为192，阴爻为192。若阳爻为老阳，阴爻为老阴，则36×192=6912，24×192=4608，4608+6912=11520（策）。若阳爻为少阳，阴爻为少阴，则32×192=6144，28×192=5376，6144+5376=11520（策）。

⑤ 四营：四求。指一爻的生成须经过四次演算才得出：（一）分二；（二）挂一；（三）揲四；（四）归奇于扐，共为"四营"。十有八变而成卦：四营称一变，三变成一爻，《周易》一卦六爻，故6×3=18（变）。

⑥ 引文中加上"（ ）"者，为今部分通行本校改，参考高亨：《周易大传今注》，齐鲁书社，1998年，第394—399页。

目字就是揲数，它被契刻于爻位的侧面，即爻画，这是以数字符号呈现的原始爻象，四个数目字交互组成的数字图像为原始卦图。原始卦图最早见于殷墟卜辞，周原亦有发现，西周青铜器铭文中屡见不鲜，说明它产生的时间很早，延续的时间长。邓球柏认为，这种成卦术大约产生于公元前1200年前后。①《系辞》又云："是故《易》有太极，是生两仪，两仪生四象，四象生八卦。八卦定吉凶，吉凶生大业。"这就是所谓"太极生八卦说"，太极指北辰，两仪指日月（又或指阴阳），四象指四季（又或指老阳、少阳、老阴、少阴）。马融云："易曰：太极谓北辰也，太极生两仪，两仪生日月，日月生四时，四时生五行，五行生十二月，十二月生二十四气。"其数总计为五十，这又暗合于"大衍之数"为"五十"。从基本原理上，仍可归于"大衍之数说"。无论大衍之数为"五十五"还是"五十"，它终究属于数字符号，这种数字符号来自天地阴阳之数的启示。由于这些数字符号具有归类万物的性质和"成变化而行鬼神"的功用，所以它无疑属于华夏传统的文化编码。

其次，通过仰观俯察来创制卦象也体现出文化编码的自觉性。《系辞》云："古者包牺氏之王天下也，仰则观象于天，俯则观法于地，观鸟兽之文，与地之宜，近取诸身，远取诸物，于是始作八卦，以通神明之德，以类万物之情。"这说明先贤圣王是以仰观俯察的直观方式，将天地自然之"象"作为效法的对象，创制了代表着人文之初的"八卦"符号，可以说文化编码的对象是非常明确的，那就是天地自然万物及人自身。《系辞》又云："天生神物，圣人则之。天地变化，圣人效之。天垂象，见吉凶，圣人象之。河出图，洛出书，圣人则之。"这里所谓"天地变化，圣人效之。天垂象，见吉凶，圣人象之"表达的也是圣人仰观俯察，依天地自然之象制作卦象的意思。只不过，在这一条引文中，还有一句"河出图，洛出书，圣人则之"，这句话被解释为圣人依据"河图""洛书"创制八卦，甚至视"河图"为八卦，比如何晏《论语集解》引孔安国注《论语·子罕》曰："河图，八卦是也。"对这种看法有必要加以辨析。清人胡渭《易图明辨》认为："'河图'、'洛书'，乃仰观俯察中之一事，后世专以'图'、'书'为作《易》之由，非也。'河图'之象不传，故《周易》古经及注疏，未有列'图'、'书'于其前者。有之，自朱子《本义》始。……学者溺于所闻，不务观象玩辞，而唯汲汲于'图'、'书'，岂非《易》道之一厄乎？"②当代学者李申致

① 邓球柏：《帛书周易校释·前言》，湖南出版社，1996年。
② 刘保贞：《〈易图明辨〉导读》，齐鲁书社，2004年，第77页。

力于研究"易图",他也提出八卦不是根据"河图""洛书"才画出来的,认为"'河出图、洛出书,圣人则之',应和'天生神物,圣人则之'一样,其意思是:照《河图》、《洛书》的指示去作。和照蓍龟指示的吉凶去作一样。……进而,'河出图、洛出书,圣人则之',也就不是则《河图》以画八卦"①。这一观点说明,圣人创制八卦,取则于"天生神物""天地变化""天垂象",和"河图""洛书"之产生的原理是一样的,这大概可以说明,先王仰观俯察的过程中所形成的文化编码,不仅仅有《易》之卦象,还有"河图""洛书"。②正是由于《易》"与天地准",故能"弥纶天地之道";是"仰以观于天文,俯以察于地理"的结果,故能"知幽明之故";遵循"原始反终",故能"知死生之说"。

《系辞》所谓"天生神物"是指什么?一般认为包括龟甲和蓍草。如张浚认为:"'天生神物',谓蓍龟之探赜索隐,钩深致远者是也,'圣人则之'以明《易》之象数。"(《紫岩易传》)惠栋认为:"神物,谓蓍龟。蓍龟定天下之吉凶,成天下之娓娓者。圣人则之,知存知亡,而不失其正也。"(《周易述》)当代易学专家高亨也认为:"神物指蓍龟。《广雅·释诂》:'则,法也。'此言天生蓍龟两种神物,圣人取法于蓍,以造筮法;取法于龟,以造卜法。"③龟和蓍这两种神物被用于卜筮,而《洪范》中已载有卜筮,可知卜筮活动在虞夏之前已有之,龟卜大量见于殷商,龟蓍并用多见于周代。筮之初兴,掌于巫史,《周礼·筮人》载:"筮人掌三易以辨九筮之名。"可见,掌"三易"者才会使用蓍筮,其直接目的是辨吉凶,定休咎,这看起来似乎与迷信有关,但客观而言,"先哲作《易》,其目的在将其已由变动不居之宇宙现象中所发见之自然法则及社会法则,用蓍卦等符号衍变之方式表出之,以作人生行为之指针"④。这也说明,先贤圣王创制卦象,用于指导古代社会生活的方方面面,是一种自觉的文化编码行为。

---

① 李申:《易图考》,北京大学出版社,2001年,第124页。

② 目前所知最早记载"河图"的文献是《尚书·顾命》。文中讲周成王死,康王继位。在继位大典上,陈列出各种国宝:越玉五重,陈宝、赤刀、大训、弘璧、琬、琰,在西序;大玉、夷玉、天球、河图,在东序。"洛书"首见于《周易·系辞传》:"河出图,洛出书,圣人则之。"叶舒宪认为"河图"在西周王室与各种宝玉石同列,应该是出自黄河的天然玉石,上面有吉祥花纹。见叶舒宪:《河图的原型为西周凤纹玉器说》,载《民族艺术》2012年第4期

③ 高亨:《周易大传今注》,齐鲁书社,1998年,第405页。

④ 金景芳:《学易四种》,吉林文史出版社,1987年,第26页。

第二节 《周易》的编码程序

《周易》中包含着一套完整的文化编码与解码的程序。《易》之创制为编码，《易》之应用为解码。由于解码是编码的逆程序，所以理解编码的程序是关键。

《系辞》所谓"圣人立象以尽意，设卦以尽情伪，系辞焉以尽其言，变而通之以尽利，鼓之舞之以尽神"，说明《易》之生成，包含着一套完整的文化编码程序，它清楚地昭示："立象以尽意"是文化编码的思维原理，"设卦以尽情伪"是对天地万物的一级编码，"系辞焉以尽其言"是解释卦义的次生编码，"变而通之以尽利""鼓之舞之以尽神"是文化编码的多级演化。换言之，人们最初取则于天地自然之物象所创造的卦爻象是一级编码，卦爻辞是二级编码，《周易》作为图文结合的古代经典，是可以用来"尽利""尽神"的三级编码。先贤圣王们正是以"象其物宜""八卦成列""因而重之""引而伸之""触类长之"这一套文化编码程序来完成对天地自然与社会人文之关系的认识的。

首先，"设卦以尽情伪"中所谓的"卦"，就是"立象以尽意"中的"象"，可视为一级编码。《系辞》云："法象莫大乎天地，变通莫大乎四时，悬象著明莫大乎日月，崇高莫大乎富贵。备物致用，立成器以为天下利，莫大乎圣人。探赜索隐，钩深致远，以定天下之吉凶，成天下之亹亹者，莫大乎蓍龟。"圣人设卦之初，观天文察地理，体悟人事，发现万物可用阴阳两仪来分类认识，便借助于龟兆蓍数定阴阳、断吉凶，并用阳爻"—"和阴爻"- -"这两个高度抽象的符号来表示，它们被称为阴阳通码卦符，这是原始爻象之起源。《系辞》上篇篇首就非常形象地说明了这种认识和转化的过程："天尊地卑，乾坤定矣。卑高以陈，贵贱位矣。动静有常，刚柔断矣。方以类聚，物以群分，吉凶生矣。在天成象，在地成形，变化见矣。是故刚柔相摩，八卦相荡。"朱熹《周易本义》释曰："此言圣人作《易》，因阴阳之实体，为卦爻之法象。"[1]

阳爻"—"和阴爻"- -"刚柔相推，可组成八个基本卦象，如《先天图》[2]所示：

---

[1] （宋）朱熹：《周易本义》，苏勇校注，北京大学出版社，1992年，第137页。
[2] 该图载于朱熹《周易正义》首页，又称《伏羲八卦方位图》。

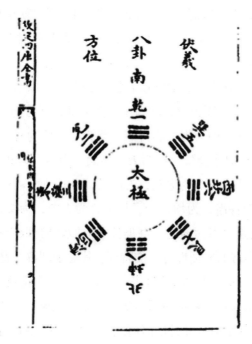

图 5-1 朱熹《先天图》

1973 年 12 月，长沙马王堆三号墓出土帛书《周易》及六部易学专著，其中《要》之第四章云："故《易》又天道焉，而不可以日月生辰尽称也，故为之以阴阳；又地道焉，不可以水火金土木尽称也，故律之以柔刚；又人道焉，不可以父子君臣夫妇先后尽称也，故为之上下；又四时之变焉，不可以万勿（物）尽称也，故为之以八卦。故《易》之为书也，一类不足以亟之，变以备亓请者也，故胃（谓）之《易》。"[①] "一类不足以亟之，变以备亓请"，说明了八卦生成乃是万物分类的需要。先王正是用八个基本卦象来代表宇宙中最重要的八类事物（八种性情的事物）的。

表 5-1

卦名	乾	兑	离	震	巽	坎	艮	坤
卦象	☰	☱	☲	☳	☴	☵	☶	☷
性情	健	说	丽	动	入	陷	止	顺
自然	天	泽	火	雷	风	水	山	地
人物	父	少女	中女	长男	长女	中男	少男	母
其他	引而伸之，触类长之							

---

① 邓球柏：《帛书周易校释》，湖南出版社，1996 年，第 484 页。

由表 5-1 可以看出，所谓"八卦成列，象在其中"，就是说八卦可用于象征天地雷风水火山泽等物，故曰"象在其中"。①《说卦》对此有更精细的说明："乾，健也；坤，顺也；震，动也；巽，入也；坎，陷也；离，丽也；艮，止也；兑，说也。"这就是八卦所代表的性质和情状，据此可以给万事万物分类。"乾为马，坤为牛，震为龙，巽为鸡，坎为豕，离为雉，艮为狗，兑为羊。"这就是"远取诸物"。"乾为首，坤为腹，震为足，巽为股，坎为耳，离为目，艮为手，兑为口。"这就是"近取诸身"。"乾为天，为圜，为君，为父，为玉，为金，为寒，为冰，为大赤，为良马，为老马，为瘠马，为驳马，为木果。""坤为地，为母，为布，为釜，为吝啬，为均，为子母牛，为大舆，为文，为众，为柄，其于地也为黑。"这就是"引而伸之，触类长之"。八经卦取于物象而成卦象，具有高度的概括性和丰富的象征性合一的特征，其对于理解《周易》至关重要。正如学者金景芳所评价的，是"以符号表示意象，条分宇宙物事之形性，由大别之阴阳，进为类别之八卦，精奥简括，实奠易学之基础"②。

《易经》六十四卦是由八经卦推演而成的，每卦由主卦（内卦）和客卦（外卦）构成，各有其性，各含其情，各寓其意。每卦六爻，各居其位，寓示万事万物相互影响，必然发生变易的道理。这就是《系辞》所谓"八卦成列，象在其中矣；因而重之，爻在其中矣；刚柔相推，变在其中矣"。

由"—"和"--"这两个通码卦符，到八经卦的创制，到六十四别卦的推演，都是基于先民们认识宇宙世界万物的性质、规律和情状所归纳出来的，能够用以指导人们社会生活的方方面面。其中所包含的编码原理和数理逻辑，竟暗合于在现代社会中发挥巨大威力的计算机编码原理，中国古人在这方面展示出来的符号运用之智慧，说明中国的文化编码自觉在夏商周三代就已经达到了相当高的程度。

其次，"系辞焉以尽其言"中的所谓"辞"，是解释卦义的次生编码。《系辞》曰："圣人设卦观象，系辞焉而明吉凶。"朱熹《周易本义》释曰："此言圣人作易，观卦爻之象，而系以辞也。"③"辞"就是言辞，"系辞"就是指用文字符号对卦象所能象征的卦义进行解释。"辞"是《易经》的文字符号系统，有 64 节卦辞和 384 节爻辞。卦爻辞中一般包括取象之辞、叙事之辞和断占之辞，多由上古

---

① 高亨：《周易大传今注》，齐鲁书社，1998 年，第 417 页。

② 金景芳：《学易四种》，吉林文史出版社，1987 年，第 16 页。

③ （宋）朱熹：《周易本义》，苏勇校注，北京大学出版社，1992 年，第 138 页。

卜筮所得到的繇辞、民歌民谣、哲理格言等构成，还包括对部分史事的简要记叙。卦辞用来断一卦之吉凶，爻辞用来断一爻之休咎。以"乾卦"和"坤卦"为例："乾"为卦名，卦辞为"元亨利贞"，爻辞系于初九、九二、九三、九四、九五、上九这六个爻位，分别为"潜龙勿用""见龙在田，利见大人""君子终日乾乾，夕惕若厉，无咎""或跃在渊，无咎""飞龙在天，利见大人""亢龙有悔"；"坤"为卦名，卦辞为"元亨，利牝马之贞。君子有攸往，先迷后得主。利西南得朋，东北丧朋。安贞吉"，爻辞系于初六、六二、六三、六四、六五、上六这六个爻位，分别为"履霜，坚冰至""直方大，不习无不利""含章可贞。或从王事，无成有终""括囊，无咎无誉""黄裳元吉""龙战于野，其血玄黄"。究竟怎么理解卦辞和爻辞，古今学人各执其说，非本章讨论重点，但可以肯定的是，它们是用来解释卦象的，是在卦象产生之后逐渐完善的文字系统。顾颉刚先生在《周易卦爻辞中的故事》中推定经文卦爻辞"著作年代当在西周初叶"[①]，李学勤结合考古学、文字学的新发现，进一步论证了顾氏的观点，认为经文形成很可能在周初，不会晚于西周中叶。[②]虽然殷墟甲骨上已有刻辞，且多用于记录龟卜结果，却不能将它们视为系于《易经》卦象的卦爻辞，因为卦爻辞是独属于《易经》的文字编码系统，它的形成晚于卦爻象，所以可视为次生编码或二级编码。

再次，"变而通之以尽利，鼓之舞之以尽神"，是文化编码的多级演化，说明《易经》的文化编码合于"变通"之理，合于"神启"，下可以尽利，上可以尽神。何为尽利？《易经》除了用来占筮以断吉凶之外，甚至还可以据卦象来制作器具，《系辞》中就说伏羲氏"作结绳而为网罟，以佃以渔，盖取诸《离》"，神农氏"斲（斫）木为耜，揉木为耒，耒耨之利，以教天下，盖取诸《益》"。《易经》也可以指导人们的日常生活，如"日中为市，致天下之民，聚天下之货，交易而退，各得其所，盖取诸《噬》"，并为后世帝王所承袭——"神农氏没，黄帝尧舜氏作。通其变，使民不倦。神而化之，使民宜之。……黄帝尧舜垂衣裳而天下治，盖取诸《乾》《坤》"。这就是《系辞》所谓"范围天地之化而不过，曲成万物而不遗""百姓日用而不知"，孔子所谓"夫《易》何为者也？夫《易》开物成务，冒天下之道，如斯而已者也"（《系辞》）。何为尽神？即知幽明，知鬼神之情状，知阴阳之不测。由尽利、尽神，可以看出《易》对于化成"文化"

① 顾颉刚：《周易卦爻辞中的故事》，载《燕京学报》1929年第6期，收入《古史辨》第3册上编。
② 李学勤：《周易溯源》（增订本），巴蜀书社，2006年，第2—18页。

的作用是非常明显的。

综上,《易经》的文化编码程序可表示如下:

一级编码卦象的生成为:事物→龟兆蓍数→"—""- -"(原始爻象)→八经卦(基本卦象)→六十四卦(设卦以尽情伪)。

次生编码卦爻辞的生成为:事物→结绳记事、甲骨刻辞→文字产生→系于卦爻象→形成卦爻辞(系辞以尽其言)。

我们发现,文字之产生另有其源头,对于《易经》而言,能在一级编码和次生编码之间建立关联的,是卦爻象,它们是介于事物与意义之间的高度抽象的图像形式。《易经》编码的关键就是卦爻象。反过来,要理解《周易》和应用《周易》,其解码的关键也应是卦爻象,如果只知道从卦爻辞入手解码,那就是"东向而望,不见西墙"。正如民国易学名师尚秉和所言:"夫《易》说易象,解《易》之根本也。观春秋人说《易》,无一字不本于象,其重可知。失其说,亡其象,而强诂之,不犹瞽者之辨黑白,聋者之听音声乎,必无当矣。"[1]如今从大小传统的分界看,象的编码显然来自大传统。理解《周易》起源,离不开大传统新知识系统的重建。

第三节　文化编码的思维原理——"立象尽意"

通过分析《周易》文化编码程序,发现卦爻象是《易经》编码和解码的关键,可视为一级编码。卦爻象的创制所遵循的思维原理,就是《周易》所确立的"立象以尽意"。学者傅云龙、柴尚金合著的《易学的思维》一书,从"因象明理的卦象比拟""创意解经的卦象推导""立象尽意的意象思维"三个方面论证了《周易》的唯象思维。[2]提出唯象思维的中心内容是"强调'象',突出'象'在认识活动中的作用"[3],而"《易经》正是运用'象'来托物言志,以'比喻'、'征'、'比'、'兴'等特殊手法来'明义'、'明人事'、'统会其理'"[4]。理解了这一点,也就不难理解文化大传统的思维特征。

"立象以尽意"的基础是"立象","立象"的目的是"尽意"。"象"即卦爻

① 尚秉和:《焦氏易诂》,常秉义点校,光明日报出版社,2005年,第10页。
② 傅云龙、柴尚金:《易学的思维》,沈阳出版社,1997年,第19—41页。
③ 傅云龙、柴尚金:《易学的思维》,沈阳出版社,1997年,第36页。
④ 傅云龙、柴尚金:《易学的思维》,沈阳出版社,1997年,第20页。

象，是筮卦的符号系统。象的观念起源于古代的卜筮活动，"龟，象也；筮，数也。物生而后有象，象而后有滋，滋而后有数"（《左传·僖公十五年》）。龟兆和筮数，用爻画和卦画的形式表现出来。它们之所以被称为"象"，《系辞》也说得很明白，是"圣人有以见天下之赜，而拟诸其形容，象其物宜，是故谓之象"。最初用来解释卦爻象的"言"是诉之于口头的，文字产生之后，卦爻辞被记录下来，这不仅仅意味着文字传统开始逐渐取代口头传统，也意味着古老的"圣人立象以尽意，设卦以尽情伪"的大传统的地位开始动摇。伏羲以来重视察"象"，周人重"观象玩辞"，后人重言辞义理的大趋势也说明了这一点。①即便如此，"立象尽意"作为文化编码的思维原理的作用和意义却是根深蒂固的，正是它确立并强化了文化的"象思维"特征。

在易学史上，主要有"象数学"和"义理学"之分。虽然象数学和迷信之事相关联，易致诟病，但其中却包含着重视"象"的传统。象数学中的先天图、后天图、河图、洛书、六十四卦方位图、方图、圆图、太极图、无极图等，都采用图像作为思维的载体，甚至催生了易学中的"易图"之学。还有一些学者颇得"立象以尽意"的精髓，如民国尚秉和就认为西汉焦延寿之《焦氏易林》中的辞，"无一字不从象生"，焦氏除沿用《易·说卦传》所列之象，"其所用之象与《易》有关者约百七十余"，"其与《易》无关推广之象尚不知其几百"。②《周易正义》、《孔疏》、张横渠《易说》，均倾向于以象解《易》，善于从卦象和所取物象中探究卦爻辞所包含的义理。当代学者高亨主张义理说，认为追求古代巫术没有什么用处，注释《易经》应当排除一切象数说，然而他也认为，由于《易传》本身既有象数说，因而注释《易传》，研究其中的哲学思想，又不能扫除象数说。③

"立象尽意"作为中国文化编码的思维原理，也最大程度地解决了中国古代哲学认识论中的"言意之辨"。"言意之辨"所讨论的问题是人能否正确地认识客观世界，人的思维内容能否用语言作准确得当的传达。这些问题在春秋战国时代就已形成了儒道对立的观点。道家的基本主张是"言不能尽意"，如老子认

① 参见尚秉和原著、刘光本撰《周易古筮考通解》（山西古籍出版社，1994年）之尚秉和"原序"中所说："盖《易》之用代有阐明，而其别有三：伏羲以来察象，周用辞而兼重象，至西汉乃推本辞象而益以五行，五行明而筮道乃大备矣。"

② （西汉）焦延寿著，（民国）尚秉和注：《焦氏易林注·导言》，常秉义点校，光明日报出版社，2005年。

③ 高亨：《周易大传今注·自序》，齐鲁书社，1998年。

为"知者不言，言者不知"，庄子认为"世之所贵道者，书也，书不过语，语有贵也。语之所贵者，意也，意有所随。意之所随者，不可以言传也"（《庄子·天道》）。儒家的基本主张则是"言能尽意"，肯定了"言"的重要性，但"惟圣人得言之解，得书之体"（扬雄《法言·问神》）。为什么只有圣人可以做到"言能尽意"呢？融贯儒道思想的《易传·系辞》对此给予了透彻的论述，指出其重要原因就在于圣人掌握了"立象尽意"的奥秘，在"言"与"意"之间，找到了"象"这一重要的通道，凭借"象"可以"通神明之德，以类万物之情"，可以知"幽明之故"和"死生之说"。

滥觞于先秦的"言意之辨"，延续至魏晋时期的思想文化界，依然争论不休。正始玄学代表人物王弼的易学思想颇具代表性，他主张"取义说"，强调"得意而忘象"，但他并没有否定"象"的重要作用，其《周易略例·明象》曰：

夫象者，出意者也；言者，明象者也。尽意莫若象，尽象莫若言。言生于象，故可寻言以观象；象生于意，故可寻象以观意。意以象尽，象以言著。故言者所以明象，得象而忘言；象者所以存意，得意而忘象。犹蹄者所以在兔，得兔而忘蹄；筌者所以在鱼，得鱼而忘筌也。然则，言者，象之蹄也；象者，意之筌也。是故存言者，非得象者也；存象者，非得意者也。象生于意而存象焉，则所存者乃非其象也。言生于象而存言焉，则所存者乃非其言也。然则，忘象者，乃得意者也；忘言者，乃得象者也。得意在忘象，得象在忘言。故立象以尽意，而象可忘也。重画以尽情，而画可忘也。是故触类可为其象，合义可为其征。

这一论述中包含"作卦"与"解卦"两个方面。从"作卦"的角度来说，象出于意，意为象的内涵，象为存意的载体；言生于象，象为言的对象，言是明象的形式。从"解卦"的角度来说，则需寻言观象，得象忘言；需寻象观意，得意而忘象。按照文化编码的理论，"作卦"是编码，"解卦"则是解码，编码的主体通过"象"承载意义，解码的主体通过"象"阐释意义，"言"仅仅是对"象"的说明，是"象"的次生编码。推而论之，立象尽意，系言明象，立言成文，明显地体现为文化的编码过程；寻言观象，寻象观意，则表现为文化的解码过程，它们都必须以"象"这一具有神圣意味的编码符号为中介。可见，王弼并不是不重视"象"，而是强调不能执着于"象"，更不能执着于"言"。

"立象尽意"这一文化编码的思维原理，也最大程度地解决了文学艺术创作中"言意矛盾"的问题。西晋陆机在《文赋》中明确地提出了在文学创作中面临的"意不称物，文不逮意"的问题，并尝试解决这一问题，提出了"抱景者咸叩，怀响者毕弹"和"笼天地于形内，挫万物于笔端"的解决方案，这一方案体现出对于"象"的高度重视。南朝梁文论家刘勰对"立象尽意"更是心领神会，他在追溯"文"之本源时，提出"人文之元，肇自太极，幽赞神明，《易》象惟先""玄圣创典，素王述训，莫不原道心以敷章，研神理而设教，取象乎河洛，问数乎蓍龟，观天文以极变，察人文以成化；然后能经纬区宇，弥纶彝宪，发挥事业，彪炳辞义"（《文心雕龙·原道》）。对于"象"与"言"（文字）的关系，他认为"文象列而结绳移，鸟迹明而书契作，斯乃言语之体貌，而文章之宅宇也"（《文心雕龙·练字》）。刘勰认为作为"恒久之至道，不刊之鸿教"的古代经典，是"象天地，效鬼神，参物序，制人纪，洞性灵之奥区，极文章之骨髓者也"（《文心雕龙·宗经》）的产物，他更是将"立象尽意"的原理与文学创作实际结合，认为"驭文之首术，谋篇之大端"乃在于"窥意象而运斤"，在于"神用象通"（《文心雕龙·神思》）。可以说，刘勰已经从根本上解决了文学艺术创作的最大难题。

现当代语言文学学科的研究也说明，人类的语言符号是有限的，但由语言符号构建的"象"则具有极为丰富的象征、暗示的意义，借助于"象"，可以达到对"意"的深刻表达。在文学创作中，不同的文体形式在"立象尽意"上有自己的方式，比如诗歌是构建具有象征意味的意象体系，小说是创造鲜活生动的典型形象和典型环境，散文是营构情景相融的艺术境界，文学剧本是塑造性格鲜明的角色。至于非语言的艺术形式，如音乐、舞蹈、绘画、建筑、雕塑等等，在传达意义方面也离不开"象"。

在中华文明发生的历史上，"立象以尽意"的文化编码思维不独属于《周易》，但《周易》却最系统、最精妙地应用了它，并在理论上给予了较为恰当的总结，因此，我们将"立象以尽意"归于《周易》的贡献应该不为过。

第四节　《周易》文化编码的意义

在比较神话学的视野里，"立象尽意"的思维原理与"神话思维"是可以同构的。《易经》之卦爻象，取则于"天生神物"，目的在于"以通神明之德，以类万物之情"，所以它们具有神话原型的意义，按照"N级编码论"，可视为"神话原型编码"。这套原型编码与那些具有相近功能、价值和意义的"物"（无论其材质是陶土、石头、甲骨，还是金玉）一样，都处于文化编码体系中的同一个层级上，成为今天的人们探索文明起源及文化发生的原始文本。

在本章第一节中，笔者没有简单地依据《系辞》所谓"河出图，洛出书，圣人则之"来认定"八卦"是圣人受"河图""洛书"的启示而作，而是强调圣人创制八卦是取则于"天生神物""天地变化""天垂象"，和"河图""洛书"产生的原理是一样的。①那么，先王"仰观俯察"的过程中所形成的神话原型编码，不仅仅有卦爻象，还有以图像形式存在的"河图""洛书"。作为实物留传下来的各种神圣器物等，都可视为神话原型编码，因为它们都是先民们仰观天文，俯察地理，洞察"阴阳不测之谓神"的认识结果。

中华文明之起源有多种可能性，其思维方式都是相通的。《易经》的编码自觉和编码程序已证明，原型编码的创制过程是以"立象尽意"为思维原理的，具有"神话思维"的特征。正如帛书《易之义》第四章所谓："昔者圣人之作《易》也，幽赞于神明而生占也，参天两地而倚数也，观变于阴阳而立卦也，发挥于刚柔而生爻也。""河图②""洛书"的生成同样如此，它们与"金声玉振"所代表的文化传统一起构成文化大传统，它们在整体上就是一个可置于历史范畴来认识的巨大神话。这个神话孕育了华夏文明，影响了汉字（二级编码）的生成，在历代典籍（三级编码）及今人的书写和创作（N级编码）之中被不断地表述。

今天我们研究文化的"大传统"和"小传统"的关系，研究它们之间建立关联的符号学原理，理解文化编码的体系及原型编码的意义，无非是希望将当代人的精神生活植根于久远的历史和深厚的文化之中。那些在仰观俯察的时代建立起来的诗性智慧和神圣表达，并没有被沙漠掩埋，而是随时召唤着我们去吹沙见金。

（柳倩月）

---

① 如果视野更为宏通一些，把"河图""洛书"也视为"八卦"的一个来源的话，视卦爻象为"神话原型编码"就更可以理解，但由于自古以来就有一些学者对此质疑，为保持学术的严谨性，笔者没有采用这一观点。

② 从最早记录"河图"的《尚书·顾命》看，河图最初指西周王室珍藏的宝玉，先于洛书而存在。叶舒宪根据《论语》中孔子把河图与凤鸟并称的现象，认为河图原型是西周凤纹玉器。见叶舒宪：《西周神话"凤鸣岐山"及其图像叙事》，载《民族艺术》2010年第4期。

第六章　现代人文学的解码与编码自觉

20 世纪对于中国知识界来说，是具有重要意义的。这一百年中，中西学术撞击出了灿烂的火花，在抵抗、角力和交融中，一批眼光超越了时代局限的学人走向台前，人文学界亦不例外，书斋内外皆有创新。我们仅取文学人类学这一瓢饮，谈一谈在文化考据中成功"解码"了前三级编码的诗人学者闻一多先生，而后再来分析以小说再塑文化之根的莫言先生的作品。

第一节　闻一多：从朴学到文学人类学

早在"五四"时期，闻一多已开始新诗创作，嗣后相继出版《死水》《红烛》两部诗集，成为"新月派"的代表诗人之一。约从 20 世纪 30 年代初开始，闻一多逐渐退出诗坛而转向学术研究，其研究涉及《周易》《诗经》《庄子》《楚辞》、唐诗等众多领域。其中尤其值得注意的是有关古典神话与民俗的研究，多借鉴新兴的文化人类学知识而创见迭出，在当时即获得极大反响。闻一多遇害后，清华大学校长梅贻琦聘请朱自清等七人组成"整理闻一多先生遗著委员会"，上述研究以《神话与诗》为题收入《闻一多全集》甲集，1948 年由开明书店出版。现在看来，编入《神话与诗》中的部分篇章，无疑是中国文学人类学研究史上的重要个案，其影响在今天仍依稀可见。

一、旁征博引读破古籍

与 20 世纪前期许多学兼中西的文化巨擘一样，闻一多自幼便接受传统的经史教育，打下了坚实的国学基础。六岁时，闻一多入私塾，开始读《三字经》《尔雅》《四书》。七岁时，随父亲夜读《汉书》。他在自传中回忆："时多尚幼，好弄，与诸兄竞诵，恒绌，夜归，从父阅《汉书》，数旁引日课中古事之相类者以为比。父大悦，自尔每夜必举书中名人言行以告之。"①考入清华学校以后，闻一多虽然开始接受系统的西式教育，但对于传统经史的学习并未松懈。暑假返家时，"恒闭户读书，忘寝馈。每闻宾客至，辄踧踖隅匿，顿足言曰：'胡又来扰人也！'所居室中，横胪群籍，榻几恒满"②。其间所读之书，多为他所喜爱的中国传统典籍。闻家驷在《忆一多兄》中写道："在经史子集四类书籍中，父亲主张读经，一多兄则主张多读子史集，而他每年暑假回家，也正是利用这两个月的时间来大量阅读这些书籍的。……在他的影响之下，我也读起《史记》、《汉书》、《古文辞类纂》、《十八家诗钞》这一类书籍来了。"③清华课程分西学、国学两部分，西学课程与留学密切相关，学生多重视，国学课程则备受冷落。针对这一情况，闻一多撰写《论振兴国学》一文，强调国学的重要性："吾国汉唐之际，文章彪炳，而郅治跻于咸五登三之盛。晋宋以还，文风不振，国势披靡。洎乎晚近，日趋而伪，亦日趋而微。维新之士，醉心狄鞮，么么古学。学校之有国文一科，只如告朔之饩羊耳。致有心之士，三五晨星，欲作中流之柱，而亦以杯水车薪，多寡殊势，卒莫可如何焉。呜呼！痛孰甚哉！痛孰甚哉！"④将"国学"与"国运"相联系，在革故鼎新洪流汹涌澎湃的"五四"时期，难免给人某种遗老遗少的印象。不过，如果联想到当时西化之风的愈燃愈炽，便会对闻一多产生几分"同情之理解"。

也许正是出于对国学的这种热情，闻一多在留美归来执教于武汉大学时，放弃诗歌写作而转向国学研究。关于闻一多的这次转变，梁实秋的观察甚为仔细：

　　一多到了武汉，开始专攻中国文学，这是他一生中的一大转变。《少陵先生年谱会笺》的第一部分发表在武大《文哲季刊》第一卷第一期（十九年四月出版）。在十七年八月出版的《新月》第六期里一多已发表了一篇《杜甫》的未完稿，可见他在临去南京之前已经开始了杜甫研究，到了武汉之后继续攻读杜诗，但是改变了计划，不再续写泛论杜甫的文章，而作起考证杜甫年谱的工作。这一改变，关系颇大。一多是在开始甩去文学家的那种自由欣赏自由创作的态度，而改取从

　　① 闻黎明、侯菊坤：《闻一多年谱长编》，湖北人民出版社，1994 年，第 10—11 页。
　　② 闻黎明、侯菊坤：《闻一多年谱长编》，湖北人民出版社，1994 年，第 23—24 页。
　　③ 王子光等：《闻一多纪念文集》，生活·读书·新知三联书店，1980 年，第 373 页。
　　④ 闻一多：《论振兴国学》，载《清华周刊》1916 年第 77 期。参见闻黎明、侯菊坤：《闻一多年谱长编》，湖北人民出版社，1994 年，第 31—32 页。

事考证校订的那种谨严深入的学究精神。①

由上述内容来看，闻一多的这一转变，确有从"虚学"走向"朴学"的味道。事实上，闻一多此后一段时期的学术研究，走的正是乾嘉学者的路子。他对于历代典籍的解读，往往旁征博引，从文字、音韵的训诂与考订入手，以此达到对于"义理"的认知。收入《闻一多全集》"诗经编""楚辞编""庄子编"中的多数篇章，无不是这种研究理路的体现，其"诠释新解都是建立在严格的考据训诂基础上的，可谓言必有据"②。郭沫若在《闻一多全集·序》中也说："闻先生治理古代文献的态度，他是继承了清代朴学大师们的考据方法，而益之以近代人的科学的致密。为了证成一种假说，他不惜耐烦地小心地翻遍群书。为了读破一种古籍，他不惜在多方面作苦心的彻底的准备。这正是朴学所强调的实事求是的精神，一多是把这种精神彻底地实践了。"③在清代诸考据学大家中，闻一多对高邮王氏父子分外赞赏。他不仅在自己的学术研究中注重考据训诂，对于学生的训练，也从文字训诂等基本功入手。曾在清华亲聆闻一多授课的王瑶回忆道：

> 我当学生的时候，闻先生正全力研究古代文献，醉心于考据训诂之学，尤其钦佩王念孙父子的成就。他曾细致地比较过王氏父子、孙诒让和俞樾的造诣和造就，引导学生注意知识面的广博和治学的谨严。我上"诗经"课的时候，他讲需要编一部《诗经字典》，并要求班上的学生各在《诗经》中选一个字，然后把所有各篇中有这个字的句子都集中起来，按照句法结构把它分为几类，然后再从声和形的两方面来求义，并注意古代廋辞的用法和含义。他强调开始最好只看正文，不看旧注；如无法着手，也可先看看马瑞辰的《毛诗传笺通释》和陈奂的《诗毛氏传疏》。这是他布置的必须完成的作业。可以看出，他是在训练学生运用训诂学的基本功。④

二、超越乾嘉，学术"造反"

不过，如果就此得出结论，以为闻一多只是一位在"故纸堆中讨生活"的旧式学者，则又失之片面。在 1943 年 11 月 25 日致臧克家的信中，闻一多写道：

① 梁实秋：《谈闻一多》，传记文学出版社，1987 年，第 79 页。
② 王瑶：《念闻一多先生》，载《中国现代文学研究丛刊》1987 年第 1 期。
③ 郭沫若：《闻一多全集·序》，开明书店，1948 年。
④ 王瑶：《念闻一多先生》，载《中国现代文学研究丛刊》1987 年第 1 期。

"你想不到我比任何人还恨那故纸堆，正因恨它，更不能不弄个明白。你诬枉了我，当我是一个蠹鱼，不晓得我是杀蠹的芸香。虽然二者都藏在书里，他们作用并不一样。"①此番辩解显然是针对臧克家来信中的误解而发，其间的深意需要从思想史的层面去仔细发掘。本章要讨论的，是闻一多学术研究中"师法乾嘉"而又"超越乾嘉"的地方。

前引王瑶的回忆文章中，在论述完闻一多"醉心于训诂考据之学"之后，接着又说道："这些只是他治学的准备和途径，他与清代朴学家根本不同，他的视野要开阔得多。"②对于清代朴学家的学术贡献，学界已有相当充分的论述，笔者无意在此过多置喙。有必要指出的是，由于受时代的制约，乾嘉学者用以考证的材料多局限于历代流传下来的书面文献，对典籍之外的其他材料往往不屑一顾。这种偏狭的视野，必然影响其观察问题的深度与广度。胡适在《治学的方法与材料》一文中论及清代以来的学术研究时说："这三百年的成绩有声韵学、训诂学、校勘学、考证学、金石学、史学，其中最精彩的部分都可以称为'科学的'……然而从梅鷟《古文尚书考异》到顾颉刚的《古史辨》，从陈第的《毛诗古音考》到章炳麟的《文始》，方法虽是科学的，材料却始终是文字的。科学的方法居然能使故纸堆里大放光明，然而故纸的材料终久限死了科学的方法，故这三百年的学术也只不过文字的学术，三百年的光明也只不过故纸堆的火焰而已！"③这段话虽然不无偏激之处，不过，对于治学"材料"重要性的强调却也相当中肯。如果说，近代以前学者对于典籍文献的固守尚可以"时代原因"予以解释的话，那么，在殷墟甲骨、汉晋简牍、敦煌遗书和大内秘档等悉被发现的 20 世纪上半叶，学术研究继续坚持家法古训，显然有闭门塞听之嫌。用陈寅恪在《陈垣敦煌劫余录序》中的话说，这类学者可谓之"未入流"。④闻一多作为一位曾受西方文化洗礼、自身又充满叛逆精神的诗人型学者，自然是各式成规所无法约束的，他在踵武前贤的同时必定也会寻求新的超越。据寄思回忆，闻一多讲授《庄子》，有一次引用郭沫若的解释时说："有些拘谨的学者，很不以

① 闻一多：《致臧克家》，见《闻一多全集》第 12 卷，湖北人民出版社，1993 年，第 381 页。
② 王瑶：《念闻一多先生》，载《中国现代文学研究丛刊》1987 年第 1 期。
③ 胡适：《治学的方法与材料》，见《胡适全集》第 3 卷，安徽教育出版社，2003 年，第 133 页。
④ 陈寅恪在《陈垣敦煌劫余录序》中说："一时代之学术，必有其新材料与新问题。取用此材料，以研求问题，则为此时代学术之新潮流。治学之士，得预于此潮流者，谓之预流（借用佛教初果之名）。其未得预者，谓之未入流。此古今学术史之通义，非彼闭门造车之徒，所能同喻者也。"见陈寅恪：《金明馆丛稿二编》，生活·读书·新知三联书店，2009 年，第 266 页。

郭先生底见解为然，而且说他胆大与轻率。好！这些学者先生们一次都没有错，因为一句离开前人见解的话也不曾说过，这种过分的'谨慎'，如果是怕说错了影响自己已成的学者之名，那却未免私心太重，这样谨慎了一辈子，对于古代文化的整理上最后还是没有添加什么；而郭沫若，如果他说了十句，只有三句说对了，那七句错的可以刺激起大家的研究辩正，那说对了的三句，就为同时代和以后的人省了很多冤枉路。"①由这段言论，我们不难窥见闻一多学术个性之一斑。值得注意的是，郭沫若的学术研究之所以能有所创获，与他对人类学资料与理论的借鉴有很大关系。其所著《甲骨文字研究》与《中国古代社会研究》，在有关中国文学人类学学术史的梳理中屡被道及。闻一多对郭沫若学术研究的欣赏，自然也包含着他对这种研究取向的认同。从中国现代学术的总体发展来看，在闻一多全力从事学术研究的20世纪三四十年代，继世纪之初中国历史文献的"四大发现"之后，考古学、人类学等学科也在国内有了长足发展。闻一多的友人中，吴泽霖、潘光旦便是人类学学者。尤为重要的是，闻一多抗战时期所寄身的昆明，正是20世纪前期中国人类学研究的重镇，不仅此前的几次田野调查多在云南境内进行，而且此时更有来自全国多所高校的社会人类学家聚集于此。了解到上述情形，我们便不难理解闻一多后期学术研究中所发生的转变。在闻一多死难周年纪念大会上，朱自清说："他起初是用传统的办法研究《诗经》等等，后来改变了做学问的态度，处处以'造反'的精神研究中国文学。"②何谓"'造反'的精神"？在为《闻一多全集》所写的序言中，朱自清对此有更为清晰的表述：

> 他在"故纸堆内讨生活"，第一步还得走正统的道路，就是语史学的和历史学的道路，也就是还得从训诂和史料的考据下手。……可是他"很想到河南游游，尤其想看洛阳——杜甫三十岁前后所住的地方"。他说"不亲眼看看那些地方，我不知杜甫传如何写"。这就不是一个寻常的考据家了！抗战以后他又从《诗经》、《楚辞》跨到了《周易》和《庄子》；他要探求原始社会的生活，他研究神话，如高唐神女传说和伏羲故事等等，也为了探求"这民族，这文化"的源头……他不但研究文化人类学，还研究佛罗依德的心理分析学来照明原始社会生活这

---

① 寄思：《忆闻一多教授》，载《文萃》1946年第1卷第40期。
②《观察》特约记者：《纪念闻一多在清华园》，载《观察》1947年第2卷第23期。

个对象。[①]

从学术方法的角度着眼，闻一多学术研究中这种"'造反'的精神"，当是指对于文化人类学、弗洛伊德心理学等新兴知识的大胆采用。相比较之下，二者之中，前者的地位更为突出。收入《神话与诗》中的多数篇章，均可明显看出文化人类学的影响。令闻一多始料不及的是，他在后期学术生涯中的这一转变，也为中国文学人类学的发展写下了浓墨重彩的一笔。其综合运用传世文献、出土文献、人类学资料乃至地下考古资料的方法，成为中国文学人类学尝试解码研究的先驱和典范。

第二节 《伏羲考》对龙图腾的重构

收入闻一多《神话与诗》的各篇文章中，最为后人所称道同时也最受争议的是《伏羲考》。这篇论文共分五个部分：一、引论；二、从人首蛇身像谈到龙与图腾；三、战争与洪水；四、汉苗的种族关系；五、伏羲与葫芦。其中第一、二部分曾以《从人首蛇身像谈到龙与图腾》为题发表于1942年12月的昆明《人文科学学报》，其余三部分原是各自独立的篇章，在闻一多生前均未发表，1948年朱自清编《闻一多全集》时，才以《伏羲考》为题将它们连缀成篇。[②]可能正是由于上述原因，论文的几个部分在主题上并不统一。五个部分中，经常被学界提及的是第一、二部分。对于《伏羲考》一文的讨论，我们也将重点围绕这两个部分展开。

一、历时性考察复原神话初始面貌

闻一多之前，中国现代学界对伏羲、女娲神话的研究已经有了一定积累，其中最受瞩目的研究成果是芮逸夫《苗族的洪水故事与伏羲女娲的传说》与常任侠《重庆沙坪坝出土之石棺画像研究》。前者通过对苗族洪水故事与汉语典籍中所载伏羲女娲传说的母题比较，试图对伏羲、女娲传说的起源地做出推断。后者则通过对历代神话图像及相关文献的比较分析，证明重庆沙坪坝所出土石棺画像中的人首蛇身像为伏羲女娲。闻一多的《伏羲考》一文，"材料既多数根据

---

① 朱自清：《闻一多全集·序言》第12卷，湖北人民出版社，1993年，第445—446页。
② 陈泳超：《中国民间文学研究的现代轨辙》，北京大学出版社，2005年，第187页。

于二文，则在性质上亦可视为二文的继续"。不过闻一多又说："作者于神话有癖好，而对于广义的语言学（philology）与历史兴味也浓，故本文若有立场，其立场显与二家不同。就这观点说，则本文又可视为对二文的一种补充。"①其实，这里所提到的几种学科之中，还应该增加文化人类学。在笔者看来，如果要在《伏羲考》一文中找出某种基本的理论支撑，当非文化人类学莫属。

《伏羲考》一文的"引论"部分，主要是对芮、常二文的转述。闻一多认为，文化人类学及考古学之于伏羲、女娲神话的意义，首先在于它使这一神话的初始面貌得以复原。自战国以降，有关伏羲、女娲的传说在汉语典籍中不绝于书。根据这些零散的记载，二者的关系主要有"兄弟说""兄妹说""夫妇说"三种。第一种关系明显出于古代学者的有意歪曲，自然无根究的必要。后两种关系虽然能够代表这一传说的真相，却与文明社会的伦理观念相抵触，因而也备受争议。随着国内人类学界田野调查的开展，这一问题的解决终于出现转机。在西南边疆民族中，发现了许多伏羲、女娲"以兄妹为夫妇"的族源传说。以此为参照，则汉语典籍中有关伏羲、女娲的种种文献"碎片"，可以还原成一则"兄妹配偶兼洪水遗民型的人类推源故事"。不过，闻一多并未就此止步，他要在芮、常二文的基础之上做进一步探究。在中国古代文献中，常有伏羲、女娲"人首蛇身"的记载，类似的神话图像也屡有发现。这种"超自然"的形体，究竟代表何种意义？其起源与流变又如何？对此问题，芮、常二人均未加以留意。闻一多在《伏羲考》一文的第二部分对上述问题作出了回答。有证据表明，在西方人类学的各种理论中，闻一多对图腾学说曾有过深入思考。在闻一多的未刊手稿中，有一篇《图腾杂考拟目》，内有"图腾宴""阶级沓布（taboo）""性（乱伦）沓布""鲑蛋与玦""蝃蝀与璜""鱼龙曼衍""忌食鲡鱼""鲸鲵""同体化""支团"等小目。②闻一多对于伏羲、女娲"人首蛇身"问题的解码分析，主要依据的便是图腾学说。

闻一多首先对古代文献中有关伏羲、女娲"人首蛇身"的记载进行了梳理。从时间来看，这些记载并未超出东汉。不过，其中《鲁灵光殿赋》一篇，虽然是东汉的作品，但赋中所描述的石刻壁画早在西汉初年即已存在，由此可以推知这一传说的"渊源之古"。接着，闻一多又进而从更早的文献中探寻这一传说的踪迹。果然，在《山海经·海内经》中有一段记载："南方……有人曰苗民。

---

① 闻一多：《神话与诗》，上海人民出版社，2006 年，第 9 页。
② 闻黎明、侯菊坤：《闻一多年谱长编》，湖北人民出版社，1994 年，第 652 页。

有神焉，人首蛇身，长如辕，左右有首，衣紫衣，冠旃冠，名曰延维。人主得而飨之，伯天下。"根据郭璞注，这里的"延维"即《庄子·达生》篇中所说的"委蛇"。如此一来，上述传说见于文献的时间，便从东汉年间再次上推到了战国末年。根据图腾学说，闻一多认为在"半人半兽型"的人首蛇身神之前，必有一个"全兽型"的蛇神阶段。于是，他又在《国语·郑语》中发现了"褒之二君"传说，认为其中的"二龙之神"与此前的人首蛇身神代表的正是同一传说的前后两个演变阶段。以此为基础，闻一多不但在文献中找到了大量有关"交龙""螣蛇""两头蛇""二龙"等的记载，而且在古器物的花纹中或提梁、耳环等立体附件上也发现了类似图像。基于上述考察，闻一多意识到，在后世文字记载和造型艺术中反复出现的二龙形象，必然源于某种共同的神话背景。这些形象"在应用的实际意义上，诚然多半已与原始的二龙神话失去联系，但其应用范围之普遍与夫时间之长久，则适足以反应那神话在我们文化中所占势力之雄厚"。更为重要的是，"这神话不但是褒之二龙以及散见于古籍中的交龙、螣蛇、两头蛇等传说的共同来源，同时它也是那人首蛇身的二皇——伏羲、女娲，和他们的化身——延维或委蛇的来源"①。这里的讨论，实际上已经触及前文字时代的中国文化"大传统"②。对于这一问题，将在后面作进一步论述。就本节的具体阐述而言，这一传统当是指"荒古时代的图腾主义（totemism）"。至此，闻一多由对伏羲、女娲神话的历时性考察，转入对中国上古"龙图腾"的钩沉。

二、"化合式图腾"解开龙起源之谜

汉语典籍中，关于龙的传说十分驳杂。即以外形而论，除蛇外，尚有马、犬、鱼、鸟、鹿等不同形态。这些相互歧异的记述难免令人生疑：龙究竟为何物？闻一多给出的答案是："它是一种图腾（totem），并且是只存在于图腾中而不存在于生物界中的一种虚拟的生物，因为它是由许多不同的图腾糅合成的一种综合体。"③闻一多认为，古代部落在兼并的过程中，其图腾也会相应地融为一体。中国古代神话意象中，玄武（龟蛇）与龙均为这种部落兼并的产物。所不同者，前者为"混合式图腾"，几个图腾单位在合并之后，各单位的原有形态保持不变；后者为"化合式图腾"，许多图腾单位经过融化作用，形成了一个全新的图腾单

---

①闻一多：《神话与诗》，上海人民出版社，2006年，第19页。

②叶舒宪：《中国文化的大传统与小传统》，载《光明日报》2012年8月30日。参看本书第一章。

③闻一多：《神话与诗》，上海人民出版社，2006年，第20页。

位，其原有的各单位已不复个别存在。由于部落之间总是强的兼并弱的、大的兼并小的，因而无论"混合式图腾"还是"化合式图腾"，必然以一种生物或无生物的形态为主干，而以其他若干生物或无生物的形态为附加部分。对于龙图腾而言，不论其局部像马、像狗、像鱼、像鸟或像鹿，其主干部分和基本形态仍然为蛇。"这表明在当初那众图腾单位林立的时代，内中以蛇图腾为最强大，众图腾的合并与融化，便是这蛇图腾兼并与同化了许多弱小单位的结果。"①此外，闻一多还对金文"龙""龒"二字的形体进行了分析，以证明龙的基调为蛇。由此出发，闻一多进一步提出：

> 大概图腾未合并以前，所谓龙者只是一种大蛇。这种蛇的名字便叫作"龙"。后来有一个以这种大蛇为图腾的团族（Klan）兼并了、吸收了许多别的形形色色的图腾团族，大蛇这才接受了兽类的四脚，马的头、鬣和尾，鹿的角，狗的爪，鱼的鳞和须……于是便成为我们现在所知道的龙了。②

经过一番努力，闻一多终于完成了对中国上古龙图腾的重构。有必要指出的是，在闻一多之前，西方学者笔下的"图腾"，均为自然界中实际存在的某种生物或无机物。闻一多则充分发挥其"诗性智慧"，提出"化合式图腾"这一新的命题，从而对千载以来争论不休的中国文化难题做出了较为圆满的解答。其影响所及，在今天各种民俗学性质的读物中，言及龙时往往有"马头、鹿角、狗爪、鱼鳞"之类的描述，尽管读物的作者可能并不知晓《伏羲考》这篇文章。

解开了龙图腾之谜，中国上古文化中与之相关的一些问题也可以附带解决。比如，中国古代有一种名为"禹步"的独脚跳舞，闻一多认为，这种跳舞与瑶族祭祀盘瓠时所举行的仪式一样，同属图腾舞蹈的性质，其目的是为了"提醒老祖宗的记忆"。又如，史载中国古代吴越等民族有"断发文身"的习俗，闻一多认为，这种习俗与阿玛巴人（Omabas）的做法一样，都是为了方便"老祖宗随时随地见面就认识"，因而在装饰上特意模仿本族的图腾形象。从性质上来说，它属于"图腾主义的原始宗教行为"。由氏族成员对本氏族图腾的模仿出发，闻一多又回到了《伏羲考》一文的起点，即伏羲、女娲的"人首蛇身"问题。闻一多指出，初民图腾心理的演变经历了三个阶段，分别是"人的拟兽化""兽的拟人化"与"全人型"始祖的出现。在中国古代典籍和神话图像中所出现的"人首蛇身神"，代表的正是第一阶段向第二阶段的过渡：

---

① 闻一多：《神话与诗》，上海人民出版社，2006年，第20页。
② 闻一多：《神话与诗》，上海人民出版社，2006年，第20页。

当初人要据图腾的模样来改造自己，那是我们所谓"人的拟兽化"。但在那拟兽化的企图中，实际上他只能做到人首蛇身的半人半兽的地步。因为身上可以加文饰，尽量的使其像龙，头上的发剪短了，也多少有点帮助，面部却无法改变，这样结果不正是人首蛇身了吗？如今知识进步，根据"同类产生同类"的原则，与自身同型的始祖观念产生了，便按自己的模样来拟想始祖，自己的模样既是半人半兽，当然始祖也是半人半兽了。①

至此，文章在千回百折之后峰回路转，作者之前围绕伏羲、女娲"人首蛇身"而提出的几个问题终于有了答案。

以《伏羲考》一文而论，闻一多之所以能够从历代典籍、图像中所见的伏羲、女娲神话出发，构拟出失落已久的龙图腾传统，正源于他对"N 级编码论"中前三级编码的成功解读。

对中国文化而言，"龙"作为一种前文字时代的神话意象，在数千年的发展中已经积淀为一种文化"原型"，其"编码"形态在历代实物、图像、文字、典籍中均有所反映。在现存有关龙图腾的各种符号中，年代最为古老的并非文字记载，而是出土实物。20 世纪 70 年代初，内蒙古赤峰市博物馆工作人员曾征集到一件"C"形玉龙。据考古专家鉴定，这件玉器属于距今 5000 年前的红山文化。由于它在迄今所发现的同类器物中时间最早，因而被学界誉为"中华第一玉龙"。今天，"C"形玉龙作为一种文化符号，已被用作华夏银行的标志。从文化编码的角度来看，"C"形玉龙显然属于龙图腾的一级编码。遗憾的是，在闻一多的时代，这件玉器尚沉睡于地下而不为人所知。不过，此前已经发现的众多画像石、帛画等神话图像，同样属于一级编码的范畴。闻一多正是借助于这些神话图像，确认了伏羲、女娲的"人首蛇身"特征及他们之间的夫妇关系，从而为进一步的"解码"奠定了基础。除实物与图像之外，龙图腾的文化编码在汉字中也有体现。比如，金文中已有"龙""龏"二字。根据闻一多的考证，这两个字的偏旁皆从"巳"，而"巳"即蛇，由此可以推知原始的"龙"为"蛇"的一种。这实际上是对龙图腾二级编码的破解。历代典籍中，关于伏羲、女娲的记载更是不胜枚举。闻一多在此充分利用其朴学功底，将东汉以后文献中所载的伏羲、女娲与《庄子·达生》中的"委蛇"、《国语·郑语》中的"二龙"之神联系了起来。由此出发，闻一多进一步将古器物中的种种"二龙"图像（即

① 闻一多：《神话与诗》，上海人民出版社，2006 年，第 24 页。

龙图腾的一级编码）纳入自己的考察视野。至此，隐藏于上述实物、图像、文字及文献后面的中国文化"大传统"已然触手可及。

总体而言，《伏羲考》一文的突出特点，是系统运用了传世文献、出土实物和图像以及人类学资料和理论，这已十分接近"四重证据法"。从文化编码的角度来看，后世文献中所载的伏羲、女娲，作为上古龙图腾的三级编码形态，除间或保留其"蛇躯"特征外，已和编码前的原初形态有很大距离。要对这一形象进行"破译"，其难度可想而知。作为一位处于新旧历史转折之际的现代学者，闻一多最大的优势在于既受过中国传统学术的训练，又善于汲取人类学、考古学等新兴学科所提供的知识。正因如此，他能突破前人的局限而提出新见。经由多学科知识的综合与比较，闻一多终于使得伏羲、女娲神话背后的中国文化"大传统"得以呈现。

第三节　编码自觉：从文学寻根到知识考古

随着各种后现代文学流派此起彼伏，各领风骚，20 世纪 80 年代曾经影响巨大的寻根文学已经逐渐淡出研究者的视野，然而，在全球化和现代性的语境下，中国作家寻找自身文化身份和独特话语体系的努力却始终存在，这种情结甚至沉淀为一种集体性的深层焦虑，弥漫于创作者和批评家的笔下。焦虑的根源被王一川先生概括为"传统性"与"现代性"的对立。其中传统性是指"文化中那些能使人发现这个民族独特特性的、与其过去血脉相连的方面，涉及民族独特的哲学、宗教、语言、民情风俗、审美惯例和神话等"，而与之相对的"现代性"则是指"文化中那些能被归属于'现代化'进程的种种因素"。①在这种"对立"之中生存的人文学者始终无法摆脱这种穷"根"追"源"的原始冲动，而对于根究竟在何处、如何才能溯及源头却提供了多种答案。

一、"寻根"的困境

今天回过头来看，寻根文学无疑是想从传统性中寻找解决现代性问题的药方，其思路根本与之前的"伤痕文学""改革文学"一脉相承，甚至与其明确反

---

① 王一川：《传统性与现代性的危机——"寻根文学"中的中国神话形象阐释》，载《文学评论》1995 年第 4 期。

对的"五四"启蒙内在相关。①在韩少功的笔下，传统与现实的关系被称作"根深"与"叶茂"的关系，传统之根可以滋养现代性的枝叶，这个深埋地下的根扎在乡土社会，表现在被礼教规范和中原文化忽视了的俚语、野史、传说、笑料、民歌、神怪故事、习惯风俗和性爱方式之中，是民族的生命力之所在。这一具有鲜明理论主张②的文学流派看似反对"五四"启蒙观点，但其理论又与新文化运动中的乡土小说、歌谣运动和白话文运动的主张暗合，其内在的思路是礼失求诸野，因而其根本的逻辑仍然延续着"五四"以来的启蒙立场。具体而言，即认为在精英文化之外的乡土社会和民间文化中仍然保留了本民族有生机、有活力的内核，因而，重建民族精神的关键在于从广阔而芜杂的"民间"③寻找民族魂魄，"将西方现代文明的茁壮新芽（枝）"嫁接在"我们的古老、健康、深植于沃土的活根"上。究其实质，仍然是以启蒙的逻辑反对启蒙，打着民间的旗帜重建庙堂，④用传统来拯救现代，这就使得寻根文学的路径打上了一个死结。并非民间文化不堪担此重任，而是其理论追求与目标内核之间天然具有互斥的特性，由此寻根文学所寻之根成了一个知识分子的乌托邦，这也就是后来寻根文学引起巨大反响之后盛极难继的原因。

造成这个困境的关键在于思维模式中的二分法，这是一种典型的现代性思维模式。这种思维模式认为传统与现代、中心与边缘、东方与西方存在一种截然二分的对立关系，两极之间有断裂的鸿沟，并且或隐或显地认为其中一极具有更高的价值。这种思维模式在后现代的语境中受到质疑。首先是知识社会学理论的质疑。福柯指出："今天，人们正力图在人类思想长期的连续性中，在某一

---

① 进入 21 世纪以来，这一反思日渐深入，有关论述参见：鲍小蕾的《从寻根者关照下的传统文化出发——论寻根文学的困境》，刘庆英的《"寻根"与"失根"的双向悖论——试论寻根文学的内在矛盾》，王宁宁的《浅议"寻根文学"的悖论与反讽》，刘忠的《"寻根文学"的现代视野与启蒙悖论》等。这些批评家都看到了寻根文学的内在悖论，但并没有提出相应的出路。

② 与其他文学流派不同的是，寻根派的作家们从一开始就有强烈的理论自觉，他们甚至用专门的文章表达了自己的理论宣言。参见韩少功：《文学的根》，载《作家》1985 年第 4 期；李杭育：《理一理我们的"根"》，载《作家》1985 年第 9 期。

③ 20 世纪 90 年代陈思和曾经在当代文学批评领域专门提出"民间"这个概念，在《上海文学》1994 年第 1 期推出的理论文章《民间的浮沉：从抗战到"文革"文学史的一个解释》中，他论证了中国现当代文学与民间文化形态的复杂关系，并且重点论述了民间在当代文学史上的地位、民间文化形态与政治意识形态之间的关系以及当代文学创作中的民间隐形结构三个方面的问题。

④ 关于民间与知识精英的关系之论述，参见王光东的《民间与启蒙——关于九十年代民间争鸣问题的思考》，载《当代作家评论》2000 年第 5 期。在笔者看来，"民间"概念的提出将"大传统"的概念引入了当代文学批评，但对于这个传统本身的复杂性和内涵却缺乏更深入的挖掘。

精神或某一集体心理充分的和同质的体现中，在某一竭力使自己存在下来、并且在一开始即至善至美的科学的顽强应变中，在某种类型、某种形式、某项学科、某项理论活动的持久性中，探测中断的偶然性。"①而要克服这种断裂和偶然性，在福柯看来则要依赖对文献的知识考古："历史是上千年的和集体的记忆的明证，这种记忆依赖于物质的文献以重新获得对自己的过去事情的新鲜感。"②对于文学史来说，这一主张也具有重要的意义。

其次是文化人类学所提供的思想资源的质疑。作为当代人类学根基的文化相对论是对理性独大和直线进步观念的消解。不同于启蒙以来的进步观，文化相对论主张各种文化都有其独特的价值，而解释人类学则进一步强调文化符号的意义只能在特定的文化系统中才能正确解释。如果将文学看作人类符号活动之一种，那么对文学作品的理解则必须在特定的文化传统之中进行。在历来推崇精英文化的中国文化语境之中，大传统的提倡更符合对文化的整体观照。也正是因为看到了这一点，所以在时隔近20年后的反思中有学者提出："全世界范围内的文化寻根，就具有在西方资本主义生产方式和生活价值之外，寻找人类生存多样性和未来发展道路多样性的文化生态意义。"③至此，文学寻根的文化意义才得以从启蒙立场中跳脱出来。

事实上，神话－原型批评就可以看作这种整体性文学批评的早期实践。比如西方文学批评巨匠弗莱就一直主张整体性的文学研究，他将以往被视为难登大雅之堂的传奇文学纳入视野之内，认为在其中可以发现经典文学叙事的规律。④从"世俗的经典——传奇故事结构研究"这个书名就不难看出，出于对文学内部共通规律的认识，弗莱试图打通世俗文本与文学经典之间的界限鸿沟。弗莱认为文学的内部结构保持基本稳定的同时，虽然场景不断变换，但整体结构不变："在希腊传奇中，人物是黎凡特人，环境是地中海世界，常规的交通方式是帆船浮板。而在科幻小说中，人物或许成了地球人，环境成了星际空间，困于敌对领土的则换成了宇宙飞船，但故事叙述者的策略仍基本遵从同样的模式脉

① [法] 米歇尔·福柯：《知识考古学》，谢强、马月译，生活·读书·新知三联书店，1998年，第2页。
② [法] 米歇尔·福柯：《知识考古学》，谢强、马月译，生活·读书·新知三联书店，1998年，第7页。
③ 刘忠：《"寻根文学"的现代视野与启蒙悖论》，载《重庆社会科学》2006年第9期。
④ [加拿大] 诺思洛普·弗莱：《世俗的经典——传奇故事结构研究》，孟祥春译，上海人民出版社，2010年。
⑤ [加拿大] 诺思洛普·弗莱：《世俗的经典——传奇故事结构研究》，孟祥春译，上海人民出版社，2010年，第5页。

络。"⑤这一观点与神话学家约瑟夫·坎贝尔的观点如出一辙，坎贝尔就曾经以"千面英雄"来概括各种英雄传说之间的内在一致性，而他的神话学理论又与荣格的集体无意识理论紧密相关。回到文学批评中来看，这种从心理分析入手的批评流派强调的是各种文学样式内部的规律，弗莱对于跨越几个世纪的传奇的关注目的就在于发现其中的程式，这种程式贯穿了从神话、仪式到传奇、文学的整体。而文化人类学家也着迷于这种内在结构，但他们是想从简单社会的原始信仰和神话中寻找它，并且探索其在特定文化建构中如何发挥作用。可惜弗莱的眼光仍然局限于基督教世界，并未将这一主张继续拓展。而后来的神话-原型理论最受人诟病之处则在于将复杂的文学现象归纳为简单的神话原型，不仅抽离了历时性的维度，而且容易流于简单归纳和比附。但借助于话语分析的理论视野，今天的文学批评家则更关心这种程式是如何在不同的形式中延续至今的。从人类一致的心理原型到特定文化中的意象化表达，这一过程正是一个 N 级编码的过程。

二、《丰乳肥臀》中的心理原型

以莫言小说《丰乳肥臀》为例，显而易见的心理原型就被作者赋予了更为丰富的色彩。这部作品在诞生之初就曾经受到褒贬不一的各种争论，除了书名直白大胆之外，整部作品意象之绵密、情节之复杂、气势之壮阔也令人印象深刻。时至今日，关于这个书名在当年所引发的争论早已被喧嚣的时代泡沫所淹没，但其中所沉淀下来的编码系统却成为集体记忆的一部分。这部发表于上世纪 90 年代的长篇小说以山东高密东北乡为背景，以上官鲁氏和她的儿女们为中心，勾勒出 1900 年至中国改革开放后的历史，塑造出三代"母亲"的形象，其中不仅饱含着对母性的讴歌，还指涉着"母亲"这个象征符号的深层丰富性。莫言自己坦言，该书是一首献给母亲的赞歌，并在扉页上写着"谨以此书献给母亲在天之灵"。在后来诺贝尔奖颁奖典礼上题为《讲故事的人》的演讲中，他又反复提到自己的母亲，并说："我感到，我的母亲是大地的一部分，我站在大地上的诉说，就是对母亲的诉说。"可见，在莫言的写作中，母亲始终是一个贯穿始终的形象，这个母亲，当然不仅是"我的母亲"，还是众人的母亲、人类的母亲。用莫言自己的话说："在《丰乳肥臀》这本书里，我肆无忌惮地使用了与我母亲的亲身经历有关的素材，但书中的母亲情感方面的经历，则是虚构或取材于高密东北乡诸多母亲的经历。在这本书的卷前语上，我写下了'献给母亲在天之灵'的话，但这本书，实际上是献给天下母亲的，这是我狂妄的野心，就像我希望把小小的'高密东北乡'写成中国乃至世界的缩影一样。"借助文学人类学的眼光，我们还应该能够看到，作家笔下的母亲，是经过 N 重编码之后的"母亲"，是浓缩、提纯、泛化了的感情，这种人类共通的心理原型与他的个人经验以及理性思考细密地交织在一起，成为感人至深又斑斓丰富的形象。而作为文学批评家或读者，要彻底搞清这个看似有些怪诞的形象背后的内涵和情感，则需要一个反向解码的过程。

书中上官家族的兴衰沉浮几乎就是那个时代的缩影，而祖母上官吕氏、母亲上官鲁氏，还有那一群命运各异的姐姐组成的则是一个女神主宰的世界。在这部以混乱中的生育和死亡开场的小说中，女性主宰着整个家族，权力从祖母手中移交给母亲，而姐姐们则从少女逐个成长为人妻、人母，几位女性各自不同的命运共同勾连成一个时代图景。因而，母亲就是整部作品的核心意象，她既是生命的源头，也是撑起整个世界的女性力量，题目中所谓的丰乳肥臀正是对这种孕育生命之能力的隐喻。这个富有强大生育能力的母亲形象贯穿着人类的意识和无意识，早在文字产生之前，石器时代就已经产生的地母形象中仍保留着鲜活的印记。在史前欧亚大陆上多地被发现的地母神形象，无不有着夸张的乳房和臀部，有的甚至有悖人体正常比例，她们被称为史前维纳斯，显然是史前人类对母性崇拜之证据。①这可以视为第一重的编码，即考古出土的实物以直观的形式表达人类最初的信仰和恐惧。在早期的汉字书写传统中，甲骨文中"母"字的字形为"𤔔"，在金文中则是"𤔔"，及至小篆的"𤔔"和今日汉字中的"母"字，强调的重点都是用于哺育生命的乳房。《说文解字》曰："母，牧也。从女。象怀子形，一曰，象乳子也。"（《说文》卷十二"女部"）。而《广韵》则引《仓颉篇》直接点明："母其中有两点，象人乳形。"作为象形文字的汉字保留了完整的二级编码信息，从中可以直接看到考古出土的实物和图像的变形，背后还是同样的思维模型，因此象形文字可谓第二重编码。

第三重编码则是通过文字表达的，进入了经典体系的文本。莫言小说中那个始终不能离开母亲乳房的金童是人类恋母情结的集中体现，以往有研究者认为

---

① 关于史前女神的考古发现，国外已有大量考古学文章和专著，其中最为系统的当推马丽加·金芭塔丝所著《活着的女神》（叶舒宪等译，广西师范大学出版社，2008 年）。此外，将这一思想推向社会学领域的还有理安·艾斯勒所著《圣杯与剑——我们的历史，我们的未来》（程志民译，社会科学文献出版社，2009 年）。另外，叶舒宪的《高唐神女与维纳斯——中西文化中的爱与美主题》（中国社会科学出版社，1997 年）也曾将这一史前文化现象作为解释中西文化的一个基点。

这个由代表传统文化的母亲与代表外来文化的传教士共同孕育的孩子是对文化杂交的一种隐喻，他迟迟不能断奶表明中西文化交融梦想的破产。笔者则以为金童是对人类个体及其潜意识的一种隐喻，他的选择同时也是一种生命哲学的体现，这种生命哲学在传统的经典尤其是道家经典中得到过系统的表述。如《周易·说卦传》曰："坤为地，为母，为布……"母亲与地之间的同一关系被加以确认，而《道德经》中也说："天下有始，以为天下母。"将母亲原型视为天下之初始。到了王弼那里，他则进一步论述道："食母，生之本也。"[①]而这一心理原型在西方心理学界被称为"大母神"或"元母神"。[②]由于作为母亲的女性的最大特征在于腹部和子宫，因此在这个原型之中，女性的主要象征表现为容器，即女人=实体=容器，对于个体的人来说，母体就是回归的终点。乳汁源源不竭的上官鲁氏和那个永远不能离开母亲乳房的上官金童，共同构成了对无意识的生命始源的一种象征，寄寓了人类重归母体的潜意识。而在小说的隐喻世界中，母亲的乳房则不仅是生命力的来源，还是对抗外界纷繁乱象的桃花源。这里的母乳代表的不仅是食物，还是爱、温暖、安全和初始的理想环境。这种在经典中被反复阐释的原型，可以作为第三重编码，即文本文字的编码。

除此之外，母体不仅是食物的来源，还是回归的终点。救世补天的女娲、执掌生杀大权的西王母等女神，正是神话中对这一观念的表现。可见，文本之外的信仰和民俗以及口传文学，又是一重编码。除此之外，根据心理学家的研究，这还是人类无意识中共有的主题，并在精神病人的身上表现出来。弗洛姆就曾指出："在精神病症中，这种要求得到母亲无限关怀的现象俯拾皆是。其中，最极端的表现是渴望回到母亲的子宫……但作为一种被压抑的欲望，它只是表现在睡梦、病症、神经质的行为中。"[③]这一被正常人压抑着的心理情结就这样在作家的笔下实现了又一重的编码。由此可见，瑞典文学院用"hallucinatory realism"（魔幻现实主义）来概括莫言的作品的确是恰如其分，所指代的正是他将传统、民俗、幻觉、梦境再次编码从而创造出一个亦真亦幻的"高密东北乡"。正如诺贝尔文学奖委员会在颁奖词中所说的那样，"他从故乡的原始经验出发，抵达的是中国人精神世界的隐秘腹地"。其中介正是他所编织出来的故事和意象，而背后则是深远无际的心理结构和文化传统。

①（三国魏）王弼《道德真经注》，见《道藏》，文物出版社、上海书店、天津古籍出版社，1988年影印本。

②［德］埃利希·诺伊曼：《大母神——原型分析》，李以洪译，东方出版社，1998年。

③［美］埃利希·弗洛姆：《健全的社会》，欧阳谦译，中国文联出版公司，1988年，第38页。

事实上，寻根文学所面临的问题也是文学批评本身的困境。如果仅仅局限于有限的文本传统之中，文学史就只能是一个文字的游戏，一个属于一部分人的游戏。从以上简单分析可见，从荣格所说的集体无意识和心理原型到在当代文学中呈现出的绵密意象，中间的轨迹并非无迹可循。从上世纪的寻根热潮，到今天的编码和解码自觉的意识，逐渐悬置的是一个本质性的、标本式的、化石般的文化之根，转而通过对编码体系的解读，来复现这个"根"的生成机理。编码的文化符号学理论对于当代文化研究也有一定意义，对于文化符号的背景及其无意识原型更为深入的挖掘则有助于完整准确地理解和再造编码。当我们把文化之根看作一种编码系统，一个不断生成的编码过程，就有望从原有的死结中跳脱出来，从而更有效地对接历史和现实，解读个体和群体，更加深刻地理解丰富的现象世界。

（苏永前　黄悦）

下 编
文化文本多级编码分析

导　读

从东方到西方，从民俗到艺术，历史留下璀璨的文化遗存的同时，也让我们陷入了"望文生义"的误区，倘若这种误解是由史学大家所铸，则误人不可谓不深。先看一例，《汉书》卷六十八《霍光金日磾传》中记载：

> ……遣宗正、大鸿胪、光禄大夫奉节使征昌邑王典丧，服斩缞，亡悲哀之心，废礼谊，居道上不素食，使从官略女子载衣车，内所居传舍……

颜师古对"素食"的注解是："素食，菜食无肉也。言王在道，常肉食，非居丧之制也。"[①]

唐代学者颜师古只想到佛教中的素食是指菜食无肉，却没想到汉代佛教尚未传入的客观事实。[②]文字书写的文本固然是值得参考的书证，但绝非无限接近真相的"目击证人"。

神话文本是解读大传统的密钥，当大多数学者都跟随着文献材料探究老子与道家、孔子与儒家的时候，我们更希望指出潜藏在老子、孔子背后的更加悠久的神话历史大传统（过去多称为"巫史传统"[③]）。以《周易》为例，其"书"的表象之后，是先民通神占卜的精神需求，那是一个根本无书也不需要书本的符号世界，一草一木皆为神意或天命的符号象征。"天垂象，圣人则之"的说法，透露出前文字时代知识人可以通过仰观俯察敏锐地感知世界。近年来随着新兴的文学人类学理论的发展，我们可以把这句话置换为：大传统的世界，原来是以图像、符号、数字、仪式表演和口述事件等形式加以编码的。

可惜的是，在文字发生之后，在以文字权力为轴心的意识形态的作用下，这些原本清晰的编码逐渐隐去，直至成为密码，乃至被后代人彻底遗忘，好像根本没有存在过一样。这就是文字阉割历史与文化的负面效果。

---

① （汉）班固：《汉书》，颜师古注，中华书局，1962年，第2940、2942页。
② 刘兆祐、江弘毅等：《国学导读》，中国人民大学出版社，2009年，第73页。
③ 李泽厚：《说巫史传统》，上海译文出版社，2012年，第5页。

文字一旦出现，先被神圣化，随后与统治权力结盟，被社会上层人物所垄断，再往后便出现精英化、权威化的直接结果。这就导致后人只能从一个文学文本推导至上一个文学文本或者一个相关的文本，一旦离开了文字这个载体，文化的信息就仿佛进入了一段记忆的真空期，3000年前的世界和5000年前的世界有什么关联，我们便不得而知了。在本书下编中，我们选择的是有关"希腊"和"华夏"两个古老文明发展脉络的文章，它们分别是西方和东方的现代文明之源，然而殊途同归，它们都在神话中萌芽，又在不同的历史阶段展现出基于神话的多样性姿态。从图像叙事、仪式行为到文学文本，人类智慧的体现形式无非就是以何种方式为神话编码而已。

一直以来，人文学科饱受质疑之处在于它既给不出通过实证方法得出的绝对正确答案，又无法设立完全量化的研究标准。N级编码论为文化文本的研究提供了理论支撑，但它同时又具备开放性、结构性和程序性的特征，这恰恰符合华夏文明大传统中"日月为易"和"日月相易"的智慧。从"象"到"文本"，经历了一段史诗般的跨越，而从图像或符号文本再到文字文本，人类开始极大地发挥其置换变形的主观能动性。文字的抽象化当然是智慧的结晶，但是人们却普遍忽略了文字符号的筛子作用，意识不到在文字记录的抽象化过程中大量原生态文化信息被遗漏和遗忘掉了，甚至把文字书写的世界当成比现实世界更加真实也更加可信的世界。大传统理论希望引导我们找回被书写文字所筛掉及阉割掉的历史的面貌，重建前文字时代的神话历史。

传播物质载体的特点决定了文字是后人最易接触到的信息记载形式，其次是各类型的活态文化和物质文化表现形式，包括口传史诗、民俗、礼仪、表演、传世文物、出土文物、传统建筑、墓葬形式等。随着人类学和考古学的进步，活态文化和物质文化得以被重新发掘及发扬，从这些文化文本的表现形式中，我们得以管窥从物到图像到文字的一脉相承，并通过"探案式的逆推"，最终将物证呈现于历史法庭之上。

解开文化文本背后的大传统为什么这么重要？下编的几章，一来希望给读者带来恍然大悟的解密之感，二来则吁求当代学人或者具有好奇心、追求真相的求知者怀着公正客观、格物致知的态度去对待各类文化的表现形式。做到这一点的观念前提是强调对文化表述权力的反思："现代以来构建出的无数'中国历史'和'中国文学史'，尽管变换了关照历史的理论模型（从号称进化论的到号称马克思主义的），但是那种前现代的、自夏商周三代以来的中原中心的正统中国观依然占有支配性质。这样就难免因袭'二十四史'以来的老套路,以中原政权的更迭为核心和主线来叙述 5000 年的中国史,或者以 3000 年的汉字书写文学史替代'中国文学史'。"①

文化文本是人类学家研究文化的新兴概念,文化文本不同于文字文本的最大特征是其为非实体性的存在,或者说是虽然存在却看不见摸不着的东西,是一种理论中的假想符号综合体。无神论者嘲笑相信神话就像相信童话一样幼稚,但人们似乎忘记了童话也是神话的一种再表述形式。在文化文本的背后,既有弄权,也有良心,既有素颜,也有面纱,凡此种种,皆是编码。

（章米力）

---

① 叶舒宪:《文学人类学教程》,中国社会科学出版社,2010 年,第 105 页。

第七章 希腊字母的神话编码：A 的发生

　　无论在何种表音文字当中，A 都位列第一，成为当之无愧的万音之母。这个张口即出的发音字母对于现代人而言太过熟悉，也正因如此，人们反而对其产生的来龙去脉以及象征意义感到陌生。众所周知，26 个英文字母源自拉丁文，而后者的渊源则可以通过古希腊字母及古希腊字母的前身——腓尼基（Phoenicia）字母直接追溯到约公元前 1100 年在叙利亚和巴勒斯坦通行的北闪米特文字。这是一段有趣的字母文字的发生发展史，而其背后又有强大的神话语境做支撑。所以只有了解了字母 A 的神话语境和历史背景，才能真正地追溯以表音文字为标志的西方文明的古老源头，才能对那些最熟悉的陌生者——字母，做出逐个的解码。

图 7-1　古埃及祭祀哈托尔女神（化身为牛）浮雕，摄于巴伐利亚州立埃及博物馆

第一节　从象形到字母——A 的前世今生

古希腊文原本有 26 个字母，在距今 3000 多年前由腓尼基字母改制而来；而腓尼基字母是由原始的迦南（Canaan）①文字演化而成的，它们在创制之初就曾受到北闪米特文字深刻的影响。往返于欧亚大陆的腓尼基人简化了象形文字和楔形文字的复杂繁冗的笔画，"发明"了腓尼基字母。也就是说，在古希腊文中出现的每一个字母，包括A、B、Γ、Δ、E、Z……几乎都是它们的前身——腓尼基字母在古老的闪米特文字中仿照一定的事物绘制而成，属于象形文字，每一个字母本身都具有明确的意义。排列在第一位的字母 A［alpha］即是一个典型，它的图像被描绘为一个带尖角之物，活像一双牛角—— ＜ 'aleph ［']。

古希腊人从腓尼基人那里接触到这些文字以后，为了学习方便，不断地加以改进。将 "∀" 倒立过来，写作 "A"。希罗多德在《历史》第 5 卷第 58 段提到，与卡德摩斯（Κάμος）②一道前来的腓尼基人（Φοίνικες）把许多知识带给了希腊人，特别是字母（γράμμα）。随着时间的推移，字母的声音和形状都发生了改变。"这时住在他们周边的希腊人大多数是伊奥尼亚人。伊奥尼亚人从腓尼基人那里学会了字母，但他们在使用字母时却稍微地改变了它们的形状，而他们使用这些字母时，把这些字母称为波依尼凯亚（Φοινικήια）③：这是十分正确的，因为这些字母正是腓尼基人给带到希腊来的。"④从文字到字母，从象形到表音，从关注文字形状到重视字母发音，从单一的一字一意到诸多字母的集体表意……公元前六七世纪，古希腊字母逐渐演变并最终确定为 24 个，其中包括 7 个元音和17 个辅音，字母的排列组合变化无穷。当然，此时此刻，那些腓尼基文字原本的意义已经不复存在，随着时间的推移，代表形象思维的象形文字转变为表达抽象思维的拼音文字。每个字母的独立性渐渐变得模糊，取而代之的是由数个字母排列组合而成的词语。这样不仅容易记忆，也方便表达。同时，注重优美

---

① "腓尼基"是古希腊文对"迦南"的意译，意思是"紫色的；紫红色"，这与该民族生产的燃料有关。

② 卡德摩斯（Kadmos）：传说中腓尼基国王的儿子，为寻找妹妹欧罗巴，跟随着一头公牛从东方来到忒拜。他是忒拜城的建设者，也被认为是创造字母的始祖。他的名字寓意深刻，希腊文字根 Καδ-（Kad-）在梵文中表示"东方"。

③ 希腊文为Φοινικήια，其字面意思是"腓尼基的东西"。

④［古希腊］希罗多德：《历史》下册，王以铸译，商务印书馆，1985 年，第 369—370 页。

言辞的古希腊人更是把声音的优越性发挥到了极致，对字母的"音"的重视远远超过了原先对字母的"义"的关注。虽然发音掩盖了这些表音文字最原初的意义，但却成就了西方文明建构史上的古典文字——希腊文。

古希腊神话处处体现出对于字母 A 的崇敬。《新约·启示录》（ΑΠΟΚΑΛΥΨΙΣ）第 21 章描述道："坐在宝座上的那位对我说：'看！我已经将一切事物都更新了。你要将这一切记录下来，因为这些话都是真实可信的。'他又对我说：'一切都完成了！我是阿尔法，我是奥米茄；我是开始，我是终结。我要将生命泉的水白白赐给口渴的人。'"[①]"我是阿尔法，我是奥米茄；我是开始，我是终结"希腊文写作"ἐγώ εἰμι τὸ α καὶ φ, ἡ ἀρχὴ καὶ τὸ τέλος"。"阿尔法"即字母 A，在这里象征着一切事物的开端。基于《新约》的表述和对古希腊神话的理解（甚至可以说是向往），法国诗人兰波（Arthur Rimbaud）创作了一首晦涩难懂的诗《元音》（Vowels），诠释了希腊字母的深层内涵："A 黑，E 白，I 红，U 绿，O 蓝：元音，终有一天我要道破你们隐秘的身世；A，苍蝇身上的黑绒背心，围绕着腐臭嗡嗡不已……O，奇异而尖锐的末日号角，穿越星球与天使的寂寥——噢，奥米茄眼里那紫色的柔光！"[②]这首诗极尽丰富多彩的想象，追溯西方文字的起源、字母的开创，大胆开放的革新精神使它成为西方现代主义诗歌的滥觞之作。诗中出现的 A 和 Ω（奥米茄）分别为古希腊字母的首字母和尾字母，兰波以诗人的敏锐神经，试图穿透普通人习以为常的字母写法，洞察其背后曾经存在的隐秘意象。这是一位 19 世纪的法国知识人希望超越理性崇拜的时代局限，以通灵者的身份重新审视表音字母之前的象形文字，回溯西方文明之源，探寻西方文字之根的痴狂式努力。兰波认为字母 A 体现的是"苍蝇身上的黑绒背心"之意象，这显然出自他的诗意幻觉和联想，这使得他无法回溯到表音文字符号之前真实存在过的象形符号。

兰波认为诗人应该是"通灵者"（voyant），他的《元音》一诗被崇奉理性的同时代人视为"呓语"或者"天书"，因为那个时代的知识条件还无法证明兰波所要发掘的字母背后的隐含内容。20 世纪以来的学术进展终于具备了重新认识希腊字母起源的条件，这主要是神话信仰的宗教背景方面的情况，以及希腊字母源于腓尼基准象形文字的具体脉络。

---

① 《当代圣经》，中国圣经出版社，1979 年，第 573 页。
② ［法］阿尔蒂尔·兰波：《兰波作品全集》，王以培译，作家出版社，2011 年，第 102 页。

第二节 "母牛的河流"——字母中的神话编码

由酷似一双牛角的文字Ɐ改造而成的字母A，在希腊神话中起着主导性作用。奥林匹斯十二主神中有五位神祇的名字打头的都是字母A：阿芙洛狄忒（Aphro-dite）、阿波罗（Apollo）、阿耳忒弥斯（Artemis）、雅典娜（Athe-na）、阿瑞斯（Aris）。用A打头的神灵一般都代表了至高无上和无可替代的神圣地位。这难道是偶然的吗？马丁·伯纳尔《黑色雅典娜——古典文明的亚非之根》破天荒地争辩说，西方文明的开端是接续古老东方文明的发展①。雅典城的守护神雅典娜的肤色问题，成就了古典学界呼应人类学"走出非洲"新理论的惊天之作。既然雅典娜之名的第一个字母A蕴含前文字时代神话信仰问题，那么，追溯其本来意义就显得十分必要。

既然字母A来源于腓尼基的字母Ɐ，而这个字母带有明显

图7-2　哈托尔女神牛头像，摄于莱顿古典博物馆

的象形文字的特征，那么酷似牛角自然与牛崇拜有关。新柏拉图主义者柏鲁提努斯曾认为，象形文字所勾勒出的"这些图画并不是它们所代表事物的普通形象，而是被赋予了某种象征性质，借此它们向最初的沉思者揭示了一种深刻的洞察事物本质及实体的洞察力，及对事物先验起源的直觉理解，而这一洞察力并不是理性或内心沉思的结果，而是通过神的启发和教化自发获得的"。②可以

---

① Martin Bernal, *Black Athena. The Afroasiatic Roots of Classical Civilization,* Free Association Books, London, 1991, pp. 5-12.

② ［英］J. R. 哈里斯编：《埃及的遗产》，田明等译，上海人民出版社，2006年，第137页。

说，所有这些构建象形文字的比喻和象征意义皆来源于它们的直接外观。比如说，一枚牛角代表着简化了的公牛或母牛形象，进而表示"永生""庄严""繁荣"和"权威"等等。换言之，当最初的象形文字被使用时，一并被使用的是人们在文字或图画上所倾注的比喻意义、观念或思想。

许多民族都尊崇牛，腓尼基人对牛更是心怀感激。他们凭借一张牛皮获得了一片赖以生存的土地，所以 A 列于字母表的第一位，象征着万事万物的开端，是方向的指引者。神话故事中，字母的缔造者——原腓尼基王子卡德摩斯为了找寻被掠走的妹妹欧罗巴，跟随着一头母牛来到了忒拜，建造了一座新的城池。于是第二个字母 B（β［beta］）出现了，它在腓尼基语中的意思是"家或房屋"（house），它也是由象形文字简化而来，单从字母的上下两个空间结构就能看出房子的形态。另外，βοῦς在希腊语中的意思为牛，βῦρσα在希腊语中的意思为牛皮。据传说，腓尼基人曾向利比亚本地人购买土地，他们说只要一片用一张牛皮就能覆盖的土地。利比亚人答应了。聪明的腓尼基人先把牛皮裁成一根根细条，然后把这些细条牛皮一根根头尾相连，形成了一个大大的圆。根据约定，他们圈了一大片土地。后来用来买地的牛皮被命名为"布尔萨"（βύρσα）。有了牛就有了家，所以字母 B 紧随于字母 A 之后，3000 多年前的字母 A 是以一双简化的牛角形象出现就不难理解了。

早在旧石器时代，牛的意象就代表天地之间的媒介和圣物。到了新石器时代，带角的公牛代表的是一位男神形象。而牛角在许多古老的文化当中，都是神灵的一个特征。①阿庇斯（Apis）是古代埃及的神牛，古希腊人称之为厄帕福斯（Epaphus）。阿庇斯的崇拜中心在孟菲斯。有趣的是，充当神牛的公牛必须是黑色的，并且前额带有白色斑点。在古希腊化时代，希腊人认为阿庇斯是伊娥（同埃及女神伊西斯混为一体）的儿子。阿庇斯对应的埃及神灵则是荷鲁斯无疑。

在埃斯库罗斯的名剧《被缚的普罗米修斯》中，戴着牛角的伊娥（Ἰώ）出场。伊娥本是古代阿尔戈斯地方的月神，照后来的传统说法，是伊那科斯的女儿，宙斯的情人。赫拉出于嫉妒，把她变成母牛（赫拉又称"牛眼赫拉"，本身与牛崇拜有关）。"先行思考者"普罗米修斯（Prometheus）讲述了伊娥的命运，并预言她的后人将解救普罗米修斯。阿尔戈斯奉赫拉之命监视伊娥，但被赫耳墨斯杀死。赫拉又打发一只奇异的牛虻（一说是赫拉本人变作牛虻）刺伊娥，被赫拉变成母牛的伊娥到处奔逃，最后逃到埃及。在那里，宙斯使她恢复人形，她

---

① Ariel Golan, *Prehistoric Religion. Mythology. Symbolism,* Jerusalem Press, Jerusalem, 2003, pp. 124-125.

生下了厄帕福斯。后来，她嫁给了忒勒戈诺斯。希腊化时代，伊娥同伊西斯合而为一。希腊人认为伊奥尼亚（Ionia，现通译为"爱奥尼亚"）海因伊娥而得名，当她逃避赫拉的迫害时，曾泅渡这片海洋。普罗米修斯给伊娥指明方向：

> 离开
>
> 那里，鼓起勇气，穿越海峡，迈俄提斯的
>
> 流水——从那以后，凡人将谈论
>
> 你的跨越，一代一代，叫它母牛的水津，以你的
>
> 名字称谓，由此你离开欧洲大陆，踏上
>
> 亚细亚地面。①

"母牛的河流"（Βόσπορος δ'ἐπώνυμος）正是伊娥跨越的伊奥尼亚海峡。"Bosporos"这个海峡名称很可能源自早就遍布于滨海地区的希腊人伊奥尼亚部落。如此看来，该部落的祖先与伊娥和母牛相关，不足为奇。神话的人名、地名一般都是有所依据的。

考古发现，在许多重要的遗迹中都存在古老的牛头图像，其中最著名的莫过于在土耳其发现的距今约9000年的新石器时代遗址卡塔尔胡玉克（Çatalhöyük）神庙的建筑风格（图7-3）。庙宇中的祭坛和正面墙壁上只有一排排的牛头供奉在那里。②如果从神话宇宙观来看，神牛作为沟通天地神人的神圣中介符号，意味深长。

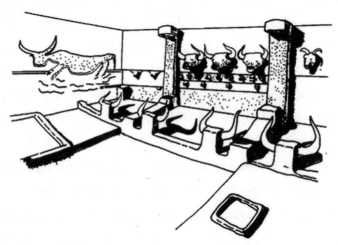

图7-3　土耳其卡塔尔胡玉克神庙内景

---

① ［古希腊］埃斯库罗斯：《埃斯库罗斯悲剧集》，陈中梅泽，华夏出版社，2008年，第215页。

② David Lewis-Williams and David Pearce, *Inside the Neolithic Mind, Consciousness, Cosmos and the Realm of the Gods,* London: Thames & Hudson, 2005, pp. 103-105.

第三节　未曾湮灭的大传统

　　1876 年 11 月 16 日,饱受嘲笑和质疑的德国考古学家海因里希·谢里曼(Heinrich Schliemann)在迈锡尼挖掘出一副黄金面具,据考证是古希腊盟军首领阿伽门农战斗时所用之物,从而以无可争辩的事实证明荷马史诗中描述的世界并非全然虚构,一直以来被公认为子虚乌有的神话故事在很多情节方面乃是基于真实的历史的。相继的考古发现让沉睡千年的特洛伊、迈锡尼、梯林斯等古城重见天日。于是,笃信科学的人们开始怀疑神话与历史之间是否存在非此即彼的截然界限。手持一本《荷马史诗》寻找特洛伊城的谢里曼如何最终使幻想变成了现实?

　　不可否认,理性时代崇尚无神论,即使是宗教行为和观念也无可避免地受限于文字产生之后的文化环境——小传统,文学、历史、哲学、宗教等学科的细致划分在一定程度上割裂了探索的整体性,在诸多层面忽视甚至遮蔽了文字产生之前的文化环境——大传统。也就是说,文字产生之前的时代,无论在哪个方面,都显得更为丰富与多元;文字产生以后,对文献的盲信反而束缚了人类的想象,"请给我一个逻各斯"(λόγον δίδωναι, Logon-didōnai)[①]成为西方逻辑实证的肇始。的确,抽象思维蓬勃发展的同时,却与大传统的观念渐行渐远。

　　正如当代古典学者瓦尔特·伯克特(Walter Berkert)所说:"在希腊从东方输入的所有'产品'中,最为重要的当属字母(alphabet)了。假设说,即使到了现代社会,现代化进程与民主制度仍然与阅读书写能力息息相关的话,那么从这一点出发,可以肯定希腊人绝对是最先成就这样一个事实的国民。这里需要补充一句:希腊人应该感谢他们的东方邻居。鉴于以上原因,关于字母的发明和普及问题,有必要在本文中作简单陈述,虽然从学术的角度来讲,我们试图总结的应该是众所周知的常识问题。希腊人曾经承认,拼音字母来自腓尼基语,所以我们不必怀疑希腊字母的闪米特起源。24 个字母起始的两个字母α(alpha)和β(beta)便属于闪米特词语,在原闪米特词语中分别指的是'公牛'和'房屋';然而这两个字母在希腊文中并不传达任何意思。两个随意的但却具

---

　　①［古希腊］荷马:《奥德赛》,第 22 卷至 23 卷,相关文章参阅陈中梅《〈奥德赛〉的认识论启示——寻找西方认知史上 logon didonai 的前点链接》,载《外国文学评论》2006 年第 2 期、第 4 期。

有暗示性的词条在希腊文表述中形成一个序列，这个序列作为一种特殊能力的基础被希腊人加以运用和记诵。从公元前 3000 年开始，书写便在古老而高等的文化当中发展起来；同时书写也为这些文化的发展起到积极的作用，它促成埃及的象形文字或美索不达米亚的楔形文字的形成。但是无论是象形文字还是楔形文字，都具有一套非常繁杂的书写系统，其中包含着数以百计的符号，而每一个符号又具有多重功能，所以如果没有经过多年的训练，是根本无法熟练地掌握它们的；不仅如此，掌握这些符号之后，还需要不断地操作和实践。因此，一般说来，写作者们都是知识分子，属于博学的社会阶层，他们虽然人数有限，但却拥有无比的威望；在美索不达米亚，掌握文字的写作者们称自己为'写字板的主人'（lords of the tablet）。"[1]瓦尔特·伯克特在《希腊文化的东方背景》一书中，仔细地论述了"欧洲古典文明的东方根源"，并在第一章举出希腊的表音字母脱胎于闪米特的象形字的迹象。用"N 级编码论"看，这是旨在说明二级编码的文字由来。

神话（myth）和历史（history）两个词合并而成的 mythistory（神话历史）一词应运而生，为人文社科研究提供了一种更为宽阔的视域：就本真性而言，神话和历史之间没有不可逾越的鸿沟，没有我们一直以来倾向于确立的不兼容性。在古代先民的眼中，神话就是他们的历史，历史就是他们的神话。真实与虚构往往混沌不清，相伴而生，文学不仅可以考古，而且本身就带有破解历史谜团的密钥。文字产生之前，所谓的历史事件一直在口传文学中流传，像荷马、伊翁这样的诗人充当了沟通的重要媒介，将一些真实发生的历史故事以神话叙述的方式保存下来。千百年来，人们把它们当作纯属虚构的故事看待，直到谢里曼的出现，他不仅挖出了尘封已久的地下城池，也打破了人们心中固若金汤的传统观念。

（唐卉）

---

[1] Waler Burkert, *Babylon, Memphis, Persepolis: Eastern Contexts of Greek Clture,* Cambrige, MA: Harvard University Press, 2004, p. 16.

第八章　希腊神话的原型编码：石头与树

第一节　橡树与石头：希腊神话文本的未解之谜

这是源自荷马史诗的一个故事情节：奥德修斯（Odysseus）历经艰辛，在雅典娜女神的帮助下回到阔别 20 年的故园，他乔装成乞丐，意欲射杀众求婚人。机智的珀涅罗珀（Penelope）向伪装的奥德修斯说道："但请你告诉我你的氏族，来自何方，你定然不会出生于岩石或古老的橡树。"[①]珀涅罗珀的话语中关于石头与橡树生人的表述令人费解，但荷马史诗中并未提供解释，大概在荷马的时代，这已经成为一种常识或古训，无须解释。与此相关的疑问是，为何珀涅罗珀会有岩石与橡树生人的表述？荷马史诗之外是否还有类似的表述？幸运的是，我们在《伊利亚特》中发现了另一处相关的表述："现在我和他不可能像一对青年男女幽会时那样，从橡树和石头絮絮谈起，青年男女才那样不断喁喁情语。"[②]与《奥德赛》叙述语境不同的是，这段话出自特洛伊王子赫克托耳（Hector）在特洛伊城门前等待希腊英雄阿喀琉斯（Achilles）时的自言自语。从叙述的语境来看，这里的橡树与石头大概指的是某种关于人类起源的古老故事或传说。令人不解的是，石头与橡树在荷马史诗中并没有发挥具体的作用，并且与文本要表述的内容并无直接关联。看上去就是，关于岩石和橡树的叙述是荷马本人或荷马时代人人皆知的古训，但对于现代读者而言，其意义却晦涩难懂。那么，橡树与石头究竟意味着什么？我们在荷马史诗中找不到任何线索，似乎这是荷马

---

①［古希腊］荷马：《奥德赛》，王焕生译，人民文学出版社，1997 年，第 355 页。希腊语叙述参见 Homer, with an English translation by A. T. Murray, revised by George E. Dimock. *Odyssey*. Cambridge: Harvard University Press, 1995, Book 19, Lines 162-163, ἀλλὰ καὶ ὣς μοι εἰπὲ τεὸν γένος, ὁππόθεν ἐσσί. οὐ γὰρ ἀπὸ δρυός ἐσσι παλαιφάτου οὐδ' ἀπὸ πέτρης.

②［古希腊］荷马：《伊利亚特》，罗念生，王焕生译，人民文学出版社，1994 年，第 504 页。希腊语叙述参见 Homer, with English translated by A. T. Murray, revised by William F. Wyatt. *Iliad*. London: Harvard University Press, 1999, Book 22, Lines 126-128, οὐ μέν πως νῦν ἔστιν ἀπὸ δρυὸς οὐδ' ἀπὸ πέτρης τῷ ὀαριζέμεναι, ἅ τε παρθένος ἠΐθεός τε, παρθένος ἠΐθεός τ' ὀαρίζετον ἀλλήλοιιν.

留给后人的一个不解之谜。

　　事实上，荷马史诗中关于橡树与石头的表述并非出自诗人的臆想，因为《神谱》有类似的表述。具体语境如下：诗人赫西俄德（Hesiod）宣称，缪斯（Muses）女神曾经将一种神圣的声音吹进他的心扉，让其歌唱过去和将来之事。赫西俄德反问道："但是，为何要说这一切关于橡树或石头的话呢？"①就像荷马史诗一样，这句诗文同样涉及橡树与石头，但赫西俄德在文中同样未做任何阐释。学者韦斯特（M. L. West）指出，此处的表述仅强调石头，橡树并无确切意义。②但此种说法并不具有十足的说服力，因此需要继续探讨石头与橡树的相关话语。

　　在上述神话文本中，橡树与石头出现的语境不一，有的是询问陌生人氏族的铺垫，有的是青年男女幽会谈论的话题，有的则指向缪斯女神规定的过去与将来之事。但不管是出自何种叙述语境，石头与橡树都是组合性语词，指向了某种古老的起源故事或传说。这就表明，尽管表述的情境迥然有别，在荷马与赫西俄德的时代，橡树与石头已成为希腊人所熟知的意象，其象征意义已无须多言。

　　荷马史诗与《神谱》是希腊现存较早的文学文本，由于无法找到比二者更为古老的希腊文学文本，要延续关于石头与橡树的问题的探讨，只能求助于其他国家更为古老的文学文本。这样，我们的眼光便转向与希腊隔海相望的乌迦特（Ugaritic）文学文本。公元前第 13 世纪的乌迦特文学文本《巴力史诗故事群》（*Epic of the Baal Cycle*）中有这样的话语："我有句话要对你说，我要对你复述一句话：大树的话语与石头的呢喃，天空对大地的低语，以及对星星的叹息，我知道响雷，天空并不知道，我懂得人类无法理解的话语，大地上居住的人群并不理解。来吧，我将揭开谜底，在我的神山萨芬（Saphon）之中，在圣殿之内。"③虽然我们不太明白"大树的话语与石头的呢喃"这句话的具体内涵，但至少能够明确一点：石头与树显然作为程式化套语而被使用，指向了某种约定俗成的意义系统。

　　不难看出，在希腊文本与乌迦特文本中，石头与树是一组共生性话语，即同

---

　　①［古希腊］赫西俄德：《工作与时日·神谱》，张竹明译，商务印书馆，2009 年，第 28 页。希腊语叙述参见 Hesiod, *Theogony*. M. L. West, ed, Oxford: Oxford University Press, 1966, Line 35, ἀλλὰ τί ἦ μοι ταῦτα περὶ δρῦν ἢ περὶ πέτρην.

　　② Hesiod, *Theogony*. M. L. West, ed, Oxford: Oxford University Press, 1966, p. 169.

　　③ Nicolas Wyatt, *Religious Texts from Ugarit: The Words of Ilimilku and His Colleagues.* The Biblical Seminar 33 2nd ed. Sheffield: Sheffield Academic Press, 2002, p. 78.

时出现的词语。就时间而言,巴力史诗生成的时间要比荷马史诗和赫西俄德的《神谱》早 500 年左右。就地域而言,希腊与乌迦特分别位于地中海东西两岸,二者隔海遥遥相对。作为共生性语词的石头与树,能够跨越时间与空间距离而出现在地中海两岸的神话文本中,这绝非一种偶然的共鸣现象,它背后一定隐藏着某种曾经重要但现已丢失的文化信息。那么,它究竟是什么?出于何种原因而被遗忘抑或叙述?希腊神话文本并未对此做表述,但这并不意味着没有相关的图像叙事。实际上,比荷马史诗文本早 6 个多世纪的米诺时代的一些出土器物上刻画的图像为此提供了另一种表述。

第二节　米诺的图像叙事

与希腊神话文本截然不同的是,石头与树在米诺时代图像中的象征意义非常明确,它指向了露天的神殿。在哈吉亚·特里亚达(Hagia Triada)石棺上(图8-1),我们可以看到代表圣殿的石头与树。画面上三名祭奠者正在举行某种献祭仪式,其中最前面的一名女性在向两株树中间的一口大型容器中倒酒,中间的女性肩挑两只装满美酒的敞口瓮,她身后的男性在弹奏乐曲。中间那位头戴羽冠、身着长袍的女性为主持仪式的女祭司,她前面的女性上身裸露,下身穿着一条开衩的裙子,身后的男性肩扛一架七弦琴。从图像表现的场景来看,这里举行的是一种祭神仪式。按照常理,敬神仪式应该在圣殿中举行,但奇怪的是画面中并未出现神殿,祭拜者面对的是两株大树与石头。两株大树底端各有一块石头,顶端各有一把双面斧,上面都站立着一只鸟。这里的大树与石头显然就是神殿,它是祭拜者举行仪式的场所。尽管石棺的图像并未说明为何以石头与大树来象征神殿,但它至少表明,在荷马史诗之前的米诺时代,石头与树已经作为一种共生性的神圣符号,共同建构了作为神明居所的神殿。

这种将石头与大树并置在一起,继而将其作为神明居所的做法并不限于米诺时代的石棺,同一时期的金戒指上同样刻画了众多类似的图像,多数图像与宗教仪式相关。公元前 1500 年的迈锡尼的艾杜尼亚(Aidonia)出土的一枚金戒指印章(图8-2)上,石头与大树构成了神明的神殿,三名身着盛装的女性在朝着一座由石头和大树组成的神殿行进。由一大一小两棵树与数块石头构成的神殿内还有一个小型的祭坛。在米诺时代的希腊,石头与树一般象征着露天的神殿，它在概念上等同于神明在人间的居所，人们在这里通过各种仪式获知神谕。在一枚出自希腊塞勒珀勒（Sellopoulo）的金戒指上（图8-3），可以看到更为具体的图像表述。一名男性潜伏在一块巨大的圆形石头上，他左手攀着圆石，回首张望，右手问候右方的一只飞鸟。男性的头顶右上方，一颗流星从天空穿过。男性的左边是一株大树，树下是数块圆石。荷马史诗《伊利亚特》中的部分诗文表明，飞鸟与流星是神明的使者，负责向人类传送神谕。①从戒指描绘的整个场景来看，这是先知或祭司获取神谕的仪式，而这种仪式只在神明的圣殿之中举行。图像描绘的信息与诗文表述的信息是一致的：鸟儿是发布神谕的信使，它在敬拜者的右方飞过。这样，就可以理解米诺时期石头与树为何出现在金戒指上了，因为它是神谕与异象出现的场所，即神明向人类发送意愿的神圣空间。

图8-1　哈吉亚·特里亚达石棺上的神殿②

---

① 赫克托耳（Hector）死后，特洛伊老国王普里阿摩斯（Priamus）祈求宙斯派遣神鸟发布神谕，以便让他知道是否能够得到希腊阵营赎回儿子的尸首。他大声疾呼："父亲宙斯、伊达山至高的统治者请让我到阿基琉斯那里受到接待，获得怜悯，请派遣一只显示预兆的鸟儿，快速的信使、你心爱的飞鸟，强大无比，让他在你右边飞过，我亲眼看见了，有信心到骑快马的达那奥斯人的船塞去。"译文出自［古希腊］荷马：《伊利亚特》，罗念生、王焕生译，人民文学出版社，1994年，第563页。希腊文具体参见 Homer, with English translated by A. T. Murray, revised by William F. Wyatt, *Iliad*. London: Harvard University Press, 1999, Book 24, Lines 308-313.

② 图片出自 Nanno Marinatos, *Minoan Kingship and the Solar Goddess: A Near Eastern Koine*. Urbana, Chicago, and Springfield: University of Illinois Press, 2010, p. 17, fig. 2.5.

图 8-2　迈锡尼的艾杜尼亚戒指印　　　图 8-3　希腊塞勒珀勒的金戒指上石头与大树建
章上石头与大树构成的神殿①　　　　　　构的神殿②

　　从上述图像描述的场景来看,米诺时代的希腊并没有关于石头与树生人的表述,因为并没有相关的场景刻画人类从大树或石头中诞生的情节。就这一点而言,米诺戒指与希腊神话文本叙述之间似乎存在巨大的断裂。尽管叙述的对象皆为石头和树,但图像与神话文本表达的思想并不一致。那么,二者之间是否存在一种过渡性的叙述,能够将它们之间的断裂连接起来? 虽然我们在希腊神话文本中无法找出更多的支撑性文字资料,但这并不意味着在希腊文本之外不存在此类表述,实际上,《圣经》中有很多地方存在此类过渡性叙述。这里尚需解决的一个问题是,《圣经》与米诺文化之间究竟有怎样的关联? 美国学者南诺·马瑞纳托斯指出,米诺时代的克里特与地中海沿岸地区同为地中海文化共同体的组成部分,它们在宗教、文化方面皆存在诸多相似之处。这就意味着,米诺图像中描绘的很多关于石头与树的场景与同时代地中海沿岸地区的文本叙述基本一致。即便是后世的宗教或神话文本,它同样能够间接阐释或印证米诺文物上刻画的一些场景。那么,将《圣经》作为米诺戒指与希腊神话的辅助性阐释文本,在理论上具有可行性。

　　① 图片出自 Katie Demakopoulou, ed, *The Aidonia Treasure: Seals and Jewellery of the Aegean Late Bronze Age.* Athena: Hellenic Antiquities Museum, Melbourne, 1998, p. 49, fig. 17.

　　② 图片出自 Nanno Marinatos, *Minoan Kingship and the Solar Goddess: A Near Eastern Koine.* Urbana, Chicago, and Springfield: University of Illinois Press, 2010, p. 100, fig. 7.9b.

第三节 《圣经》叙事

  《圣经·旧约》表述石头与树共生的地方主要有两处，一处是《约书亚记》，另一处是《耶里米书》，不妨分别考之。"约书亚将这些话都写在神的律法书上，又将一块大石头立在橡树下耶和华的圣所旁边。"①这里的石头与橡树均为耶和华圣殿的象征符号，不过另一处的石头与树的指向就有所不同了。"他们向木头（英文为 tree）说：'你是我的父。'向石头说：'你是生我的。'"②从这段话中可以看出，《圣经》时代的希伯来人曾经有过将石头与树当作生命起源的信仰。《圣经》中的另一处经文同样透露了这种信息："你轻忽生你的磐石，忘记产你的神。"③

  多数情况下，《圣经》中的橡树与石头是分别独立存在的，并且关于橡树的叙述要比石头多。橡树主要有示剑（Shechem）的摩利（Moreh）橡树，希伯伦（Hebron）的幔利（Mamre）橡树。耶和华曾经在摩利橡树下向亚伯兰（Abram）显身："亚伯兰经过那地，到了示剑地方摩利橡树那里。那时，迦南人住在那地。耶和华向亚伯兰显现，说：'我要把这地赐给你的后裔。'"④后来，耶和华又在幔利的橡树下出现："耶和华在幔利橡树那里，向亚伯兰显现出来。"⑤橡树在概念上等同于圣所，是神明的显身之地。就这一点而言，《圣经》与米诺图像描绘的场景是一致的，与希腊神话的叙述内容也是吻合的。另外，《圣经》中的大树在理念上等同于神像，这一点在耶和华对摩西的告诫中体现得非常明确："你为耶和华你的神筑坛，不可在坛旁栽什么树木作为木偶。也不可为自己设立柱像，这

---

  ①《圣经·约书亚记》24: 26，新标准修订版，中国基督教三自爱国运动委员会、中国基督教协会，第369页。

  ②《圣经·约书亚记》2: 27，新标准修订版，中国基督教三自爱国运动委员会、中国基督教协会，第1196页。

  ③《圣经·申命记》32: 18，新标准修订版，中国基督教三自爱国运动委员会、中国基督教协会，第323页。

  ④《圣经·创世记》12: 6—7，新标准修订版，中国基督教三自爱国运动委员会、中国基督教协会，第12页。

  ⑤《圣经·创世记》18: 1，新标准修订版，中国基督教三自爱国运动委员会、中国基督教协会，第22页。

是耶和华你神所恨恶的。"①犹大国王亚哈斯（Ahaz）做王期间推行异教，他塑造巴力（Baals）的神像，并"在邱坛上、山冈上、各个青翠树下献祭烧香"②。烧香就意味着举行祭拜仪式，这种行为只能在神殿中进行，树木自然等同于神殿。

《圣经》中的石头具有两种功用：作为神殿的石头与作为见证的石头。雅各（Jacob）曾经通过石头遇见上帝："雅各出了别是巴（Beer-sheba），向哈兰（Haran）走去。到了一个地方，因为太阳落了，就在那里住宿，便拾起那地方的一块石头枕在头下，在那里躺卧睡了。梦见一个梯子立在地上，梯子的头顶着天，有神的使者在梯子上，上去下来。……雅各睡醒了，说：'耶和华真在这里！我竟不知道。'就惧怕说：'这地方何等可畏！这不是别的，乃是神的殿，也是天的门。'雅各清早起来，把所枕的石头立作柱子，浇油在上面，他就给那地方起名叫做伯特利（'神殿'的意思）。"③在上述经文中，石头是神明的居所，雅各能够因石头而邂逅耶和华，石头也是一个纪念神显曾经发生的崇拜场所。这一点可以从另一段经文中得到验证。约书亚带领以色列民众渡过约旦河后，约书亚强调："这石头可以向我们作见证，因为是听见了耶和华所吩咐我们的一切话，倘若你们背弃你们的神，这石头就可以向你们作见证。"④能够看出，《圣经》叙述的内容既有荷马史诗石头与树生人的信仰，也有米诺图像中关于石头与树作为神明居所的信息。

就生成时间而言，上文引述部分《圣经》语段比荷马史诗出现得要晚，可作为荷马史诗关于石头与树的补充性叙述。荷马史诗的口传形式生成于公元前8世纪中叶，但其文本形成的时间却很晚。荷马史诗的形成是"一个相对来说最具稳定的时期，从公元前2世纪的中叶以降；这个时期开始的标志是阿里斯塔科斯（Aristarchus）完成了荷马文本的编订工作，大约在公元前150年后不久"（格雷戈里·纳吉 55）。就石头与树的性质而言，《圣经》与米诺戒指的表述是一致的，但二者与荷马史诗、赫西俄德叙述的石头与树迥然有别。在荷马与赫西俄德时代，作为谚语的橡树与石头，其意义是不言自明的，而其预设前

①《圣经·申命记》16：21—22，新标准修订版，中国基督教三自爱国运动委员会、中国基督教协会，第297页。

②《圣经·历代志下》28：4，新标准修订版，中国基督教三自爱国运动委员会、中国基督教协会，第704页。

③《圣经·创世记》28：10—19，新标准修订版，中国基督教三自爱国运动委员会、中国基督教协会，第42—43页。

④《圣经·约书亚记》24：27，新标准修订版，中国基督教三自爱国运动委员会、中国基督教协会，第369页。

提为橡树与石头成对出现，预言在此进行。在后世作家奥维德（Ovid）的《变形记》中，橡树与石头则变成了另外一种富有创造性的叙述，它有别于前文所述的任何一种表述。

第四节　后世文学叙事

就像《圣经》一样，《变形记》中关于橡树与石头成对出现的地方不多，只有一处讲到了橡树与石头的共生，那就是人类的起源。丢卡利翁（Deucalion）与妻子皮拉（Pyrrha）获取了阿尔忒弥斯（Artemis）女神的神谕之后，开始向身后扔石头，"丢卡利翁投掷的石头变成男人，他妻子投掷的石头变成了女人"[①]。后来大地滋生了一种巨蛇危害人类，阿波罗将其斩杀，并将纪念此事的节日定为皮提亚节。在皮提亚节日举行的竞技中，"当年轻人获得竞走与骑射项目的冠军后，就会戴上由橡树叶子编织的冠冕"[②]。这里的石头是人类起源故事的核心要素，而橡树则与阿波罗神以及竞技相关。看上去就是，奥维德关于石头的叙述较为接近荷马史诗，而关于橡树的故事为人类起源故事的衍生叙述。这种表述与米诺图像描绘的神话场景没有任何关联，可以将其视为石头与橡树叙事的另一种变体。

至于其他关于石头的叙述，基本为变形神话，多数讲述人类如何变成石头的故事，诸如墨丘利（Mercury）将不守信用的老汉变成石头[③]，阿波罗（Apollo）与狄安娜（Dianna）将善妒的尼俄柏（Niobe）化为石头[④]，阿波罗把撕咬俄耳甫斯（Orpheus）的毒蛇化为石头[⑤]，等等。这些叙述中有关石头的故事基本为惩罚型故事，与石头生人或者石头圣殿这类叙述毫无关联，同时和荷马与赫西俄德所表述的石头谚语毫不相干。

① Ovid, *The Metamorphoses,* Book 1. A Complete New Version by Horace Gregory, with Decoration by Zhenya Gay. New York: The Viking Press Inc, 1958, p. 15.

② Ovid, *The Metamorphoses,* Book 1. A Complete New Version by Horace Gregory, with Decoration by Zhenya Gay. New York: The Viking Press Inc, 1958, p. 16.

③ Ovid, *The Metamorphoses,* Book 2. A Complete New Version by Horace Gregory, with Decoration by Zhenya Gay. New York: The Viking Press Inc, 1958, p. 53.

④ Ovid, *The Metamorphoses,* Book 6. A Complete New Version by Horace Gregory, with Decoration by Zhenya Gay. New York: The Viking Press Inc, 1958, p. 156.

⑤ Ovid, *The Metamorphoses,* Book 11. A Complete New Version by Horace Gregory, with Decoration by Zhenya Gay. New York: The Viking Press Inc, 1958, p. 299.

耐人寻味的是，奥维德在《变形记》中讲述了更多橡树生人的故事，其中一则故事与雅典民族中密耳弥多涅人（Mymidones）的起源相关。在关于密耳弥多涅人起源的叙述中，橡树是神谕的发布者，也是将蚂蚁变成人类的神圣力量。在另外一则神话故事中，则出现了树生人的情境。这是关于希腊美少年阿多尼斯（Adonis）诞生的神话，他的母亲密耳拉（Myrrha）是由少女变成的一株没药树，后来与自己的父亲乱伦生出了阿多尼斯。①在这个神话中，少女密耳拉之所以会变成一株没药树，是因为在希腊文中，没药（Múppa）的发音与"密耳拉"非常接近，二者在语源上具有关联。这样看来，没药生人的神话纯粹为文字书写时代诗人所创造，与米诺戒指上作为神殿的树在内涵上毫无关联。此种类型的神话与荷马史诗之间具有某种关系，因为它涉及了树生人情节，解释了为何人类由树而来。至于其他与树相关的叙事，则多半为变形故事，诸如达佛涅（Daphne）变为月桂树②，好客的老夫妇菲勒蒙（Philemon）和包喀斯（Baucis）变为连理树③，等等。这些故事有的为植物起源神话，有的为劝诫故事，其叙述因素较为复杂，并且在意义上与荷马史诗以及赫西俄德笔下橡树和石头并无确切关联，应为奥维德在希腊神话基础上加工而成。

罗马诗人维吉尔的《埃涅阿斯纪》中同样有关于石头与树的叙述，但文本对二者的表述并不相同，而是各有侧重。综观全文，《埃涅阿斯纪》中的石头与树共生的地方只有一处，那就是二者作为阿波罗的神庙而出现。④石头主要作为海仙与妖怪的居所⑤，而大树则具有多种用途，它既是生长在神庙旁的圣树⑥，也是

① Ovid, *The Metamorphoses,* Book 10. A Complete New Version by Horace Gregory, with Decoration by Zhenya Gay. New York: The Viking Press Inc, 1958, pp. 279-286.

② Ovid, *The Metamorphoses,* Book 1. A Complete New Version by Horace Gregory, with Decoration by Zhenya Gay. New York: The Viking Press Inc, 1958, pp. 17-20.

③ Ovid, *The Metamorphoses,* Book 8. A Complete New Version by Horace Gregory, with Decoration by Zhenya Gay. New York: The Viking Press Inc, 1958, pp. 220-230.

④ Virgil, *The Aeneid.* Translated by John Dryden with Introduction and Notes. New York: P. F. Collier and Son, 1909, Book 3, Lines 90-93.

⑤ Virgil, *The Aeneid.* Translated by John Dryden with Introduction and Notes. New York: P. F. Collier and Son, 1909, Book 3, Lines 166-167.

⑥ 关于大树作为神庙旁伴生圣树的叙述，具体参见 Virgil, *The Aeneid.* Translated by John Dryden with Introduction and Notes. New York: P. F. Collier and Son, 1909, Book 1, Lines 441-452; Book 2, Lines 721-722.

人们占卜、献祭的场所①。就石头与树指涉的范畴而言，这些编码并未超越《圣经》经文。但需要特别指出的是，《埃涅阿斯纪》中对大树的编码有一处非常特殊，那就是关于冥府金枝的叙述。"在一棵枝叶繁茂的树里，藏着一条黄金的树枝，它的叶子和树杈也是黄金的，据说它是冥后普洛塞皮娜的圣物。整片森林护卫着它，幽谷的阴影遮蔽着它。谁要向下到地府的深处，必须先把这黄金发一般的枝条从树上采撷下来。美丽的普洛塞皮娜规定这金枝摘下来之后应当献给她。这金枝摘下来之后，第二枝金枝又会长出来，枝上长出新的树叶也是黄金的。"②这里的金枝实际上是树的变体，它自我生长的能力隐喻着生命的再生，这是口传时代大树生人神话的另外一种编码方式，它采用金枝再生枝叶的方式叙述圣树创造生命的神话信仰。至于为何将圣树置换为金枝，这主要是由其颜色与质地决定的。因此，"黄金这种随着文明的到来而得到大规模开发的稀有金属，就承前启后地担当起象征神性与不死性的符号功能"③。由圣树生人到金枝再生的叙述实则为神话信仰的不同编码，二者在表述不死与再生思想上具有同等功效。

不难看出，《变形记》与《埃涅阿斯纪》中关于石头与树的表述很大程度上与荷马史诗、《神谱》的叙述相关，它侧面阐释了"橡树与石头的话语""出生于岩石或古老的橡树"这类谚语。但另一方面，《变形记》与《埃涅阿斯纪》中的石头与树和米诺戒指上刻画的作为神殿的石头与树的相关场景并不相关，似乎并未受到米诺时代宗教信仰的任何影响。实际上，米诺图像描绘的石头与树并非是希腊神话中石头与树表述内容的原型，地中海沿岸史前巨石文化信仰才是其源头。自然，目前尚未发现与此相关的史前文本，但地中海沿岸大量的考古遗址与实物提供了不可辩驳的证据。

①关于大树作为祭祀、占卜场所的叙述，具体参见 Virgil, *The Aeneid*. Translated by John Dryden with Introduction and Notes. New York: P. F. Collier and Son, 1909, Book 7, Lines 65-79; Book 9, Lines 87-92.

②［古罗马］维吉尔：《埃涅阿斯纪》，杨周翰译，人民文学出版社，1984年，第143页。英文部分参见 Virgil, *The Aeneid*. Translated by John Dryden with Introduction and Notes. New York: P. F. Collier and Son, 1909, Book 6, Lines 135-150.

③叶舒宪：《金枝玉叶——比较神话学的中国视角》，复旦大学出版社，2012年，第11页。

第五节　地中海史前文化大传统

　　史前地中海文化中最为显著的便是巨石文化，希腊与地中海各地遗留的史前巨石神殿、墓葬，以及石头洞穴很好地阐释了这一点。即便是到了王权时期，这些地方依然继承了巨石文化的传统，留下了诸如德尔斐阿波罗神庙（图8-4）、雅典卫城帕特农神庙（图8-5）、金字塔，以及卢克索神庙（Luxor Temple）、卡尔纳克神庙（Temple of Karnak）之类的遗迹。那么，就性质而论，史前地中海沿岸的人类眼中的石头究竟意味什么？换言之，为何史前地中海沿岸的人们会将石头做此种处理？

图8-4　德尔斐阿波罗神庙遗址
王倩拍摄

图8-5　雅典卫城的帕特农神庙
王倩拍摄

地中海巨石文化传统中的石头不同于现代化学意义上作为硅铝酸盐、硅磷酸盐、硅硼酸盐等化合物的石头。一种普遍的认知是，石头因为其自身的质地与存在方式较为恒久而得到了史前人们的关注。按照宗教学者米尔恰·伊利亚德的说法就是："它的伟力、它的静止、它的体积以及它奇特的外形与人类绝无共性；它们同时表明存在着某种炫目的、可怕的、富有吸引力的以及颇具威胁的事物。它以其崇高、坚硬、外形状和色彩，使人类直面某种与他所属的世俗世界判然有别的实在和力量。"[①]总之，正因为石头的这种属性，它象征了持久、永恒、不朽，乃至于神圣。我们可以通过印度尼西亚的一则神话理解石头的这种象征意味：太初之时，天距地很近，神将礼物系在绳子上送给人类的第一对夫妇。一日，神将石头送给人类，但这对夫妇非常恼怒，断然拒绝礼物。后来神送给他们一只香蕉，于是这对夫妇欣然接受。随后，他们听到了神的声音："既然你们选择了香蕉，你们的生命便如水果一般。倘若你们当初选择了石头，你们的生命就会像石头一样永恒不朽。"[②]

　　人类用石头建造神明的神殿，或者将石头看作神明的居所，这折射了人类将石头视为神明的认知心理：石头的质地极为坚韧，它能够长久存在，这种特性非常符合神明不死的特性。因此，石头就是神明的化身，巨石建造的神庙就等同于神像，人类见到了神庙就见到了神明。人类希望借助于在巨石神庙边举行的仪式，与神明进行沟通，从而能够理解神意。史前地中海文化传统中关于石头的功能认知与米诺戒指描绘中石头的功用基本吻合，但米诺戒指图像中鲜有人类向神明敬献祭品的场景，石头仅仅作为一种仪式性的场所而存在。很有可能，米诺时代制造戒指的工匠们继承了巨石文化中以石为神明居所与神殿的思想，而扬弃了敬献祭品的理念，希腊与地中海各地遗留的史前巨石神庙与圣殿很好地阐释了这种以石为神明居所的理念。即便到了历史时期，巨石依然是人类崇拜的对象。譬如，赫梯人（Hittites）称其被膏抹的石头为圣石胡瓦斯（huwasi），并将其置于神殿或露天圣殿内，人们在其前面献祭。[③]而希腊人将德尔斐阿波罗

---

　　① ［美］米尔恰·伊利亚德：《神圣的存在——比较宗教的范型》，晏可佳、姚蓓琴译，广西师范大学出版社，2008 年，第 206 页。

　　② James George Frazer, *The Belief in Immortality and the Worship of the Dead* (Vol 1). London: MacMillan, 1913, pp. 74-75.

　　③ Tryggve N. D. Mettinger, *No Graven Image? Israelite Aniconism in Its Ancient Near Eastern Context.* Coniectanea Biblica. Old Testament Series 42. Stockholm: Almqvist & Wiksell, 1995, pp. 29-130, with references.

神庙中的石头称作翁法罗斯（Omphalos）石（图8-6），石头所在的神庙就是世界中心，即大地的肚脐。

在地中海巨石文化传统中，石头既是神明的圣所，也是人类的死后葬身之地，马耳他史前巨石神庙为此提供了有力的实物证据。马耳他哈尔·萨弗里耶尼（Hal Saflieni）的地下神庙由数个岩石中的墓冢组合而成，"那里长眠着7000多具骨骸，骸骨遍地都是，仿佛是乱扔造成的"①。神庙内室的墙壁上均有雕塑或壁画，其中多半为螺旋形、圆形和曲线形图案。此外还出土了"睡着的胖女人"

图8-6　德尔斐博物馆翁法罗斯石
王倩拍摄

女神卧像，以及公牛图像。神殿内有圆顶房间，越往里去，房间越窄越暗。墓室呈曲线形，其结构某种程度上接近子宫，置身其中犹如进入了女神的身体中。实际上，"神庙就是以更大的比例复制的子宫。活人走进去仿佛进入了女神的身体之中"②。此种现象潜藏着这样一种观念：石头出自大地女神的身体内部，人类死后葬在巨石墓室中，就能够进入大地母亲的子宫得以再生。这种认知转换

①［法］费尔南·布罗代尔：《地中海考古——史前史和古代史》，蒋明炜、吕华、曹青林、刘驯刚译，社会科学文献出版社，2005年，第77页。

② Gunther Zuntz. *Persephone: Three Essays on Religion and Thought in Magna Graecia.* Oxford: Clarendon Press, 1971, p. 8.

为宗教信仰就是，人类从作为女神子宫的巨石中诞生，石头与女神皆为人类母亲。这样我们便能够理解，为何地中海沿岸乃至于世界各地的巨石文化中，出现了那么多被称为"石棚"的巨石建筑。甚至我们可以看到，索多（Soto）的石棚长达21米，一面山墙状的花岗石高达3.4米，宽约3.1米，厚达0.7米，重量达21吨。

因此，我们便很容易理解地中海沿岸地区的巨石墓葬的作用，诸如萨丁岛奥芝里（Ozieri）文化遗址中的巨石墓室，马耳他岛屿上的巨石墓葬，乃至于史前时期世界各地巨石文化遗址中的巨石墓葬，等等。这些墓葬实际上是死者再生的神圣场所，也是人们举行重生仪式的神圣中心。人们希望通过在巨石圣殿旁举行仪式与神明进行沟通，也渴望已死去的祖先能够获得新生。这种巨石认知理念的另一种变体就是"人们将祖先等同于或联想成石头，从而理解了生死之间的延续性和永久性"[①]。进一步推演就是，石头出自大地女神的身体，人类出自石头，石头是人类的生命起源。

在地中海巨石文化传统中，就像石头一样，树作为神庙或圣所的象征性符号出现在人类的认知体系中，它与石头一起共同建构了作为神圣空间的圣地。至于为何大树能够作为不死与再生的象征，这主要由树自身的生物学特征所决定：大树每年都要长出很多树叶，树叶周期性地长出，然后凋落，大树因此获得了新生。"实际上，在原始世界的其他地方也可以发现树和石头成对的出现。在摩亨佐-达罗的前印度文明，有一处圣地就是围绕着一棵树而建造起来的。这样的圣地，在佛陀传法的时代遍布整个印度。巴利文作品经常提到放置在树边的石头或祭坛，它构成了民间对丰产神（夜叉）的崇拜。"[②]这样，石头与树便成为一种共生性的符号，共同建构了作为神明身体或居所的圣地，人类在此举行这种仪式，通过这些仪式，死者能够获得重生，伤者能够得到治疗。从这个层面而言，石头与树是人类的祖先与父母，它们赋予了人类新生命。

在新石器时期地中海巨石文化大传统中，石头与树是人类用来指涉神圣的象征符号，二者共同建构了神圣新生的场所。这样看来，新石器时代地中海巨石文化传统下的石头与树，其象征意义较米诺图像所刻画的内涵更为复杂，比荷

① ［美］米尔恰·伊利亚德：《宗教思想史》，晏可佳、吴晓群、姚蓓琴译，上海社会科学院出版社，2004年，第108页。

② ［美］米尔恰·伊利亚德：《神圣的存在——比较宗教的范型》，晏可佳、姚蓓琴译，广西师范大学出版社，2008年，第259页。

马史诗与赫西俄德文本表述的更为丰富。看上去就是，就石头与树的象征意义而言，口传时代的神话信仰要远比文字书写时代的神话文本繁复。但另外一方面，文字书写时代的神话文本能够对原有的神话信仰进行再编码，不断创造新的内容，从而丰富石头与树的象征意味。因此，荷马史诗中"你定然不会出生于岩石或古老的橡树"，以及赫西俄德文本中"石头和橡树的话语"也就有了答案，原来它指的不只是关于大树和石头创造人类的故事，还包含了人类生于石头与大树的神话信仰。

第六节　本章小结：石头与树的金字塔编码

除却地中海文化中关于石头与树的图像叙事外，上述各类文本叙事之间基本不存在衍生关系，因为关于石头与树的叙事情节各不相同，甚至是对立的。但这些叙述却又彼此相关，分别从不同层面诠释了人们关于石头与树的认知。但另一方面，尽管这些文本叙事之间不存在源流关系，但总体来说并未脱离史前信仰的范畴，可视为不同形式的原型编码。具体说来，米诺戒指描绘了大树与石头作为圣地的场景，但遗漏了大树与石头生人的神话信仰。在荷马与赫西俄德的文本叙述中，石头与树被改造成石头与橡树，关于橡树与石头的话语成为一则晦涩难懂的谚语。后来的《圣经·旧约》以故事的方式叙述了石头与树作为圣所的象征性意义，同时以告诫的方式将石头与耶和华等同起来，但削弱了石头与树生人的叙述性情境。奥维德的《变形记》则直接将史前地中海文化传统中的石头与树改编成人类的祖先，同时以圣树为主线创造了一系列神话故事。维吉尔的《埃涅阿斯纪》创造性地将不死与再生理念改造为金枝再生枝叶的叙事。这样看来，距离口传时代愈远，关于石头与树的叙述愈具有创造性，其对原型的编码愈加繁复，甚至部分叙事脱离了原型的本原意义。

如果将史前地中海文化大传统中关于石头与树的信仰看作原型，那么与此相关的所有表述皆可视为对该原型的一种编码。[①]以时间为尺度，各种表述的层次与秩序可做如下理解：米诺戒指为口传时代的图像资料，其生成时间比后来文字时代的书写资料要古老得多，我们可以将其视为对石头与树的一级编码。乌

---

① 关于原型编码的理论，具体参见叶舒宪：《文化文本的 N 级编码论——从"大传统"到"小传统"的整体解读方略》，载《百色学院学报》2013 年第 1 期。

迦特神话文本《巴力史诗故事群》与黑铁时代的文本《圣经·旧约》在时间上晚于米诺戒指，为二级编码。荷马史诗与赫西俄德文本为三级编码。奥维德的《变形记》更为晚近，为 N 级编码。编码所处的级别越高，其意义与原型本原意义之间的差距越大。这就意味着，作为原型的石头与大树具有建构性功能，它通过各种不同的编码，创造了一系列关于自身的意义群。这些意义群相互关联，彼此互动，反过来又对石头与树的象征性意义进行建构，从而不断丰富了其原初内涵。作为原型的巨石文化传统中的石头与树，经历不同时代之后，总是被既定时代的文化赋予一种全新的意义，并被再次编码，每一次编码都是对原始意象的再创造，原型的意义因而不断被遮蔽、扭曲，甚至被颠覆。

（王倩）

第九章　希腊神话的编码程序：八面雅典娜

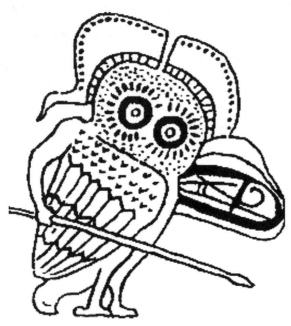

图9-1　模拟戎装的雅典娜之猫头鹰形象（希腊瓶画）

一则希腊谚语说"把猫头鹰带到雅典去"（Γλαύκ' εἰς Ἀθήνας, Carry owls to Athens），意思是多此一举，因为雅典有很多猫头鹰，那是以猫头鹰女神雅典娜的名字命名的城市。古代希腊钱币的两面，分别镌刻着雅典娜头像和猫头鹰形象。在雅典学苑门前的白色大理石柱上，同样可以看到雅典娜头像和猫头鹰形象的相互映衬和相互伴随。

西方文明的发源地古希腊之都城，为什么会是猫头鹰之城呢？今天，世界各地的游客去雅典旅游时，导游总要建议他们带回一件猫头鹰形象的旅游纪念品，尤其是模拟戎装的雅典娜女神之猫头鹰形象：右手持矛、左手拿盾牌的猫头鹰（图9-1）。又有多少人能真正领悟其中的文化奥秘呢？

从人类文明起源看，最初的城市大都是围绕着神庙而发展起来的。苏美尔、巴比伦、埃及是这样，克里特和希腊也是这样。雅典城的中心是卫城，相当于北京城的紫禁城（故宫）。而卫城的中心则是供奉着雅典娜神像的宏伟神庙，人称帕特农神庙，即雅典娜神庙。"神灵不仅拥有神庙，而且拥有全部城市。这一观念深深地植根于古代地中海和近东的传统中。如巴比伦是艾尔之城；耶路撒冷是耶和华之城，雅典是雅典娜的城市，孟菲斯（Memphis）是普塔（Ptah）的

142

城市，尼尼微是伊什塔尔的城市。所有这些均为公元前 2000 年到公元前 1000 年的少数几个例子。这些神明的城市时常被视为宇宙的中心。"[①]等到公元前 6 世纪雅典走向繁荣并开始成为希腊乃至地中海文明的中心时，前面那些古文明都城大都已经衰落，或者干脆灰飞烟灭了。换言之，是后起的、雅典娜女神守护下的雅典城在文明兴衰的马拉松式竞争中脱颖而出并后来居上，成为整个西方文明的起点城市。这就使得雅典娜在西方文化史上赢得了无与伦比的重要地位。以往的希腊人常常把一切神圣的荣耀都归于这位全副武装的处女神，让她不仅主管武艺和战争之事，还拥有超群的聪明智慧，发明并兼管冶金、纺织、驯马、造船等一切文明技艺之事。晚近的学术研究逐渐表明：雅典娜女神不是希腊人独自想象出来的形象，这一形象和其他希腊女神一样，源于更早的地中海文明的

女神崇拜传统，是融合了多种古老女神要素之后被希腊人再造而成的。简言之，雅典娜的直接原型是迈锡尼文明和克里特的米诺文明中的女性主神兼王室守护神，其间接原型则需要追溯到史前新石器时代的鸟女神和鸮女神。正因为源远流长并屡经改造和修饰，雅典娜留在希腊文明中的形象特征才显得如此复杂多样。本章将其简单归纳为八副面孔，分别探讨其每一副面孔的渊源流变情况：（1）女武士形象的战神；（2）不对男性动心的处女神；（3）文明技艺的发明和守护神；（4）智慧之神；（5）以猫头鹰为标志的神；（6）操蛇之神；（7）城市守护神；（8）由父亲生育出的神。

图 9-2　戴斯芬克斯头盔的雅典娜像

---

① Nicolas Wyatt, *Space and Time in the Religious Life of the Near East.* The Biblical Seminar 85. Sheffield: Sheffield Academic Press, 2001, pp. 152-153.

第一节　女战神

雅典娜在西方文学中的第一次露面是怎样的呢？

荷马史诗《伊利亚特》有希腊文学第一部作品之称。其第一卷讲希腊联军的主将阿喀琉斯与统帅阿伽门农之间因为争夺特洛伊女子而引起矛盾，雅典娜女神受天后赫拉的差遣，从天界下凡，前来调解希腊军队内部的人际冲突。雅典娜降临后，悄悄站在阿喀琉斯身后，用手抓住他的头发。由于女神下凡后只对阿喀琉斯一人显现，"别人全都不见她的模样"（《伊利亚特》1.198）。于是荷马率先通过史诗主人公阿喀琉斯的眼睛和话语，来描绘雅典娜的外在特征：

> 阿基琉斯①于惊异中转过身子，当即认出了
>
> 帕拉丝·雅典娜，从那双眼睛，亮得可怕。
>
> 他吐出长了翅膀的话语，对女神说讲：
>
> "为何再次降临，现在，带埃吉斯的宙斯的姑娘？
>
> ……"②

从阿喀琉斯眼中看到的雅典娜的第一外观特征是眼睛"亮得可怕"，这和下文形容雅典娜为"灰眼睛女神"（《伊利亚特》1.206），形成描写上的前后矛盾，让读者摸不着头脑。眼睛的"灰"与"亮"是怎样的关联呢？看来中文译者没有留意荷马用词的微妙处：γλαυκῶπιν Ἀθήνην③眼睛。这一点恰恰是来自神鸟猫头鹰眼睛的特征，我们留待下文探讨。阿喀琉斯对雅典娜说的第一句话就是称呼她为"带埃吉斯的宙斯的姑娘"。雅典娜为宙斯所生的女儿，埃吉斯则是一种神明特有的超级武器，是锻造之神赫淮斯托斯为宙斯打造的（《伊利亚特》15.309）。宙斯生出雅典娜时，雅典娜就武器不离手，表明其身份就是女性战神。中国人熟悉的花木兰，也是不爱红妆爱武装的女子。可是雅典娜是希腊的十二主神之一，并非人间替父从军的女子。战争既然主要是男人们之间的争斗厮杀，十二主神中已有一位男性战神阿瑞斯，古希腊人为什么还要让一位女性神明来掌管

---

① 阿基琉斯，即阿喀琉斯，直接引文据所援引的版本而定，同后。——编者注

② ［古希腊］荷马：《伊利亚特》，陈中梅译注，译林出版社，2000年，第9—10页。

③ 这是对于雅典娜经典的描述词。国内译法不同，商务版张竹明和蒋平两位先生译为"明眸的"；罗念生先生和王焕生先生译为"目光炯炯的"；陈中梅先生译为"灰眼睛的"。西方译本亦不同，有译作"蓝色眼睛的""灰色眼睛""如猫头鹰般的""明眸的"等等。

战事，充当奥林匹斯山上的巾帼英雄呢？荷马对这个问题是没有什么疑虑的，雅典娜作为女战神的认识似乎是荷马时代尽人皆知的常识。威力无比的埃吉斯神盾已经成为这位女神在希腊人心目中的第一印象。请看《伊利亚特》第二卷所描写的战神雅典娜和她的无敌神盾再度呈现的场景：

> 作为首领，我们要一起行进在阿开亚人
> 宽阔的营盘，更快地催发凶蛮的战斗狂潮。
> 他言罢，民众的王者阿伽门农不违听从，
> 当使命嘱嗓音清亮的使者，要他们
> 传令长发的阿开亚士兵投入战斗。
> 信使们四出呼号，人群迅速汇聚集中。
> 首领们，这些宇宙养育的王者，随同阿伽门农奔走，
> 整顿队伍；灰眼睛雅典娜活跃在他们之中，
> 带着埃吉斯，那面贵重、永恒和永不败坏
> 的珍宝，边沿飘舞着一百条金质的流苏，
> 织工精致，每根的换价抵得上一百头畜牛。
> 挟着埃吉斯的闪光，女神穿行阿开亚人的队伍，
> 督促人们前进，在每一个战士的心里
> 催发力量，激起拼搏和连续作战的刚勇。
> 其时，对于他们，比之驾坐深旷的海船回家，
> 返回亲爱的故乡，战斗要来得更加甜蜜诱人。
> 像焚扫一切的烈焰，吞噬无边的森林，破毁
> 覆盖群峰的林木，从远处亦可眺见火光闪烁，
> 同此，战勇们雄赳赳地向前迈进，灿烂辉煌的青铜
> 甲械射出耀眼的光芒，穿过气空，直指苍穹。①

雅典娜女神能够在希腊军队的每一位战士心里激起连续战斗的勇气和力量，让他们形成以战斗为荣耀和美的观念，这完全是父权制社会暴力所铸塑出的好战价值观的一种体现，本不足为奇。奇特的只是这种好战观念之源为何要被追溯到一位女性神灵那里。换言之，雅典娜的好战是与生俱来的本性。这一点，只要熟悉她出生的神话情节，就容易理解了。

---

① ［古希腊］荷马：《伊利亚特》，陈中梅译注，译林出版社，2000年，第46页。

图9-3 女战神雅典娜像

赫西俄德的《神谱》（第924—926行）这样描述雅典娜的诞生：

宙斯从自己头脑里生出明眸女神特里托革尼亚。她是一位可怕的、呼啸呐喊的将军，一位渴望喧嚷和战争厮杀的不可战胜的女王。[①]

赫西俄德还接着写到一些细节，如雅典娜还是宙斯肚子里的胎儿时就已经接受了神盾："有了它，她的力量便超过了住在奥林波斯的一切神灵。（这神盾成为雅典娜可怕的武器。）宙斯生下雅典娜时，她便手持神盾、全身武装披挂。"[②] 无比珍贵的神盾，仅仅是上面装饰的一百条金质流苏，总价值就相当于一万头牛，这是天神宙斯威力无比的象征物，也成为宙斯的子女阿波罗、雅典娜共同的象征物。如《伊利亚特》第十五卷第229行以下，就讲到神盾埃吉斯在阿波罗手中所发挥的神奇战术功效。[③]不过，在希腊造型艺术中，太阳神阿波罗的武器标志物通常为弓箭，雅典娜最常见的武器标志物则是盾牌与矛枪。这种短兵器所标志的肉搏战是残暴而血腥的，希腊人为何偏偏要让一位女神来掌管武力和战事呢？

回到古希腊人的集体想象世界，也许能够从他们特有的对异族他者的性别文化观中，寻觅出解释的有效线索。古希腊医药之父希波克拉底在《气候水土论》中讲到希腊以东的黑海地区的斯基泰人时，就给出一个强烈的他者文化印象：亚马逊（Amazon）（即阿马松），对一种女性武士集团的可怕记忆。希波克拉底写

① ［古希腊］赫西俄德：《神谱》，张竹明、蒋平译，商务印书馆，1991年，第53页。
② ［古希腊］赫西俄德：《神谱》，张竹明、蒋平译，商务印书馆，1991年，第53页。
③ ［古希腊］荷马：《伊利亚特》，陈中梅译，译林出版社，2000年，第409页。

道："欧罗巴有个斯基泰（Scythina）种人，住在马科提斯湖周围，他们与其他种族不同。他们的名字叫索罗马泰（Sauromatae）。他们的妇女在未嫁时一直学骑马、射箭、投标枪、打猎，并同敌人战斗，在杀死三个敌人之前一直要做处女，在完成她们的传统神圣仪式前不结婚。一个找到丈夫的妇女不再骑马，只有在大探险中才被迫这样做。她们没有右乳房，因为她们还是婴儿时，母亲就拿烧红的专用铜制器械烧烤右乳房使它脱落。于是右乳房不再生长，而她的全部力量和血肉都集中在右肩和右手。"[①]斯基泰人与希腊人同属印欧语系的民族，希腊人作为航海民族，其主要生活区域在爱琴海的希腊半岛，而斯基泰人作为游牧民族，其生活区域却覆盖着整个欧亚大陆的中央草原[②]。按照少见多怪的认识原理，地理上的距离和文化上的差异使得希腊人对斯基泰人的描绘半真半假，亚马逊那样的女武士集团形象，一旦被多位希腊顶级知识人写到书本中，就会形成以讹传讹的刻板印象，积重难返。如果要问：西方文明最早的医学理论家，为什么在其医学著述中写下如此天方夜谭般的远方民族志叙事呢？后世的西方知识人多把有关亚马逊人的记录看成希腊神话的重要发明，甚至希腊第一位历史学家希罗多德在《历史》中的同类记载，也被视为子虚乌有的想象之词。不过要是把这种女性武装者的形象作为探讨希腊人对女战神想象的一个文化源头，还是十分贴切的。因为至少有四点吻合对应之处：第一点即二者都是戎装的女性武士形象；第二点是都强调处女身份；第三点是都为骑马的女性——亚马逊人本是草原上过着游牧生活的骑马民族，雅典娜则还被说成是希腊本地驯马技术的发明人；第四点是二者和蛇的关系，雅典娜的多种面孔之一即是蛇女神，而亚马逊人被视为蛇女人的后代，其母亲的形象一半是人一半是蛇。[③]四点吻合对应处足以揭示一段不为人知的文化关系隐情吧。

雅典娜女神的起源问题，一直以来都是古典学者们热烈讨论却悬而未决的焦点和难点。[④]大致归纳起来，有以下五种观点：希腊起源说、迈锡尼起源说、克里特起源说、埃及起源说和西亚起源说。目前比较前沿的观点来自神话学家兼

① ［古希腊］希波克拉底：《希波克拉底文集》，赵洪钧译，中国中医药出版社，2007年，第26页。中译本将Scythian翻译为"塞奇安"，引者改为"斯基泰"。

② 关于斯基泰人，参见［德］亨宁：《历史上最初的印欧人》，徐文堪译注，载《西北民族研究》1992年第2期，以及余太山：《塞种史研究》，中国社会科学出版社，1992年。

③ Patrick J. Geary, *Women at the Beginning: Origin Myths from the Amazons to the Virgin Mary.* New Jersey：Princeton University Press, 2006, p. 14；Josine H. Blok, *The Early Amazons.* Leiden, New York, Köln: E. J. Brill, 1994.

④ Jenifer Neils eds, *Worshipping Athena.* Wisconsin: The University of Wisconsin Press, 1996.

考古学家金芭塔丝的研究。她依据新石器时代欧洲和西亚的广泛考古图像材料，认为史前艺术中的蛇、鸟、熊等形象，常常作为女神化身而出现。而女神的职能在于兼管死亡与再生。史前的再生女神或母神进入到地中海文明时代后，相应地分化为各国的地方性女神，包括雅典娜的五种起源说在内，古老文明万神殿中的所有女神，无疑都应追溯到史前的女神崇拜传统。

我们今日可用"大传统"和"小传统"重新划分的理论去统括之，将前文字时代的女神崇拜视为大传统，将有文字记录的书写文明时代的女神视为小传统。参照希罗多德和希波克拉底对亚马逊女性武士的描述情况，可以提出雅典娜形象来源的第六种看法，即斯基泰文化亚马逊起源说。

从古希腊文词源上看，"亚马逊"（Ἀμαζών, Amazon）这个词，由否定词"Ἀ"（a）和"μαζών"（mazon）两个词根组成，"mazon"本义为乳房，"Amazon"指没有乳房。一群没有乳房的女性武士形象，究竟出于何种想象呢？

近年来的考古发现提供了远古时代确实存在女性武士的证据。英国考古学和性学专家提摩西·泰勒著有《性的史前史》一书，该书第八章题为"萨满与女武士"，采用最新发掘的欧洲史前女性墓葬材料，来为希罗多德《历史》中记录的斯基泰人女武士传奇做实物证明。书中写道："19 世纪中叶，当位于铁列克（Terek）河畔、高加索山脉的墓穴被挖掘开的时候，最先引起人们注意的是女武士们的墓葬。在一处墓穴里躺卧着一具壮年女性的残骸，随葬物品包括一顶头盔、一束箭簇、一块石饼和一把铁刀。附近的一系列位于奥乌尔·斯捷潘·兹敏达（Aul Stepan Zminda）的墓穴中埋葬着许多女武士和她们的坐骑，时代晚于斯基泰王国时期。围绕着乌克兰谢陶慕吕克（Chertomlyk）王室古冢进行的现代挖掘发现了 50 座坟冢，其中 4 座具有典型的"亚马逊"形式：其中一具尸骸的背部嵌入了一枚箭头，另外一具尸骸拥有一副厚重的铁盾，第三具有一个幼小的孩子，最后一具显示的状态似乎与希罗多德和希波克拉底的描述略有不同。"[1]

提摩西·泰勒还举出如下考古案例：40 座女武士的墓葬坐落在斯基泰地区，在萨乌罗马提亚（Sauromatia）大约有百分之二十的黑铁时代的武士坟墓都是女性。其实这一比率可能还低估了实际情况。通过与现代的人口对照，对这些尸骸做的性别鉴定结果显示她们具有更高频的"男子汉"特征。根据希波克拉底所言，这些亚马逊女人能够管理自己的生殖生活，这意味着她们有使用口服草

① Timothy Taylor, *The Prehistory of Sex: Four Million Years of Human Sexual Culture*, New York: Bantam Books, 1996, pp. 201-202.

药来避孕的能力（例如服用当地盛产的青蒿和茴香）。

　　亚马逊女武士的威力早已成为西方的典型传奇，有一则关于女性力量的传说讲述的就是亚马逊妇女的故事。这则传说流传得如此广泛和深远，以至于在16世纪当葡萄牙的探险者在巴西雨林中发现一群战斗的女人时，他们理所当然地把这个地区和其主要河流命名为"亚马逊"。"Amazon"确切的意义已经无从考证，但是按照古希腊语中"a"和"mazon"的组合形式，存在一种可能的解释，就是"缺少一只乳房的"。根据传说，亚马逊妇女只有一只乳房。[1]这是骑马射箭的需要，还是像雅典娜那样从父亲头颅中生育出来就是如此的呢？

　　总而言之，女战神的形象中融合着异族女武士的文化元素，斯基泰文化中现实的女武士群像给希腊文化中想象的女战神提供了素材。

第二节　处女神

　　亚马逊女武士群像之所以能够牵动一代又一代西方人的想象，除了猎奇好异心理的驱使外，还有非常现实的原因，那就是女武士们的处女身份，对于成年男性而言，这永远意味着女性的贞洁和德行。根据希波克拉底的记述，女武士的特殊身份伴随着仪式性的分界标记：一旦完成杀死三个敌人的战斗功绩，她就可以不再是女武士，而像常人一样嫁人成家，变成常规社会中的妻子和母亲。由此看来，处女与非处女的分界，恰恰也是女武士存在与否的前提条件。找到丈夫并且成家的亚马逊女子，在失去其处女身份的同时也要失去其女武士的身份。女武士和处女，就这样成为这一类特殊女性人格的双面表现。而雅典娜女神，也正是将这种双面人格体现

图9-4　戎装雅典娜立像

　　[1] Timothy Taylor, *The Prehistory of Sex: Four Million Years of Human Sexual Culture,* New York: Bantam Books, 1996, pp. 199-200.

于一身的奥林匹斯之神。

一般在各个文明古国的神话体系中，男神占据主宰和中心地位，女神处于陪衬和附属的地位，这种性别上的不平等，是由父权制社会制度所决定的。以人们最熟悉的二元对立范式来区分，神灵世界的成员通常从性别上区分为男神和女神，从价值上区分则有善神与恶神，从地位上区分则有主神与下属神，等等。而希腊神话则特别注重女神群体内部的二元对立划分：处女神和非处女神。十二主神中有五位女神，其中两位属于标准版的处女神，即雅典娜和阿耳忒弥斯，她们既无男性的配偶，也不和任何男性发生性关系。一位属于非标准版的处女神，即阿芙洛狄忒，她作为爱情女神，不光有丈夫赫淮斯托斯，还有众多男性情人。尽管如此，阿芙洛狄忒一年一度的圣泉沐浴仪式，还是被古典学专家们解读为恢复女神处女性的象征：爱神恢复处女性意味着大地也恢复处女性。[1]那么两位标准的希腊处女神，又是依据什么样的神话逻辑得到文化编码的呢？

简·赫丽生的观点认为，雅典娜的别名叫"帕尔特诺斯"（Parthenos），意即处女，她的神庙也因此被称为"帕特农神庙（Parthenon）"——处女的闺阁。她坚决地拒绝生儿育女，但按照古老的母权社会传统，她作为养母养育了许多英雄。[2]雅典娜的另一个别名"帕拉斯"，也被解说为处女的意思。"斯特拉博在讨论埃及底比斯人的崇拜时说：'他们把一个出身高贵的美貌少女献给宙斯，因为他们崇拜他胜过崇拜其他所有的神灵。希腊人把这些少女叫做帕拉德斯。'"[3]

问题是，雅典娜的身份不同于被献祭给神的凡间少女。希腊神话为什么会特别关注女神是否是处女的问题？安妮·巴林和朱尔斯·卡什福德提示说，在苏美尔女神印南娜和巴比伦女神伊什塔尔的崇拜观念中，两位女神也被认为具有处女性，不过这种神圣想象中的处女性并非指身体的特征，而是一种抽象化的生命力观念：月亮不依赖任何外在力量就能自己恢复生命力，从月缺状态恢复到月满状态，就像女神不依赖任何男性力量的参与，就能独自完成大自然生命力的复苏，带来大地的开花结果一样。就此而言，处女性意味着生命力的完整

① Anne Baring & Jules Cashford, *The Myth of the Goddess: Evolution of an Image.* Arkana: Penguin Books, 1993, p. 354.

② ［英］简·艾伦·赫丽生：《希腊宗教研究导论》，谢世坚译，广西师范大学出版社，2006年，第274页。

③ ［英］简·艾伦·赫丽生：《希腊宗教研究导论》，谢世坚译，广西师范大学出版社，2006年，第275页。

性。民间献祭处女给生命母神的宗教习俗，是凡人用参与的方式强化生命母神的生命力之循环。①可是从西亚古文明神话到希腊神话，女神的处女性想象空间已经基本被改变了。简言之，无论是阿耳忒弥斯还是雅典娜，处女的身份成为一种必须得到实际捍卫的对象，不允许任何男性对此有任何冒犯，凡间的冒犯者一定会遭到严酷的报应。根据公元前 5 世纪希腊作家斐瑞库得斯（Pherekydes）的说法：一位叫忒瑞希阿斯（Tiresias）的预言师，就因为偷窥雅典娜沐浴——象征性地侵犯了处女神的贞洁，结果被女神弄瞎了双眼。②这则神话中潜伏着某种处女禁忌的观念，隐约透露出性别文化战争的意味，其生成的历史原因分析，留待本章结论部分再展开论述。

还有一位奥林匹斯神家族的成员——火神赫淮斯托斯被雅典娜的美色所吸引，有一次试图强奸她，雅典娜奋力挣脱，火神的精液流在她的腿上。雅典娜将这精液撒到大地上，结果使得大地母神盖娅受孕，生育出一个男孩。雅典娜把男孩放入一只篮子盖好，让三位雅典公主照看孩子，但不许她们偷看。三位公主忍不住好奇，揭开罩在篮子上的帘子，不料篮子里出现的是蛇，偷窥者们全部都被吓疯了。后来这位蛇孩做了雅典的早期国王。③这则神话同样表现了雅典娜处女神的身份不容侵犯。本来要成为她孕育的孩子，结果却鬼使神差地成为地母盖娅的孩子。雅典娜为捍卫其女性纯洁，必须拒绝成为母亲，只能充当孩子的养母。希腊神话对女性贞洁的强调，已经达到登峰造极的地步。蛇孩的想象则在蛇女神与雅典王权之间做出关联性铺垫。

不过，在雅典的新年礼俗中，处女神身份中潜含的生命力完整之意蕴还是若隐若现。瓦尔特·伯克特的《希腊宗教》一书讲到新旧年份的更替礼俗：古代社会新年的时间一般有两种可能——在春天或者在收割谷物的时候，雅典的新年属于后者，即新年开始于 7 月份的 Hekatombaion 月的泛雅典娜节。关于泛雅典娜节日，文献的描绘是这样的：祭司们从一些贵族家庭里选取一些女孩子为女神编织外衣，打扮女神，然后一大群男孩子将女神的雕像抬到大海里冲洗，再将净化后的雕像带回来。雅典还有一个比较特殊的节日，叫作 Skira 节日，是一

---

① Anne Baring & Jules Cashford, *The Myth of the Goddess: Evolution of an Image.* Arkana: Penguin Books, 1993, p. 192.

② Timothy Gantz, *Early Greek Myth: A Guide to Literary and Artistic Sources.* Volume I, Baltimore and London: The Johns Hopkins University Press, 1993, p. 86.

③ Timothy Gantz, *Early Greek Myth: A Guide to Literary and Artistic Sources.* Volume I, Baltimore and London: The Johns Hopkins University Press, 1993, p. 77.

个女人的庆典。在这个庆典期间，女人们从各自的家里走出来，聚集在一个地方，举行一些仪式。这些仪式禁止男人们参加。①这种禁止男人参与的季节性仪式，类同于欧洲父权制社会中保留的妇女放荡进犯习俗：让女性在一年之中的某一个特殊日子，用痛打男人的方式，宣泄父权制社会建立以来的性别压迫和压抑。前苏联人类学者谢苗诺夫将古希腊的地母节和酒神节都解释为妇女放荡进犯的产物："不过，昔日放荡进犯的一些特征表现得最明显的，还是古希腊的酒神节，那是最原始的只有妇女参加的节日。据普鲁塔赫记载，过酒神节时，妇女们狂怒地扑向被看作男性植物的常春藤，并把它撕得粉碎。欧里庇得斯著的悲剧《酒神女祭司》中，关于参加这个节庆的妇女扯碎彭透斯的传说，就证明酒神节起源于妇女的放荡进犯。"②由此看来，希腊神话对女神处女身份的强调本身，也隐含着父权社会现实中对逝去的女神文明的某种追忆和纪念。

第三节　技艺守护神

雅典娜作为文明技艺的守护神的一面，虽然没有像她作为女战神那样得到史诗文学的充分表现，但还是有较为明确的呈现。《伊利亚特》第五卷第734行讲到雅典娜出战的装备，有她脱下自己缝制的衣裳，穿上战袍的细节。由此可知她能够自己制作衣服。一位能够自己制作衣服的女神，通常都是纺织女神。就像中国人把黄帝的妻子嫘祖，视为养蚕缫丝技艺之祖一样。后来又有天河畔的织女，作为纺织技术的神界标兵，人间女子要向她乞巧，由此形成每年农历七月七日的乞巧节。在奥维德的《变形记》中，讲到雅典娜惩罚一位胆敢与她比赛纺织技术的凡人，名字叫阿剌克涅（Αράχνη，Arachne）。这个名字在希腊语中的意思是"蜘蛛"，她本是吕底亚一位精于女红的姑娘，她夸耀自己的毛纺技艺无人能比，并向雅典娜提出挑战，要与女神比赛纺织技艺，结果被雅典娜化为蜘蛛，永远在蜘蛛网中周而复始地编织。奥维德对这场人神技艺大赛的具体叙述如下：

> 弥涅瓦（雅典娜）听说，就变成一个老婆婆，头上戴了灰白的假

---

　　① Walter Burkert, *Greek Religion.* Translated by John Raffan. Cambridge, Massachusetts: Harvard University Press, 1985, pp. 229-230.

　　②［苏］谢苗诺夫：《婚姻和家庭的起源》，蔡俊生译，中国社会科学出版社，1983年，第157页。

图9-5　镀金银盘雅典娜坐像，摄于苏黎世国立博物馆

发，四肢颤颤巍巍，拄着一根拐杖，向她（阿剌克涅）说："老年人至少有几件本事是不能小看了的；年纪大了才有经验。不要轻视我的劝告。你纺织羊毛，你尽管在凡人中间去沽名钓誉好啦，在女神面前你须让一着才是，你应该低声下气向她陪个不是，你这莽撞的姑娘。你向她赔不是，她一定原谅你。"但是她向老太婆瞪了一眼，把手里的毛线往地下一摔，怒气满面，简直就想打她一顿似的。她对伪装的弥涅瓦说："你这老糊涂虫，老得都快走不动了，你是活得不耐烦了吧。你要是有女儿、儿媳妇的话，去和她们去说吧。我会管我自己的事情。你的劝告完全白费，我的意见并没有改变。你那位女神为什么不亲自来一次呢？她为什么躲着我不跟我比赛呢？"女神便道："她已经来到了！"说着就脱去老婆婆的伪装，显露了天神真相，女仙们和附近来看的人都拜她，只有阿剌克涅不怕。尽管如此，她脸上也稍微不由自主地红了一下，就像黎明的红霞照映天空，等到太阳上升，红光就退落了一样。但是她还坚持比赛，而且她的自信已经发展到顽固的地步。在好胜的心情下，她奔向自己的灭亡。朱庇特的女儿弥涅瓦并不拒绝，也不再给她警告，或推迟比赛。她们毫不迟疑就在不同的地方支起织布机，各自铺上经线，经线绕过机梁，用机杼把经线分开，然后用梭

153

子织上纬线，手指穿来穿去忙个不停，纬线织上，连忙拢紧。她们束紧腰带，紧张工作，熟练的手在机上移过来移过去，一心工作，忘了疲劳。她们用紫红色的线织着布，这种线都是在腓尼基的提洛斯地方用铜釜煮染过的。由深入浅，由浅入深，丝毫不露痕迹，就像雨后天晴，天空高挂的彩虹一样，尽管它有千百种颜色，但是肉眼绝看不出一种颜色怎样就变成了临近的另一种颜色。相邻的颜色分别不显，但是两端边缘上的颜色却迥乎不同。她们还添上一些柔软的金线，描绘出古代的故事。①

雅典娜编织的是奥林匹斯山上的十二大神，以气象森严的宙斯为首，端坐在宝座上，画面中还描绘出她自己的形象：手持盾牌和尖矛，头戴战盔。阿剌克涅则描绘出雅典娜的父亲宙斯化身为公牛，骗奸欧罗巴公主的景象……

这件活计，不要说女战神，就连嫉妒女神也挑不出一点毛病。金发女神见她织得好，非常气愤，就把这块织成的锦绣连同上面描绘的天神的丑事撕碎，用手里的梭子连连在阿剌克涅的头上敲了三四下。可怜这姑娘如何忍受得了，就套了个圈儿上吊死了。女战神见她上吊了，心中怜惜，把她解了下来，说道："坏姑娘，你还是活下去吧，但是你老得悬在空中，你的族类也要受到同样的处罚，使你们将来世世代代得不到安全。"说着，她转身走开，一面用地府的毒草的汁液洒在姑娘身上，姑娘的头发一沾毒汁就脱落了，耳朵鼻子也脱落了，头部缩小了，整个身体也收缩了，纤长的手指变成了腿，其余都变成了肚子。她从此永远纺着线，她变成了蜘蛛，还像往日一样织呀织呀。②

作为技艺女神的雅典娜，原来不仅是纺织技术的绝对导师，还是神明威严与权力的绝对维护者。她对敢于挑战神明权威的凡人是不会心慈手软的。阿剌克涅的悲惨遭遇表明：一切敢于挑战神明的人，都不会有好结果。此类人神竞争的神话表现模式，给出的教训不是文学的，而是如宗教教义一般的。竞争的不平等结局，使雅典娜成为无敌手的纺织圣手。这给后世留下了深远的印象。19世纪的画家科尔内利乌斯在1807到1808年间完成的一幅油画《雅典娜教妇女织布》，画的背景是古希腊建筑物，画中的人物穿着古希腊式服装，体态优美自然，

---

① ［古罗马］奥维德：《变形记》，杨周翰译，人民文学出版社，1984年，第70—71页。参看：Tmothy Gantz, *Early Greek Myth: A Guide to Literary and Artistic Sources*. Volume I, Baltimore and London: The Johns Hopkins University Press, 1993, p. 86.

② ［古罗马］奥维德：《变形记》，杨周翰译，人民文学出版社，1984年，第73页。

雅典娜手持神杖，平静地注视着正在学习织布的妇女。神与人之间那种亲近平和的关系表现得自然贴切，足以让观者忘记女神曾是战神的威武形象，更看不出这位女神迫害竞争对手时的残忍和霸道。

作为技艺的守护神，雅典娜并不是仅仅发明了纺织技术。金芭塔丝指出：雅典娜最重要的角色之一就是手艺的赋予者，这一点似乎是从新石器时代继承下来的。这些联系（金芭塔丝在《女神的语言》中曾经有过探讨）可以通过刻在古欧洲的各种人工制品上的符号和铭刻来考察，比如纺锤、坩埚、织布机或者乐器。根据希腊神话的记述，雅典娜发明了长笛、喇叭、陶器、炼金术、纺纱织布以及其他技艺。一系列的希腊陶板上都有一只长着人的胳膊的猫头鹰纺羊毛的画面。雅典娜和她在罗马神话中的对应角色——弥涅瓦一样，拥有纺纱、织布、编织和缝纫的技艺，这一点也和古欧洲的女神一样。雅典娜的神庙里的女祭司为女神编织长外衣（一种希腊式的长袍或者外罩）。雅典娜还和金属的车间有关。在迈锡尼的一个城堡里，一个紧邻着金属冶炼车间的房间里，挖掘者发现了描绘女神的壁画，这位女神很像雅典娜。米诺文化也将女神与冶金术相联系。阿尔卡罗里（Arkalokhori）山洞就在克诺索斯的南方，它既是神庙也是青铜器匠人工作的车间。作为城市的保护神和工艺的发明者，雅典娜是文明之母的人格化表现。[1]尽管雅典娜是用纺织的梭子杀死阿剌克涅的，但她手中的盾牌和尖矛才更显示出金属时代新武器的威力。希腊考古学家把公元前1900年至公元前1125年的迈锡尼断代为"青铜时代晚期的希腊"和"多金的迈锡尼"，青铜武器显然是在这期间发展起来。其上限比荷马的时代足足早1000年。在对迈锡尼线形文字的解读过程中，人们首先看到的是一大批人名地名。人名占据了总词汇量的百分之六十五，有三个希腊神话中的神名得到确认：雅典娜、波塞冬、狄俄尼索斯。能够解读出来的职业名称有100多种，包括金匠、造船工、石匠、面包师、厨师、伐木工、铜匠、马鞍匠、陶工、木匠、卷线工、纺织工、煎药工等等。[2]雅典娜的技艺之神的身份中，原来潜含着如此之多的工艺文明的内涵。到了荷马笔下，对于女神在这方面的文化记忆已经比较模糊了，金属技艺更多地体现在女战神的形象刻画方面。

---

① [美] 马丽加·金芭塔丝：《活着的女神》，叶舒宪等译，广西师范大学出版社，2008年，第167页。

② [美] 麦克金德里克：《会说话的希腊石头》，晏绍祥译，浙江人民出版社，2000年，第80-81页。

第四节　智慧之神

雅典娜的神话形象中蕴藏着巨大的意义张力,任何单一化的理解和处理都无法有效把握这位女神的复杂性。在雅典娜的八副面孔中,智慧神是非常重要的一种。发明和创造需要智慧,战胜强大的敌人同样需要智慧。雅典娜不仅发明了马车,还帮助攻打特洛伊的希腊人建造出木马,从而导演出"木马屠城记"这一以智取胜的一幕。[①]雅典娜在和海神波塞冬争当阿提卡的守护神时能够胜出,完全被神话讲述为智慧的胜利。波塞冬提供了马,雅典娜驯化了马,建造出马车;波塞冬统治着波涛,雅典娜则建造出舰船,能够在波涛上乘风破浪前行;波塞冬给予雅典的礼物是一匹骏马,雅典娜的礼物则是小心培育出的橄榄树,橄榄油成为泛雅典娜节庆典上的祭品。

智慧女神不仅自身能够代表和象征智慧,还能够赐予智慧给凡人。著名的金苹果之争的神话,就让三位女神分别许愿给特洛伊王子帕里斯三种不同的恩惠:赫拉许愿帕里斯当上统治全亚洲的王;雅典娜许愿说:"我将赐给你至高无上的智慧。"(I will give you supreme wisdom.)[②]阿芙洛狄忒则许愿帕里斯让他得到世界上最美的女人海伦。帕里斯不爱江山不要智慧,只要美人。于是他判决金苹果属于阿芙洛狄忒,他本人如愿以偿得到海伦,结果得罪了赫拉和雅典娜,这就使得特洛伊战争不可避免地发生了。

《奥德赛》第七卷讲到雅典国王厄瑞克修斯用黄金白银营造的宫殿——阿尔基努斯的宫居,宫里有 50 名精于纺织的女子,"她们掌握精熟绚美的手工,通达、聪灵"。若是追问她们的精绝技艺和聪慧之来源,那还是"凭借雅典娜赐送的心智技艺"[③]。看来古希腊人心目中的智慧和技艺是联系在一起的。对于凡人来说,诗歌的技艺由文艺女神缪斯所掌管和恩赐,纺织的技艺则由智慧女神雅典娜赐予。

如果说雅典娜在《伊利亚特》中主要作为战争女神得到表现的话,那么在《奥德赛》中则充分表现出她智慧女神的一面。原因很简单,《伊利亚特》中除

① Anne Baring & Jules Cashford, *The Myth of the Goddess: Evolution of an Image.* Arkana: Penguin Books, 1993, pp. 338-339.

② David Creighton, *Myths Within.* Toronto: Gage Educational Publishing Company, 1992, p. 170.

③ [古希腊]荷马:《奥德赛》,陈中梅译注,译林出版社,2003 年,第 197 页。

了特洛伊木马等情节，主要表现战争英雄们的勇武和厮杀能力，而《奥德赛》的主人公奥德修斯则是智勇双全的形象，其智慧的天界指引者正是雅典娜。从阿喀琉斯的非凡武艺到奥德修斯的非凡智慧，两大史诗一前一后，表现重心发生了转移。这就在某种程度上预示着希腊思想中"爱智慧"主题的萌生，即哲学思考的开始。

哲学即"爱智慧"的背后会有神话的渊源吗？自柏拉图攻击荷马和诗人们，唯独倡导理性的权威以来，这个问题就被搁置或遮蔽起来。直到后现代的知识观革命，西方的有识之士才再度开启这扇大门。如果雅典娜还不是神话历史上最早的智慧之神，那么根据当代新知识，苏美尔人的智慧神兼水神埃阿，应该属于有文字记载的最早的智慧之神，这一神格距今足足有 5000 年了。一位美国的哲学教授彼得·金斯利撰写的专著《智慧的暗处——一个被遗忘的西方文明之源》，提示人们关注哲学智慧的神话与宗教根源。书中写道：

现代人虽然承认有神秘知觉这回事，却是把它摆在边缘的位置上。

我们从未被告知的是，在西方文明的最根部，有着一个灵性传统。[①]

智慧女神雅典娜只不过是把哲学与神话联系起来的一座外在的桥梁，还有很多看不见也摸不着的联系，需要研究者用穿透性的目光去审视和发掘。金斯利通过对考古文物的解读，揭示了巴门尼德斯学派是如何通过灵性的、祭神仪式的传统，来传承早期希腊智慧的。

第五节 猫头鹰女神

猫头鹰是最常见的雅典娜的标志物。拥有夜视之眼的猫头鹰，因为超人的视力而成为智慧的象征。欧洲的书店喜欢用猫头鹰形象做自己的"形象代言人"，绝非偶然。和战神、技艺神、城市守护神等身份相比，猫头鹰和蛇的面相似乎更加接近女神崇拜的本相。在《活着的女神》一书第七章，金芭塔丝讨论先于希腊文明的克里特岛米诺文明之宗教神话，得出结论说希腊神话的雅典娜起源于米诺文明的阿塔娜女神——一种戴着鸟喙状的大鼻子面具的女神，其更早的原型则来自史前的鸟女神。金芭塔丝写道：

---

① ［美］彼得·金斯利：《智慧的暗处——一个被遗忘的西方文明之源》，梁永安译，立绪文化事业有限公司，2003 年，第 7 页。

图 9-6　雅典娜及其象征猫头鹰，摄于希腊雅典

　　女神既是生命的赐予者，也是挥舞着死亡大棒的角色。再生的象征意义很明显地出现于米诺艺术之中，据此，人们可以联想出女神与死亡的关联会在克里特黑暗洞穴神殿和地窖中得到体现。但是事实并非如此。米诺文化的主要特点是生命，而不是死亡。但是，女神的秃鹫形象对米诺来说，代表了死亡的一个方面。在印章和戒指上，该女神的形象为猛禽或秃鹫头，长着巨大的翅膀。她还可能长着巨大的裸露的乳房：这个符号表明她不仅是死亡女神，也是再生女神。明显地，她起源于新石器时代的鸟女神，又演化出后来希腊的雅典娜女神。雅典娜一名并非印欧语，它出现于迈锡尼文明时代的克里特文本中。一块克诺索斯泥书板（V，52）中有献给 a-ta-napo-ti-ni-ja（阿塔娜夫人或女士）的文字。坟墓女神起源于新石器时代，她是用大理石或雪花石膏制成的挺立的裸体，代表相同的女神。该女神戴有大鼻子面具，有巨大的象征生命与再生的阴阜三角形。因此，这里又强调了生命和再生。

　　米诺蛇女神具有蛇身或多条蛇缠绕在女神的长袍上。这与新石器时代一样。著名的彩釉陶罐雕像，来自克诺索斯神庙的藏品，具有美丽的服饰，乳房裸露，蛇爬上双臂，缠绕在腰间，或由双手托起。这些雕像可能代表了蛇女神或表演蛇舞的女祭司，或代表其他与冬天之后相关的再生仪式，就像在克诺索斯双刃斧坟墓（既是坟墓也是祭坛）所见到的一样，手持鸟或头顶绘有鸽子的雕像，这些都与再生的主题和谐一致。[①]

在同书第八章讲述希腊宗教时,金芭塔丝又一次重申雅典娜女神的深远宗教想象之根源和形象演变脉络:

> 雅典娜是另外一个从古欧洲和米诺原型中传承而来的神。她是一个在雅典之外受到广泛崇拜的希腊女神,尤其是在伯罗奔尼撒半岛（阿尔戈斯和斯巴达）和土耳其西部（即特洛伊和士麦那）。雅典娜是从古欧洲的鸟和蛇类女神演化而来的,她也是群落的保护神和生命的维持者,她和希腊的城市相关。到公元前5世纪为止,她已经牢固确立了雅典的官方地区性女神地位。她在青铜时代获得了军事特征,成了一则相当荒谬的奥林匹亚神话的牺牲者,在这则神话中,她被描述成宙斯的女儿,全副武装地从他的头中蹦出来。希腊雅典娜的形象混合着古欧洲的秃鹫女神的特点与一些印欧的武力因素——盾牌,带有羽毛装饰的头盔以及长矛。在希腊的陶瓶和雕塑中,她和鸟（鸽子、鸭子、鸥以及燕子、海鹰,但最常见的是猫头鹰和秃鹫）一起出现。在《奥德赛》中荷马描述了雅典娜可以变成一只秃鹫。这位女神还变成一只猫头鹰介入了针对波斯人的战争,人们相信她帮助他们赢得了战争的胜利。在陶瓶的绘画上,我们可以看到她变成猫头鹰并且装备着头盔和长矛的形象。有时候还可以同时看到两种画面:雅典娜作为一个神人同形的女神,她的身后是一只猫头鹰。荷马称她为"猫头鹰脸的"。[②]

从文化渊源上看,希腊的猫头鹰女神形象显然属于地中海文明圈晚出的神话意象,其早期形式一定要溯源到苏美尔文明和埃及文明。女神研究专家安妮·巴林和朱尔斯·卡什福德在《女神的神话》中指出,苏美尔女神印南娜身上的羽翼形态同她身边的双鸮的羽翼相一致。而苏美尔语中猫头鹰一词"ninna",正

①〔美〕马丽加·金芭塔丝:《活着的女神》,叶舒宪等译,广西师范大学出版社,2008年,第152页。

②〔美〕马丽加·金芭塔丝:《活着的女神》,叶舒宪等译,广西师范大学出版社,2008年,第166—167页。

是印南娜得名 Nin-ninna 的根据，意思为"鸮女神"。该女神的阿卡德名字 kilili，兼用于印南娜和伊什塔尔两位女神，其词义也和鸮有关。[①]就此而言，猫头鹰女神对于 5000 年前的苏美尔人和 4000 年前的阿卡德人、巴比伦人来说，都是非常熟悉的鸟女神形象。

看来将猫头鹰视为女神的一种化身是从史前到早期文明的一贯性的信仰观念。彭加勒斯特别指出鸮女神雅典娜与苏美尔、巴比伦神话中女神的相似性，还指出猫头鹰是阴间神话的特征：

雅典娜和伊什塔尔一样，都从阴间上升。这可以通过她的来源地，即宙斯的头颅推断出来。表示宙斯之头的单词有"山尖"之意。例如，《伊利亚特》中 1.44 和 8.12 提到，宙斯的头象征奥林匹斯山山尖，亦即奥林匹斯山的山顶。欧里庇得斯的《埃奥恩》457 以及品达的《奥林匹亚颂》7.36 中的单词"κορυφη"是指宙斯的头，这也有"山顶"之意。

这点不管是在苏美尔神话还是希腊神话中都相当重要。苏美尔神话中，一座山或很多山都象征着图像和神话中的阴间，《献给阿波罗的颂歌》中，山出现在阿波罗从地下诞生/上升的情景里，也出现在宙斯诞生的场面里，显然他出生并来自大地之下。

正如从苏美尔的艺术中所看到的那样，雅典娜的诞生/从高山上升同伊什塔尔从阴间上升密切关联。在印章上，伊什塔尔或站在象征阴间的山上，或从两山之间出来，这也说明她来自阴间。[②]提到雅典娜与伊什塔尔都来自阴间这一联系，有趣的是，因雅典娜而著名的鸟，她的猫头鹰，也对伊什塔尔很重要，这鸟似乎象征着女神的阴间特质。猫头鹰常同裸体带翅的女神一同刻在古巴比伦或伊辛－拉尔萨时期巨大的陶器匾额上。[③]

雅典娜另外的动物性标志，如蛇、鸽子与潜水鸟等，在大约 4000 年前克里特文明所表现的女神那里也是一样的。她有时被描绘为长着翅膀的样子。对她

① Anne Baring & Jules Cashford, *The Myth of the Goddess: Evolution of an Image.* Arkana: Penguin Books, 1993, p. 216.

② 同样，乌图早上从东方的山间升起。有关乌图从山间升起的圆筒印章图请参看 Jeremy Black and Anthony Green: *Gods, Demons and Symbols of Ancient Mesopotamia: An Illustrated Dictionary.* University of Texas Press, 1992, pp. 182-183.

③ Penglase, Charles. *Greek Myths and Mesopotamia: Parallels and Influence in the Homeric Hymns and Hesiod.* London: Routledge, 1994, p. 270.

图 9-7　鸮眼女神像，叙利亚出土，距今约 6000 年

来说，猫头鹰是神圣的，她的绰号叫作"鸮眼的"（owl-eyed）[1]，正像赫拉被俗称为"牛眼的"。鸮眼的艺术造型可追溯到 6000 年前，考古工作者在叙利亚北部的特尔·布拉克发现了距今约 6000 年的神庙，神庙中出土了 300 件眼睛偶像，是用石雕或陶塑制成的（图 9-7）。这是书写的文字文明到来前夕，西亚先民心目中的智慧女神。克劳福德为此而撰写了《眼睛女神》一书，试图依照形象刻画的特征，给她们正式命名。

　　玛瑞纳托斯的新著《米诺王权与太阳女神》提到，米诺文明的神话幻觉将昆虫、鸟与流星视为神灵显现现象。如第一类异象是巨大的蝴蝶或蜻蜓的异象，象征苍天。第二类可以确认的异象类型由鸟组成，例如，有戒指[2]上的异象显示人们在问候鸟儿，有可能鸟儿也是神明的化身。这种观点是尼尔森首倡

---

　　[1] Ariel Golan, *Prehistoric Religion: Mythology, Symbolism,* Jerusalem, 2003, p. 429.
　　[2] 塞勒珀勒（Sellopoulo）出土的一枚金戒指上，清楚地刻有如下画面：一株大树，数块圆石。一块巨大的圆石上有一名男子，他左手攀援圆石，回首张望，向右方的一只飞鸟挥舞右手。男子头顶右上方，一颗流星穿过天空而过。

的。①在出自塞勒珀勒（Sellopoulo）的戒指上，异象包括天空中的一个符号，其形状类似于一捆小麦。②该物体高悬在戒指中的原野上，很像陨星或流星，这就是它为何出现在天空中的原因。异象同时也涉及其他的场景（譬如梯林斯的戒指图像和伯罗斯的戒指图像）。③玛瑞纳托斯指出，出自希腊史诗《伊利亚特》中的一些语句或许能够帮助我们理解古人关于星占与鸟占的视角。"雅典娜犹如一只尖叫的捷飞老鹰，从高高的天空穿过云气飞向大地。"（《伊利亚特》19：350）需要注意的是，除了诗人荷马之外，特洛伊人与希腊人中没有一个人知道这只飞鹰是雅典娜的化身。在另外一段叙事中，雅典娜化身为一只飞舞的昆虫与阿波罗

图 9-8　战神兼生殖神印南娜与猫头鹰浮雕，巴比伦时期，距今约 4000 年

在一棵神圣的橡树边相遇，"在宙斯庇护下的神圣橡树下交谈"，并观看"特洛伊人与希腊人交战"（《伊利亚特》7.21）。在又一段叙事中，雅典娜以陨星的面目出现："雅典娜早已按捺不住，她从奥林波斯山下降，犹如狡诈的克罗诺斯之子放出流星，作为对航海的水手或作战的大军的预兆，发出朵朵炫目的闪光，非常明亮，帕拉斯·雅典娜女神也这样降到地上。"（《伊利亚特》4.73—78.）不要断言在米诺文明的戒指与作为古希腊文本的《伊利亚特》之间不存在任何关联。相反，玛瑞纳托斯认为二者皆为近东与地中海文明共同体的神话素材。一只飞舞的昆虫，一颗闪光的陨星，一

① Martin P. Nilsson, *The Minoan-Mycenaean Religion and Its Survival in Greek Religion*. 2nd ed. Lund: Kungl. Humanistiska Vetenskapssamfundet, 1950, pp. 330-340; Walter Burkert. "Epiphanies and Signs of Power," in Danuta Shanzer, ed, and Nanno Marinatos, guest, ed. *Divine Epiphanies in the Ancient World*. Illinois Classical Studies 29. Urbana: University of Illinois, 2004, pp. 1-24.

② Nikolaos Propham, "Sellopoulo Tombs 3 and 4, Two Late Minoan Graves near Knossos," in *BSA* 69: 195-257,1974, p. 217, p. 223, fig. 14D; Herakleion Museum no. 1034.

③ 这种观点同时也是雷斯米奥塔克斯（G. Rethemiotakis）所倡导的（个人观点）。

只俯冲的飞鸟；所有这些都是神明的化身，但本质上这些形象都不是神明的真身。[1]如果参照金芭塔丝的观点，猫头鹰和鹰隼之类猛禽更为常见地充当着史前期的女神崇拜化身。作为补充的东亚地区证据，还可以举一个例子：中国考古工作者在辽宁省建平县牛河梁红山文化女神庙中发现了泥塑鹰爪和羽翅残件，以及熊神和熊爪的残件。这表明五六千年前东亚地区史前先民的女神崇拜与欧亚大陆西部的情况类似，同样伴随着鸟女神和熊女神的联想形式。

第六节　蛇女神

蛇女神和鸟女神一样，发源于新石器时代的女神崇拜象征物。由于考古发现的克里特文明女性主神为蛇女神，在 20 世纪的雅典娜研究史上有一派观点就认为，希腊女战神的前身就应该是前希腊时代的地中海蛇女神。该派观点的代表人物是希腊文化的"迈锡尼起源说"倡导者——瑞典学者尼尔森。

麦肯杰《克里特神话与前希腊的欧洲》一书指出：在米诺宫殿中供奉的主神是蛇女神，通常表现为直观的双手操蛇的女性雕像。[2]这些女神像的流行年代比荷马讲唱史诗要早 1000 多年，显然来自大传统的神话思维。与古希腊造型艺术表现雅典娜持蛇形象相比，更早约 2000 年，什么是大传统，什么是小传统，一目了然。[3]关于史前期的蛇女神由来及文化功能，金芭塔丝在《女神的语言》结论部分有如下辨析：

> 女神主要是生命的缔造者，并非维纳斯或美神，最明确的是她们
> 并非男神的配偶。史前女神的另一流行总称是"母神"，这也是一种误
> 解。的确，有一些母亲形象和幼小生命保护者的形象，还有一位大地

---

① Walter Burkert, "Epiphanies Signs of Power," in Danuta Shanzer, ed, and Nanno Marinatos, guest, ed. *Divine Epiphanies in the Ancient World*. Illinois Classical Studies 29. Urbana: University of Illinois, 2004, pp. 9-14.

② Donald Alexander Mackenzie, *Myths of Crete and Pre-Hellenic Europe*. London: Gresham Publishing Company, 1917.

③ Roger D. Woodard, *The Cambridge Companion to Greek Mythology*. Cambridge: Cambridge University Press, 2007; Sue Blundell and Margaret Williamson ed, *The Sacred and the Feminine in Ancient Greece*. London and New York: Routledge. 1998; Eva M. Thury, *Introduction to Mythology: Contemporary Approaches to Classical and World Myths*. New York: Oxford University Press, 2005; Jennifer Larson, *Ancient Greek Cults: A guide*. New York and London: Routledge, 2007, p. 122.

之母和死亡之母，但是其余的女性形象不能用"母神"这一术语来概括。例如，鸟和蛇女神并不总是母亲形象，其他许多象征再生的形象也是如此，如蛙、鱼或刺猬女神，她们是变形力量的化身。她们扮演生命、死亡和再生，而不仅仅是丰产和母性。①

上述观点是针对那种用母神观念解说一切新石器时代女神形象的流行做法而提出的。金芭塔丝还希望借助辨析鸟女神、蛇女神想象发生的考古学文化背景，反驳荣格从心理分析学视角提出的两种母神说（即"慈爱的母亲"和"可怕的母亲"）。她写道："我的考古研究并未证实下述假说：曾经存在一对原初的父母，这对父母分化为大父神和大母神，大母神进一步分化为一位慈爱的母神和一位可怕的母神。在旧石器时代的任何时期都未发现父亲形象的踪迹。创造生命的力量似乎从来仅属于大女神。母神从未被彻底划分为'慈爱的'和'可怕的'两种角色：赐予生命和掌控死亡的是同一位神灵。她的化身多种多样：她可以呈现为人的形状或动物的形状；她可以是三联女神；她可以是一只水鸟或一只猛禽，一条无毒或有毒的蛇。不过说到底，她是一位不可划分的女神。如果'慈爱'是针对生命、生育、健康以及财富的增加而言，她可以被称为慈爱的命运女神。'可怕的母神'这一称谓需要做一番解释。"②后人心目中的女神形象大体源于史前石器时代。由于生死观的差异，后人把生命与慈爱的母神相联系，又把死亡与可怕的母神相联系。殊不知，史前时代的人坚信死亡是再生的孕育和准备，所以绝不像文明人那样好生恶死。

至于蛇女神与鸟女神的神话关联，金芭塔丝是这样解释的："女神与自然界的统一在蛇的象征性中尤其明显。蛇的生命力量分化到周围的生命中，由蛇护卫家庭成员、家畜、树木。最令人感兴趣的是，由于蛇通过蜕皮获得新生，也由于蛇冬眠后在春天苏醒，因而引发了对蛇的永生的信仰。由于永生，蛇又成为死者和生者之间的一条纽带；蛇体现了祖先的力量。鸟也是如此。也许因为天鹅、鹤、鹳、鹅的颈项呈蛇形，加之它们在南方度过冬天后每年春天又开始周期性更新，鸟的象征与蛇的象征便交织在一起。两者都是生命力的化身，也是死者灵魂的栖息之处。蛇和鸟女神是家庭、宗族，在历史晚期也是城市的守护神（比如雅典娜之于雅典，其象征即是鸟和蛇）。它们监视着生命力的延续、

---

① Marija Gimbutas, Joseph Campbell, *The Language of the Goddess*. London: Thames & Hudson, 2001, p. 316.

② Marija Gimbutas, Joseph Campbell, *The Language of the Goddess*. London: Thames & Hudson, 2001, p. 316.

家庭的幸福和安康,以及食物供应的增加。"①
这些看法已经点明了希腊的城市守护神是从
史前期的家庭或宗族守护神演变而来的。即
使在今天的欧洲民俗中,依然能够看到,人
们对作为家庭神的蛇的广泛信仰十分感兴趣:
这些蛇是家庭、家畜的守护者,尤其是母牛
的守护者。它们保证繁殖、增产和健康。每
个家庭和每只动物都有一条蛇作为守护神,
蛇的生命能量与它所守护的人或动物的生命
能量是相同的。下述信仰可以印证这一点:
如果一条蛇被害,它守护的家庭的主人、孩
子或母牛也会死去。因而,蛇的生命能量与
人或动物的生命能量是不可分离的。此外,
蛇的生命力与死者,尤其是家族祖先的生命
力联系在一起。因此,蛇又象征代际之间的
生命延续。②

图9-9 操蛇女神像,克里特出土,摄于苏黎世国立博物馆

　　至于鸟与蛇女神又怎样获得公羊或羊角的象征形式,金芭塔丝也给出了她的
分析和推测:水鸟从旧石器时代起就是人类主要的食物来源,而羊从新石器时
代早期开始就成为人类最重要的肉食来源。为什么是公羊而非母羊成为象征鸟
女神的神圣动物,其原因很难确知,不过可以推测,由于公羊角盘曲如蛇,它
由此充满了蛇的活力,因而公羊比母羊更为强大。③严谨的学者恐怕不会轻易赞
同这种推测,神话思维的类比联想机制能否用来解说一切变形化身现象,也是
一个见仁见智的问题。从大小传统的编码程序看,肯定是狩猎社会的动物神话
编码在先,畜牧文化的动物神话编码在后。将考察大传统深度历史的眼光用在
从旧石器时代后期开始的人类精神信仰建构过程的审视中,这是以金芭塔丝为
代表的神话考古学家给出的方法论要义。
　　与雅典娜相比,赫拉女神与蛇女神传统的联系似乎更加紧密。其中一个关键

　　① Marija Gimbutas, Joseph Campbell, *The Language of the Goddess.* London: Thames & Hudson,
2001, p. 317.

　　② Marija Gimbutas, Joseph Campbell, *The Language of the Goddess.* London: Thames & Hudson,
2001, pp. 136-137.

　　③ Marija Gimbutas, Joseph Campbell, *The Language of the Goddess.* London: Thames & Hudson,
2001, p. 317.

象征是王冠。金芭塔丝认为，自从公元前七千纪以来，王冠是蛇女神像中最持久的特征。这个特征在欧洲民俗中延续了下来，人们认为有些蛇戴着王冠出现，这些王冠是智慧和财富的象征。如果有人与一条巨大的白蛇搏斗，他会获得能使人知晓一切的王冠，看见隐藏的珍宝，还会获得听懂动物语言的能力。有一则广泛流传的欧洲民间传说，讲述一个人由于吃或尝了白蛇的肉而获得知识。戴王冠的蛇是"蛇女王"或"蛇母亲"，她统领着自己的蛇部族。直到相当晚近的民间信仰中，人们认为成群的蛇跟随一位戴王冠的头领出现，或者是正在参加由女王主持的会议，如果女王被触犯或伤害，所有随从的蛇都会十分恐慌。[1]从神话原型的置换变形意义看，天后赫拉头顶的王冠与雅典娜头顶的战盔，其实可以看作同一种蛇女神象征的不同变体：希腊城邦的社会分工意识让两位来自大传统的女神承担不同的职能。大传统的深度透析能够让今人重新意识到，这两位希腊神话中最主要的女神形象原来是同出一源的。

蛇女神想象在东亚华夏文明发生期同样发挥着重要的文化原型编码作用。《山海经》中的九处神祇或巨人"珥蛇"记录，古今的注释家都无从求证，最近借助于新出土的5000年前红山文化玉雕蛇形耳坠，已经获得大传统的深度透析。[2]

第七节　城市守护神

城市是区分文明与原始的重要标记。雅典是希腊乃至整个西方文明引以为豪的第一都市。对于思想史学者而言，这座城市的伟大在于它是自由和民主的精神发源地，也是哲学和科学的发源与传承中心。

尽管雅典娜有八种不同身份以及复杂的文化来源，但是有一点十分明确：她与希腊首都雅典同在。在荷马颂歌《致雅典娜》中，女神众多的别称之中有一个叫"城市的救主"（city savior）。[3]用赫丽生的说法：讲述雅典娜诞生的故事等于追溯雅典这座城市的历史，也许可以说是追溯它的政治发展史，而不是宗教

---

① Marija Gimbutas, Joseph Campbell, *The Language of the Goddess.* London: Thames & Hudson, 2001, p. 134.

② 叶舒宪：《红山文化玉蛇耳坠与〈山海经〉珥蛇神话——四重证据求证天人合一神话"大传统"》，载《西南民族大学学报》2012年第12期。

③ Marting L. West ed, *Homeric Hymns, Homeric Apocrypha, Lives of Homer.* Cambrige, Massachusetts：Harvard University Press, 2003, p. 211.

发展史，如果说这两者可以分割开来的话。最初，她是早期神话体系中的少女，因此必须跟这个体系中的一个神祇波塞冬争夺支配地位。尼尔森的研究表明，波塞冬是古代雅典贵族的神祇，由于这些贵族声称自己是波塞冬的后代，所以他们赖以生存的基础是父权制的社会。民主的兴起使科瑞（即女神——引者）这一古老的形象复活了。但是代表父权的男性贵族要对古老的女神形象有所修改，这样就在很大程度上剥夺了女神本色的美丽和现实性，把她们变成了不男不女的中性存在。而雅典娜身上还被强加了许多文明城市需要的意思和标志，这就使得她的形象充满人为造作的成分而显得不真实。"事实上，她就是堤刻——雅典城邦的命运。市民们崇拜的对象并不是这个女神，而是这座城市本身——'一群拥戴者的永生的女主人'。"①

在现代考古学诞生以前，欧洲人的历史知识以文献为主，所以只知道雅典是爱琴海文明的诞生地。而考古大发现表明，克里特岛才是爱琴海文明的诞生地。希腊城邦守护神的前身，可以上溯到克里特岛上米诺王宫的守护神。王以欣推测，克诺索斯迷宫出土的线文 B 泥版中有不少是记录神名和祭品的清单，其中有"献给女主人雅典娜"和献给"迷宫的女主人"的字样。如果对泥版的破译无误，那么，早在米诺时代，雅典娜就已经是位受尊敬的女神了，而且，她还是克诺索斯王宫的女保护神。②从克里特岛上的米诺王宫守护神，到希腊半岛上雅典城邦的守护神，雅典娜形象的文化含义必然随着文明城邦的增长而不断丰富，包括行政、集会、法院和军号在内的各方面要素，便都先后添加到她身上。"她是德墨斯（demos，雅典行政区）"埃克勒斯厄"（ekklesia，集合，聚会）的指导者，并认为是阿瑞奥帕戈斯（Areopagus）也就是高等法院的创始人，她因此而被称呼为'阿瑞厄'（Areia）。雅典娜还是和平时期工作、自我克制、学习和思维能力以及政治联盟的守护女神。她还因为可以保护妇女，使之免于不孕不育而成为了'生育神'"③。一位守护神就这样被叠加而来的各种后起职能团团包围，让后人无法弄清她的本来面目。就像中国的关公庙中供奉的关老爷，原来不过是三国时期一名刀术精湛的武将，后来被民间想象加以神化，最终做了所谓的"武财神"，保佑人们实现发财和守财的现实愿望。

---

① ［英］简·艾伦·赫丽生：《希腊宗教研究导论》，谢世坚译，广西师范大学出版社，2006年，第 275 — 276 页。

② 王以欣：《寻找迷宫——神话·考古与米诺文明》，天津人民出版社，2000 年，第 308 页。

③ ［希腊］索菲娅·斯菲罗亚：《希腊诸神传》，张云江译，国际文化出版公司，2007 年，第 53 页。

第八节　父亲生育的神

　　一位女性的生命，源出自一位男性的身体，这样有悖于经验和常理的神话叙事母题，因夏娃出自亚当肋骨和雅典娜出自宙斯头颅这两个异曲同工的经典叙述而为西方人所熟知。一个出自古代希伯来人的《圣经·旧约》的神话，一个出自古希腊人的神话。今日的人类学家非常明确地辨析出其中所蕴含的性别文化战争的深刻印记：后起的父权制文明的神话，必然要剥夺和颠覆此前母系社会最核心的意识形态——生命的孕育者和生产者只能是女性、母亲。于是，男性就违反常理地承担起了生育后代的责任。这样的叙述母题究竟是怎样产生的？彭加勒斯在《希腊神话与美索不达米亚》一书的第十章"雅典娜的诞生"里，较详细地说明了希腊神话叙事与美索不达米亚的渊源关系：雅典娜的诞生神话是一个被极度浓缩了的神话例子。它广用象征，引经据典，将各种错综复杂的观点结合了起来。但是，研究界对此神话的分析只停留在这一层面上，因为要使其主旨目的和暗含的思想彰显眉目，需要熟悉希腊神话借用美索不达米亚思想的方法。这些方法在这个神话中交织错杂，只有通过比较和对照的方式，才能看清楚其来龙去脉。要想从渊源上认识希腊的女神诞生神话，就得先熟悉美索不达米亚神话中恩基（Enki）和恩利尔（Enlil）的造人神话，并对关于印南娜、伊什塔尔的女神及其配偶的神话有所了解。

　　讲述雅典娜诞生的材料甚多，其中最主要的要数现存《荷马颂歌》的第28首《献给雅典娜的荷马颂歌》及品达《奥林匹亚颂》中的第7首颂歌。献给雅典娜的颂歌叙述了雅典娜从宙斯的头颅中蹦出来的情形，令人感到匪夷所思：

　　　　宙斯从其令人敬畏的头颅中生出了特里托革尼亚（Tritogeneia，雅典娜之称呼——译者注）。当时雅典娜身着盔甲，金光闪闪，从宙斯神灵的头颅中蹦出来。她猛地跳到宙斯面前，挥动锋利的长矛，威风凛凛，震惊了众神。雄伟的奥林匹斯山在这个目光炯炯的女神的震慑下摇摇欲倾，邻近的地面也可怕地晃动不已。大海翻滚，碧浪滔天，海水喷射而出。许珀里翁（Hyperion）光芒四射的儿子停下他狂奔的飞马，驻足许久。直到女神雅典娜从肩头卸去神灵的盔甲，英明的宙斯才恢复欢颜。

无论赫西俄德的《神谱》（第924—926行）还是《荷马颂歌》中的雅典娜诞生都没有提到赫淮斯托斯或普罗米修斯的作用。然而，品达提到了雅典娜诞生中有关赫淮斯托斯的故事：他用一把斧子劈开了宙斯的头部。（Ol. 7.34—38）：

> 因而，这众神之王在城市上空飘扬起金色的雪花
>
> 当雅典娜，伴着赫淮斯托斯黄铜斧子
>
> 娴熟的技艺，从父亲的头颅中跳出来，
>
> 喊声响彻云霄。
>
> 天公地母随即颤动。

欧里庇得斯的悲剧《埃奥恩》第452—457行中，挥动斧子的神灵变成普罗米修斯。阿波罗多洛斯（Apollodorus）在提到这个故事时，也认为这个角色是普罗米修斯，然而若再加考虑便知，应该是赫淮斯托斯（《埃奥恩》：20）："雅典娜将要出生，普罗米修斯（有些人认为是赫淮斯托斯）在特里同河旁边用斧头砍开宙斯的头颅，雅典娜从其王冠中跳将而出，周身盔甲。"

彭加勒斯认为，《荷马颂歌》在诞生场景的描述中，对权力上升趋势的暗示是通过形形色色的象征手段实现的。其中最明显的标志是穿着，雅典娜诞生时全身盔甲，宛若处于战事之中，其威力不言而喻。这一系列事件中的标志，同印南娜、伊什塔尔从阴间归来上升的情况一致（《印南娜下阴间》281—310，《伊什塔尔下阴间》118—126）。就像印南娜、伊什塔尔的诞生，雅典娜诞生时全副武装，威风凛凛。如同苏美尔神话中的女神，她的穿着打扮标志着她的权力。在雅典娜这个例子里，她的衣物是盔甲。她全身披盔戴甲，手持盾牌和长矛，不停挥动，与她的战士身份一致。她没戴王冠，也不像伊什塔尔一样珠光宝气。权力上升中的穿着母题也可以从《献给阿波罗的荷马颂歌》中（诗行120—122）提洛（Delian）部分对阿波罗诞生场景的描述看出来。阿波罗身着亮白色衣服，腰系金色皮带，这是权力上升的一种标志。与之相似，在他归来的场景中，也就是在去奥林匹斯山参加集会的途中，为了展示他的权力，诗中描写他穿的衣服光彩夺目、坚不可摧（诗行182—184、202—203）。这"光"的场面，体现了衣服的权力作用以及神在此场面中的威力，这在雅典娜的故事中也一样，雅典娜金色的衣服也是闪闪发光的（第6行）。这些场面都是女神出生时表现出来的典型的上升或归来场面。[1]

---

[1] Penglase, Charles. *Greek Myths and Mesopotamia: Parallels and Influence in the Homeric Hymns and Hesiod.* London: Routledge, 1994, pp. 199-232

彭加勒斯还对相应的一些神话情节展开细致入微的比较，用以说明希腊神话借鉴近东神话的迹象，并且还在不同的希腊神话之间进行对比。例如下面一个细节：雅典娜的诞生对众神有震慑之力，他们个个惊慌不已，奥林匹斯山摇摇欲倾，大地剧烈震动，大海也随即波涛汹涌。就连赫利俄斯也勒马驻足（诗行 9—16），正如品达描述的："天公地母随即颤动。"这情形同苏美尔神话《印南娜下阴间》里的印南娜完全恢复元气后上升、震惊陆地众神的情形一样。杜姆兹就像一个陶器上所描绘的场景中的赫淮斯托斯那样，从她身边逃离了。在赞歌中，伊什塔尔的回归也同样有震慑性的影响。集会上，她使众神惊慌失措（诗行 104—109）。在同类的母题中，雅典娜的上升也同战神尼努尔塔（Ninurta）的回归一样。尼努尔塔通过震慑众神来显示其威力，他从群山中回归，当时雷声响彻四海，战车上有象征其威力的标志，威力四射。雅典娜也有同样的表现，她对众神有同样的震慑力。品达描述了穿着和发光母题，尤其是声音母题，雅典娜的声音之大，使得天地抖动（OL. 7.37—38）。与之相似，在宙斯从山中诞生的神话里，克瑞忒斯人（Kouretes）敲击着他们的盾牌，震耳欲聋。雅典娜诞生时的场面因此成为这些上升、回归场面的典型代表，在这些场面中，此类母题用以象征众神的权力。

再例如，品达的叙述在原先《荷马颂歌》中上升场面的基础上加进了创造人类的思想。在这些有关创造人类神话中，雅典娜起着相当重要的作用。就像从潘多拉诞生的神话中看到的那样，或许可以猜测在雅典娜诞生的神话中描述了女神的另一个核心特征，即她的武士特征。创造人类的思想，在这里是由神话中的其他神灵以及抢斧这个加速女神诞生的象征性动作来展现的。宙斯、雅典娜、普罗米修斯或赫淮斯托斯同时出现在这个神话中，而他们是潘多拉诞生神话中的主要角色。潘多拉也同雅典娜一样来自阴间。另外有一种说法，赫淮斯托斯或普罗米修斯是人的创造者，正是这两位神灵充当了雅典娜诞生的催生力。[①]

女神如伊什塔尔的诞生及人类诞生这两套思想，同时在这个神话中得到呈现。雅典娜是同印南娜、伊什塔尔一样具有威慑力的女战神，但是她又是人类创造神话中的一个主角。这一角色使她再次与伊什塔尔相似。标准巴比伦版本的《吉尔伽美什史诗》（Epic of Gilgamesh）中，伊什塔尔出现于公元前两千纪

———————————

① Penglase, Charles. *Greek Myths and Mesopotamia: Parallels and Influence in the Homeric Hymns and Hesiod.* London: Routledge, 1994, pp. 232−233.

末，她的首要角色是人类的创造者，在古巴比伦的《吉尔伽美什史诗》里，她担当的是玛米/宁图（Mami/Nintu）的角色。①

用编码程序的眼光看，能不能在各种情节和细节之间排出先后的次序呢？彭加勒斯试图这样做。他认为，这类诞生神话表达了这些有关权力上升的复杂思想以及创造人类的思想。这两套不同的思想通过象征手法得到表现，而且所表达的概念对雅典娜来说是独一无二的。它们相互联系形成一个新的与众不同的神话。其实，创造人类的思想可能是在赫西俄德和《荷马颂歌》创作之后才加上的，因为普罗米修斯或赫淮斯托斯用铜斧劈开宙斯头颅的情节在这两种资料中都未曾提及，而是最早出现在品达时期的文学作品或艺术作品中，时间是约公元前570年之后。另一方面，这些书籍只简短地提到这个神话，而普罗米修斯或赫淮斯托斯的角色也许是猜测的。对雅典娜诞生神话中美索不达米亚思想的讨论，可以揭示出古希腊神话与美索不达米亚神话平行对应的情况。这个神话中对众多主题的叙述，主要是通过大量的典故和象征实现的。然而，对冗长的《荷马颂歌》中其他神话以及赫西俄德《神谱》的系统分析，都需要谙熟美索不达米亚思想以及这些思想在希腊神话中运用的方式，这使得透析这个神话的意义及雅典娜同时作为女战神和第一个女性创造者的微妙思想成为可能。这些神话的来源表明，它们的影响持续了很长一段时间，至少从荷马和赫西俄德之前的好几代人持续到公元前6世纪初。并且这些来源表明在这一时期内，人们对美索不达米亚神话主要思想有着普遍的认识。

关于影响的过程和时间，彭加勒斯认为，美索不达米亚的宗教和神话素材已波及早期古希腊文化的范围。但表面上，这些作品的影响似乎是与公元前一千纪，即始于公元前9世纪中期的素材密切联系、相互作用的结果。公元前12世纪末以前的迈锡尼时代晚期同样被认为是一个影响时期，这归因于迈锡尼时代的希腊和近东有着密切联系。同样，如近期考古发现所表明的，这种影响也可能是在迈锡尼各个城市衰败后，希腊和近东交往减少的那段时间里发生的。在这段时期，尤其是在迈锡尼时代晚期应该有很多外来文化影响，并且对荷马和赫西俄德留下的作品中的宗教和神话故事产生了深远影响。已知的相似性在荷马和赫西俄德以前就已经存在：即得墨忒耳和珀尔塞福涅、阿芙洛狄忒、安喀塞斯以及普罗米修斯和潘多拉的神话似乎就是在公元前千纪，大概从公元前9世纪时开始受到美索不达米亚神话思想的影响。经过很长一段时间的口头流传，这

---

① 《吉尔伽美什史诗》，泥版 XI. iii. 116—123。

种影响也已经模糊了很多。[①]目前的研究还无法弄清影响和传播的具体路径，但是这些细微的相似性已经能够说明希腊神话取材的古老性和多样性。为什么希腊神话成为世界神话园地中最耀眼夺目的部分？渊源影响研究给出的新答案，已经大大超越了 19 世纪时"早熟的儿童说"和"独立发生说"，让我们明白希腊文明属于名副其实的地中海文明之后段，即晚熟的文明。与其将希腊文明视为独立发生的，不如说它是后来居上的。

　　除了地中海文明的数千年积累之外，希腊文明更深层的根隐藏在文明以前的时代。就女神传统而言，"古欧洲的女神宗教暗中仍在传承。一些古老的传统，尤其是那些与出生、死亡和大地丰产仪式相关的传统，在一些地区未发生太大变异而一直延续到今天。在另外一些地区，它们被同化到了印欧人的意识形态中。在古希腊，女神的同化使印欧人的万神殿中出现了一些奇特甚至荒诞的形象。最明显的是古欧洲的鸟女神雅典娜变成了一位手持盾牌、头戴钢盔的战神。人们相信她从宙斯——这位希腊地区印欧人的主神——的头部诞生，这显示出其变化之巨——从一位单性生殖的女神到她诞生于一位男神！然而这并不足为奇：宙斯是一头公牛（在印欧人的象征体系中雷神是一头公牛），雅典娜从一头公牛的头部诞生并无其他含义，不过是对从类牛头饰物中诞生的一种记忆，这种类似牛头的饰物在古欧洲象征体系中是对子宫的模拟"[②]。金芭塔丝的上述解读把宙斯与雅典娜的父女关系重新放置在大传统构成的神话象征网络中，其编码和解码的自觉意识与能力，是否为研究父权制文明神话提供了可资效法的范例呢？

第九节　结论：希腊神话的综合性与谱系性

　　希腊文学作品中描绘的雅典娜，从荷马史诗和赫西俄德的《神谱》开始，就已经形成一副刻板的形象：她全副武装，头戴武士型的头盔，手持武器和盾牌，一副俨然不可侵犯的样子。难怪雅典市民把这一神话形象确认为给自己的城邦带来安全感的女性守护神。要是一副娇柔的弱女子模样，雅典娜又怎么能守护城邦，使它免遭邪魔精怪和外敌的攻击呢？要知道，武装的女神这一类形象并

---

① Penglase, Charles. *Greek Myths and Mesopotamia: Parallels and Influence in the Homeric Hymns and Hesiod.* London: Routledge, 1994, p. 239.

② Marija Gimbutas, Joseph Cambell, *The Language of the Goddess.* London: Thames & Hudson, 2001, p. 317.

不是希腊人的发明，而是借用或者继承自古代近东神话。

考纳琉斯的研究认为，近东神话中的武装女神，从伊什塔尔，到巴尔（Baal）和瑞西普（Reshep），按照图像表现可分为三类：坐姿的威吓女神、站姿的威吓女神、站姿的武装（非威吓）女神。[①]

这三类女神通常被指称为"毁灭女神"（smiting goddess），考纳琉斯认为还是"威吓女神"（menacing goddess）的命名比较贴切。女神的姿势一般是或扬起手臂表示打击，或手执武器表示威吓，总之都是突出威严可怕的一面。在此大背景下，才有荷马描绘雅典娜时一再使用的"可怕"一词。

新问题在于，各种不同的神格身份和特征，是如何聚集和组合在雅典娜身上的？显然，这里有一个漫长的再编码的演变过程。

图9-10　鸟女神陶像，克里特出土，摄于荷兰莱顿国立古典博物馆

一个符号有八种甚至十几种意义所指，这不仅是可能的，而且在我们翻看辞典中的词条时，就会发现有类似的一词多义之实例。福柯说："符号并不默默地等着能够确认它的人的到来；符号只能被认识活动构成。"[②]

总结本章所展开的认识程序，可以将雅典娜的八种面相按照发生年代顺序，建构为依次编码的总体程序。一级编码开启于史前石器时代，那时候的人们没有城市和工艺技术，当然不需要城市守护神和工艺神，也不关心女性是否为处

①　Izak Cornelius, *The Many Faces of the Goddess.* Fribourg, Switzerland: Academic Press; Göttingen: Vandenhoeck & Ruprecht, 2004, p. 21.

②　［法］米歇尔·福柯：《词与物——人文科学考古学》，莫伟民译，上海三联书店，2002年，第79页。

女，所以也不会想象出什么处女神。至于男性生育的想象，更是男权社会文明确立以后的想象。于是，八种面相中能够属于一级编码的只剩下两个面相：猫头鹰女神和蛇女神。

二级编码始于文明：城市守护神和工艺神，雅典娜所发明或庇护的工艺内容包括冶金、纺织、驯马、造船等等。由此看来，她又相当于广义的物质文明守护神。从猫头鹰女神、蛇女神到王宫守护神、城邦守护神，再到由男性头颅生育出的神，雅典娜一共经历了八九千年的演变，最终在雅典城邦宣告完成。

由一位女神形象体现出的这些错综复杂的特征，本来各自有其不同的历史和不同的来源。若不能将这许多纠结为一团的纷乱线索抽丝剥茧梳理清楚，雅典娜之谜就永远难以解开。好在近半个世纪以来的神话研究和考古学、图像学研究取得的进展，已经到了足以给出阶段性总结意见的时候。本章就是对这一研究趋势的综合探讨。

金芭塔丝认为，从古欧洲出土的考古资料来看，雅典娜女神其实是由古欧洲鸟女神与蛇女神演化而来的，鸟女神与蛇女神二者负责人类与自然界生命的维系、死亡与再生。作为鸟女神，女神的化身一般是比较凶猛的鸟类，诸如秃鹫与猫头鹰，而作为蛇女神，女神的象征符号一般是一条蜷曲的蛇，不过后者是生命的维系者与保护者。在古希腊，献给雅典娜女神的祭物一般是鸟与蛇，只是到了历史时期，雅典娜女神一般以秃鹫与猫头鹰的面目出现在神话中。在青铜时代，秃鹫女神与猫头鹰女神凶猛的特征被印欧人借用，他们结合自己武士的形象，将雅典娜描述为全副武装从宙斯的头颅里诞生的女神，以此表现她的勇猛。雅典娜女神从父亲宙斯脑袋里诞生的神话其实透露了女神的史前身份：宙斯是一头公牛，雅典娜从公牛的脑袋里出生其实是对史前生命从牛形的头盖骨里诞生的一种记忆，而牛形头盖骨是古欧洲子宫的符号象征。这样一来，雅典娜女神的真实出身就被揭开，希腊神话中女神预言的发布者猫头鹰形象，象征生命及再生之蛇女神形象，以及女战神好战凶猛的特征等，就此一一得以解读。神话考古学方法加上跨文化比较研究方法，对雅典娜的真实身份建构全程做出一种解码式的系统阐释。这种系统阐释突出表明了希腊神话的综合性特点。这就是希腊神话与世界大多数民族国家神话的不同之处。

考古资料表明，希腊文明从迈锡尼文明中吸取了大量元素，迈锡尼文明又从米诺文明中吸取了很多元素。在克里特岛和大陆上的迈锡尼城都发现了书写在泥版上的线形 B 文字。其中大部分是一些简短的清单，但最重要的是记录了后来出现的古希腊所崇拜的神的名字，比如宙斯、赫拉、雅典娜、阿耳忒弥斯、波塞冬、狄俄尼索斯、阿瑞斯，还可能有阿波罗的另外的名字。可惜的是，泥版上只给出了男神和女神的名字，几乎没有记录迈锡尼人赋予这些神祇的神话和性格。事实上，到公元前8世纪为止，希腊人都没有转述他们的神话故事。

从性别文化的此消彼长情况看，伴随着父权制文明的进程，迈锡尼艺术、建筑以及记录迈锡尼文化的书写系统是史前期的古欧洲文化和后来入侵的印欧文化因素的微妙结合。毫无疑问，迈锡尼人有着印欧血统。他们崇拜战功，男性武

图9-11　雅典娜与猫头鹰，摄于希腊雅典议会广场

士在整个社会中占据统治地位。他们继承了库尔干的丧葬传统，最典型的迈锡尼坟墓里，就是一个男性武士与他的武器合葬在一起，武器中包括短剑、长剑以及显眼的金质工艺品。他们的万神殿的特色也是以供奉男神为主。与此同时，考古学的证据表明迈锡尼人高度保留了古欧洲-米诺人的信仰，大多数艺术品，例如壁画、戒指图章、陶器以及小雕像，都和米诺文化非常相近。一样的女神，一样的符号，动物和山的女主人，蛇和鸟的女神，用于献祭的牛角，以及双刃斧的形状——这些符号都出现在大陆上的迈锡尼艺术中。神庙中既有男神也有女神，女神的数量超过了男神。迈锡尼人制作出了数以千计的女神雕像，这些形象都是从古欧洲的母题中继承下来的。发现于神殿中的一批尺寸等大的陶蛇雕塑，堪称最具代表性的迈锡尼艺术品。它们清晰地表现出蛇崇拜在当时的重要性。金芭塔丝据此推论说，迈锡尼文明表现了重要的女神崇拜，这种信仰在青铜时代的欧洲被保留了下来，甚至在非常印欧化的文化中也不例外。迈锡尼文明表现了从古欧洲的女性中心主义文化到古希腊文化的重要转折阶段，在古希腊时代，男性因素几乎成为文化的完全的主导力量。

迈锡尼人本身就是早期印欧化了的北方（中欧地区）部落的后代，后来他们屈从于武力更加强大的印欧人。大约在公元前1200年，来自中欧的人潮卷过希腊和爱琴海诸岛，随后希腊和爱琴海诸岛沦落到一个黑暗时代之中。从这时开始，又经过后来的几个世纪，古典时期的希腊文明的曙光即将升起。

在迈锡尼人的记载中，古典时期希腊的那些男神和女神在数个世纪之前就已经产生。此外，很多迈锡尼文化的遗址，比如德尔斐和诶拉斯的万神庙，在黑暗时代都仍然被继续使用，在古典时期的希腊盛极一时。甚至于荷马史诗《伊利亚特》和《奥德赛》虽然在公元前7或8世纪就已经写成，其内容却是在早期迈锡尼时代确定下来的。希腊本土宗教混合的外来神灵观念的因素，以及古希腊神人体验的变化，共同影响了雅典娜女神不同的职能和性质，使其形象承载了异常多元的宗教和文化因素。

以上讨论集中在雅典娜女神符号的编码过程，但是没有突出女神与非洲古老文明的关系。到英国人马丁·伯纳尔着手撰写《黑色雅典娜》这部为整个西方文明重新寻根的上千页大书时，他一定费心思量过如何在萨义德所代表的后殖民写作方式上找到后来居上的途径。该书首卷575页的巨大篇幅仅有四次提到萨义德，提到施瓦布稍多，加上引用和介绍共有十几次。卷首的谢辞中列举的数十个人名中，萨义德的名字被排在第70位。书的副题叫"古典文明的非洲亚洲之根"（*The Afroasiatic Roots of Classical Civilization*），此处的"古典"同英语中的惯用法一致，专指古希腊罗马文化，作者显然是要告诉世人，西方文明之根并不在西方自身，而在东方。而且，这种"根"（roots）是复数的，是复杂的盘根错节，而不是一目了然的单一根脉。而30年前出版的由美国近东考古学专家——宾西法尼亚大学的克拉莫尔（S. N. Kramer，又译克雷默）所著的《历史始于苏美尔》（*History Begins at Sumer*, 1958）一书，似乎重演了当年泛埃及主义或泛巴比伦主义的文明单一根源论。伯纳尔用一个言简意赅的合成新词"非亚"来替代形形色色含混的"东方"（east, oriental），似乎要把北部非洲和西部亚洲看成与欧洲不可分割的文化传播区。这就从眼界上和研究范围上超过了以印欧文化和阿拉伯文化为主线的施瓦布和萨义德。伯纳尔不是在陈述或者颠覆欧洲人的东方学，而是在重构东方学，使它成为与西方学不可分割的知识，成为西方文明史的基础。

《黑色雅典娜》首卷题为《编造的古希腊 1785—1985》（*The Fabrication of Ancient Greece1785–1985*），全书共10章，从古典学的诞生讲起，追溯了中世纪和文艺复兴时期对古埃及和古希腊文化关系的认识，17、18世纪以来埃及学作为一个专门学术领域几经兴衰的情况，乃至19、20世纪西方公众心目中的埃及形象，种族主义时期对埃及人是否是黑肤色的疑问，腓尼基学与亚述学的兴衰，闪族人种的由来与流布，雅利安模式的产生与演化，以色列的现代兴起和犹太学中的泛闪族主义，末章讲述了二战后东方学阵容的新变化与埃及学的再造，尤其是黑人学者中间关于黑人构成古埃及文明的主体的观点。全书的叙述主线是有关希腊文明起源的两种理论假说模式的对立消长，即埃及模式与雅利安（印欧）模式。作者的倾向性在"黑色雅典娜"这个惊人耳目的书名中已体现出来，在结论部分更明确地将自己划入黑人学者的观点一边，提出修改后的埃及模式：确认以黑肤色人种为主体的古埃及文明在古希腊文明诞生中的重要作用，同时也适当吸收亚述学、腓尼基学方面的观点，在埃及之外追索希腊文明的又一条根脉——西亚闪族文化；甚至也接受雅利安模式的某些成分，包括其核心假说——在某一时期有相当数量的讲印欧语的人群从北方进入希腊。

伯纳尔这部书的精彩之处当然不在于他调和各种观点的能力，而在于他成功地引入了知识社会学的视角，在清晰地陈述学术史的复杂多变的脉络的同时，透过"学术"和"科学性"的表象去揭示背后发挥作用的文化因素和种族偏见，从所以然的层面上说明为什么在不同的历史时段会产生某种貌似真理的知识编造。现代知识社会学对于人文、社会科学的研究的最重要贡献就在于揭示了知识生产的社会机制：信仰和观念均可视为象征性的商品，其产生与价值取决于象征商品的市场（the Market of Symbolic Goods）[①]，文化编码和再编码都有其市场需求的底蕴存在。

伯纳尔认为，学术史上的埃及模式之所以会被雅利安模式摧毁并且取代，并不是学术本身的因素在起作用，并非雅利安模式能更有效地解释相关现象，而是要使希腊历史及其同埃及和利凡特地区的关系适应19世纪的世界观，特别是其系统的种族主义观点。20世纪的学者已经揭示出"种族"（race）这个概念是虚构的神话，欧洲人优越论和欧洲中心历史观均遭到空前的怀疑和批判。在此背景下回顾雅利安模式的炮制，有理由说它是在"罪恶"和"错误"中产生的。不过，在同一个时期产生的、带有同样不光彩动因的达尔文主义，至今仍不失为一种有启发性的理论图式，所以雅利安模式的概念尽管沾染着罪恶，并不一

---

①Pierre Bourdieu, *The Field of Cultural Production*, New York: Coulumlia University Press, 1993, pp. 112-141.

定要废弃它。这又显出伯纳尔较为开明通达的一面。

综观《黑色雅典娜》第一卷，除了尖锐地质疑西方理性与科学招牌背后的种族主义罪恶之外，作者还对18世纪以来流行的"进步"（progress）观念以及由此引发的历史偏见做出分析批判。第四章中有"'进步'针对埃及""进步""欧洲是'进步'的大陆"这样三个小节标题，这三节便是集中探讨这个问题的所在。作者认为，1680年土耳其被打败和牛顿物理学的普及流行，改变了欧洲人的自我形象。在后牛顿世界中写作的知识分子，如孟德斯鸠，从前曾把埃及人奉为最伟大的哲学家，现在却开始把东方"智慧"同欧洲的"自然哲学"相对照。伴随着欧洲经济和工业的进步以及向其他大陆的扩张，欧洲优越的观念在18世纪逐渐增强。由于和"进步的欧洲"形成对比，原来受到尊崇的古老文明之偶像，如埃及和中国，都似乎显出了停滞不前的本相。埃及的古代，"以前被视为主要的可贵之处，现在却变成了一种缺陷（liability）"。进步的图式把欧洲列强摆在历史前行的先锋地位，殖民和扩张也就自然成为合理、合法的事情。历史偏见一旦形成并且蔓延开来，便会假借"理性"和"科学"之名去生产罪恶，并在知识生产领域不断地为谬误和歪理开拓买方市场。

在1991年初版问世的《黑色雅典娜》第二卷中，写到雅典娜崇拜的宗教源流情况：

> 在哈利阿尔托斯(Haliartos)以西大约十公里的考劳奈拉(Korōnela)这个地方，坐落着一座雅典娜依托尼亚（Athena Itōnia）神殿，这里显然呈现的是波伊俄提亚（Boiotia）的忠实崇拜，在古代（公元前776—前500年）以及古典时期（公元前500—前325年）十分盛行。[1]

随之而来的语源学分析，却给雅典娜的肤色带来了些许变化。这是马丁·伯纳尔的拿手好戏，却也是招致批评与质疑的问题焦点所在："依托尼亚（Itōnia）这个名字从何而来呢？有两个地方。一是来自埃及的'Itn.t（女性的太阳盘）。而'Itn.t是埃及女神奈伊特（Nēit）独有的特征。公元2世纪，人们将奈伊特视作埃及的雅典娜。这种认识绝对是希腊影响的结果而不是可靠的埃及传统。其实，奈伊特与甲虫形象关系密切，而甲虫的图示似乎对应着作为埃及人护身符的圣甲虫，由于甲虫可以发光，所以被赋予了与太阳相似的功能。奈伊特与太阳息息相关，最强有力的表现出现在公元前三千纪前半期的古王朝。进一步说，早在

---

[1] Martin Bernal, *Black Athena: The Afroasiatic Roots of Classical Civilization.* Volume II, *The Archaeological and Documentary Evidence.* London: Free Association Books, 1991, p. 81.

米诺早期的克里特文明中，太阳昆虫的图示就已经出现。较晚时间在希腊出现的证据恰恰反映出古埃及传统对古希腊的影响。"①在本章结尾处引述马丁·伯纳尔的高见，并不意味着本书认同"黑色雅典娜说"的论证，而是要显示：神话多级编码研究，遇到像西方文明第一守护神雅典娜这样的情况，需要怎样非同凡响的古典知识储备和多元文化视角，更重要的是，需要怎样的学术敏感和与时俱进的求知欲望。

（叶舒宪）

---

① Martin Bernal, *Black Athena: The Afroasiatic Roots of Classical Civilization.* Volume II, *The Archaeological and Documentary Evidence.* London: Free Association Books, 1991, p. 82.

第十章 希腊意识形态与荷马史诗的"东方"形象

第一节 荷马的"东方"范畴

具体说来，"东方"与"西方"是以地中海为参照物而划分的，因此地中海东岸被称为"东方"，地中海西岸被称为为"西方"。地中海东岸为北非、亚洲，地中海西岸为欧洲，这样，"东方"便成为北非、西亚的代称，而"西方"则成为欧洲世界的代名词。就范畴而言，"作为一个地理和文化的——更不用说历史的——实体，'东方'和'西方'这样的地方和地理区域都是人为建构起来的。因此，像'西方'一样，'东方'这一观念有着自身的历史以及思维、意象和词汇传统，正是这一历史与传统使其能够与'西方'相对峙而存在，并且为'西方'而存在。因此，这两个地理实体实际上是相互支持并且在一定程度上相互反映对方的"[①]。不难看出，"东方"是与"西方"相对立的一个语词，它不仅指向地理方位的差异，还暗示着欧洲人的文化偏见。一种普遍的情况就是，欧洲人为了进一步区分"东方"，将其分为"近东""中东"与"远东"，而其划分依据是这些地方距离欧洲的远近。这就表明，"东方"一词反映了欧洲中心主义的论调。尽管如此，"东方"并非仅仅为一个地理学语词，相反，"东方"是一个十足的文化概念，折射了欧洲中心主义论这一成见。此种关于"东方"的理念并非自古有之，而是形成于19世纪与20世纪初欧洲殖民主义运动时期。

与现代人有所不同的是，荷马对于"东方"的认知更为具体，它首先指向了地中海东岸的广阔土地，其中包括河流、山川与城邦。根据《伊利亚特》与《奥德赛》的表述，"东方"分别包括如下这些地域：特洛伊平原、伊达山麓的泽勒亚城、阿德瑞斯特亚与阿派索斯、皮提埃亚、特瑞亚高山、佩尔科特、普拉克提奥斯、赛斯托斯、阿彼多斯、阿里斯柏、拉里塞、赫勒斯滂托斯河、阿米冬、库托罗斯、塞萨蒙、艾吉阿洛斯、克戎那、帕尔特尼奥斯河、埃律提诺山、阿

---

① ［美］爱德华·W. 萨义德：《东方学》，王宇根译，三联书店，2007年，第6页。

吕柏、阿斯卡尼亚、特摩洛斯山、弥勒托斯、佛提瑞斯山、迈安德罗斯河、米卡勒山、克珊托斯河。①除此之外，荷马的"东方"还分别指向了西顿②、西西里③、埃及④、腓尼基⑤、累斯博斯⑥、利比亚⑦、皮埃里亚⑧、塞浦路斯⑨，等等。按照地理位置，上述这些地方分别隶属于马其顿、特洛伊、弗里基亚、密西亚、吕底亚、弗利基亚、塞浦路斯、卡利亚、埃及、利比亚。在荷马史诗中，"东方"是一系列的河流、山川、土地与城邦的总称，它是一个具体的能指，而不是抽象意义上的所指。

从人种学意义上看，荷马的"东方"还指居住在上述地方的族群，其中包括特洛伊人、特洛伊人的盟友以及部分居住在北非的族群。从荷马的表述来看，特洛伊人的盟友包括这些族群：达尔达诺斯人⑩、佩拉斯戈斯人⑪、色雷斯人⑫、派奥尼亚人⑬、帕佛拉贡人⑭、密西亚人⑮、弗里基亚人⑯、卡里亚人⑰、吕西亚人⑱，等等。居住在北非的族群主要包括埃及人、利比亚人，以及埃塞俄比亚人⑲。可以看出，荷马的"东方"指向了地中海东部世界的部落与族群，它是一个族群

---

① Homer, with English translated by A. T. Murray, revised by William F. Wyatt. *Iliad*. London: Harvard University Press, 1999, 2.816-877. 本章下引用《伊利亚特》各处同此，不再一一标明。

② Homer, *Iliad*. 6.291,23.743; Homer, *Odyssey*. 4.84, 4.618, 15.118,15,425.

③ Homer, with an English translation by A. T. Murray, revised by George E. Dimock, *Odyssey*. Cambridge: Harvard University Press, 1995, 24.307. 本章下引用《奥德赛》各处同此，不再一一标明。

④ Homer, *Odyssey*. 3.300,4.83,4.127,4.229,4,351,4.355,4.385,14.263,14.275,14.286,17.426,17.432,14.448.

⑤ Homer, *Iliad*. 23.744; Homer, *Odyssey*. 4.83,13.272,14.288,14.291,15.415,15.417,15.419,15.473.

⑥ Homer, *Iliad*. 9.129,9.271,9.664,24.544; Homer, *Odyssey*. 3.169,4.342,17.133.

⑦ Homer, *Odyssey*. 4.85,14.295.

⑧ Homer, *Iliad*. 14.226; Homer, *Odyssey*. 5.50.

⑨ Homer, *Odyssey*. 4.83,8.362,17.442-443,17.448.

⑩ Homer, *Iliad*. 2.701, 7.366, 15.486, 16.807, 20.215, 20.304.

⑪ Homer, *Iliad*. 2.681, 6.840, 10.429, 17.288.

⑫ Homer, *Iliad*. 2.591, 2.844, 4.519, 9.5, 10.434, 10.464.

⑬ Homer, *Iliad*. 2.848, 10.428, 16.287, 291, 21.211.

⑭ Homer, *Odyssey*. 2.851, 5.577, 13.656,661.

⑮ Homer, *Iliad*. 2.858, 10.430, 13.5, 14.512, 24.278.

⑯ Homer, *Iliad*. 2.862, 10.431.

⑰ Homer, *Iliad*. 2.867, 10.428.

⑱ Homer, *Iliad*. 2.876, 11.284,16.542, 16.673, 17.172.

⑲ 从现代意义上的地理学概念而言，埃塞俄比亚并不属于北非，它是中部非洲的一个国家。但在荷马史诗中，埃塞俄比亚位于大地的东西两隅，为东方世界的一个部落。具体描述参见 Homer, *Iliad*. 1.423,23,206; Homer, *Odyssey*. 1.22-23,4.84,5.287.

共同体，而不是政治地理学意义上的"东方"。荷马并未将这些异域的部落与族群称为"东方人"或蛮族，而是将其看作独立于希腊而存在的实体。从这个层面而言，荷马脑中并无关于"东方"的概念，只有关于外邦人的具体认知。就荷马的表述而言，外邦人尤其是特洛伊人与希腊人之间似乎没有语言界限，因为他们的首领与兵士皆可在战场上相互对话，甚至赫克托耳与阿喀琉斯在决战前还直接交谈过。

可以判断，荷马的"东方"主要由两部分构成：河流、山川与族群，前者包括广阔的地理区域，后者则指向具体的族群。作为地理因素的"东方"，它在希腊本土之外，拥有肥沃的土地、奔腾的河流、险峻的山峰，以及防守严密的城邦。作为族群共同体的"东方"，它是那些居住在希腊之外的外邦人，那些人性格各异，却能够自由交谈，不受语言限制。在荷马史诗中，不论是河流、山川抑或族群，它们均不是"东方"或"东方"的代称，它们代表了自身，代表了一种独立的存在体。因此，荷马的"东方"并非是现代文化与语言层面的"东方"，而是认知概念上的"东方"，即关于异域地理空间与族群的具体表述与感知。因此，荷马的"东方"是具体而直观的，它不是一个抽象的概念，而是一个由河流、山川与族群共同组成的异域世界。当然，这个世界有别于希腊，它有着自身的鲜明特征，并由特殊的因素建构而成。

第二节　荷马"东方"世界的建构因素

构成荷马"东方"意象的要素有多种，其中最为重要的叙述性因素就是黄金。《伊利亚特》中频繁出现了"黄金"这个语词，而关于黄金的表述多半与特洛伊及其盟友相关。当阿波罗的大祭司克吕塞斯向阿伽门农请求赎回女儿布里塞伊斯时，他"随身带来无数的赎礼，手中的金杖举着远射神阿波罗的花冠，向全体阿开奥斯人，特别向阿特柔斯的两个儿子、士兵的统帅祈求"[1]。特洛伊王子赫克托耳死后，骨殖被成殓在黄金坛中。[2]色雷斯人的国王瑞索斯的"战车镶嵌着金银，装饰得非常精美，他的铠甲重得令人惊诧"[3]。遍地黄金的特洛伊某

---

① Homer, *Iliad*. Book 1, Lines 13-16.

② Homer, *Iliad*. Book 24, Lines 795.

③ Homer, *Iliad*. Book 10, Lines 438-439.

种程度上成为荷马笔下英雄与普通兵士向往的淘金国度，他们渴望通过战争获得黄金。这样的观念是如此普遍，以至于一名普通的希腊士兵特尔西特斯都知道这样的事实，他责问阿伽门农王："你是否缺少黄金，希望驯马的特洛伊人把黄金从伊利昂给你带来赎取儿子？"①从中可以明显看出，"东方"的黄金是如此之多，它吸引了无数的希腊人前往淘金。所谓的淘金主要通过两种途径进行，一是在战场上抢夺敌方身上的金子，二是接受战俘家属的黄金而放回俘虏。荷马史诗中不乏这样的例子，不妨援引一二。特洛伊联盟国的卡里亚人首领那斯特斯将金子带到了战场上，他"一身金饰，宛如少女，他真是愚蠢；他的黄金并没有使他免遭悲惨的毁灭，埃阿科斯的孙子把他杀死在河里，英勇的阿喀琉斯抢走了他的黄金"②。甚至当特洛伊兵士在战场上面临死亡时，他们也试图用金子换得活命。特洛伊传令官欧墨得斯的儿子多隆这样央求希腊人："你们活捉我吧，我将为自己赎身，我家里储有铜块、黄金和精炼的灰铁，我父亲会用它们来向你们献上无数的礼物，要是他听说我被生擒在阿开奥斯的船里。"③《马可波罗行纪》中描述了一个黄金遍地的"东方"世界，可汗的王宫、日用器皿、境内臣民所用器皿、宗教神庙等等④，皆用金子建造。较之于马可波罗，荷马对"东方"世界黄金的表述多半集中在武器装备方面，尽管其叙述层面不及马可波罗全面，但却建构了一幅富有的"东方"的黄金图景，一个金光灿灿的"东方"世界由此生成。该图景对于荷马时代的希腊人而言，无疑具有极大的诱惑力。

除了黄金之外，马匹是荷马史诗建构"东方"世界的另外一种叙述性元素。荷马经常使用"驯马的特洛伊人"这一短语来指称特洛伊人。事实上，"驯马的特洛伊人"已经成为荷马史诗的套语，荷马借此来描述特洛伊盛产马匹这一事实。⑤特洛伊人及其盟友皆擅长骑射，"东方"世界因此成为骑马民族的天下。关于这一点，荷马的叙述更具情节性，他将马匹置于一种神圣的语境下加以描写，强调了特洛伊及其盟友盛产马匹这一事实。当然，荷马笔下的"东方"并非只

① Homer, *Iliad*. Book 2, Lines 229-230.

② Homer, *Iliad*. Book 2, Lines 872-875.

③ Homer, *Iliad*. Book 10，Lines 378-381.

④ 相关表述参见［意］马可波罗：《马可波罗行纪》，冯承钧译，上海书店出版社，2001年，第219、295、308、311、355页。

⑤ 为强调特洛伊马匹的神圣起源，荷马还讲述了这样一个故事：宙斯看中了特洛伊王子伽倪墨得斯，将其带入奥林匹斯天界。为了补偿这一事实，宙斯将两匹神马赠给伽倪墨得斯的父亲特罗斯。安基塞斯后来背着特洛伊国王拉俄墨冬将神马与牝马交配，牝马生出六匹单蹄神马。相关表述参见 Homer, *Iliad*. Book 5, Lines 265-270.

有黄金与马匹，它还盛产各种各样的物品。这里有阿吕柏的银子①，西顿的彩色纺织品②，卡里亚的象牙③，埃塞俄比亚的美食④等等。这些东西皆为荷马时代希腊人渴望的奢侈品，盛产这些物品的"东方"世界某种程度上成为人间宝地，激起了希腊人无限的幻想。看上去就是，荷马笔下的"东方"是一个黄金遍地、珠宫贝阙的人间天堂，这里的王公贵族佩紫怀黄，衣马轻肥，过着神仙一样的逍遥生活。

只不过，荷马眼中的"东方"是一个具有双重性质的异域世界，它一方面盛产希腊人向往的财富，另一方面也存在与希腊迥然有别的价值观和生活方式。看上去就是，荷马在《伊利亚特》中并无偏袒希腊人或特洛伊人的倾向，但仔细分析便可明白，这仅仅是一种表象。实际上，荷马在《伊利亚特》中以叙述的方式表达了对特洛伊的文化偏见。这种偏见首先体现在特洛伊国王拉俄墨冬身上。作为特洛伊人的先祖，拉俄墨冬先是失信于阿波罗与波塞冬，拒绝向两位神明支付先前早就承诺的修建特洛伊城墙的报酬。⑤后来，拉俄墨冬再度食言，不肯将神马交给希腊英雄赫拉克勒斯。⑥可以看出，荷马笔下的特洛伊国王拉俄墨冬是一个贪婪而背信弃义的骗子，根本不是一位合格的国王。除此之外，特洛伊的国王还过着一种妻妾成群的靡烂生活，国王普里阿摩斯甚至有 50 个儿子和许多女儿，另外还有一个私生子。⑦作为王子的帕里斯相貌俊美，却胆怯而好色，是典型的花花公子，在战场上面对海伦的丈夫墨涅拉俄斯时，手脚颤抖，脸色发白，退躲到特洛伊队伍中间。⑧还有一些特洛伊将领，譬如阿德瑞斯托斯与

---

① Homer, *Iliad*. 2.857.

② Homer, *Iliad*. 6.289.

③ Homer, *Iliad*. 4.142.

④ Homer, *Iliad*. 1.423-424, 23.206-207.

⑤ 阿波罗与波塞冬因触犯天条，被宙斯流放到人间。他们来到特洛伊，看到国王拉俄墨冬正在召集人马修建特洛伊城墙，于是前去应征。经宙斯同意，波塞冬为拉俄墨冬修建城墙，阿波罗为拉俄墨冬放养畜群。但当工期结束时，拉俄墨冬却拒绝支付工钱，将阿波罗与波塞冬赶出特洛伊，并扬言要割掉他们的耳朵。相关表述参见 Homer, *Iliad*. 7.452, 21.441-457.

⑥ 波塞冬因记恨拉俄墨冬不讲信用，于是派出一头海怪祸害特洛伊作为报复。拉俄墨冬的女儿赫西奥涅最后面临被海怪吃掉的危险，此时恰逢英雄赫拉克勒斯路过，拉俄墨冬请求赫拉克勒斯救出女儿，并答应将宙斯赠送的神马送给赫拉克勒斯。但最后当赫拉克勒斯救出赫西奥涅后，拉俄墨冬却不肯将神马交出。相关表述参见 Homer, *Iliad*. 5.639-651.

⑦ 普里阿摩斯的宫殿青铜铺设，雕梁画柱，无比精美。他与多名妻妾先后生出了 50 个儿子和许多女儿。他所有的儿子和已经出嫁的 12 个女儿都住在宫殿中。另外，普里阿摩斯还有一个私生子德摩科昂。相关表述参见 Homer, *Iliad*. 5.639-651. Homer, *Iliad*. 4.499.6, 7.112, 7.241-250.

⑧ Homer, *Iliad*. 3.30-37.

多隆，在战场上贪生怕死，祈求希腊兵士活捉他们，让家人以重金赎回。[①]贪婪且出尔反尔的国王拉俄墨冬，妻妾成群、儿女成行的国王普里阿摩斯，好色而胆怯的王子帕里斯，贪生怕死的将领阿德瑞斯托斯，所有这些叙述性因素共同建构了一个迥异于希腊的特洛伊。这个特洛伊世界是东方式的，但未必是属于"东方"的，它是荷马的话语制造出来的。因为特洛伊世界的王族形象基本为负面形象，其行为与价值观皆有别于希腊文化，是地道的他者形象。"他者形象不可避免地同样要表现出对他者的否定，对我自身、对我自己所处空间的补充和外延。我想言说他者（最常见的是由于专断和复杂的原因），但在言说他者时，我却否认了他，而言说了自我。"[②]通过上述分析可知，荷马笔下的"东方"具有双重属性：一方面，它物产丰富，黄金遍地，到处都是希腊人梦想的财富；另一方面，它迥异于希腊世界，这里的王族贪婪成性，言而无信，好色而懦弱，部分将领贪生怕死，等等。从本质上说，此种异国图景的叙述是乌托邦式的，它强调"东方"世界与希腊世界的相异性，是希腊文化对于"东方"文化的集体想象物。因此，荷马对于"东方"的态度是摇摆不定的，一方面，他对于地大物博的"东方"具有狂热的向往之情；另一方面，他却担心那里的文化不同于希腊文化，人们的品性因而与希腊人大相径庭，荷马因此非常憎恶"东方"。也就是说，荷马关于"东方"的态度是游离不定的——介于渴望与憎恶之间，有时一种态度占据上风，有时又是另外一种。

---

① Homer, *Iliad*. 6.45-50; 10.378-381.

② ［法］达尼埃尔-亨利·巴柔：《从文化形象到集体想象物》，孟华译，见孟华主编：《比较文学形象学》，北京大学出版社，2001年，第123—124页。

第三节 荷马"东方"形象的生成语境

那么，为何荷马史诗会对"东方"做如此描述？要回答这个问题，必须回到荷马史诗的生成语境，对其做客观考察。毕竟，荷马史诗的形成受制于特定的社会历史情境，"东方"形象的塑造离不开既定社会的现实诉求。

尽管"荷马问题"[①]至今依然存在诸多争论，但学者们关于荷马史诗的生成时间却达成了一种共识：荷马史诗形成于公元前8世纪中期，至少不会晚于公元前7世纪前半期。众所周知，公元前8世纪的希腊已经结束了长达数百年的"黑暗时代"，开始步入城邦时代。"公元前8世纪初期前后，无论海外或本土诸邦，政体大体上掌握在贵族阶级手里，政制是寡头专政。"[②]这就意味着，此时的希腊政权被少数贵族掌握，国家权力因而被贵族阶级操控。"几乎所有情况下，权力的实施都需要某种形式的正当性证明。"[③]少数掌握了政治权力的贵族需要彰显其享有的社会特权，就要通过一种特殊的途径来展示其高贵身份。作为一种具有双重属性的金属——黄金恰好满足了统治者的这种诉求。首先，作为财富的黄金是统治阶级维护其地位的东西，因为"文明所赖以产生的基础——财富，其本身是政权集中的产物，而政权的掌握又是通过财富的积累而得以实现的"[④]。其次，作为声

图 10-1　古埃及木棺图绘鸟女神像，摄于慕尼黑古典博物馆

---

① "荷马问题"主要包括：荷马的身份、生卒年代，荷马史诗的起源、编纂、发展、书写形式，以及史诗的创作过程，等等。

② 顾准：《希腊城邦制度——读希腊史笔记》，中国社会科学出版社，1982年，第101页。

③ ［美］戴维·斯沃茨：《文化与权力——布尔迪厄的社会学》，陶东风译，上海译文出版社，2006年，第102页。

④ ［美］张光直：《古代中国考古学》，印群译，辽宁教育出版社，2002年，第445页。

威符号，黄金象征着权力与至高无上的政治地位，因而彰显了统治者身份的高贵。早在米诺文明时期，黄金就作为一种特殊的王权象征符号被使用，黄金戒指是君王建构其权力意识形态的工具，米诺国王向那些值得信赖与重视的臣子颁发黄金戒指。虽然公元前8世纪中期的希腊政权已经不再是神权政治，但掌握了国家权力的贵族依然要借助黄金这种特殊的金属来确立身份与地位。因此，希腊本土对黄金的需求就极为迫切，不幸的是，希腊本土并不盛产黄金。盛产黄金的地方在"东方"世界，尤其是非洲。希腊人要获取黄金，只有通过抢劫或者贸易这两种途径。因此，我们便可理解荷马为何要将"东方"表述为一个黄金遍地的富庶之乡了：一方面，因为这些地方确实产黄金；更为重要的是，黄金是统治者梦寐以求的东西，关于黄金的描写能够激起统治者向这些地方殖民扩张的兴趣，从而满足他们占有黄金的欲望。

在希腊历史上，大规模的人口迁移时有发生，大批希腊人从希腊本土和小亚细亚出发，到地中海东岸建立殖民地。"世界通史把希腊殖民大体区分为两类，即公元前775—前675年间的早期农业殖民和公元前675—前600年间的商业殖民。"①早期的农业殖民多半是希腊农民为躲避不堪承受的债务而到地中海东岸寻找活路，迁移的希腊人渴望到地中海东岸寻找黄金、白银、象牙、丝织品之类的奢侈品，改变窘迫的生活状态。"也许是出于偶然，希腊人于公元前8世纪在墨西拿海峡之外安置的第一个了望站其实就是一个通向伊特鲁里亚海及其金属矿产的前沿阵地。……吕底亚和埃及的黄金，西班牙的白合金以及黄铜无疑也都是希腊或其他国家的早期殖民者远征所考虑的因素之一。"②最初的荷马史诗并非是书写形式的，而是以口头传唱的方式在希腊民间流传，其受众多半为底层民众。荷马史诗中关于"东方"盛产黄金等物产的描述无疑在某种程度上折射了希腊民众到"东方"世界寻找财富的心理，同时激发了希腊民众对"东方"世界的向往之情。

"在19世纪早期现代希腊国家建立之前，与其说'希腊'（Hellas）是一个严格的政治实体，不如说她是一个文化范畴，有点像中世纪所谓的'基督教区'，或现在我们说的'阿拉伯世界'。这个文化范畴是被共同的血统（有些地方是真正的，有些地方是杜撰的）、共同的语言（所有不说希腊语的都被称做野蛮人，

---

① ［法］费尔南·布罗代尔：《地中海考古——史前史和古代史》，蒋明炜、吕华、曹青林、刘驯刚译，社会科学文献出版社，2005年，第184页。

② ［法］费尔南·布罗代尔：《地中海考古——史前史和古代史》，蒋明炜、吕华、曹青林、刘驯刚译，社会科学文献出版社，2005年，第188页。

因为他们的语言听起来都像是叽里咕噜的胡言乱语）以及共同的风俗习惯（不仅仅是那些相同的宗教仪式）所界定的。"①在这种文化语境下，地中海东岸的族群被视为他者，与希腊人格格不入。正是基于对他者的文化偏见，亚里士多德甚至在其《政治学》中将欧洲人与亚洲人视为希腊人的对立面。他从环境决定论的视角发表言论："在寒冷地带居住的人群和欧洲各族的居民都生命力旺盛，但在思想和技术方面则较为缺乏，所以他们大都过着自由散漫的生活，没有什么政体组织，也缺乏统治邻人的能力。亚细亚的居民较为聪颖而且精于技巧，但在灵魂方面则惰性过重，故大多受人统治和奴役。至于希腊各族，正如位于这些地方的中间地带一样，兼具了二者的特性。因为希腊人既生命力旺盛又富于思想，所以既保持了自由的生活又孕育出了最优良的政体，并且只要能形成一个政体，它就具有统治一切民族的能力。"②

众所周知，亚里士多德是马其顿王国亚历山大大帝的家庭教师。对雄心勃勃的帝国主义者而言，此种关于他者的文化成见是一种极为有用的意识形态工具，因为它证明了希腊人有能力统治他族的合理性。但亚里士多德并非是对"东方"形象持偏见的始作俑者，荷马关于"东方"的表述更加久远。较之于亚里士多德，荷马关于"东方"贵族尤其是王族的叙述更富文化歧视意味，因为他将这部分"东方人"表述为一群贪得无厌、出尔反尔、好色而怯懦的贵族。很难说这种文本所制造的形象会给民众带来何种感受，但有一点却非常明确，那就是，在荷马看来，"东方人"没有希腊人高尚，他们不配拥有"东方"世界富饶的资源。言外之意非常明显，只有希腊人才配享有"东方"的黄金、白银、骏马，以及纺织品等资源。

由上述分析可知，荷马"东方"形象的塑造是基于两种缘由进行的：一方面，殖民时代的希腊统治者需要大量黄金、白银等金属建构意识形态，普通民众则渴望到物产丰富的"东方"获取财富摆脱贫困状态；另一方面，文化意识中固有的"我族中心主义"意识使得荷马将"东方"妖魔化或丑化，从而制造出了具有负面色彩的"东方人"形象。换言之，地中海东岸物产丰富的事实，希腊本土对于这些物质极度渴求的现实诉求，以及荷马本人固有的种族偏见，所

①［英］保罗·卡特里奇主编：《剑桥插图古希腊史》，郭小凌、张俊、叶梅斌、郭强译，山东画报出版社，2005年，第6页。

②［古希腊］亚里士多德：《政治学》（1327b: 22-34），颜一、秦典华译，见苗力田主编：《亚里士多德全集》第9卷，中国人民大学出版社，1994年，第243—244页。

有这些因素共同催生了荷马史诗中的"东方"形象。这种有条不紊对他者进行表述的行为看似无心,其实是有意为之。它为公元前 750 到前 650 年这一个世纪——即荷马时代的希腊殖民制造了一种乌托邦式的"东方"图景,继而为希腊的海外殖民提供了合法性:物产丰富的地中海东岸世界应当由希腊人来统治,那些品质低下的"东方人"不配拥有这片土地。显然,荷马史诗在此建构了一种殖民思想,一种特定时期统治者和普通民众共享的意识形态。

第四节　作为原型编码的意识形态

荷马的"东方"具有双重属性:一方面,它粟陈贯朽,是希腊人梦想的财富之乡;另一方面,它臭名昭著,为希腊人所鄙夷。荷马的"东方"形象并非是对现实世界的再现,而是荷马建构的一种镜像。从根本上说,荷马的"东方"并非是基于地中海东岸现实世界的描述,而是基于希腊社会现实诉求的一种叙事。在这种叙事框架中,"东方"黄金遍地,却处于文明的边缘,希腊物产贫瘠,却是文明的中心。从本质上说,荷马的"东方"是意识形态与乌托邦共同作用的结果,折射了希腊人对"东方"向往而又憎恶的双重心态。

作为意识形态的"东方"形象,它具有整合功用。也就是说,荷马的"东方"并非是地中海东岸世界的真实再现,

图 10-2 《阿伽门农之墓》一书封面的迈锡尼出土黄金面具

而是意识形态将该地区不同于希腊文化的一面重新加以整合而成的新形象。具体说来就是,荷马将地中海东岸世界物产丰富这一事实加以调整,根据希腊文化关于他者的片面认知和希腊社会迫切需要海外殖民的现实诉求,将其塑造成一个金银遍地、物产丰富的人间天堂。这种形象的再塑造某种程度上反映了荷

马时代希腊人内心深处对于"东方"的财富的渴望，以及到"东方"殖民的冲动。就在重新表述"东方"的过程中，荷马将希腊人对于黄金和奢侈品的迫切追求与一个过度繁华的"东方"世界和谐地组合在一起，从而塑造了一个乌托邦化的"东方"世界。同时，作为乌托邦，荷马的"东方"形象明显暴露了"东方人"尤其是统治者品性中低劣的部分——言而无信、好色、贪婪、软弱，以此凸显希腊人的好品性，诸如一诺千金、坐怀不乱、出生入死等等。荷马史诗关于"东方人"品性的叙事实际上是将希腊人的价值观投射在他者身上，通过消解作为文化他者的"东方人"，清除希腊文化中有害的观念，最终起到净化希腊价值观的作用。因此，作为意识形态与乌托邦共同平衡作用的产物，荷马的"东方"神话实际上起到了将殖民意识形态叙事化的作用，最终成为"东方化"时期希腊帝国意识形态的一个组成部分。

通过对荷马的"东方"的剖析，我们可以发现，尽管在大多数情况下，原型编码是一种神话概念，往后的图像、器物、文字和文学创作都是这个概念的置换变形。但这个原型编码也可以是一个形成于某个特殊阶段、特殊地理环境中的意识形态概念，由此，编码的倒推成为对意识形态的考古。荷马史诗使当时希腊人对东方财富的贪婪向往，以及对他们以为的东方低劣民族的傲慢一览无遗。如果对于荷马史诗只是就事论事地理解，而不站在希腊人中心论的角度看，那么读者就无法感知到意识形态对于形成叙事文本的强大内驱力，自然也就无法在荷马的"东方"中找出欲望的形象。

（王倩）

第十一章 乞桥·乞巧·鹊桥

——七夕神话的天桥仪式原型

第一节 七夕神话的多级编码辨析

运用文化文本的多级编码理论和大小传统再划分视角①,对流行于甘肃陇南的乞巧仪式活动做深度的历史性审视,可以得出对中国七夕神话礼仪的新认识,即史前文化的一级编码——祭神的乞桥(启桥)仪式,父权制文明的二级编码——人向神乞巧和三级编码——引渡织女与牛郎相会的鹊桥。兹分述如下:

七夕神话一级编码在现在社会中的主要遗留形态,表现在陇南地区的民间习俗中,就是织女独在而无牛郎的乞巧仪式。甘肃乞巧仪式活动还以活化石的形式直接显现出其原型结构——天神降临型的请神仪式。

甘肃省西和县民俗学者杨克栋收集的乞巧歌中的"祈神祭祀类歌词",第一首题为《搭桥歌》,全文如下:

> 三张黄表一刀纸,
>
> 我给巧娘娘搭桥子。
>
> 三刀黄表一对蜡,
>
> 手襻的红绳把桥搭。
>
> 巧娘娘穿的绣花鞋,
>
> 天桥那边走着来。
>
> 巧娘娘穿的高跟鞋,
>
> 天桥那边游着来。
>
> 巧娘娘穿的缎子鞋,

---

① 关于文化的多级编码理论,参看叶舒宪:《文化文本的 N 级编码论——从"大传统"到"小传统"的整体解读方略》,载《百色学院学报》2013 年第 1 期;夏陆然:《一以贯之的神话——"N级编码系统理论"的评述与思考》,载《百色学院学报》2013 年第 1 期。关于大小传统再划分,参看本书第一章。

仙女把你送着来。

巧娘娘穿的云子（云形图案）鞋，

登云驾雾虚空（天空）来。

巧娘娘，香叶的，

我把巧娘娘请下凡。①

本歌词的题目与主旨都体现了搭天桥这一神话想象的内容，同时也代表着七天八夜的节日活动始于以临时性天桥的出现为标志的人神沟通。歌词中给出的核心象征也是乞巧节礼俗活动的核心象征——"手襻的红绳"。这种红绳能够把想象中虚构的织女从天界接引到人间，构成乞巧节全部仪式行为的神话想象基础。

西和乞巧仪式从六月三十日晚开始至七月初七晚结束，共历时七天八夜，世所罕见。仪式全程分为十二项程式，分别是：手襻搭桥、迎巧、祭巧、唱巧、跳麻姐姐、相互拜巧、祈神迎水、针线卜巧、巧饭会餐、供馔、照瓣卜巧、送巧。②在这十二项程式的名目中，以"巧"字命名的有迎巧、祭巧、唱巧、拜巧、针线卜巧、巧饭会餐、照瓣卜巧、送巧，一共八种，占了十二项的大多数，好像整个风俗仪式活动的主旨就在于一个"巧"字。更深入的分析则表明，以"巧"为主题的名目虽多，却都被包装在以"桥"主题为核心的仪式框架结构中：如位列十二项程序之首的一项叫"手襻搭桥"，最后一项叫"送巧"，送巧实际上还是重复七天之前的手襻搭桥，让织女能够上天桥回到天界。换言之，乞巧仪式以天桥接引织女下凡为开端，又以天桥送织女上天为结束。

把西和乞巧节礼仪和屈原的《九歌》以及湘西鄂西土家族傩祭仪式相比较，可以发现，其先请神下凡最后再送神回归天界的仪式结构如出一辙。天桥的神话母题源于祭神礼仪的结构要素。乞巧这种源于祭神礼仪活动的民俗节庆，给沟通天地与人神的祭祀需求披上歌舞表演的外衣，在大多数地方已经脱离了宗教信仰，好像是纯粹世俗的初秋民间节日了。西和县乞巧节的搭天桥、制巧（制作纸质的巧娘娘偶像）、迎神、祭拜、供奉、神灵附体的跳麻姐姐、反复占卜等礼仪活动内核③，让今人通过活化石的方式看到七夕礼俗背后的大传统要素，即女性社会群体对独立存在的女神祭拜活动全过程，其中既没有男神的陪衬或陪祭，一般也不需要男性成员参加，这完全是男性中心主义的父权制宗教意识形

---

① 杨克栋整理：《仇池乞巧风俗录》，西和县文联印制，内部资料，第55—56页。

② 杨克栋整理：《仇池乞巧风俗录》，西和县文联印制，内部资料，第15页。

③ 参看雷海峰主编：《西和乞巧风俗志》，内部资料本，2007年，第38—67页。

态出现之前，史前女神文明①时代的神话风俗的遗留形态。据此可知，西河乞巧节礼俗属于残存在父权制社会中的前父权制宗教和礼俗的罕见遗迹，其以女神为中心的神话想象和仪式活动，大体上见证着来自史前期的大传统文化余脉。在其中，直接来自大传统的天桥神话观与女神神话观的相互交织，构成七夕信仰实践活动的原型编码，即一级编码。

采用国内文学人类学派提出的、并处在应用实践中的知识考古学的分层次透视分析法，可以大体认识到甘肃陇南地区七夕乞巧神话仪式综合体的发生和演变过程，分别找出其原生意蕴（底层）、次生意蕴（中层）和派生意蕴（表层），重建各种意蕴的历史生成程序。简单概括地讲，七夕乞巧的原生意蕴在于"乞桥"，即人间女子祈求与天界女神相沟通的桥梁，亦即女神从天界下凡的天桥，和青年女子祈求智慧与生活技巧并没有太大关系。

从七夕节原生性的意蕴"乞桥"祭神，到次生性的"乞巧"给人，后者是史前祭祀女神的文化大传统在进入文字小传统之后，根据汉字的谐音原理派生出来的再联想内容，从文化编码程序上看属于大传统要素在文字小传统中的再编码即二级编码。在"桥"与"巧"之间发生的这种目标转换，相当于从神到人的转换，即从人请神下凡到神赐福于人的转换。二者的逻辑关系就出自于祭神仪式的结构和功能的对应本身。

至于在中国多数地区突出表达的七夕节为织女牛郎相配对的恋爱主题，与陇南乞巧节的神人同庆的女儿节模式相比，则显然属于更晚些的文化发明，尤其为古代文人们所津津乐道，可视为父权制社会一夫一妻家庭观念的三级编码。由于后人大都生活在父权制一夫一妻的社会环境中，三级编码的七夕爱情神话后来居上，成为流传最广、影响最大的风俗观念。在国内多数地区，民间在早已无从分辨古今的情况下，就将最流行的爱情神话默认为七夕神话的正宗原版主题了。唐代大诗人白居易《长恨歌》中的名句"七月七日长生殿，夜半无人私语时。在天愿作比翼鸟，在地愿为连理枝"足以将牛郎织女故事表现人间爱情题材的非常魅力体现无遗。生活在后《长恨歌》时代的知识人，确实很难分辨七夕的情爱色调渲染背后之乞桥和乞巧的真相，伟大文学作品发明传统的力量，于此可以得到生动的体现。

有关七夕节日仪式的想象发端，建立在具有双关意义的天桥神话上。天桥，

①关于史前女神文明的研究，参看叶舒宪：《千面女神》，上海社会科学院出版社，2004年，"导论"部分。

既是跨越阻隔在织女与牛郎间的天河之桥，也是跨越天地之间的界限，实现人神沟通的天桥。七夕节的宗教礼仪背景和原型基础就此和盘托出。仪式为什么要选择在七月初七呢？原因在于此时天上的星象变化能够给出明确的搭桥神话想象之信号——横跨在天汉之上的鹊桥，给隔河相望的织女星和牵牛星提供了年度交通的机会。天汉上的鹊桥虽然纯属神话想象的意象，但是根据天人合一的神话逻辑，地上的人间方面也由此得到搭建重新沟通天地之天桥的时间信号——天上的鹊桥一旦出现，那当然也是人间搭天桥请神下凡的大好机会。至于为什么这个时候的人神沟通没有让陇南社会中的男性唱主角，反倒让女性唱主角，成为名副其实的"女儿节"，其中的深层原因还是来自先民的神话宇宙观，属于天人合一对应思维的选择产物，留待下文继续探讨。

观察礼县、西和县两地的乞巧节仪式，一个十分明显的事实是，仪式的开始和结束都紧紧围绕着搭天桥这个核心象征进行。众多的乞巧歌，内容虽然五花八门，但是结尾处的副歌歌词却万变不离其宗，只有两种。

或曰：

> 巧娘娘，下云端，我把巧娘娘请下凡。

或曰：

> 巧娘娘，上云端，我把我巧娘娘送上天。

下凡和上天，一下一上，均指织女女神降临人间的神话情节，完全符合拜神仪式上的先迎神与后送神之程序。问题是巧娘娘一下一上的神话情节，都要借助神话中的交通工具——天桥。这里的天桥意象也具有双关语义，一是指织女在天上先过的天河的桥，二是指织女从天上降下人间的桥。《西和乞巧歌》"颂"部分的"坐神迎巧篇"第四首云：

> 三刀表纸一对蜡，
> 我用手襻把桥搭。
> 巧娘娘穿的绣花鞋，
> 天河那边走着来。
> 一对鸭子一对鹅，
> 我把巧娘娘接过河。
> 一根香，两根香，
> 我把巧娘娘接进庄。[①]

---

① 赵子贤编：《西和乞巧歌》，香港银河出版社，2010年，第94页。

如前所述，织女的祭拜者用手襻搭天桥，是乞巧节仪式开端和收尾的双重功能意象，成为该祭祀礼仪的框架结构要素。从注解中得知："手襻：西和一带五月端阳节除小孩子带荷包之外，男女孩子还要在手腕上戴五色丝线搓成的花手襻，戴到七夕节脱去。女孩子的手襻在送巧时一起脱去，挽结起来，拉在河两岸，象征性地搭桥。有的地方在迎巧时也用来搭桥。"[①] 前后两次用手襻搭天桥的仪式象征因此成为考察七夕乞巧仪式整体的关键点。

第二节　天桥神话的史前大传统深度求证

只要能够在史前时代找到类似的天桥神话的证明，则乞巧节之前身为乞桥（启桥）礼仪的推测就可得到实际的验证。具体的求证需两个步骤。

第一步，从当代看到的手襻象征天桥，上推到汉字起源的商代甲骨文形态，从中找出"彩虹象征天桥"的"虹"字，看其双头龙下凡喝水的神话叙事形象特征，理解初民的神话想象逻辑：彩虹出现在天下雨之后，意味着天上的水大量流失后，天神口渴了，化作双头龙从天上降到地上来喝水。甲骨文"虹"字呈现为双头龙一身，张开大口向下喝水的"虹桥"形状，绝非偶然。再看西和县乞巧节上手襻所用的五彩丝线，追溯其古老原型，当为五彩彩虹，这样就从彩虹神话母题与仪式象征的意义上，把握住了神话思维类比逻辑的统一性。

第二步，从呈双头龙形象的甲骨文"虹"字，再度向前文字时代的神话想象世界上溯，找出先于甲骨文时代而出现的双头龙形象原型——玉璜，再通过各

图 11-1　甲骨文中的"虹"字呈现为双头龙下凡喝水的形状

①赵子贤编：《西和乞巧歌》，香港银河出版社，2010年，第96页，注一。

地大量史前文化遗址出土的玉璜形制及其造型特征，说明玉璜象征天桥是目前可知最古老的天桥神话之表象，能够把其发端落实到兴隆洼文化的准玉璜（当代又称"玉弯条形器"），距今足足有8000年之久。而南方的玉璜最早出土于浙江余姚河姆渡文化遗址，距今约7200年左右。明确雕刻为双龙首形象的玉璜，则以辽宁东山嘴红山文化祭坛出土的一件为最早，距今约5000年。[①]总之，以表现为玉礼器的天桥观念为标志看，它们出现在中国版图的时间要比汉字早两千年。史前先民对天桥的神话构想，通过先于文字的玉器符号传播数千年之后，在距今约2700年的西周晋侯墓地，派生出动用200多件玉器组合而成的联璜玉组佩，外加两只玉雕大雁。其仿效飞禽而祈祝佩戴者魂灵升天的意图，通过玉璜天桥加大雁的形象加以表达。比照《西和乞巧歌》中歌唱的天桥与一对鸭子一对鹅同在的情况，可以发现，二者的神话幻想之升天方向与辅助飞禽意象如出一辙。

据赵逵夫教授的研究，织女的原型出自秦人祖先神话中的女祖先女修，乞巧

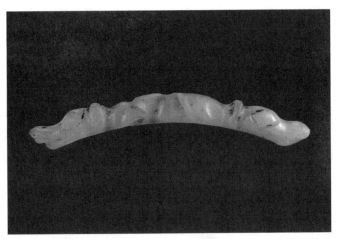

图11-2　象征虹桥的双龙首玉璜，红山文化遗址出土，距今约5000年，辽宁省博物馆

祭礼的祖型当为秦人的祭祖仪式。[②]女修吞玄鸟卵而生大业的秦人鸟图腾神话叙事，反映出秦人先民的女性祖先崇拜同样表现为知母不知父的史前母系社会神

---

①　关于彩虹比喻天桥及龙的神话类比模式，参看叶舒宪：《四重证据法重建中国非物质文化遗产体系——以玉文化和龙文化的大传统研究为例》，载《贵州社会科学》2012年第4期；《龙—虹—璜——天人合一神话与中华认同之根》，载《中华读书报》2012年3月21日。

②　赵逵夫：《汉水、天汉、天水——论织女传说的形成》，载《天水师范学院学报》2006年第6期。

话观念，同时也隐约透露着史前女神文明独尊时代的鸟女神崇拜的影子。至于织女牛郎组合型叙事，反映的是七夕神话的二级编码，已如上文所论。织女牛郎型叙事的文本案例，是父权制社会性别文化的二元对立模式对史前母神独尊时代的意识形态加以再造的结果。

到男尊女卑的观念占据绝对统治地位之后，女性为先为尊的织女牛郎型叙事又要再度置换变形，即出现所谓牛郎织女型爱情叙事，实为七夕神话的三级编码，对应着鹊桥母题的形成。这可视为父权制社会男性为尊女性为卑的价值模式对古老神话礼俗观念再度改制的表现。

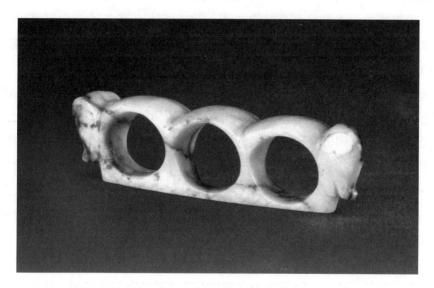

图 11-3　象征虹桥的双熊首三孔玉器，红山文化遗址出土，距今约 5000 年，辽宁省博物馆

第三节　鹊桥与神女：女神文明的回光

春花秋月，是世界诗性文学最常见的歌咏主题。伤春悲秋，则是我们中国文学的一个原型表现传统。就古代文学而言，牛郎与织女的凄婉爱情神话给中华文学的悲秋主题带来了年复一年而历久弥新的动力和生机。下文首先探析鹊桥意象的发生与神女的关系，从另一角度审视女神文明在父权社会中的遗留。

众所周知，织女是以善于纺织为职业特征的女子形象；牛郎是和牛耕联系在一起的农夫形象；华夏农业文明自古就把男耕女织作为和谐社会的理想。不过，当代考古学发现却揭示出：在标准的男耕女织的社会分工模式出现以前很久，史前先民曾经经历过一个"女耕女织"的阶段。也就是说，当社会团体中的男性成员们还在忙着外出打猎时，是留守家园的妇女率先获得了农业种植方面的知识，并且率先掌握了农作物的培育技术。女性发明农业之后相当一段时期，她们都是农业生产的主角。后来男人们才逐渐放弃狩猎活动，加入到农业生产中来。与史前的女耕女织时代相对应，在意识形态中流行的是先于男神的女神宗教和神话。考古学家在整个欧亚大陆各地的发掘表明：一种只供奉和崇拜女神的文明，自2万年前到5000年前曾经普遍存在。这些新的文化发现为考察古代神话提供了前所未有的视角。下面就试解析鹊桥这个母题的由来。

关于鹊桥的记述最早见于汉代文献。《岁时广记》卷二十六引《淮南子》："乌鹊填河成桥而渡织女。"汉代末年的《风俗通义》也说："织女七夕渡河，使鹊为桥。"

汉代的这两种说法有不同之处：一个说乌鹊，另一个说鹊；一个说是乌鹊自愿填河成桥，另一个说是织女让鹊搭桥给自己渡河用。两种说法也有共同点：鹊只与爱情离合故事中的女主人公织女相关，而未与男主人公牛郎发生直接的关联，甚至没有提到牛郎的名字。这一点看似无足轻重，其实却是意味深长的。因为这一点清楚地表明：国人习惯称为"牛郎织女"的故事，本来的真正主角是女性一方，不是男性一方。这和上文中讨论的七夕神话在史前大传统的一级编码为女神对应女儿节的情况相关。

以传承活态的乞巧民俗而著称的甘肃西和县乞巧节为参照，在当地女性参与的乞巧节祭拜礼俗中，只能看到织女的替身巧娘娘受到隆重祭祀，根本见不到男方即牛郎的一点踪影。从这一现实中依然一年一度上演的乞巧节活态神话剧看，汉代文献记载中的七夕神话内容比较接近原生态的叙事：使鹊搭桥填平银河的是织女，亲自走过鹊桥去会情人的还是织女。在这里，男方牛郎似乎只是一个无足轻重的角色，至多也只是一个相对被动的陪衬角色。如果不是织女一方的努力，借助于超自然力，所谓七夕相会也就没有可能了。所以我们需要本着追溯本源的原则，用"织女牛郎"的说法替代父权制社会中改变了性别顺序的"牛郎织女"之说。以这种女性主动的认识为前提，可以进一步从有限的资料背后去探索失落的女神文明之信息。

从古诗所言"乌鹊南飞"就可以知道，鸟雀的规律性出没，其实也是一种季节变换的征兆。诸如"布谷鸣春""春江水暖鸭先知"，就是古人从布谷鸟和鸭子的叫声中听出了春季到来的信号。大雁乃至其他禽鸟飞向南方，传达出秋天来临的物候信息。在七夕的天象中出场的银河与填河的乌鹊，其实都是秋季来临的征兆。这就是神话背后的隐情，值得今天的学人去发掘。

《古今注》卷中说："鹊，一名神女。"

《说郛》卷三十一《奚囊橘柚》云："袁伯文七月六日过高唐，遇雨宿于山家，夜梦女子甚都，自称神女。伯文欲留之，神女曰：'明日当为织女造桥，违命之辱。'伯文惊觉，天已辨色，启窗视之，有群鹊东飞。有一稍小者从窗中飞去，是以名鹊为神女也。"[①]

高唐是著名的古代艳情故事发生地。楚怀王梦遇神女的事件通过宋玉写的《高唐赋》而在文学史上传为尽人皆知的佳话。如果按照以上记载，为牛郎织女搭桥的喜鹊是来自高唐的神女所化成的，那么就可以说高唐神女就是性爱女神的置换化身。正如古希腊神话让阿芙洛狄忒（维纳斯）女神来主管人间性爱之事，中国的高唐神女显然也是为人间的旷夫怨女之结合牵线搭桥的神秘中介角色。[②]高唐神女化身为鹊这个神话情节其实也不是哪一位作者偶然发明出来的，而是遵循着近万年以来的女神宗教信仰的传统——鸟女神的观念[③]。

希腊的阿芙洛狄忒女神的标志是一只鸽子，而在西亚、印度和地中海史前文化和早期文明的考古文物中，鸽头或者鸟头人身的女神形象屡见不鲜。当代女神研究家已经将此类形象上溯到新石器时代的女神宗教。

在古代中国的礼教笼罩下，性爱方面的事情被视为不登大雅之堂的肮脏污秽之事，像高唐神女这样主管性爱的女神也只能以隐形的、隐喻的、半遮半掩的形式在幻梦中出现。所谓高唐梦、阳台梦或者巫山云雨（《红楼梦》写贾宝玉初次性爱经历，用的章回标题就叫"贾宝玉初试云雨情"），都是用神女故事所发生的地点及其气象变化来隐喻表达性爱结合的。这在中国汉族文学史上形成了一种因袭不变的表现传统。隐蔽和隐藏的最终结果是把真实身份隐掉了，真相也就逐渐被后人所遗忘。"鹊桥"这个神话意象，在牛郎织女神话中发挥着沟通银河两岸，使天堑变通途的关键功能，关系到男女主人公是否能够相会，所以是非同小可的。这样的神秘职能又是所有的人间力量和智慧都不可企及的，必然需要借助于超自然力。在史前女神信仰的时代，这类超自然力的代表就是女

① 袁珂、周明编：《中国神话资料萃编》，四川省社会科学院出版社，1985年，第117页。
② 叶舒宪：《高唐神女与维纳斯——中西文化中的爱与美主题》，中国社会科学出版社，1997年。
③ 关于鸟女神观念，参看［美］马丽加·金芭塔丝：《活着的女神》第一章，叶舒宪等译，广西师范大学出版社，2008年。

神，所以由高唐神女化作喜鹊，让大批喜鹊的自我牺牲为织女牛郎相会创造条件，这透露出女神时代特有的神话想象是如何在父权制社会中经过改造而遗留后世的。其结果是女神的身份逐渐被隐去而遭遗忘，剩下的只是女神的化身动物——鹊。女神如何能以自己的超自然神力填平天空上的银河，我们在至今流传于河南民间的口传神话中还可以找到实例：

乌龟变作老人，预先告诉伏羲、女娲兄妹如何藏进他的龟甲之中躲过天塌地陷、洪水滔天的宇宙浩劫。灾难过后，女娲站在伏羲的肩膀上，用兽皮筋缝好了天上的大裂缝（银河），又用五色石子填补上天空中的无数小洞（即星星）。他们兄妹二人居住在玄鼋山的玄鼋洞（又名轩辕洞）内，繁衍后代。上帝因为乌龟老人对人类有救命和再造之恩，特封他当了玄武星座。后人供奉他为玄武真君或玄武大帝。

唐长安城太极宫（隋朝大兴宫）北面的正门叫玄武门，对应北天上的玄武星座，可见古人在地上的建筑是遵循天人合一原则而规划的（绝不像今人胡乱开发，随意建筑）。唐高祖次子李世民于此发动"玄武门之变"（杀死太子李建成），使自己被立为太子，随后登上皇位。唐代长安大明宫北门也叫玄武门。这个玄武门比唐太宗发动兵变的那个还要有名，因为与唐代政治兴废有关的一些重要事变皆与玄武门有关。如唐玄宗李隆基除韦后，唐代宗李豫除张后，皆发难于玄武门。如今很少有人去追究这些名目背后天人合一的星象学知识底蕴吧。

邻邦缅甸有情人星的传说：很久以前，一对要好的青年男女，因为出身贵贱不同，在人间不能结成夫妻，死后变成天上的两颗星星。一个住在日出前的东方天空，一个住在日落后的西方天空，每过三年他们都飞到天空的正中相会。

缅甸情人星的例子表明，用人间男女之间的爱情离合来解说天上星移斗换的变化现象，是各民族神话思维的一种通则。

第四节　星宿与神话结合的奥秘——仪式历法

20世纪初出现过一个人文研究方面的"剑桥学派"，又称"仪式学派"。其基本观点是神话以及以神话为源头的文学实际上产生于仪式。文化人类学对众多的无文字社会的仪式研究，打开了西方知识界重新认识古希腊文学与文化的仪式根源的眼界，拓展出一种从仪式活动来考察宗教、宇宙观的新思考空间。仪式历法，也就在这样的背景中凸现出其贯通古人的知识、神话宇宙观与生活实践的强大铸塑作用。

在人们还没有现成的历书和年历可以翻阅参考的情况下，按照固定的时间周期举行的社会群体的仪式活动就起到了历法规则的作用。对于农业社会来说，最重要的事就是及时把握耕种和收获的农时节奏。所以自从大约一万年前，人类开始学习农耕生产方式，也就同时开始了所谓"观象授时"的节气历法实践。年复一年地观天象以获得时间和时节的信息，使得人们对星象及其变化规律有了非常精细的认识。神话想象的作用又使星象具有了拟人化、人格化或者动物化的表象。不论是中国的织女星、牛郎星，还是西方的大熊星座、猎户座、射手座之类的名目，都是星象在这种神话类比联想作用下的生动表现。

中国文献最早提及牛郎织女的是《诗经·小雅·大东》：

> 维天有汉，监亦有光。跂彼织女，终日七襄。虽则七襄，不成报
> 章。睆彼牵牛，不以服箱。

从这首诗的表现看，二者之间的爱情离合的情节还不清楚，我们只知道他们是银河边的两个拟人化的星座名称。

在六朝殷芸的《小说》中，出现了相对完整的牛女故事：

> 天河之东有织女，天帝之子也。年年机杼劳役，织成云锦天衣，
> 容貌不暇整理。天帝怜其独处，许嫁河西牵牛郎；嫁后遂废织纴。天
> 帝怒，责令归河东，但使一年一度相会。

天河东西的女主人公和男主人公，本来究竟承载着什么样的天文历法意蕴呢？要回答这个问题，需要理解上古天文知识中的二十八宿信仰：

"宿"与"舍"同义，就是停宿、住宿的意思。二十八宿，指的是古人心目中日月五星在天上运行的临时住所。按照东南西北四方来划分，每一方有七个住所，分别叫做东方七宿、南方七宿、西方七宿和北方七宿。与四象和四季相配合，则有东宫苍龙七宿——角、亢、氐、房、心、尾、箕，西宫白虎七宿——奎、娄、胃、昴、毕、觜、参，南宫朱雀七宿——井、鬼、柳、星、张、翼、轸，北宫玄武七宿——斗、牛、女、虚、危、室、壁。虽然这里出现了"牛"和"女"的名称，但是不能将二者等同于牛郎星和织女星。

和牛郎（河鼓二）、织女二星位置最近的是牛宿。牛宿有六星，六星连起来形状如同牛头上长着牛角。女宿四星，形状象箕，附近有十二国星、离珠五星、

败瓜五星、瓠瓜五星等。《诗经·七月》有"七月食瓜，八月断瓠"一说，可知秋季的到来与采摘瓜果葫芦密切相关，由此也可看出"败瓜""瓠瓜"一类星名的农事意蕴所在。虚宿周围有哭星、泣星，听起来就给人不祥之感。因为虚星主秋，包含着万物肃杀的意味。随后的危宿，就更不用说了。有学者认为"危"的名称表明古人在深秋临冬时节内心的不安。危宿之后的"室"和"壁"，似乎都在暗示为了度过寒冬，人们要重点关注给自己挡风避寒的居住之所。

对"七"与"七日"的神秘性体认，关键在于对实践仪式历法的远古时代遗留下来的神秘数字传统的认识。一年之中有两个月的第七天最为重要，而且这两个第七天又巧妙地呈现出规则性的对应，那就是"正月七日为人日"的礼俗[①]和七月七日为七夕乞巧节的礼俗。

人日与七夕的对应处是：二者的时间间隔恰好是半年。一年之中最重要的日子，莫过于春节和秋节。因为远古时期并没有四季观念，只有两季观念。换言之，初民最初不知道夏和冬的概念，夏包含在春之中，冬包含在秋之中。农耕社会春种秋收的生活节奏完全对应吻合着大自然中草木一岁一枯荣的生命循环节奏。

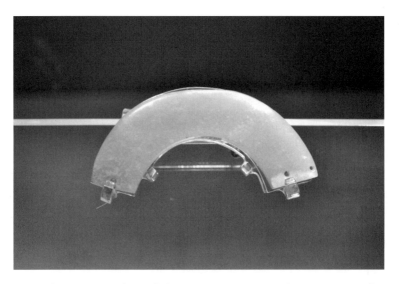

图 11-4　象征虹桥的玉璜，陶寺遗址出土，距今约4200年，摄于山西省博物馆

①　关于人日神话与礼俗的研究，参看叶舒宪：《中国神话哲学》第七章第三节，中国社会科学出版社，1992年。

《诗经·豳风》里还有一首著名的农事诗，题目就是《七月》。为什么反反复复地唱"七月"如何，"八月"或者"九月"又如何，为什么不从其他月份开始唱呢？因为七月是一年之中最重要的季节转换时节，也就是说，古人只知道两个季节的转换，即从春季到秋季的转换。按照初民阴阳消长互动的宇宙哲学，两大季节的变换也就是自然的阴阳两大元素此消彼长的结果。秋季转到春季是由于阳气生长壮大，压倒了阴气；而春季转到秋季则是由于阴气生长壮大，逐渐盖过了阳气。所以古人有一种季节性的性别情绪变动观念，所谓"春女悲，秋士哀"的理念就是如此。在阳气兴盛并压倒阴气的春季，属阳的男性是得其天时的，属阴的女性则是不得天时的；而到了阴盛阳衰的秋季，情况则恰好反过来，是该轮到男性感到悲哀的时候了。古人经常说的"伤春悲秋"，如果仔细辨析的话，显然可以看到微妙的性别差异。

"春日迟迟，采蘩祁祁，女心伤悲，殆及公子同归。"《七月》里所唱的歌词，分明体现出"春女悲"的季节性情绪波动。

为什么七夕乞巧节这样真正属于女性的节日恰好被定在一年内阴气抬头、阳气衰减的初秋时节？我们从仪式历法和阴阳宇宙观的角度去理解，就顺理成章了。

在《诗经》的《氓》中，女主人公拒绝了前来求婚的男子，提出"秋以为期"的要求，看来不是出于偶然吧。在《匏有苦叶》中，女子也明确提出"士如归妻，迨冰未泮"的期限，也就是秋季还没有冰冻的时候。由此可见，秋季为什么成为女性真正的节日。

《荆楚岁时记》是保留古代的仪式历法习俗最重要的一部书，是古人同时重视人日和七夕的见证。新春之际人日的礼俗活动，为的是按照仪式历法精神，来追忆和庆祝开天辟地时的第七日，因为那是创世神话中造人的纪念日。初秋之际的七月七日则是女性的节日，少女的节日。这一天的规定礼俗是乞巧，而乞巧的实质是婚礼上对女方的仪式性考验内容。

"春女悲，秋士哀"，其中隐含着性别情感周期的季节差异现象，其原因是宇宙之间的阴阳两大力量的消长发生了实质性的变化。所以任凭牛郎多么虔诚与忠心，都无法在七夕的阴盛阳衰时节追上在他前面飘然而去的织女吧！

汉字"婚"的造字表象就是一天之中的特殊时刻——黄昏，也就是太阳落入阴间之时。由于这标志着宇宙的阳性力量与阴性力量的结合，所以也是人间的男女两性缔结良缘的时刻。"婚"这个从"女"和"昏"的组合字形，作为文化文本的二级编码，已经把先民的天人合一思想体现得淋漓尽致。①而作为仪式的婚礼，则将仪式历法的实践特色和盘托出了。

大自然的节律，两个季节的循环时间观，决定了一年之中最重要的事情的安排。所谓天人合一，说的也就是如何调整人的社会活动，使之对应吻合大自然的时间节律。

无论是七夕女性乞巧风俗，还是织女勇敢渡过天河的举动，抑或是神女化作鹊桥，这些都充分表明这是一个源自女神文明时代的异常古老的节日，也表明秋季何以对女性来讲是婚配结合的最佳期。

（叶舒宪）

---

① 参看叶舒宪：《中国神话哲学》，第二章第二节，中国社会科学出版社，1992年。

第十二章　女神复活：土家女儿会的神话编码

第一节　逆向解码：从"女儿"到"女神"

2012 年 8 月 16 日，湖北恩施土家族苗族自治州土家民俗活动"女儿会"开幕。在碧波荡漾的清江河畔，州城人民期待已久的风情歌舞诗剧《嗯嘎·女儿会》[1]连续展演五天，将恩施女儿会推向高潮。这台风情歌舞诗剧被评价为"艺术性地展现了鄂西土家族文化的神韵和风采"[2]，其成功展演是"文化兴州"的一个典型样例，对如何打造民族文化精品，推动地方文化经济协调发展有诸多启发。

从新中国成立初期恩施女儿会受到人们的关注，到 2013 年恩施女儿会的举行，恩施女儿会走过了一条被发现、被认识、被推崇、被开发推广的坎坷之路。[3]可以说，没有多年来各级政府的高度重视和社会各阶层人士的积极投入，恩施土家女儿会这一在大山深处延续 300 年左右的民俗活动，不可能在濒临衰亡的困境中走出深山，渐渐成为武陵山区，甚至更广泛区域各族人民所喜闻乐见的节俗盛会，并越来越广泛深入地融入当地人民的社会生活。从政府对女儿会活动的精心策划和组织[4]，从"恩施土家女儿会论坛"的顺

---

[1]《嗯嘎·女儿会》于 2011 年 12 月中旬在湖北省少数民族文艺会演中首次亮相，惊艳江城武汉，一举拔得头筹，又于 2012 年 6 月 14、15 日在北京参加第四届全国少数民族文艺汇演，荣获表演金奖等十个奖项。

[2] 乐者、钟平：《艺术性地展现鄂西土家族文化的神韵和风采——恩施土家风情歌舞诗剧〈嗯嘎·女儿会〉观后》，载《文艺新观察》2012 年第 3 期，第 60—62 页。

[3] 参见湖北省恩施市政协文史资料委员会编、崔在辉整理的《恩施土家女儿会》第五章"恩施土家女儿会纪实"（搜集相关资料时限为 1958 年至 2009 年，第 93—162 页），该书于 2005 年以内部资料形式出版，2010 年 6 月由中国文史出版社出版。

[4] 先后由基层政府部门及市政、州政部门介入的女儿会活动主要有 1958、1979、1984、1986、1987、1989、1993 年的石灰窑女儿会。1995、1996、1999、2004 年恩施市政府将女儿会从石灰窑搬到恩施市区举行。2000 年，女儿会被确定为恩施州四大民族节日之一，2000—2003 年在恩施梭布垭风景区举行，2005、2006 年在石灰窑和梭布垭同时举行。2006 年，恩施土家女儿会开始"申遗"工作。2007 年，恩施市将女儿会定为重点打造的三张名片之一，在梭布垭风景区和恩施市民族广场同时举行。2008—2012 年，均在恩施市区举行。2009 年，被确定为湖北省非物质文化遗产，并列入湖北省地方节庆文化品牌。

利开展①，从《女儿会》季刊已步入第六个年头②，从恩施红土乡成功举办"在女儿会的故乡"的征文活动③，从越来越多的本土文艺工作者以女儿会为题材进行文艺创作，越来越多的学者开始对女儿会进行专题研究的大趋势，可以看出文化产品的打造必须以深厚的文化底蕴为根基，越是善于利用意蕴丰富的文化符号，就越有可能推出文化精品，促进文化产业，带动文化经济的发展。

恩施土家女儿会作为一个地域的、历史的、民族的民俗文化现象，涵载着重要的社会历史信息，具有深厚的文化意蕴和价值。女儿会原生态分布的地域主要在恩施市红土乡石窑村（石灰窑）和板桥镇大山顶响板溪。学界公认的与石灰窑女儿会有关的最早记录见于1912年石灰窑《黄氏日用杂志》中关于"十个棚赶女儿会"的记载，可与之互证的是《恩施市供销商业志》中所载的清康熙五十一年（1712）张、薛二姓族长倡议在石灰窑建集市。大山顶女儿会形成的时间大体推定为始于清乾隆三十九年（1774）肖氏曹裕、曹神兄弟迁至铁场坝。然而这一时间上限仍然有探索的必要，一部分学者对恩施女儿会的精神史进行了追根溯源式的探秘④，因为女儿会"女人找男人"的基本形式太容易让人联想到"廪君射杀盐阳神女"这个古老的神话了，我们可以直观地感觉到这二者之间的相似性，却苦于难以论证二者之间的联系。下面笔者运用中国文学人类学界最近提出的"N级编码论"，进一步论证恩施土家女儿会和古老的巴人神话传说之间的关联，这样就可以更好地彰显恩施民族文化的历史厚度和精神实质。

中国文学人类学研究会会长叶舒宪先生对美国人类学家雷德菲尔德类似于"上智下愚"的文化传统分类观念做了批判性翻转，重新划分"大传统"和"小传统"，为前文字时代及文字之外的文化传统确立了"大传统"的地

---

① 2008年8月11日，恩施市举办了首届"恩施土家女儿会论坛"，主要论文见《女儿会》2008年第3期；2009年8月31日举办了第二届，主要论文见《女儿会》2009年第3期。

②《女儿会》杂志为文艺季刊，由恩施市文体局及文联主办，2008年创刊，2013年由州内刊升为省内刊。

③ 2011年举办，征文获奖作品主要载于《女儿会》2011年第4期。

④ 如蔡元亨：《大魂之音——巴人精神秘史》，中央民族大学出版社，2001年；刘清华：《母权制原始自由平等婚姻的遗存——恩施"土家女儿会"人类文化学考察》，载《土家族确认五十年暨土家族研究学术研讨会论文集》，2007年；张汉卿：《"女儿"，女神的衍化——"恩施土家族女儿会"的文化寻源》，载《女儿会》（创刊号）2008年第1期；刘绍敏、刘清华将女儿会的历史渊源追至原始母权制时期，参见《恩施土家女儿会演变揭秘》，湖北长江出版集团、湖北人民出版社，2009年。

位。①在此基础上，叶先生又进一步提出"N 级编码论"②，认为从"大传统"到"小传统"，可以按时代的先后顺序排列出 N 级的符号编码程序。无文字时代的文物和图像，发挥着文化意义的原型编码作用，可称为一级编码。汉字的形成，是二级编码或次级编码。三级编码指早先用汉字书写下来的古代经典。今日的作家写作，处在这一历史编码程序的顶端，称之为 N 级编码。他认为谁最善于调动程序中的前三级编码，尤其是程序底端的深层编码，谁就较容易获取深厚的文化蕴涵，给作品带来巨大的意义张力空间。③"N 级编码论"期望通过编码分级确定原型编码，尤其是神话原型编码在文化意义生成上的基础性地位。通过神话原型编码，可以建立历代文化文本在意义阐释上的内在关联，一种文明或一个文化，在此种意义上，就是一条生生不息的长河。以叶舒宪为代表的学者，用大量考古实物、田野调研材料，结合扎实的文献分析，证明了神话作为原型编码的存在及它在文明发生及发展中的重要意义和当代价值。④比如在鲁迅文学院的讲稿《哈利·波特的猫头鹰与莫言的蛙》中，叶舒宪先生以兴隆洼文化石蟾蜍、良渚文化玉蛙神等作为一级编码，以同根同构的汉字"蛙"和"娃"为

---

① 在《农民社会与文化》（1956）一书中，雷德菲尔德将复杂社会中存在的层次不同的文化传统分为大传统和小传统，大传统指代表着国家与权力、由城镇的知识阶级所掌控的书写的文化传统；小传统指代表乡村的、由乡民通过口传等方式传承的大众文化传统。叶舒宪先生则对雷德菲尔德所谓的"大传统"与"小传统"进行重估，在《中国文化的大传统与小传统》的演讲中强调，"可以把由汉字编码的文化传统叫做小传统，将前文字时代的文化传统视为大传统"，并提出"大传统的神圣物崇拜及其神话观，为汉字发生奠定了重要的原型编码基础"，参见《光明日报》2012 年 8 月 30 日第 15 版。

② "N 级编码论"是 2013 年 6 月 22 日至 23 日在陕西师范大学召开的"文学人类学前沿问题国际学术研讨会"上最具新鲜感的前沿话题之一。中国学界关于"N 级编码论"的已面世成果主要有：叶舒宪发表在《能源评论》2013 年第 2 期上的文章《哈利·波特的猫头鹰与莫言的蛙》，它是叶氏于 2012 年 11 月 14 日上午在鲁迅文学院给中青年作家班做讲座的纲要，讲座原题为"文化自觉与文学人类学"，副标题为"哈利·波特的猫头鹰与莫言的蛙"；紧接着是《百色学院学报》2013 年第 1 期《文学人类学研究》专栏中推出的 5 篇文章，分别为叶舒宪的《文化文本的 N 级编码论——从"大传统"到"小传统"的整体解读方略》、谢美英的《最早的字典如何编码？——神话类比思维解码〈尔雅·释鱼〉》、唐蓉的《N 级编码理论的逻辑梳理》、陈金星的《大传统与小传统：中国宇宙观的 N 级编码——以东汉洛阳礼仪空间为例》、夏陆然的《一以贯之的神话——"N 级编码系统理论"的评述与思考》）。

③ 叶舒宪：《文化文本的 N 级编码论——从"大传统"到"小传统"的整体解读方略》，载《百色学院学报》2013 年第 1 期。

④ 如叶舒宪从神话编码角度对中国文化的认识和解读，见《金枝玉叶——比较神话学的中国视角》，复旦大学出版社，2012 年；从神话历史新视域角度解读中国文化的原型编码，如南方日报出版社出版的"神话历史丛书"。

二级编码，以古代经典《越绝书》《聊斋志异》中的"蛙神"为三级编码，以诺贝尔文学奖获得者莫言的作品《蛙》为 N 级编码，对从史前时代就已经开始的女神崇拜是如何通过文化编码遗留到今天的，进行了生动分析，说明了神话作为原型编码在文化生成、发展中的重要作用。①叶舒宪先生对当代文学文本中的"蛙"所包含的神话原型编码的精彩解读，很容易让人想起如今在恩施太阳河乡梭布垭石林的"群蛙啸天"的传说。传说中族长的三个女儿悄悄溜出寨门，和自己喜欢的客家汉子过起了夫妻生活。族长盛怒之下用巫术把三个汉子变成了石头，把三个女儿变成了石蛙。族长失去了女儿，很后悔，于是改了族规，在每年农历七月十二日女儿变成石蛙的这天，全寨所有女娃儿都可以到寨子外面去玩一天，寻找意中人。这就是土家女儿会的由来。(《梭布垭传奇》风景介绍)不论这则传说是历史上流传下来的，还是当今为打造风景区新造的，"女儿"变为"石蛙"绝不是一次偶然的文学想象，而是承载了"蛙神"所具有的文化意蕴，而"蛙神"就是"母神"(女神)的表现形态之一，所以这则传说的原型编码就是与人类繁衍有关的"女神"原型。

从恩施土家女儿会的历史形态及当代形态来看，可以肯定其标志性的符号代码应该是"女儿"，对这一符码进行还原式的转码，即为"女神"，于是我们就可以由今及古，将这一民俗活动的渊源推至先秦，推至"神话历史"的时代。将"女儿"转码为"女神"，已有学者进行了一些探索，比如恩施艺术家、学者张汉卿就曾指出："从文化学的内容看，'女儿'中的'巴'、'蛇'、'蜀'、'虎'、'龙'等等内涵和'女神'有着千丝万缕联系的反映，具体地说，'女儿'是《兄妹成婚》中的'妹妹'、'盐水女神'、'佘婆婆'、'施'、'嬉妹'、'南山圣母'、'傩母'、'傩娘'、'女娲'、傩神'姜女'、'老巴子'……的综合体，这些女性神灵是恩施土家族文化遗传因子的重要部分，这些神灵所昭示出的文化内涵，千百年来融汇在一代又一代恩施人的灵魂深处，千百年来影响着恩施土家族人的宗教信仰(如无处不在的娘娘庙、几乎所有'端公'必有的女性表演内容)、文化艺术、民风民俗、生产生活，这种人文文化精神，成了'女儿会'原生、再生的意识支撑点。"②刘绍敏、刘清华在《恩施土家女儿会演变揭秘》一书的后记

① 参见 2012 年 11 月 14 日叶舒宪在鲁迅文学院的讲座纲要《哈利·波特的猫头鹰与莫言的蛙》，载《能源评论》2013 年第 2 期。

② 张汉卿：《"女儿"，女神的衍化——"恩施土家族女儿会"的文化寻源》，载《女儿会》(创刊号) 2008 年第 1 期，第 7 页。

中也明确提出："土家女儿会的主体是女儿；内容是婚恋；形式是女儿会上土家姑娘以自己的意志为中心选择决定自己的婚恋对象；核心是土家人感到通过女儿会结为夫妇的孩子，减少了痴、呆、傻等遗传疾病的发生，提高了人口质量；价值是生命的节日；目的是为了本民族的人丁兴旺。因此，这天土家女人想做什么就可以去做什么。这个核心主题才解开了土家女儿会之所以传承至今的秘密，才深刻揭示了土家族女儿是通过女儿会获得了由女神—女奴—女人的社会地位，这是土家人的骄傲！"①联系上文关于"群蛙啸天"这则传说的解读，可以说"女儿"的原型就是"女神"。

　　恩施有两个由政府打造出来的浪漫称号，一个是"神话恩施"，一个是"仙居恩施"，有质疑者认为这是政府易于满足、妄自尊大，但笔者认为它们绝不是为了推动经济而臆造出来的妄想，因为它在实质上符合恩施的自然人文生态和民族文化心理。可以说，恩施人至今还生活在神话之中，这在人类学家、民俗学家及神话学家们看来，是很值得研究的事情，因为这是典型的人类学、神话学问题。如果在一个地域还能发现大量"文化遗留"②的活态形式，尽管世事沧桑变化，不论贫穷富贵，当地民众对自己的生活方式及习性保持着千百年来形成的惯性，他们在追求经济利益上比大都市要慢数个节拍，他们乐于慢节奏地抽叶子烟，大碗地喝酒，在歌唱、舞蹈、口头讲述中获得巨大的精神享受，在最艰苦的生活环境中依然能看到他们乐观的笑脸，他们如痴如狂地热衷于用各种文学艺术形式来表现自己的生活，我们就可以说，这个地域的人们过的就是神仙一般的日子。在这样的地域，往往流传着古老的神话，千百年来，人们被神话滋养着，神话思维从神话时代一直保留到现在，以至于当地政府顺乎自然地打出了"神话""仙居"的名片，而大多数民众也心安理得地认同了。在这样的"神话恩施"，恩施土家女儿会中"女儿"的原型就是"女神"的观点，也就顺理成章。

---

　　①刘绍敏、刘清华：《恩施土家女儿会演变揭秘》，湖北长江出版集团、湖北人民出版社，2009年，第262页。

　　②该概念出自"人类学之父"泰勒的《原始文化》一书，英文为"survival"，指一些过程、习俗、见解等习惯势力使文化遗留进入了与其所源出的社会状态全然不同的新的社会状态，它们因而成为新文化状态所源出的旧文化状态的物证和实例。旧有的文化既可以保留在较新的文化中，同时又是过去的见证。考察这些文化残留物，就可以还原文化的原初状态，重新构建出旧有的文化结构，进而重建人类文化的发展进化史。

第二节　神话历史：廪君射杀盐神？

前文已提出，女儿会"女人找男人"的基本形式，很容易让人联想到土家族先祖——廪君与盐水神女的神话。下面结合具体文本来分析这则神话。

按照"N 级编码论"的观点，早先用汉字书写下来的古代经典就是三级编码。"廪君射杀盐水神女"的神话史不绝书，综合《世本》《后汉书》《晋书》所载的几个经典片段，这段神话传说的全貌大致是这样的：巴郡南郡蛮，有巴、樊、曋、相、郑五姓，都出于武落钟离山赤、黑二穴。巴氏子务相生于赤穴，其他四姓之子生于黑穴。五姓都信奉鬼神，他们约定一起掷剑于石穴，以能击中者为君，只有务相能击中。又各自乘土船，约定以能浮起者为君，又只有务相的土船能浮起来，于是他们便拥立务相为廪君，廪君率五姓之民，乘土船从夷水（即盐水，今鄂西南境内清江）至盐阳。盐水有神女，对廪君说："此地广大，鱼盐所出，愿留共居。"廪君不同意，盐水神女"暮辄来取宿，旦即化为虫，与诸虫群飞，掩蔽日光，天地晦冥，积十余日"，廪君七天七夜（或十天十夜）不知东西所向，便让人拿着青丝线作为定情之物赠送给神女，神女将它佩戴在身上，廪君瞄准青丝线射去，神女中箭而死，天乃开朗。射杀神女后，廪君又率众复乘土船，至夷城，发现此地泉石曲折，望如穴状，不由得感叹说："我新从穴中出，今又入此，奈何！"岸石闻声崩塌，推开三丈多，台阶分明。廪君拾级上岸，在一块大平石上休息，投策计算之事，都显现于大平石上，于是他就在大平石旁边建立城池。相传廪君死后，魂魄化为白虎，由于虎饮人血，后世巴人就用人牲来祀奉廪君。

除了《世本》《后汉书》《晋书》所载之外，很多典籍文献都引述了这则神话，如：北魏郦道元《水经注》，唐人杜佑《通典》"廪君种"条，唐人杜光庭《录异记》卷之二"异人"之"李特"条，唐人樊绰《蛮书》（《云南志》）"南蛮疆界接连诸蕃夷国名第十"，宋人李昉《太平广记》，宋人罗泌《路史》，元人马端临《文献通考》"廪君种"条，明人曹学佺《蜀中广记》卷六十六《方物记》"盐谱"条，清人陈梦雷主编的《古今图书集成》"晋代僭号十四"中"李特"条，等等。这些足以证明该神话从先秦至清代，都为史家及学者们所知所传。能查阅到的文献记载全部都显示：盐阳部落的首领是一名拥有神奇能力的女性，但却遭遇了彻底的失败——爱情沦陷、氏族被吞并、家园被占领。

英国神话学学者凯伦·阿姆斯特朗认为："如果一个神话行之有效，也就是说，能迫使我们改变心智，赋予我们新的希望，并强行把我们带向一种更为充实的生活，那么这个神话就可称为'真实神话'。"[1]廪君射杀盐水神女的故事，我们说它是"神话"，但它显然已经不是文学想象意义上的"神话"了，因为其中的物质文化内容已经得到考古上的证明。从反映社会历史的进程及信息这个角度上来说，这是一个"真实神话"：距今约6000年前，一个以蛇为图腾的母系部落[2]，凭借丰富的盐和鱼资源[3]，在盐阳一带繁衍，其首领叫作"盐水神女"。约在大溪文化晚期，武落钟离山[4]一带兴起了一个以虎为图腾的父系部落，他们除了主要以渔猎为生[5]之外，也兼有稻作农业生产[6]，粮食与仓廪有关，故其首领叫作"廪君"。到了巴氏务相这一代，各部落及部落联盟之间的混战，或者说是"来自东面的江汉平原上其他文化的压力"，迫使该部落迁徙其文化中心[7]，以寻求新的生存机会。巴氏子务相带领五姓之民沿着夷水（即盐水，今清江）西进[8]，与盐阳部落相遇，部落女酋长（即盐水神女）希望凭借鱼盐之利"招夫上

---

① [英] 凯伦·阿姆斯特朗：《神话简史》，胡亚豳译，重庆出版社，2005年，第10页。

② 参见向柏松：《从巴蛇到白虎：巴人图腾的转换》，载《湖北民族学院学报》1992年第1期；张应斌：《清江流域古蛇氏族初探》，载《湖北民族学院学报》1992年第2期。

③ 三峡地区、清江流域及周边地区拥有鱼盐之利，可参见任桂园：《三峡地区盐资源与巴族起源及社会流动的关系——三峡盐文化简论（三）》，载《三峡学刊》1996年第3期；胡继民：《盐·巴人·神》，载《湖北民族学院学报》1997年第2期。

④ 武落钟离山究竟是在今长阳都镇湾境内的佷山，还是在巴东水布垭镇的三里城，学术界有不同看法，存疑。

⑤ 长阳县西约100公里处的香炉石（古夷城）遗址中有七个自然堆积层，碳-14测定数据显示时间为夏时期至东周时期，出土了早商时期的大量兽骨、鱼骨、骨器及陶网坠，说明其经济生活主要为渔猎。参见王善才：《考古发现与早期巴人揭秘》，湖北人民出版社，2003年；王善才：《清江考古》（长阳地区考古发掘报告），科学出版社，2004年。

⑥ 张汉卿认为"廪君属农耕范畴，已属新石器时代，其生存年限远远后于盐水女神"，参见张汉卿：《"女儿"，女神的衍化——"恩施土家族女儿会"的文化寻源》，载《女儿会》（创刊号）2008年第1期，第6页。1976年6月上旬，长江流域规划办公室考古队在从长阳县资丘公社至宜都县城清江口约100公里长的清江沿岸进行了首次考古普查，共发现古遗址八处，其中的覃家坪遗址属于大溪文化早期。大溪文化考古发现的就有稻壳和稻草灰烬。参见长江流域规划办公室考古队：《1976年清江下游沿岸考古调查简报》，载《江汉考古》1985年第4期；余西云：《巴史——以三峡考古为证》（长江三峡工程文物保护项目报告），科学出版社，2010年，第41页。

⑦ 余西云：《巴史——以三峡考古为证》（长江三峡工程文物保护项目报告），科学出版社，2010年，第103—104页。

⑧ 廪君务相带领五姓之民迁徙的线路究竟是西进还是东进，学界聚讼不休，有待考古的进一步发现，此处存疑。

门"，廪君便委以虚情，射杀了盐神，夺其资源，至夷城（今香炉石）筹建都城，创立了巴国。

　　"神话并不是语言的疾病，它对于人是直接可感的现实。它的本质存在于全部自然或它自身的无限性和不可思议性之中。"①盐神自荐枕席，却死于情人之手，其隐喻的文化意义是女神文明开始从历史舞台上退出，男权文明逐渐登上历史舞台，这一历史进程中必然伴随着腥风血雨。这个神话一方面反映了廪君部落战胜盐阳部落的事实，另一方面也说明，至少这两个部落共同繁衍了巴人后裔。古今学人对"巴"字可训为"虎"，也可训为"蛇"的文字学分析，也揭示了这样一个不争的事实，即巴人先祖除了虎族廪君之外，还有蛇族盐水神女。今天的长阳，除了有供奉向王（即巴务相）的庙之外，也有盐水神女的神像，俗称"德济娘娘"。另外，如今流传于武陵地区的一些古歌和民间传说，也都昭示出该地域曾经拥有一段历史悠久的女神文明。土家族神话古歌中所唱的"雍尼""雍米涅"是土家族类似于女娲的母神。今恩施州鹤峰县所属地域，元以前称为容米，元时是容米洞蛮，明清时是容美土司，"容米"即是"妹妹居住的地方"，与"雍尼""雍米涅"音义相近。在长阳地区，流传着一个民间传说："正当廪君率巴人乘土船溯江开拓，忽然，前面的大山中流出一股白花花的水来，顺水浮来一个妹子。她让向王尝那白水，向王第一次吃到了咸味，觉得很好。原来这妹子是盐水神女，她和向王成亲了。"②长阳盐池一带，还有一则关于老祖公与盐水女子成婚的传说："老祖公来到盐池，见山里裂开一条缝，流出盐水，水上还有一位美貌女子。后来这个女子与老祖公结了婚，从此人丁兴旺，子孙繁衍。"在恩施流传的民间传说《傩公傩母的故事》《佘氏婆婆》《情动石》《选女婿》《山妹子选郎》等③，都证明土家族的女神崇拜古已有之。今天我们在说土家族初祖时，说得最多的还是廪君，这是受到了父权和男权观念的影响，并不符合母系社会先于父系社会的历史大规律。

　　20世纪以来，世界范围内的女权主义运动对男权制的批判及女性主义神话学对女神的再发现，推动了新时代"女神复兴"的热潮。④如果说从"廪君射杀

---

　　①［荷］让·德·伏里：《"自然神话"理论》，见［美］阿兰·邓迪斯编：《西方神话学读本》，朝戈金等译，广西师范大学出版社，2006年，第38—51页。

　　②萧国松：《土家民间故事》，湖北人民出版社，2003年。

　　③参见湖北省恩施市政协文史资料委员会编，崔在辉整理：《恩施土家女儿会》，中国文史出版社，2010年，第198—218页。

　　④叶舒宪：《千面女神》，上海社会科学院出版社，2004年。

　212

盐水神女"的文字记载开始直至 20 世纪，人们的关心重点多侧重于作为民族英雄的廪君的话，到了 21 世纪，应是土家族的母神、爱神——盐水神女复兴的时代了。蜿蜒于崇山峻岭中的八百里清江，是巴人后裔们认定的母亲河，盐水神女这一神话原型，就是土家人的母神。盐水神女的主要精神特质又显示为爱欲，具有和高唐神女一样的特点，所以她也是一位爱神。她的这一特点和土家女儿会中主动追求爱情的女儿们有着惊人的一致性。

第三节　女神复活：N 级编码创造文化生产力

"N 级编码论"认为，从古代经典到今日的作家写作，经历了多重编码，今日的作家写作处在历史编码程序的顶端，故称为 N 级编码。与巴人有关的历史虽然"鸿古"，"难为明征"（郦道元《水经注》），廪君射杀盐水神女的"神话历史"却保持着它强大的生命力，从苍茫远古一直走到了今天。从"廪君射杀盐阳神女"神话的不断表述，到如今武陵山区土家女儿会民俗活动的复兴，与盐水神女有关的文化编码过程从未停止过。

"廪君射杀盐阳神女"这一神话进入文艺创作并不是始自今天。在历史上，它就已经进入了文艺创作的编码过程，宋人晁补之的诗《感兴五首次韵和李希孝一》曰："海鸟御羊角，飘然凌紫清。有背如泰山，未觉毛羽轻。盐阳亦群飞，日景为不明。空仓自苦饥，安得有此名。" 清人彭秋潭《长阳竹枝词》之一首云："土船夷水射盐神，巴姓君王有旧闻。向王何许称天子，务相当年号廪君"。[1]明人酉阳野史《续三国演义》第二十七回，叙述李特的出身，对这则神话进行了文学化的改造，廪君与盐阳神女被塑造成有血有肉有复杂情感的文学形象：

　　相又闻得盐阳地方之人，被有妖怪为祟，不胜其害，乃同四臣仍坐土船顺流径至盐阳，召民教训。忽有一天容女子来相见，曰："此处地方是吾所管，你今到此，必须凭吾行移，要与你结为夫妇，若肯相从，即留汝等在此，如或不然，定无相容，还有水厄及汝也。"务相听言，疑其有奇，乃从之，遂为夫妇。元（原）来这女子即是盐君，乃一怪也，夜则与务相共宿，日间则化为飞鸟，盘旋于半空之中，诸蜚

<hr />

[1]（民国）向禹九编，陈金祥校注：《长阳文艺搜存集（初编）》，云南人民出版社，2008 年，第195 页。

虫羽翅之族、妖禽怪鸟悉皆攒集而随，掩荫数十里，遮得天日无光，猛兽皆趁黑出没于其间，人被伤害，不可胜言。务相见而恶之，曰："吾凤闻有怪害民，特来至此，不期即此盐君女子也。吾既为民主，僭号廪君，何被所赚而与怪物为偶，岂人类乎？"因挟剑以俟，欲杀之。至日晴，盐君依旧盛妆而下，见务相挟剑以待，即遥先谓曰："既为夫妇，何欲相害也？吾非作怪，以女身不便行走，特托此以巡视地方耳。至其处则必原形示民，胡用见嫌？"务相被其识破，亦假意答曰："适因你去，遮蔽天日，猛兽逼身，致吾惊恐，得不以剑防身乎？"盐君曰："此又何妨？兽亦吾之所管，必不敢加害郎君者也。"务相心中终嫌其为幻，思欲除之，以祛民害，乃以计绐之曰："既为夫妇，理合朝夕相依。汝今夜归晓去，情同朝露，使吾大失所望，得无薄幸乎？"盐君曰："是吾职分之事，不得不然。郎君耐之，过秋则不出巡矣。"务相曰："虽然，吾之心时刻念你，每去时极目望之，不能辨认。吾今有绛色缕丝一缣在此，你可挂之于身，待吾认以为记号，则可以望汝矣。"盐君不知是计，乃即从之。次早，遂将丝挂于身旁，腾空而起，但见绛丝飘飘，优游于务相之前，久而不去，故意使之观看。务相暗取神箭，照定缠绛丝之鸟，觑而射之。盐君应弦而落，口中犹叫曰："郎君何毒情也！"务相向前叱之曰："既称盐君，复害盐民，何容不仁！"遂挥剑斩之。霎时间群鸟皆散，天晴日朗，无复有鸟兽害人之患矣。务相乃分郑姓者掌治盐阳，是为南郑。

这里的盐君即"盐水神女""盐阳神女""盐神"，盐君的痴心真情与廪君的寡情薄义形成了鲜明对比。"英雄+美女"的神话母题加上文学化的想象和变形，编织出了一个女性的爱情悲剧。

在与武陵山区有关的当代文艺创作和文化生产中，我们同样可以发现这一神话不断地以各种形式呈现，这就是第 N 级编码。从被称为引起了"轰动效应"的陈洪编剧的大型土家婚俗舞剧《土里巴人》①、张子伟创作的舞台剧《盐神之恋》，

① 1993 年至 1995 年，该剧先后在宜昌连演 40 余场，场场爆满，在第四届中国艺术节（兰州）和国庆 45 周年展演（北京）上再创佳绩，获得中宣部"五个一工程奖"和文化部"文华大奖"。参见何昌林：《面对"轰动效应场"的沉思——从陈洪与他的〈土里巴人〉论文化透视与艺术创造》，载《黄钟》（武汉音乐学院学报）1995 年第 1 期。

到恩施苗族女作家杨彦华的中篇小说《女神之死》、长阳诗人肖国松的长诗《廪君与盐水女神》，我们都可以找到古老神话的痕迹。即使是在那些没有直接取材于该神话的文艺作品中，我们也能从中看到盐水神女的身影。如恩施作家王月圣的长篇小说《太阳从西边出来》中敢于带动村民打破"亲上加亲"陋俗的女人吴春月，他的短篇小说《摆手舞》中的花香和《春天的呼唤》中的花妹，土家族作家羊角岩的长篇小说《红玉菲》中三个充满爱心和包容心的女子红、玉、菲，恩施作家白公的长篇小说《女儿会》中的薛九香、薛清秀、薛绍莲，土家族作家叶梅的中篇小说《五月飞蛾》中的二妹等，虽然命运不一样，但都具有盐水神女敢于突破礼教、追求自由爱情的精神特征，她们就是盐水神女的当代编码，都属于 N 级编码。

2012 年问世的《文化与符号经济》一书，揭开了以一批文化热销品为代表的符号经济的密码，书中指出，它们成功的背后"都有着深刻的文化旨趣、巧妙的符号隐喻、自觉的文化提炼过程"[①]。从寻找民族文化精神之根本，到保护民族文化遗产、发展文化产业，都有必要重新认识古老的神话带给当今社会的意义。风情歌舞诗剧《嗯嘎·女儿会》堪称一部表现土家族文化精神的文化精品，通过考察可以发现，其获得巨大成功的奥秘不仅仅是得益于延续 300 年左右的"恩施女儿会"民俗活动，还得益于"九妹"这个敢于追求自由爱情的舞台艺术形象，她与盐水神女具有精神特质上的一致性。她们的区别只在于九妹追求到了自己的幸福，而盐水神女则是不幸的。九妹与盐水神女的区别所揭示的是历史已经发生了沧海桑田的变化，九妹与盐水神女的精神同构所彰显的则是民族文化传统的意义根脉绵延不绝。借助于文化符号的编码过程，我们既可以重建民族的历史、文化的脉络，也可以激活民族文化传统无限的生命力。如果我们的文艺创作和文化生产在这个问题上能达成共识，形成高度的自觉，又何愁优秀的民族文化得不到传承和弘扬呢？

（柳倩月）

---

① 叶舒宪：《文化符号如何产出经济》，见《文化与符号经济》引言部分，广东人民出版社，2012 年。

第十三章 "足－神"的 N 级神话说解

"人是什么？"——这是自地球上出现人类以来，一直未能得到有效解答的永恒之谜。

亚里士多德说，人是政治动物。

西塞罗说，人是社会动物。

富兰克林说，人是会制造工具的动物。

卡西尔说，人是进行符号活动的动物。

……

无数富有智慧的哲人都试图对这一原命题进行回答，然而越解说越复杂，越扑朔迷离。启蒙主义有一金句名言："懂得了起源，便懂得了本质。"那么，对于"人"的本质求索，看来也应该回到"起源"。原始先民们是如何回答这一问题的呢？他们的答案是：人，两足者。很多民族的神话都反映出这一点：

> 本来，人全身长满了毛，不怕寒冷，并且体格高大，跑得比任何动物都快，比凶禽猛兽都有力。……佛担心动物快给吃光了，于是追上人，抓住了，砍了他的小腿，在断残的腿骨上接上脚掌，还拔掉他全身的毛。……人原来是四肢行走的，被佛抓住后，弄短了四肢，变得矮小衰弱。从此用两个后肢站立，……人也得了两条腿动物的称号。[①]

（蒙古神话传说）

> 斯罗婆吉带着三个妻子四处游玩。……他看见一头野猪，正要瞄准野猪射箭，突然一只母鹿出现在面前，恳求他说："你射杀那只野猪毫无意义，请把这支箭射在我身上，让我从痛苦中解脱出来吧。"……斯罗婆吉说："你是一只四处奔跑跳跃的鹿，我只是两脚走路的人，我怎么可能同你在一起？"[②]

（印度古代神话传说）

[①] 史习成主编：《东方神话传说》第 8 卷，北京大学出版社，1999 年，第 14—15 页。
[②] 薛克翘主编：《东方神话传说》第 4 卷，北京大学出版社，1999 年，第 327—328 页。

（第一个人）知情达理，很有修养，所以他见到火非常有礼貌地问候。……"我回答你的问候，两腿人。"火高兴地回答……①

（非洲古代神话传说）

很多很多年前，这一天阳光灿烂，天上连一丝云彩也没有。忽然……闪电把天空打伤了。鲜红的血液从伤口汩汩流出，裹住闪电的光柱。慢慢地血干了，凝结成了一层外壳……黄昏的时候，血壳脱落了，一块块落在森林里、平原上。这些血块一沾到土地，立即变成了一种非常奇怪的东西，他们用两条腿走路，和大地上已有的任何动物都不同……②

（哥伦比亚印第安人神话传说）

让我们再好好想想那个著名的斯芬克斯之谜，谜底是"人"，而谜面关注的却是"脚"。

看来，"足"与"人"的本质密切相关，甚至有决定的意义。弗莱说："人并不像动物那样直接地或赤裸裸地生活在自然之中，而是生活在一种神话的宇宙、一种由他的存在的关系中发展起来的假想和信仰的本体之中。"在文学人类学看来，人一直生活在"神话历史"之中，被神话符码之网包裹着，时至今日仍徜徉其中。本章用 N 级神话编码理论——即图像、器物与仪式（一级编码），文字符码（二级编码），古代文化经典（三级编码），当代文化生活（N 级编码）——对"足"与"神"、"足"与"人"的神话思维进行梳理，以期能略窥神话符码网络的究竟。

第一节　"足-神"的神话认知

关于人类的产生，世界各族群的神话不约而同地选择了同一种物质——泥土：《圣经》说，上帝用泥土造了第一个人；巴比伦人认为，主神马尔杜克杀掉了原初大神提阿马特，用其血液混合泥土造人；埃及神话说，众神之父科诺莫在其陶轮上用泥土造人；古希腊神话说，圣人普罗米修斯用泥土创造了第一批人；中国神话说，女娲抟黄土造人；……弗雷泽在其大著《〈旧约〉中的民间传

---

① 李永彩主编：《东方神话传说》第 3 卷，北京大学出版社，1999 年，第 39 页。
② 贺年主编：《世界经典神话故事金榜》（下），内蒙古人民出版社，2003 年，第 946 页。

说——宗教、神话和律法的比较研究》第一章"造人"中罗列了十几个泥土造人的神话。然而，我们想追问的是：原初之时，土地是怎么来的呢？对此，各民族的神话传说有不同的解释：

霍尔莫兹德喝退了阿赫里曼以后，便着手创造天地和人间万物。他从天边的光明中炼取了一团炭火一样的物质，又把这团明亮的火捏塑成一个有着头颅和手足的巨人……巨人的头颅化为天。……巨人的双足化为大地。[1]

（波斯伊朗神话）

起初，大地是不存在的，只有大洋，它叫奥孔；大洋之上是天空，它叫奥洛伦。奥洛伦有两个儿子，长子名叫奥里夏，次子名叫奥杜杜阿。他们在天空中共同生活。一天，奥洛伦把奥里夏叫到身边，给他一把土和一只五爪母鸡，对他说："你到下面去，在大洋上造土地吧！"奥里夏走了。途中，他发现了一些棕榈酒。他喝了一些就醉倒睡着了。……奥杜杜阿就启程了。他拿了一把土来到了下面，把土放在大洋之上，然后再把五爪母鸡放在大地的上面。母鸡开始抓刨，把土散到四周，于是造出了不少土地。[2]

（非洲古代神话传说）

在远古时期，没有天，没有地，没有太阳，也没有月亮，只有蛲王和盘古两个人。蛲王和盘古同时出生，是地球上最早出现的人类。……蛲王的头是天空。大地则是蛲王的双脚。[3]

（越南瑶人的祖先神话传说）

世界上没有陆地，没有风、雨，只有天空、雾和水……施舍神和他的同伴……在室内祈祷时……看见了……一块白色的陆地……他（施舍神）用那块陆地上的泥和石块做了五张饼，他把石饼扔进水中……海浪向西减退。施舍神将烟草撒向四处，于是，便有了沙子……施舍神往大地上一站，口中念着祷语，新陆地立即变得坚硬起来。[4]

（美国印第安神话）

奥丁、维利和韦把巨人始祖的尸体抬到了吉农加普加的中部，……尸体一点也没被浪费，他们把他的肉变成了大地的土壤，没断的骨头

---

[1] 唐孟生主编：《东方神话传说》第1卷，北京大学出版社，1999年，第256页。
[2] 李永彩主编：《东方神话传说》第3卷，北京大学出版社，1999年，第15页。
[3] 张玉安主编：《东方神话传说》第6卷，北京大学出版社，1999年，第63页。
[4] 贺年主编：《世界经典神话故事金榜》（下），内蒙古人民出版社，2003年，第897—898页。

变成了山脉，……头颅造成了天空，大脑变成了飞舞的五彩祥云，血液之潮变成了环绕整个世界的海洋。[①]

（北欧冰岛神话）

再加上中国人熟知的盘古开天地的神话，不难看出大地的产生和神头部以下的身体相关，特别是脚——脚踏成地或脚就是地。而大地孕育载生万物，是谓"地母之神"，泥土生人。于是，足（身、腿、脚）←→大地（神）←→人就这样循环连接了起来。具体说来，"足-神"思维有五层含义。

一、有"足"方有"生"

《圣经》中上帝对蛇怒吼道："你是引诱女人堕落的坏东西……我要你和女人世代为仇，女人伤你的头，你伤她的脚后跟。"由于古希腊的神话，"阿喀琉斯之踵"成了致命处的代名词。像这样直接表述"足"与"生"关系的神话不多见，以至于人们一直认为只有"头"才是生命的本源。然而，各族群中普遍可见的"无头"神话似乎可以从一个侧面揭示出在先民对生命存在的认知中脚也至关重要，头和脚分别发挥着不同的作用：

> 有一天，雪山神女正在洗浴，世尊湿婆走了进来，这使雪山神女感到难堪和羞赧。……于是她用自己身上的污垢做出一个英俊、强壮而杰出的小男孩来。……她吩咐他说，没有她的允许，任何人都不准放进来。……湿婆恼怒了，用三叉戟砍掉了男孩的头。……雪山神女怒不可遏。……湿婆同意了雪山神女的条件。于是，天神们按照湿婆的旨意，向北方走，找到一头只有一只长牙的象，将象头砍下带了回来。湿婆将象头按在那男孩的脖子上，象头人身的男孩便复活了，……取名叫"群主"。[②]

（印度神话传说）

> 罗婆那为了讨得湿婆的欢心，在吉罗婆山上行艰难的苦修。他经受了各种痛苦之后，仍然没有得到湿婆的欢心。于是，他开始一个一个地砍下自己的头献给湿婆加林。当他已经献上九个头，正要砍第十个头时，湿婆终于被打动，显现在他面前。湿婆大神给罗婆那恩典，让他砍下的头重新长上。[③]

（印度神话传说）

---

①［英］戴安娜·弗格森：《人类的传说》，喻满意、许哲娜、沈沛晶译，希望出版社，2005年，第26页。

②薛克翘主编：《东方神话传说》第4卷，北京大学出版社，1999年，第259—260页。

③薛克翘主编：《东方神话传说》第4卷，北京大学出版社，1999年，第271页。

风神的外表很独特，没有头，只有一个圆滚滚的身体。……风神在天气好时也时常下来游逛，这时大地上就会出现旋转的风柱，人们称它是"无头神"的形象。①

（越南神话）

住在天国鲁克达格的布干还是个少女，……一次，她在第四层天国偶然俯看大地，发现在邦阿高安，有一位伊富高未婚青年，名叫金高安。……金高安和布干没有举行什么仪式就过上了夫妻生活。不久，布干生了一个活泼可爱的男孩，取名为巴力杜克。……布干来自天国，对食物很挑剔，……布干忍无可忍，就向金高安表示愿带儿子一起回天国。……她拿起刀，将儿子巴力杜克从腰处一切两段。上半截身体留给了金高安，……下半截留给自己。儿子内脏，也被两人平分了。随后，布干带着心爱儿子的一半身体回到天国。她将新生命输入儿子的下半身，使之变成天体生物，仍以巴力杜克命名。而留给丈夫的那上半身，由于金高安不知如何去输入新生命正在腐烂变质。②

（菲律宾神话传说）

在中国，刑天是妇孺皆知的"无头之神"。其实有文献记载的中国"无头神"不唯刑天，还有帝江、夏耕和蚩尤。将这些表述"无头"的神话放在一起可见：头可以没有，只要有脚，就有生命，换头也可以生存，无头也可以起舞。

那么，脚和生命究竟是什么关系呢？还要到神话中寻找：

洪水滔天。鲧窃帝之息壤以堙洪水，不待帝命。帝令祝融杀鲧于羽郊。鲧复生禹。帝乃命禹卒布土以定九州。③

《山海经·海内经》

耶和华上帝用地上的尘土造人，将生气吹在他的鼻孔里，他就成了有灵的活人，名叫亚当。

《旧约·创世记》第 2 章第 7 节

古未有天地之时，惟像无形。窈窈冥冥，芒芠漠闵；澒濛鸿洞，莫知其门。有二神混生，经天营地，孔乎莫知其所终极，滔乎莫知其所止息，于是乃别为阴阳，离为八极，刚柔相成，万物乃形，烦气为虫，

① 张玉安主编：《东方神话传说》第 6 卷，北京大学出版社，1999 年，第 23 页。
② 张玉安主编：《东方神话传说》第 6 卷，北京大学出版社，1999 年，第 318—320 页。
③ 袁珂：《山海经校译》，上海古籍出版社，1985 年，第 301 页。

精气为人。是故精神，天之有也；而骨骸者，地之有也。①

《淮南子·精神训》

大地是一块"息壤"——"息壤者，言土自长息无限，故可以塞洪水也"（《山海经》郭璞注），"息土不耗减，掘之益多，故以填洪水"（高诱注）。息壤，就是有生命力的土壤，"息即是气，是呼吸，有气便是活物，便是有生命力的、能生长变化的东西"②。大地有息，大地可生人。

天、地皆可生人，但是二者有别。天给的是"灵"，是"精神"；地给的是"形"，是"骨骸"。生命是由"灵"与"形"，也即人们常说的"灵"与"肉"共同构建的。无灵有肉，还是"活着"，是"行尸走肉"；有灵无肉，便游魂飘荡；无灵无肉，终会灰飞烟灭。灵得自天，由头承接；肉来自地，经足而成，这便是"大块载我以形"的真正含义。于是，有足有息有生命。

二、有"足"—有"力"—有"神"

在朦朦胧胧的夜幕下，走出一个人来和他（雅各）摔跤，直到黎明。那人见自己胜不过他，就在他的大腿上掐了一把。雅各的大腿窝在摔跤的时候就扭了……"你的名字不要再叫雅各了，"那人说，"要叫以色列。因为你与神与人较力，都获得了胜利。"③

（希伯来神话）

一天，黑天母亲耶雪达看到他已睡熟，便小心翼翼地将他安放在院内一辆牛车下，因为那里既遮阴又通风。……一进院门……车的各个部位全都散了架……在他们谈论这件事的时候，恰好一帮孩子嬉戏着来到这里，……"我们都看见了，那是他自己踢的。……"④

（印度神话）

在中国神话传说中，华山与岳山本为一山，河神巨灵从此过，嫌其阻挡，用脚踢开，就呈"青山望断河"之状了。

足从大地处获得生命力，也能展示和使用这一力量，世界各处的圣地多半与"圣足印"有关，如斯里兰卡的圣足山，缅甸的克钦山，越南北部和中部的足印

① 刘文典：《淮南鸿烈集解》（上），中华书局，1989年，第218页。
② 叶舒宪：《中国神话哲学》，陕西人民出版社，2005年，第365页。
③ 唐孟生主编：《东方神话传说》第1卷，北京大学出版社，1999年，第48页。
④ 薛克翘主编：《东方神话传说》第4卷，北京大学出版社，1999年，第110—111页。

圣地等。

三、异足者，神也

"足"产生了生命存在之形，因而足的形状就决定了生命的形状。人可见自身之形，那么神是什么样的呢？

人以自身为判断标准，来构拟未知的生命存在，"物不自异，待我而后异，异果在我，非物异也"（郭璞《山海经·序》），也即凯伦·阿姆斯特朗在《神话简史》中所说的："……神话并非神学，而是人类经验的总汇。人们曾经认为，神、人、动物和自然是密不可分的一体，它们遵守同样的法则，并由同样的神性物质所构成。"[1]这一认知在神话表述中不易见，语言无形，但其他的有形材料第一时间成为载体，承接了这一意义。

四、足生人

湿婆说："很久以前，当末日来临时，这世界上到处都是大水。那时，我划破自己的大腿，把血滴在水中，血在水中变成一只蛋。那蛋裂开时，从里面生出一个布鲁沙（原人）。"[2]

（印度神话传说）

男人要承担双重任务：工作和生孩子。玛尔威伊（上帝造的两兄弟之一）从他的腿肚处生下第一个孩子。一天，一位名叫达卡的女人土地神，可怜玛尔威伊，愿意承担起生养孩子的责任。于是，她蹲进玛尔威伊的腿肚里，孩子就进了她的肚里。从此，女人一直承担着这一重任。[3]

（菲律宾神话传说）

古时候，有一个部落居住在湄公河流域。部落中有一个名叫迈宁的妇女，……迈宁在生第八个儿子之后，去湄公河捕鱼。当她下水捞鱼的时候，有一根满是粗糙鳞皮的原木从湄公河上游漂流下来，她来不及躲闪，原木碰上了她的腿。过了不久，迈宁就怀孕，生下了第九

---

① ［英］凯伦·阿姆斯特朗：《神话简史》，胡亚豳译，重庆出版社，2005 年，第 6 页。
② 邓殿臣主编：《东方神话传说》第 5 卷，北京大学出版社，1999 年，第 230—231 页。
③ 张玉安主编：《东方神话传说》第 6 卷，北京大学出版社，1999 年，第 295 页。

个儿子，取名为九龙。九龙一生下来就会走路。[①]

（老挝神话传说）

不仅腿可以孕育生命，就连履践足印都可以感而生人，如姜嫄的"履帝武敏歆"，又如越南董圣王的出生。

五、"足"与"性"

在未食智慧果之前，足是繁育生命的载体；当禁果吞下，"性"能产生后代。于是通过生殖，足与性活动联系在了一起。

> 一天，贝伊塔外出狩猎，他妻子独自在家，由于孤身一人，她（美貌的天女）感到百无聊赖。她突然被一种好奇心所驱使，决心去窥探高悬在橡胶树花朵上的那颗丈夫的心脏。……当她满足了自己的好奇心后，又来到尼罗河岸边。……她情不自禁把她的美丽动人的双腿伸入河中戏水。尼罗河被她的双腿搅和得神魂颠倒，它突然掀起了汹涌的波涛企图把她裹入水中。[②]

（古埃及神话）

> 从前，在基尔达西尔城堡中，有一个伟大的巫师名叫马斯，他统治着整个北威尔士。但马斯有个致命的毛病，就是只有把脚放入一个处女的怀抱中才能保全性命。[③]

（威尔士《马比诺吉昂》）

而在古希腊神话中，由祖父乌拉诺斯的生殖器变化而来的阿芙洛狄忒，美貌而多情，尽管已婚却四处寻觅爱侣。在神话叙述中，这一出轨原因似乎和她的丈夫——丑陋而又跛足的火神赫淮斯托斯有关。

当人类第一次用赤裸的双脚站立在大地上，开始"直立人"生存方式的时候，改变的不仅仅是视线的高低、食物获取的难易以至大脑的容量，大地的震颤、土壤的温度以及草木在脚下的萌动，这一切带来的是怎样的惊异、感动与敬畏。足，这个人体最下端的部位，却是最先感知生命之力的地方。于是，包含有上述几层含义的"足–神"神话认知便形成了。

---

① 张玉安主编：《东方神话传说》第6卷，北京大学出版社，1999年，第111页。

② 孙承熙主编：《东方神话传说》第2卷，北京大学出版社，1999年，第115页。

③ ［英］戴安娜·弗格森：《人类的传说》，喻满意、许哲娜、沈沛晶译，希望出版社，2005年，第134页。

第二节　图像、物与仪式中的"足"

思想需要得到表达，"足-神"神话认知在史前无文字时代，一边以口语和行为方式为载体，在先民们的言传身教中代代相习，同时一边寻找着物质材料用来作为直观的表现。于是，自然界中的树木、岩石、泥土就成为最直接的表现手段，经过时间的洗礼，以图像、物与仪式等形式展现在现代人面前，这即是第一级的密码。

一、神之造像

神是什么样子，图画是最直观的表现。"足-神"思维以线条和色彩留在了岩画、画像石、雕塑、器物绘饰上（如图13-1—图13-4）。

图13-1　岩画：女体或鸟的线刻[1]

---

[1]引自杨志麟、金磊编：《世界原始美术图集·欧洲、亚洲卷》，江苏美术出版社，1992年，第228页。

图 13-2 河南南阳英庄
画像石：女娲和伏羲[1]

图 13-3 古印度该尼沙神像[2]

翻看这些造像会发现以下几个语言没有
承载下来的问题：

（一）立神之像

从全世界范围内看，立姿为神造像的最
常见形式。站立，是承天载地、贯通神人的
标志。头承天、脚踏地的巨人形象，就此从
语言的抽象化描写变为具体可见可触可感的

图 13-4 古希腊器物绘
饰：奈基女神像[3]

① 引自刘惠萍：《伏羲神话传说与信仰研究》，陕西
师范大学出版总社有限公司，2013 年，第 198 页。

② 引自［美］戴尔·布朗主编：《古印度——神秘
的土地》，李旭影译，吴芬审校，华夏出版社，2002 年，
第 90 页。

③ 引自［美］戴尔·布朗主编：《希腊——庙宇、陵
墓和珍宝》，李旭影译，华夏出版社，2002 年，第 49 页。

真实。宗教兴起以后，也吸收了站立之姿，各教派神主们的塑像、画像以"顶天立地式"为多，在佛教修行中，站立甚至可以是禅定修行的方法。

> 摩奴在波澜壮阔的枣树河边修苦行，只见他高举起一条胳膊，一只脚独立地面上，脸朝下，眼睛一眨不眨。就这样，他坚忍不拔地苦修苦炼，已长达十年之久。[①]

> 摩揭陀国王室莱尼迦……看见在花园角落里的一棵树下，一个年轻的出家人不知从什么时候开始在那里站立着禅思了。他的身子像一座雕像一样笔直地一动不动。[②]

> 大仙婆利古有一个儿子名叫行降。他在一个大湖边修炼苦行，采取英雄立地式站桩一动不动。他这样原地不动地站立着，经历了漫长的岁月。[③]

看来在"立地成佛"的背后是更为深远的"立地成神"，甚至在现代，为各领域的杰出人士塑像也还是多取立姿。

（二）人兽合体

神——一种"异人"的神圣生命存在，原始先民在"足－神"思维的影响下构拟出了"人兽合体"的形象（如图 13-5— 图 13-7）。

华夏民族是一个早慧的民族，其神话零散不成体系，神的画像、雕塑也不多见，但这并不意味着我们找不到中国文化中的神形象。有一部古代典籍被公认为记录的神多于神话，并且文字应是配图的，这就是中国第一奇书《山海经》。下面我们就通过《山海经》来重点考察一下中国神形象的特点。

从《山海经》的文字表述体例不难发现，华夏先民将世界上的生命存在形式分成三类：神、怪和人。

神，处于山之上，《五藏山经》之内的，人们需要对其"祠"，其他则存而不论，亦不祠。有的有名，有的无名。

怪，包括草木鸟兽，它们的出现是一种吉凶的征兆，"见则"有变。有的可食，有的可佩，有的可用，有的被命名，有的"其名自叫"。

人，主要是"异我"之人，《五藏山经》没有，自《海外南经》至《海内经》逐渐有述。

[①] 薛克翘主编：《东方神话传说》第 4 卷，北京大学出版社，1999 年，第 4 页。
[②] 邓殿臣主编：《东方神话传说》第 5 卷，北京大学出版社，1999 年，第 171 页。
[③] 薛克翘主编：《东方神话传说》第 4 卷，北京大学出版社，1999 年，第 371 页。

图 13-6　亚述神像②

图 13-5　古埃及哈赛斐斯神像①　　　　图 13-7　降阎魔尊立像③

①引自时代生活出版公司：《人类文明史图鉴·文明初曦（公元前 1500 年前—前 600 年）》，杨军等译，吉林人民出版社、吉林美术出版社，2000 年，第 60 页。

②引自时代生活出版公司：《人类文明史图鉴·文明初曦（公元前 1500 年前—前 600 年）》，杨军等译，吉林人民出版社、吉林美术出版社，2000 年，第 16 页。

③引自王家鹏主编：《藏传佛教造像》，上海科学技术出版社、商务印书馆（香港），2003 年，第 215 页。

对这三种生命存在形式的描述，包括首身的整体观照，但更注意身，不仅状其身如何，而且关注趾（爪）、足、尾等。《山海经》中的"神之像"可统计如下表：

表 13-1 《山海经》中"神之像"统计表

序号	卷数	神名	居所	形状	位数	祭祀方法
1	南山经	无名	自招摇之山以至箕尾之山	鸟身而龙首	10	毛用一璋玉瘗，糈用稌米，一璧稻米，白菅为席
2		无名	自柜山至于漆吴之山	龙身而鸟首	17	毛用一璧瘗，糈用稌
3		无名	自天虞之山以至南禹之山	龙身而人面	14	一白狗祈，糈用稌
4	西山经	无名	自钤山至于莱山	其十神者，皆人面而马身。其七神皆人面而牛身，四足而一臂，操杖以行，是为飞兽之神	17	毛用少牢，白菅为席。其十辈神者，其祠之，毛一雄鸡，钤而不糈；毛采
5		鼓	钟山	人面而龙身；化为骏鸟，其状如鸱，赤足而直喙，黄文而白首，其音如鹄，见则其邑大旱	1	
		钦䲹	钟山	化为大鹗，其状如雕而黑文白首，赤喙而虎爪，其音如晨鹄，见则有大兵	1	
6		英招	槐江之山——帝之平圃	马身而人面，虎文而鸟翼，徇于四海，其音如榴	1	
7		离仑	北望诸毗	无状	1	
8		有穷鬼	东望恒山四成	无状	1	
9		天神	淫水	如牛，而八足二首马尾，其音如勃皇，见则其邑有兵	1	
10		陆吾	昆仑之丘——帝之下都	虎身而九尾，人面而虎爪；是神也，司天之九部及帝之囿时	1	
11		长乘	西水行四百里，曰流沙，二百里至于嬴母之山	如人而犳尾	1	
12		西王母	玉山	如人，豹尾虎齿而善啸，蓬发戴胜，是司天之厉及五残	1	

序号	卷数	神名	居所	形状	位数	祭祀方法
13	西山经	白帝少昊	长留之山	无状	1	
14		员神魃氏	长留之山	无状	1	
15		耆童	骢山	无状 其音常如钟磬	1	
16		帝江	天山	如黄囊，赤如丹火，六足四翼，浑敦无面目，是识歌舞	1	
17		蓐收	泑山	无状	1	
18		无名	崇吾之山至于翼望之山	羊身人面	23	用一吉玉瘗，糈用稷米
19		神魑	刚山	人面兽身，一足一手，其音如钦	≥2	
20	北山经	无名	自单狐之山至于隄山	人面蛇身	25	毛用一雄鸡彘瘗，吉玉用一珪，瘗而不糈
21		无名	自管涔之山至于敦题之山	蛇身人面	17	毛用一雄鸡彘瘗；用一璧一珪，投而不糈
22		无名	自太行之山以至于无逢之山	马身而人面	22	用一藻茝瘗之。用稌糈米
				彘身而载玉	14	玉，不瘗。用稌糈米
				彘身而八足蛇尾	10	一璧瘗之。用稌糈米
23	东山经	无名	自樕盘之山以至于竹山	人身龙首	12	毛用一犬祈，䀾用鱼
24		无名	自空桑之山至于磙山	兽身人面载觡	17	毛用一鸡祈，婴用一璧瘗
25		无名	自尸胡之山至于无皋之山	人身而羊角	9	用一牡羊，米用黍
26	中山经	无名	自辉诸之山至于蔓渠之山	人面而鸟身	9	用毛，用一吉玉，投而不糈
27		武罗	青要之山，南望墠渚	人面而豹文，小要而白齿，而穿耳以镰，其鸣如鸣玉	1	
28		熏池	敖岸之山	无状	1	
29		泰逢	和山，好居于萯山之阳	如人而虎尾，出入有光	1	
30		无名	自敖岸之山至于和山	无状	5	泰逢、熏池、武罗皆一牡羊副，婴吉玉；其二神用一雄鸡瘗之。糈用稌

序号	卷数	神名	居所	形状	位数	祭祀方法
31	中山经	无名	自鹿蹄之山至于玄扈之山	人面兽身	9	毛用一白鸡，祈而不糈，以采衣之
32		骄虫	平逢之山	如人而二首，是为螫虫，实惟蜂蜜之庐	1	用一雄鸡，禳而勿杀
33		天愚	堵山	无状	1	
34		无名	自休与之山至于大騩之山	其十六神者，皆豕身而人面；苦山、少室、太室，皆人面而三首；余属皆豕身人面也	19	毛牷用一羊羞，婴用一藻玉瘗；太牢之具，婴以吉玉
35		蛊围	骄山	状如人面羊角虎爪，恒游于睢漳之渊，出入有光	1	
36		涉蛊	岐山	人身而方面三足	1	
37		无名	自景山至琴鼓之山	鸟身而人面	23	用一雄鸡祈瘗，用一藻圭，糈用稌
38		神人	熊山	无状	>1	
39		无名	自女几山至于贾超之山	马身而龙首	16	毛用一雄鸡瘗，糈用稌
40		无名	自首山至于丙山	龙身而人面	9	毛用一雄鸡瘗，糈用五种之糈
41		耕父	丰山	无状 常游清泠之渊，出入有光，见则其国为败	1	
42		无名	自翼望之山至于几山	彘身人首	48	毛用一雄鸡祈瘗，用一珪，糈用五种之精
43		于兒	夫夫之山	人身而身操两蛇，常游于江渊，出入有光	1	
44		帝之二女	洞庭之山	出入必以飘风暴雨	2	
45		怪神	洞庭之山	状如人而载蛇	>1	
46		无名	自篇遇之山至于荣余之山	鸟身而龙首	15	毛用一雄鸡、一牝豚刉，糈用稌
47	海外南经	无名	羽民东	连臂，其为人小颊赤肩	16	
48		祝融	南方	兽身人面，乘两龙	1	

序号	卷数	神名	居所	形状	位数	祭祀方法
49	海外西经	形天	奇肱之国	乃以乳为目，以脐为口，操干戚以舞	1	
50		群巫	巫咸国	右手操青蛇，左手操赤蛇	>3	
51		蓐收	西方	左耳有蛇，乘两龙	1	
52	海外北经	烛阴	钟山	视为昼，瞑为夜，吹为冬，呼为夏，不饮，不食，不息，息为风。身长千里。在无启之东。其为物，人面，蛇身，赤色，居钟山下	1	
53		禺强	北方	人面鸟身，珥两青蛇，践两青蛇	1	
54	海外东经	天吴（水伯）	蚩蚩北两水间	八首人面，八足八尾，皆青黄	1	
55		句芒	东方	鸟身人面，乘两龙	1	
56	海内南经	孟涂	巴	无状	1	
57	海内西经	无名	海内昆仑之虚	无状	>100	
58	海内北经	贰负	鬼国东	人而蛇身	1	
59	海内东经	雷神	吴西	龙身而人头，鼓其腹	1	
60	大荒东经	犂𩲑之尸	小人国	人面兽身	1	
61		天吴	有夏州之国，有盖余之国	八首人面，虎身十尾	1	
62		禺䝞（海神）	东海之渚	人面鸟身，珥两黄蛇，践两黄蛇	1	
63		奢比尸	孽摇頵羝山，温源谷	人面、犬耳、兽身，珥两青蛇	1	
64	大荒南经	不廷胡余	南海渚	人面，珥两青蛇，践两赤蛇	1	
65		因因乎	南极	无状	1	
66		羲和	东南海之外，甘水之间	无状	1	
67	大荒西经	女娲之肠	淑士国 栗广之野	横道而处	1	
68		石夷	西北隅	无状	1	
69		弇兹	西海陼中	人面鸟身，珥两青蛇，践两赤蛇	1	
70		嘘	大荒之中，日月山	人面无臂，两足反属于头上	1	

序号	卷数	神名	居所	形状	位数	祭祀方法
71	大荒西经	常羲		无状	1	
72		无名	西海之南,流沙之滨,赤水之后,黑水之前,昆仑之丘	人面虎身,有文有尾,皆白,处之	1	
73		夏耕之尸	巫山	无首,操戈盾立,走厥咎	1	
74	大荒北经	禺强	北海之渚	人面鸟身,珥两青蛇,践两赤蛇	重复	
75		九凤	大荒之中,有山名曰北极天柜,海水北注焉	九首人面鸟身	1	
76		强良	大荒之中,有山名曰北极天柜,海水北注焉	御蛇操蛇,其状虎首人身,四蹄长肘	1	
77		夸父	成都载天	珥两黄蛇,把两黄蛇	1	
78		相繇		九首蛇身,自环,食于九土	1	
79		犬戎	犬戎国	人面兽身	1	
80		烛龙	西北海之外,赤水之北,章尾山	人面蛇身而赤,直目正乘,其瞑乃晦,其视乃明,不食不寝不息,风雨是谒,是烛九阴	1	
81	海内经	韩流	若水	擢首、谨耳、人面、豕喙、麟身、渠股、豚止	1	
总计					>539	

由统计表可看出,全书提及神的地方约有81处,神至少约有539位。其中未状形的约有17处,神约有118位。余下诸神中"人身"的约有37位,提及约9处,大约84%以上的神都是"异人之身"。按照"足"的数量大致可以分为两类:多足(n≥2)神和少足(n＜2)神。前者"神身"主要由龙身、马身、豕身(彘身)、牛身、羊身、虎身(虎爪)、鸟身等七种构成,足的数量不外乎三足、四足、六足和八足。后者主要是蛇身,或直接标明"一足"。四足、六足、

八足分别是两足的二倍、三倍和四倍。蛇没有脚，足为零。先民在日常观察中发现鸟飞时即没有脚，于是没有脚的即是会飞的，螣蛇无足而飞。辽宁红山文化发掘出土的蛇形耳坠即是直体，比较容易理解。有两个问题有疑问，且众说不一：第一，三足的形象从何而来？第二，一足的形象如何理解？

首先，三足在生活中不常见，虽生物偶有变异但不普遍，三足从何而来？一提及"三足神"人们很容易想到太阳神——金乌——三足乌。关于"三足乌"的解说众多，有两种有代表性的解说。一种是足为趾。张衡《灵宪》："日，阳精之宗，积而成乌，乌有三趾，阳之类也，故数奇。"[①]将三足与现实中鸟类的三趾科属动物性相联系。一种是"3=2+1"，即或是鸟的两足加鸟的一尾，或是鸟与龙两种图腾的融合。

两种解说似乎都可以言之成理，但是三足的不是只有金乌，《山海经》中描述的三足的神有 1 位，怪有 5 个：

东五百里，曰祷过之山。……有鸟焉，其状如鸡，而白首、三足、人面，其名曰瞿如，其鸣自号也。（《南山经》）

又南三百里，曰景山。……有鸟焉，其状如蛇，而四翼、六目、三足，名曰酸与，其鸣自詨，见则其邑有恐。（《北山经》）

又北四百里，曰乾山。……有兽焉，其状如牛而三足，其名曰獂，其鸣自詨。（《北山经》）

又东北百五十里，曰岐山。……神涉蟲处之，其状人身而方面三足。（《中山经》）

又东五十七里，曰大𦫼之山。……其阳狂水出焉，西南流注于伊水，其中多三足龟，食者无大疾，可以已肿。（《中山经》）

又东南三十五里，曰从山。……从水出于其上，潜于其下，其中多三足鳖，枝尾，食之无蛊疫。（《中山经》）

这样看来，上述两种解说存在一定问题。普遍存在的"三"似与动物形无关，只是一个单纯的数量标志，是先民对数字"三"的圣数理解，即"三"表多，"道生一，一生二，二生三，三生万物"。（详见叶舒宪、田大宪的专著《中国古代神秘数字》，兹不赘言）

那么，一足又是怎么回事呢？同"三足乌"一样，也有一个经典形象代表——

①叶舒宪、萧兵、[韩]郑在书：《〈山海经〉的文化寻踪——"想象地理学"与东西文化碰撞》（下），湖北人民出版社，2004年，第1859页。

夔，"夔一足"。大多数论者关心的是夔的动物形还原，即它是一种猴子还是鸟禽。鲜有人对其"一足"进行解释，连孔子都回避成为"夔一，足"。

叶舒宪在《英雄与太阳——中国上古史诗的原型重构》中引述了人类学家利普斯的一段描述，指出夔为太阳神的幻化，并进一步指出：太阳白昼运行于天上，夜间进入海底或地下，"大概夔失去的一足便是在经过母口时不小心被咬掉的吧"[①]。一足为残足，即 1=2-1。

《山海经》中一足的也不唯夔，神、怪、人皆有：

> 又西七十里，曰羭次之山。……有鸟焉，其状如枭，人面而一足，曰橐𱸷，冬见夏蛰，服之不畏雷。(《西山经》)

> 又西二百八十里，曰章莪之山。……有鸟焉，其状如鹤，一足，赤文青质而白喙，名曰毕方，其鸣自叫也，见则其邑有讹火。(《西山经》)

> 又西百二十里，曰刚山。……是多神槐，其状人面兽身，一足一手，其音如钦。(《西山经》)

> 又西二十里，曰复州之山。……有鸟焉，其状如鸮，而一足彘尾，其名曰跂踵，见则其国大疫。(《中山经》)

> 毕方鸟在其东，青水西，其为鸟人面一脚。(《海外南经》)

> 柔利国在一目东，为人一手一足，反膝，曲足居上。(《海外北经》)

> 东海中有流波山，入海七千里。其上有兽，状如牛，苍身而无角，一足，出入水则必风雨，其光如日月，其声如雷，其名曰夔。黄帝得之，以其皮为鼓，橛以雷兽之骨，声闻五百里，以威天下。(《大荒东经》)

总计有 7 处（重复 1 处），神 1 位，鸟 3 种，兽 1 种，人 1 种。

三种鸟，如枭、如鹤、如鸮，都是体型巨大的品种，三种皆是命名，不是"其名自叫"。其中一种名为"跂踵"，而《山海经·海外北经》中有一个"跂踵国"："跂踵国在拘缨东，其为人大，两足亦大。一曰大踵。"则"跂踵"为大脚之意。夔，也有一个"状如牛"的形体。萧兵在论证"夔"与"夒"时，援举了《甲骨文编》中的字形，并分析道："立姿。有尾。'低首拜手'而特大其脚——夸饰猿猴的'反踵'……"[②]"一足"不是残足而成的"一"，"一足"就是它们的完整面貌。孙华先由"一足"巫术舞蹈入手，提出了比较有启发性的解

[①] 叶舒宪：《英雄与太阳——中国上古史诗的原型重构》，陕西人民出版社，2005 年，第 238 页。
[②] 叶舒宪、萧兵、[韩]郑在书：《〈山海经〉的文化寻踪——"想象地理学"与东西文化碰撞》(下)，湖北人民出版社，2004 年，第 1862 页。

说——捆绑两脚得为一足。①"一"是合"二"而成为的"一"。

在先民的圣数观念中，最先产生的就是对"一"的崇拜。"一"为元，为始，有了"一"才有了后面的一切。所以，"三"表示的是"多"，而"一"意味着"全有"。正如郭沫若曾在诗歌中激动地高呼："一的一切，一切的一！"如此，则"一足"即是"全足""多足"之意。

华夏先民在"足-神"思维的影响下，慢慢将"三足"与"三足乌"，"一足"与"一足夔"结成稳固的意义联系，在器物的铸造上鲜明地体现了出来。

二、铸器象神

"铸器以象神"在各族群中普遍存在（如图13-8—图13-11）。

图13-8 马家窑文化：阴阳人彩陶壶②

图13-9 贝斯神形式的眼睑粉罐③

---

① 孙华先：《夔一足与一足巫术》，载《东南文化》1994年第4期。
② 引自中国国家博物馆编：《文物中国史·史前时代》，山西教育出版社，2003年，第172页。
③ 引自时代生活出版公司：《人类文明史图鉴·文明初曦（公元前1500年前—前600年）》，杨军等译，吉林人民出版社、吉林美术出版社，2000年，第42页。

图 13-10 涡纹双耳四系彩陶罐①

先民们相信大地母神承载的万物都是有灵的，一把黏土、一块石头都有其生命，拿这些材料制作成器物来使用，就是赋予它们形体，因而要有身，特别是要有足。在中国最引人瞩目的是鼎器，从陶器到青铜器再到瓷器（如图 13-11—图 13-13），不绝如缕。

图 13-11　夏代二里头文化陶鼎②

图 13-12　西周青铜方鼎③

图 13-13　清代瓷鼎④

①引自中国国家博物馆编：《文物中国史·史前时代》，山西教育出版社，2003 年，第 130 页。
②引自中国国家博物馆编：《文物中国史·夏商周时代》，山西教育出版社，2003 年，第 3 页。
③引自中国国家博物馆编：《文物中国史·夏商周时代》，山西教育出版社，2003 年，第 68 页。
④采自古玩图库 www. findart. com. cn。

器物毕竟是需要使用的，因而器物在造型上根据用途分为两种，一种用于长时储存食物或液体，一种是短时使用的器具。前者多半是完整的首身全像（如图13-14），后者则多半是开放式的，头演变成了装饰的部分甚至是图纹（如图13-15—图13-17）。

图13-14　春秋晚期镶嵌龙纹鼎[1]

图13-15　商代青铜鼎[2]

图13-16　西周孝王小克鼎[3]

图13-17　商代青铜方鼎[4]

[1] 引自上海博物馆编：《中国青铜器展览图录》，五洲传播出版社，2004年，第100页。

[2] 引自时代生活出版公司：《人类文明史图鉴：文明初曦（公元前1500年前—前600年）》，杨军等译，吉林人民出版社、吉林美术出版社，2000年，第141页。

[3] 引自上海博物馆编：《中国青铜器展览图录》，五洲传播出版社，2004年，第69页。

[4] 引自中国国家博物馆编：《文物中国史·夏商周时代》，山西教育出版社，2003年，第36页。

至此，我们似乎可以揭示三星堆那个"残身鸟足"青铜像的秘密了。

三星堆二号坑出土了一件上身残缺的青铜足人像（如图13-18），编号为K2③:327，通宽10.8厘米，残高81.4厘米。冯广宏这样描述其造像：

> 只有下半身，穿着云雷图案的短裙，裙裾上还曾涂有红色的朱砂。膝以下裸露着健壮的腿部，但腿下面并不是人脚，却是一双鸟类的利爪，三趾在前，一趾在后，紧紧抓住下边两只大鸟的鸟头。[1]

有研究者便试图推测其"丢失"的上半身，要为其"补缺"。也许，我们大可不必如此费力地去拼凑这三星堆的"维纳斯"，它也许原本就是半身，正如那些同时出土的巨大青铜人头像，原本就是如此的。它们是祭祀时使用的器物，而不是单纯让人叩拜的神

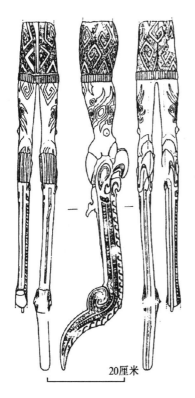

图13-18 三星堆"残身鸟足"青铜像图绘[2]

像。人头像代表了天空一系的神，足身像象征着大地一系的祇，在祭祀时与其他物品配合使用，共同组成崇拜的对象。那裙裾上的朱砂，或许就是血祭时安放在半身之上的牺牲流下的鲜血在时间的作用下凝结而成的。

三、仪式与禁忌

在史前尽管没有文字来传承信息，但先民的行为语言比文字更有力量，传承的时间更久。"足-神"思维在一些仪式与禁忌中至今存在。

（一）猎头祭

提起先民，让现代人觉得他们原始、野蛮的一个重要原因，就是在先民中比

---

[1] 冯广宏:《三星堆残身鸟足人像考》，见《地方文化研究辑刊》第4辑，巴蜀书社，2011年，第21页。

[2] 冯广宏:《三星堆残身鸟足人像考》，见《地方文化研究辑刊》第4辑，巴蜀书社，2011年，第22页。

较普遍存在的猎头祭祀。弗雷泽在《金枝》第四十七章专门用了一节的篇幅介绍与祭祀谷物有关的猎头仪式。弗雷泽的描述甚是可怕，猎头者要么埋伏起来，伺机突然捕获一个牺牲者，要么将预先选出的"人牲"养一段时间，待白白胖胖之后再献祭。祭祀时，肢解身体、抛洒血肉、分食血肉等等不一而足，方法程式虽有千差万别，但对头（头骨）的处理却趋于一致——作为珍宝收藏起来。这种仪式，从非洲到亚洲再到拉丁美洲，都有发现。就连台湾的少数民族也有过猎头的习俗，"邹族、泰雅族、鲁凯族、排湾族、阿美族、卑南族、布农族都有关于猎头行为的记录"①。更让人们感到可怕的是"他们对他们无情杀害的人并无怨恨"②。"无论台湾原住民或婆罗洲原住民、托列斯海峡西方的一些部落中，对于猎头、出草行为就像是到某个地方取回一件东西而已，而不是一种杀敌、争斗的行为……对方为何者不重要，重点就在猎头的过程和结果以完成整个仪式。同时被猎头的一方也有这样的观念，所以他们很可能认为那不是个被杀的行为，而是完成一个仪式的过程。"③

华夏先民的文献中虽然没有明确的猎头记载，但人牲却也同样存在，特别是殷商时期，人牲是祭祀的一个重要特点。《甲骨文与殷商人祭》一书中详细介绍了商代种种鲜血淋漓的人祭，其中"斩首法"名列第一，"从考古发现来看，在历次的殷墟发掘中，考古工作者发现了不少无头人尸骨，另外还发现了整坑失去躯体的人头，总数当以千计，他们可能是商人用斩首法处理的人牲遗存"④。2012年在陕西省神木县石峁城的遗址发掘将人牲的存在又提前了："在龙山晚期修筑外城东门时有一层黑褐色地基铺垫层，该层内发现摆放24颗人头骨的遗迹两处，一处位于照壁墙外侧，一处位于门道入口处靠近北墩台，这些头骨以年轻女性居多，部分头骨有明显的砍斫痕迹，个别枕骨和下颌部位有灼烧迹象"⑤。

到底是怎样一种思维支配着整个"猎杀"行为？太关注"头"会找不到答案，那些被肢解、被吃掉、被抛洒的部分——身，才蕴含着谜底，是"足-神"认知在起作用。

① 叶舒宪、陈器文主编：《宝岛诸神——台湾的神话历史古层》，南方日报出版社，2011年，第45页。

② ［英］弗雷泽：《金枝》，徐育新、汪培基、张泽石译，新世界出版社，2006年，第418页。

③ 叶舒宪、陈器文主编：《宝岛诸神——台湾的神话历史古层》，南方日报出版社，2011年，第48页。

④ 王平、［德］顾彬：《甲骨文与殷商人祭》，大象出版社，2007年，第87页。

⑤ 陕西省考古研究院：《2012年陕西省考古研究院考古发掘新收获》，载《考古与文物》2013年第2期。

大地给了肉体之形，天空给了智慧之灵。将头与身分开，将血液中的灵力洒在大地上，谷物得以生长。身源于地，复归于地，吃下去便转移到自己身上。被猎杀者没有死，灵魂保留在头颅（头骨）中，肉身变换形式依然通过"根""脚"与大地母神相连，他怎么是"死"了呢，他还"活着"。这同《庄子·养生主》中庖丁解牛的思想理路是一致的。杀牛者如在舞蹈，不知其在"杀"，被杀者"如土委地"，不知其已死也。将牛置换成人，就出现了猎头仪式，这是具体的"肉身成道"。不要指责先民野蛮，当我们供奉猪头，捧着猪蹄大快朵颐的时候，"足-神"思维并没有让我们"文明"多少。

400多万平方米的石峁城遗址还没有发掘完毕，我们不妨大胆推测一下：在某个与头骨葬坑方向相对应的地方可能会找到一个无头人尸骨坑（同殷墟一样）。就在这"天地"之间，先民建立了自己的"社"，自己的"城"，自己的"国"。天、地、人，鼎足而三。

蕴含着"足-神"神话思维的仪式还有很多，比如模仿"一足"前行的禹步、商羊之舞，丧葬仪式中的"缀足""连絇""踊跳"，印度现在仍然使用的"触足礼"……因而，当全世界为迈克尔·杰克逊神奇的"太空步"而疯狂时，一切依旧如昨。

（二）禁忌

在仪式行为中有些是要做的，有些是不能做的。就在那些不能做的禁忌中，也能看到"足-神"思维的影子。

弗雷泽在《金枝》第六十章第一节介绍了"有神性的王或祭司"第一条要守的禁忌——"脚不得触地"。作者列举了墨西哥、日本、塔希提、多苏马、暹罗、乌干达、刚果、尼日利亚、婆罗门等11个例证来说明这一禁忌的普遍和重要，并总结道：

> 很显然，神性、魔力、禁忌或无论我们叫作什么的那种充满在已奉为神的或守禁忌的人身上的神秘素质，原始人的哲学家们都视为一种物质的实体或流体，已奉为神的人身上充满了这种东西，正如莱顿瓶里充满了电一样；也正如一个良好导体通过接触可以把瓶里的电放出来一样，人身上的神性或魔力也可以通过接触土地而放出来，并且彻底放尽，在这种理论中，土地就是魔力流体的最优良的导体。所以，为了保持积蓄，不使流失，崇奉为神的或守禁忌的人物必须小心防止

接触地面；他像一个瓶子，装满了宝贵的物质或液体，如果要防止这种宝贵的物质或液体从他身上走掉，那就得像电学里所说的，他必须绝缘。许多例子显然提出守禁忌的人要绝缘，这不仅为他自己，而且也为别人；神性和禁忌的性质可以说是一种有力的爆炸物，稍一接触就会爆炸，因此，为了大家的安全，就必须把它保持在一个窄狭的范围之内，以防它泄漏出来会爆炸、破坏和摧毁它碰上的一切东西。[①]

这个结论值得商榷。首先，大地是否是导体？从世界各部族的神话来看，大地是神力孕育的母体，是源泉，未见疏导作用。其次，神性、灵力具有的是否是摧毁、破坏作用？荷马在《奥德赛》中唱道："一切人都渴望神。"神力是先民人人渴望的，即使在现代，"超人"仍是人们追求的，如果神性、灵力会爆炸四散的话，恐怕先民会高呼："让爆炸来得更猛烈些吧！"

"脚不得触地"的确是普遍存在的神圣人物的一条禁忌，然而，还有些人的脚在某些场合必须触地，在另一些场合又必须穿鞋，还有一些人的脚不能随便给别人看。

《礼记·曲礼上》："侍坐于长者，屦不上堂，解屦不敢当阶。就屦，跪而举之，屏于侧。乡长者而屦，跪而迁屦，俯而纳屦。"《说文解字》段玉裁注："古者坐必脱屦，燕坐必褪袜，皆谓之跣。"今天在泰国、尼泊尔、印度等地的佛寺中，入内参拜者必须脱鞋，还要除袜。伊斯兰教徒在毯子上叩拜时，也要脱鞋。壮族、瑶族、傣族和日本都有跣足的习惯，却与中国古代正好相反，在室内穿鞋，在室外跣足。中国晚唐五代开始，妇女流行缠足，"三寸金莲"风行，宽大的裤子下面，只露出小小的一个趾尖，并且不轻易示人，除非是自己的丈夫。

这些关于足的五花八门的禁忌，看似繁乱，其背后却是万变不离其宗的"足－神"思维。地是神圣的，脚是接受、传导神力（生命力）的部位。国王、祭司，他们是勾连天地神人的媒介，他们的脚蕴含着神力，一旦触地，被触的地就是一片"圣地"，普通人是不能居住的。而对平凡的人来说，在神圣之地（堂、寺），应该要以足接触来获得神力。对平凡的女人来说，在生命可以繁衍的地方，才能够露出脚来。

一双脚，不仅是先民们区别自然界不同生命存在的依据，也是人类在社会中区别自己的一个标准，它们不仅产生了最初的"阶层"——君王、祭司与平民，

---

① 弗雷泽：《金枝》，徐育新、汪培基、张泽石译，大众文艺出版社，1998年，第838页。

也划定了男女两性的活动区域。

第三节　文字符码中的"足"

　　文字的产生在人类进化史上是一个重要的临界点。文字是思想的载体，是信息的符码。有了文字便有了历史，人们便有了通过文字表达去追寻探究过去的可能。关于"足－神"的隐秘信息同样暗藏在文字符码中。中国的汉字是音义结合体，既有形，又可会意，是探究无文字阶段到有文字阶段的最好媒介，这一节我们就以汉字为例，探究文字中"足－神"的神话痕迹。

一、"神"与"申"

　　什么是神呢？

　　神，《说文解字》："神，天神引出万物者也，从示、申。"神是对"申"的祭祀。

　　申，《说文解字》："申，神也，七月，阴气成体，自申束。从臼，自持也。吏以餔时听事，申旦政也。凡申之属皆从申。古文申。籀文申。"

　　看似陷入了循环论证，不甚明白。古今各家注说更是众说纷纭。徐复、宋文民先生在《说文五百四十部首正解》一书中做了梳理，兹引如下：

　　　　段玉裁注：神不可通，当是本作申，如"巳，巳也"之例。《律书》曰："申者，言阴用事，申贼万物，故曰申。"《律历志》曰："申坚于申。"《天文训》曰："申者，申之也。"皆以申释申，为许所本。或曰，神当作身，下文"阴气成体"，《释名》等书皆云"申，身也"。此说近是。当是从丨以象其申，从臼以象其束。疑有夺文。

　　　　王筠《句读》：申束者，揫敛之意。汉人相传之故训也。

　　　　徐灏笺：虫部虹籀文作螾，云从申。申，电也，钟鼎文多作。籀文即从此变。小篆整齐之作印耳。

　　　　林义光《文源》：按古作，不象人体，实即伸之古文。象诘诎将伸之形。

　　　　胡小石先生《说文部首》：卜辞、金文象雷电于空中闪烁状。而《说文》所录雷电诸字，皆从申。疑古电、申为一字，盖见电而疑为神也。[①]

徐复、宋文民先生总结道：“申、电古本一字，其说可信。”并引用了甲骨文、金文等，将其定为正解：

> 甲骨文京四七六作，京七一作，存二七三三作，铁一六三·四作，金文堇鼎作，即簋作，楚子簠作。[②]

图 13-19　山东泰安大汶口文化象牙梳[③]

这一观点还是有值得商榷的地方，若为雷电，雷电为阳，与许慎说“阴气成体”不合。虹、雷、电古人认为都是神，带有“申”字符可理解。对“申”的理解还应该回到字形上来。楚子簠字可以给我们提示，“申”不是一个符号，而是两个字符的组合，即《说文》中的从臼，从丨。

臼，《说文》：“臼，叉手也。从𠂇、又。”然而“手”字小篆作，手拳之象，与之不同。《说文》中还有“爪”字，“覆手为爪”，象形。徐灏笺：“戴氏侗曰：‘爪，鸟爪也，象形。’”甲骨文乙三四七一作，金文师克盨盖作。同时《说文》“爪”部中有字，“亦爪也”。可见，“申”中不是“臼”，而是两个爪（爪）。

中间的弯曲符号，如反“S”，是什么意思呢？《说文》的“寿”字中含有该字符：“壽，久也，从老省，𠷎声。”老，指老人，老人生命长久，即为寿。中间的反“S”就像数学中的“∞”，表示永恒循环。（如图 13-19）

什么是“申”，呼之欲出了——永恒存在的鸟爪痕迹，或者再说得准确一点，一种以异足形象出现的永恒生命存在。对这种生命存在的祭祀，就是“神”；这种生命存在以大地的形象出现，就是“坤”；这种生命存在以虫的形式具体化，

① 徐复、宋文民：《说文五百四十部首正解》，江苏古籍出版社，2003 年，第 435—436 页。
② 徐复、宋文民：《说文五百四十部首正解》，江苏古籍出版社，2003 年，第 436 页。
③ 引自中国国家博物馆编：《文物中国史 · 史前时代》，山西教育出版社，2003 年，第 83 页。

就是“虹”；伴着雨发光，出现在天上，就是“电”（《说文》“阴阳激耀也”）；显现在人身上，就有长、久之意，是为“伸”。

二、“㑗”与“神”

《说文解字》里还有一字解释为“神”，即“㑗”字。《说文》：“，神也，从人，身声。”

其实，身，不仅表音，也表意。《说文》：“，躳也，象人之身。从人，厂声。”

段玉裁注：吕部曰：“躳，身也。从吕、从身。”二字为互训。大徐作“象人之身。从人，厂声。”按厂古音在十六部，非声也。今依《韵会》所据小徐本改为省声。籀文作，故从其省为声。

胡小石先生《说文部首》：金文“身”作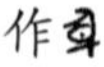（叔向父敦），为人怀孕状。后引伸为身体之意。[①]

……

徐复、宋文民先生总结道：“按：诸家谓身为女怀孕，是也。”[②]

其实严格说来，断定为“女怀孕”不确，从字形上看不出是“女体”，更重要的是并不是从头到脚的整个身体之形。准确地说，身应该是除了头之外的部分，呈立形，虽无首，腹中有孕。有孕，即有生命也。无头而有生命的立形存在，就是“身”。《山海经·海外南经》说：“地之所载，六合之间，四海之内，照之以日月，经之以星辰，纪之以四时，要之以太岁，神灵所生，其物异形，或夭或寿，唯圣人能通其道。”可见世间万物皆有“身”，而“唯圣人能通其道”，加了“人”的“身”，就成了“神”，成了“圣”。所以，“㑗，神也。”正如麦克斯·缪勒在《宗教的起源与发展》中引述孔德和费尔巴哈的主张时说：“人不可能知道比人更高的东西，所以只有人才是宗教知识的真实对象，不过这里的人不是指个人，而是指人类。人的一般概念或人的本质被实在化具体化了，因而人类既成了祭司同时又变成了神。”[③]所以，《尔雅·释诂》中

① 徐复、宋文民：《说文五百四十部首正解》，江苏古籍出版社，2003 年，第 242 页。
② 徐复、宋文民：《说文五百四十部首正解》，江苏古籍出版社，2003 年，第 242 页。
③［英］麦克斯·缪勒：《宗教的起源与发展》，金泽译，上海人民出版社，1989 年，第 13 页。

说："身，我也。"①

《说文解字》一书共有 540 个部首，与"足"直接有关的就有止、步、走、癶、此、正、是、辵、彳、延、行、足、疋等 13 个部首，共计 390 个字，间接相关的字就更多了。这些文字以其音义在汉语系统中形成了强大的语义场，从古代汉语到现代汉语，人们一直在使用着。语言文字专业领域的研究者称之为"身体词语"，研究成果很多。可能由于学科人为设置的壁垒，"足-神"的神话联系在语言文字领域里只是被看作一种隐喻现象，而其背后经过几次编码的神话认知未能被发现。

其实，只要稍加留意，就在我们的口耳之间，在我们的日常语言当中，"足-神"思维的痕迹仍然可以找得到：广东粤方言中的"鞋子"发音为"孩子"；老师的得意学生叫"高足"；得意之态是"趾高气扬"；打架时会大喊"我光脚的不怕穿鞋的"；甚至网络上见个帖子不好，都要"踩"一下。

缪勒说："在对人们的理智形成看法时，考察他们的语言无疑是极其有益的。"②"足-神"神话思维就这样透过一笔一画的描摹，不知不觉从史前期进入文明期，进入了我们接受的"历史"。

第四节　古代典籍中的"足"

解决了文字的困难之后，一切似乎就变得明朗了起来，经过这些文字排列组合形成的中国古代典籍无不笼罩在"足-神"神话认知当中，只不过现代人将其分门别类地放在一个个"专架"上，阻挡了视线，使人不知"所以然"。文学人类学"破学科"的研究方法，将拆下这些"挡板"，以看到更清楚的世界。下面略举几个方面的典籍加以说明。

一、医学

上古巫医不分，巫即是医，其工作的大部分内容是负责去病禳灾；医即是巫，其治疗的方式方法是神秘的仪式和咒符。中国古代的医学理论代代相承，在

---

① （晋）郭璞注，（宋）邢昺疏，李传书整理：《十三经注疏·尔雅注疏》，北京大学出版社，1999 年，第 24 页。

② ［英］麦克斯·缪勒：《宗教的起源与发展》，金泽译，上海人民出版社，1989 年，第 59 页。

世界上形成了独树一帜的中医学，而中医理论就建立在"足－神"神话思维的基础上。

> 寿命无穷，与天地终。此圣人之治身也。天不足西北，故西北方阴也，而人右耳目不如左明也。地不满东南，故东南方阳也，而人左手足不如右强也……东方阳也，阳者精并于上，并于上则上明而下虚，故使耳目聪明而手足不便也。西方阴也，阴者其精并于下，并于下则下盛而上虚，故其耳目不聪明而手足便也。……故天有精，地有形。天有八纪，地有五里。故能为万物之父母。……唯贤人上配天以养头，下象地以养足，中傍人事以养五脏。①

> 夫人生于地，悬命于天，天地合气，命之曰人。人能应四时者，天地为之父母；知万物者，谓之天子。②

> 地有经水，人有经脉。③

《黄帝内经》包括《素问》和《灵枢》两部分，是我国现存医学文献中最早的一部典籍，比较全面地阐述了中医的理论体系和内容。从以上略引的几条可以看出中医的理论完全建立在"足－神"神话认知基础上：天与地有神、有气、有精，天注阳气于人的头部，地注阴气于人的足部，"天地合气，命之曰人"。除头部以外的身体由地象的经纬构成，在人即经脉也。身与头通过经脉相连。《灵枢》中详细地介绍了人体的十二条经脉，包括手足三阳经和手足三阴经。经与脉的枢纽交界在体内即为"络"，在体表即为"穴"。人的一双脚就勾连着包括腹脏在内一直到头的关键。所以业内有云，一双脚就是一个人。

二、刑典

如果说"医"是救人生命的，那么"刑"就是夺人生命的。中国古代关于刑法的制定和实施中同样可以找到"足－神"的神话思维。

《尚书》最早提出了"五刑"的概念："墨辟疑赦，其罚百锾，阅实其罪。劓辟疑赦，其罪惟倍，阅实其罪。剕辟疑赦，其罚倍差，阅实其罪。宫辟疑赦，其罚六百锾，阅实其罪。大辟疑赦，其罚千锾，阅实其罪。墨罚之属千，劓罚之属千，剕罚之属五百，宫罚之属三百，大辟之罚属二百。五刑之属三

---

① 姚春鹏译注：《黄帝内经》（上），中华书局，2010年，第64—66页。
② 姚春鹏译注：《黄帝内经》（上），中华书局，2010年，第231页。
③ 姚春鹏译注：《黄帝内经》（上），中华书局，2010年，第246页。

千。"①五刑，墨、劓、刖、宫和大辟，也即《周礼·秋官·司刑》中提到的"墨罪、劓罪、刖罪、宫罪和杀罪"。

有研究者认为，五刑从轻到重，有层级渐进，恐怕不确。

刑法的实施在古汉语中称为"刖"，《说文解字》："刖，绝也。从刀，月声。"段玉裁注："凡绝皆称刖。"②五刑，是谓"五绝"。绝什么？绝命也。刑法的设立是为了夺取犯人的生命作为惩罚，然而，墨者、劓者、刖（跀）者、宫者皆不死，这背后就是神话思维在起作用。

墨，郑玄注："黥也，先刻其面，以墨窒之。"《经义述闻》卷四"刵劓剸刖"条详细区别了"墨"和"黥"："墨刑在面谓之黥，在额谓之涿鹿。"③这一刑法的创制目的是使犯人容貌尽毁，变得丑陋吗？郑玄已经在《周礼》注中发出了疑问："今东西夷或以墨劓为俗，古刑人亡逃者之世类与？"不唯古代的东西夷以为"俗"，今天刚果河流域的部族评判美女的标准就是脸上的伤疤越多越美。那么，墨刑的意义何在？

天地皆赋予人生命，天灵从头入，地气从脚进。要绝其命有两种方式：一种是彻底毁灭式，灵肉具毁；另一种就是形式毁灭式，让其成为"行尸走肉"的存在，仍能工作，但已经不为"人"了。

五刑之"杀罪"从字源上看，《说文解字》云："殺，戮也，从殳，杀声。"商承祚《殷墟文字》："此与古文第三字相似，从与金文考老字所从之殆是一字，象血滴形。"④而"老"字，林义光《文源》："老字古作、作。从人，上象发秃，与秃字同意。匕，人之反文，扶老者也。或作，又作，从，象人头。作，象其手，依人以行。亦人字，象上手以承老。"⑤所谓"杀"，就是割下人头鲜血淋漓。杀，就是首身分离的绝命方式，后代称为"极刑""斩立决"，属于快速死亡法，彻底毁灭生命。

余下四种，两种破坏头部——墨和劓，两种破坏身体——刖和宫。《周礼·秋官·掌戮》又补充一髡刑，合起来又成为一种"五刑"——五种"肉刑"。髡、劓、墨破坏的是承天灵的部位——头顶（俗称"天灵盖"）、鼻子（鼻，自也，"我"的代称）、额头（相书中称为"天庭"，主人一生的命运）。刖和宫破坏的

① 臧克和：《尚书文字校诂》，上海教育出版社，1999年，第525—526页。
② （汉）许慎撰，（清）段玉裁注：《说文解字注》，上海古籍出版社，1981年，第181页。
③ 臧克和：《尚书文字校诂》，上海教育出版社，1999年，第529页。
④ 徐复、宋文民：《说文五百四十部首正解》，江苏古籍出版社，2003年，第70页。
⑤ 徐复、宋文民：《说文五百四十部首正解》，江苏古籍出版社，2003年，第245—246页。

是接地气、能繁衍生命的部位——足和男性生殖器。这五种肉刑是慢性死亡法、形式死亡，受刑人还要接受一定的工作安排——"墨者使守门，劓者使守关，宫者使守内，刖者使守囿，髡者使守积"（《周礼·秋官·掌戮》）。五种肉刑意义平等，但在实际中唯有宫刑真正做到了"绝"，绝族人之命。因而司马迁在无辜受宫刑之后，悲号"行莫丑于辱先，诟莫大于宫刑。"

三、文学

高尔基说，文学就是人学。"足-神"神话思维在文学典籍中表现得最多，这一思维模式，通过文字在文本中凝结成具有特定情感和意义的审美之象，代代传承。这里只略举一个大家熟知而又最能反映"足生人"的意象——金莲。

（一）从"女人/足"到"金莲"

古今中外，男人对女人的脚似乎格外钟情。普希金在《叶甫盖尼·奥涅金》中高唱："走遍整个俄罗斯，也找不到这样一双小脚。"在中国，无欲无求的陶渊明先生也说"愿在丝而为履，同素足以周旋"，齐梁的宫体诗更是明目张胆地描摹女性的身姿体态。可是由于古代中国独尊儒术，儒家礼教之"大防"就是"男女授受不亲"，于是，女人的鞋成了女人足的最直接替代物。

自五代以至于明清，汉族女子裹脚蔚然成风，因其脚只有三寸，鞋要自制。三寸之鞋成了展示女红的最佳载体，鞋面、鞋帮乃至鞋底都要装饰绣花。静观，娇小可爱，行动时与步态相映成趣，有极强的视觉美感。这样的"足"与"鞋"的组合在语言中形成一个独特的词语——金莲。

直至清代，男人们对"金莲"的热情不减，在小说戏曲中有大量描写已是常见，甚至有文人专门出版专著，如清人方绚著有笔记《方氏五种》，其中的《香莲品藻》《贯月查》《采莲船》等，都与"三寸金莲"有关。《香莲品藻》之序盛赞"金莲"道："闲思莲足纤妍，花堪解语，更无凡卉得与追踪；至有历百折而不回，贯四时而不改，则惟寒梅、翠竹、苍松差堪接武。"

（二）从"金莲"到"女人/性"

一对纤妍的"金莲"是太小了，终究不够男人赏玩，在男性文人的笔下，"金莲"脱去"足"的凡胎，化身为美艳的女性肉体，并成为性的直观象征。《金瓶梅》是最典型的代表，潘氏金莲广为人知。

潘金莲的一生，概括言之，可视为一个身体的寻找、展现与失落的过程……"金莲"……这一身体符号，既是她之"社会性别"的标志，又是男性眼中开启诱惑的"性征意象"，而她本人则始终处于"无名"的状态，只凭自己的"三寸金莲"而获得存在的意义，除此之外，她一无所有。[①]

不要太早指责男人们心理畸形，这是人们逃不开的神话思维在作祟。脚，就是"形"，一双脚就是一个人，一双女人的脚就是女人的全部身体。礼教限制了"授受"，可限制不了无形的思想。看到女人的脚就等于看到了女人的全部身体，拥有了女人的脚就等于拥有了整个女人。然而，脚长在女人自己的身上，不能拿走，而女人脚上的鞋却是容易获得的。于是，拥有了女人脚上的鞋就等于拥有了整个女人。直到今天，这一等式仍然成立。童话中王子要拿着那只水晶鞋才能找到灰姑娘，电影电视中一再上演着"一鞋定情"的故事，现代婚礼迎亲时新郎必须找到新娘的两只鞋，并亲手给她穿上才能接走她。所以，古代文学作品将"金莲"作为专门题材研究，将"金莲"虚构成女人形象去摹写，不过是又一次"足生人"的置换变形。

除了上述列举的医学、刑典和文学之外，在哲学、艺术、音乐、舞蹈、体育等诸多领域都可以找到"足－神"神话思维的印迹，比如儒家倡导的"践形理论"，道家讲究的"机发于踵"；《老子》的"吾有大患，为吾有身"之叹，《庄子》开篇的浪漫"逍遥"之游……放眼望去，"大足"无处不在。

第五节　当代文化之"足"

距离越近越容易"失焦"，浸润愈久愈容易"忘味"。当科学技术在现代社会迅猛发展的时候，一切似乎都被改变了，日新月异，翻天覆地。然而，大地还在，双脚还在，人类的神话思维依旧伫立。只不过在时间的作用下，从一级到二级，到三级……到今天的 N 级，这张符码之网在纵横两个维度上越织越精妙，使得人们浑然不觉。

文学是最敏锐的反映体，经历了"白话文运动"的中国文学在"西学"的狂风猛刮下似乎改头换面了，可那双脚依然是"中国脚"，"足－神"神话思维依然存在于文学创作之中。比较明显的是苏童的成名作《妻妾成群》。小说中主人公

---

① 冯文楼：《四大奇书的文本文化学阐释》，中国社会科学出版社，2003 年，第 317 页。

被命名为"颂莲",又是一双被歌唱的"金莲"。从一双扣紧的学生鞋到半趿在脚上的绣花拖鞋,再到最后光着脚在井边徘徊,脚以及脚上的鞋暗示了颂莲的一生。那桌子底下纠缠分开的腿,让颂莲看到了男女之间的性魔力,然而她的腿伸出去了,却没有人回应。小说中"足-性"的表达比较隐晦,作品被改编成电影《大红灯笼高高挂》之后,片中增加了捶脚的直观展示,颂莲对性的态度变化形象地反映成对捶脚的态度——从不习惯到习惯最后到依赖,视觉冲击强烈。小说和电影都充分利用了"足-神"神话思维中的意象,获得了空前成功。

还有一些作品几代人都在阅读,却没有意识到小说之所以成功,还是利用了人类原始的"足-神"思维,比如金庸的小说。

有华人的地方就有金庸小说,金庸的小说创作善于运用中国传统文化这是一些读者熟知的,其实"足-神"思维正是这文化中最深沉的部分之一。在这方面表现比较典型的一个人物就是《天龙八部》中的一个主人公——段誉。对于这样一个手无缚鸡之力的文弱男子,作者对其第一次"加力",就是在"神仙姐姐"玉像脚下得到的"凌波微步"。如同先民的禹步祭祀舞蹈一样,段誉在步法中获得了力量,武功大进。第二次,就是挥指运气的"六脉神剑"。气自脚底汇集,自指尖流出,整个身体是气脉之路。可这种建立在神话思维之上的武功在刀光剑影的江湖毕竟不可行,作者只好给了他"金刚不坏之身"——百毒不侵,终于完成了对其从"小男人"到"大英雄"的形象改造,最终众美在怀。

就世界范围来看,"足-神"思维也依旧很普遍,法国诺贝尔文学奖获得者勒克莱齐奥2011年推出了短篇小说集《脚的故事》,集中同名小说就以一个女人的双脚作为观察和叙述的视角,叙说了她从少女到母亲的人生经历。此外,一些学者的学术专著或学术随笔也不自觉地运用"足-神"思维来命名,如洪英圣的《台湾先住民脚印——十族文化传奇》。

其实,文学之外,"足-神"处处可见:世界杯的大力神造像,商场中用来导引的足印贴纸,哈比人的大脚,动画片《快乐的大脚》,连冰淇淋都有"大脚板"……如同鱼儿相忘于江湖一样,现代人相忘于"足-神"的神话符码之网。

第六节　本章小结

　　2012 年，文学人类学学者们在重新界定 "大传统/小传统" 的同时，提出了文化文本的 N 级神话编码理论："我把一万年以来的文化文本和当代作家的文学文本之关系，归纳成 'N 级编码理论'。"[①]并提出一级编码为物和图像，二级编码为文字，三级编码为古代经典，当代创作为 N 级编码。本章选了一类关于人类的创世神话为案例，进行了一次从源到流的分析，希望能够有助于理解文化符号学编码理论之丰厚性和实际效用性。

　　关于足的创世神话目前并不是在世界各族群都能找到，从神话的情节和内容上看，其产生的时间应该较早，应是 "直立人" 时期深刻感知的留存，随时间的流逝渐渐被遮蔽，沉淀成为一种不被人觉察的 "已知" 存在。N 级神话编码理论能够帮助我们拨开迷雾，为人类重新审视自身的文化提供有力的工具。从器物、图像到文字书写，从古代典籍到当代创作，人类在神话的大地上留下了串串足印，构建着自己不灭的历史⋯⋯

（栾为）

---

　　①叶舒宪：《文化文本的 N 级编码论——从 "大传统" 到 "小传统" 的整体解读方略》，载《百色学院学报》2013 年第 1 期。

第十四章 《尔雅·释鱼》的神话分类解

作为解释各种鱼类形体、特征、习性等方面内容的专章，《尔雅·释鱼》中龟、蛇、贝、螺、青蛙、蟾蜍、蝌蚪、蜥蜴等动物均不属于鱼类。对于《尔雅·释鱼》中所释词的范围及专门辟章解释的原因，前人多有阐释。其中《尔雅正义》最为详备，认为原因有三：一是所释之物均为水族之虫；二是它们是古人食物的重要来源，且种类繁多；三是某些是祭祀活动的必备食品。[①]笔者认为，这些阐释值得商榷。我们用文化文本的"N级编码论"分析《尔雅·释鱼》中的非鱼类词语，就会发现龟、蛇、贝等和鱼类在古代初民心中都是生命崇拜的象征，因而它们被归入《释鱼》中。

根据文化文本的"N级编码论"，我们在探究《尔雅》的部首编码原则时，将这部早期字典看作是三级编码，那么也无疑需要借助一、二级编码的原型象征研究。

第一节 "鱼"文化编码中的核心价值属性

文化文本就是一个动态生成的程序，不断升级，我们只有真正了解一个完整的文化编码程序链，也就是说只有通过一、二级编码，才能深究三级及以上编码背后的文化脉络。同样，"N级编码论"完整解开了"鱼"文化文本的编码程序链，为我们揭示《尔雅·释鱼》的编码原则和核心价值提供了有力的理论依据。

远古先民在人烟稀少、环境险恶的境况下一方面关心自身的生存，但更重要的是关心后代的繁衍。他们对人类的繁殖和生长的科学原理一无所知，出于某种功能、情感的需要（希望多子）以及经验层面上的认识（如鱼类、蚊类的多产，龟的长寿），容易对具有这些属性的事物和人自身进行想象性的属性类比。

---

① 参见朱祖延主编：《尔雅诂林》，湖北教育出版社，1996年，第3924页。

在文字出现之前，人们常以造型图案、雕塑、佩饰等实物符号来表征这种文化观念。半坡出土"人面鱼纹"彩陶盆、红山文化和良渚文化中出现用玉琢制的鱼鳖，商周时期墓葬中惊现大量玉鱼饰品，这些出土文物无疑为我们解读"鱼"文化文本提供了重要的原型编码，即一级编码。

考古发现，在新石器时代的仰韶文化彩陶上，鱼纹是最有代表性的纹饰。研究表明，这是一种用以标记氏族而使用的图腾徽识。据推测，这种纹饰反映出当时渭水中上游的远古先民崇拜人格化鱼神。前人的研究为历代器物上鱼纹不衰之原因提供了答案：孤鱼纹或与人面组合在一起的鱼纹，可释为"鱼妇"，象征生育之神，双鱼纹、群鱼并游纹、合体鱼纹等，可释为"蛇化鱼"，象征子孙繁衍，民族兴旺。[1]在中国人心目中，这种鱼神很可能就是鲤。[2]按照黑格尔的说法："东方所强调和崇敬的往往是自然界的普遍的生命力，不是思想意识的精神性和威力而是生殖方面的创造力。"[3]而现今广为流传的吉祥用语"鲤鱼送子"，暗示着鲤鱼所具有的不同寻常的文化象征意义，不正是仰韶文化的鱼纹饰编码的再造和再编码吗？

出土文物表明，新石器时代的红山文化和良渚文化已有数量较少的"玉鱼"。而商周时期出土的鱼形玉佩数量大，形制多。最让人惊叹的是妇好墓中惊现121件鱼类玉器，其中有7件鱼形玉璜，11件鱼形刻刀，2件鱼形耳勺，75件鱼形装饰品。[4]这充分表明古代先民对鱼的崇拜。前辈学者多认为是两种民俗观念使然：一是表示生殖的信仰；二是祈望丰收。而这两种观念都与鱼强大的繁殖能力息息相关，这可以在《尔雅·释鱼》中找到文献的印证。

《释鱼》中鱼类词汇占一半左右，一方面是鱼有强大的繁殖能力，使得先民在饮食上得到充沛的供应，更重要的是古人因鱼腹内多子，繁殖力强，将其视为配偶、婚姻、生殖的象征。《诗经·陈风·衡门》："岂其食鱼，必河之鲤。岂其取妻，必宋之子。"[5]此以"食鱼"与"娶妻"对举，其象征意义极为明显：配偶有鱼一样的生殖能力，期待有像鱼那样多子多孙的美好婚姻。而《释鱼》中排在篇首第一条的乃是"鲤鱼"，其背后特殊的文化脉络就不言而喻了。

① 陆思贤：《半坡"人面鱼纹"为月相图说》，载《文艺理论研究》1990年第5期。

② 卢国屏：《尔雅语言文化学》，学生书局，1999年，第272页。

③ ［德］黑格尔：《美学》第3卷上，朱光潜译，商务印书馆，1979年，第40页。

④ 参见李凡：《殷墟妇好墓写实动物形玉器初探》，载《经济与社会发展》2012年第2期。

⑤ （宋）朱熹集注：《诗集传》，中华书局，1958年，第82页。

此外，《释鱼》编者对鱼类多产性的关注还表现在对鱼子的阐释上："鲲，鱼子。"《尔雅正义》曰："古者立夏水虫怀孕之时，禁鱼鼋之罔，所以蕃庶物也。然鱼易生子，大寒降，取名。鱼亦有怀子者，则以鱼子为酱。""蜎蠉"作为蚊子的幼虫能被编入《释鱼》，也有很大可能是因为蚊子的多产。下面这个例子或许是能够清楚地阐明这些心理条件的事实："在英属哥伦比亚，'给不孕的妇女喝黄蜂窝或者苍蝇熬的汤汁能使她们生孩子,因为这些昆虫能以巨大数量繁殖'。"[1]

值得一提的是，还有学者通过"金缕玉衣"的形状还原性构建"含珠鳞施"的葬俗，原文如下：

> 玉衣的构成之所以用数以千计的片状拼接为一体，是为了让死者模拟性的变化成鳞介类的水生动物。相传象征不死的千金之珠藏在龙口之中。而鱼鳖一类的鳞介动物，在神话中普遍视为能够长寿或死而复活的神物。《山海经·大荒西经》说到氐人之国："有鱼偏枯，名曰鱼妇。颛顼死即复苏。风道北来，天乃大水泉，蛇乃化为鱼，是为鱼妇，颛顼死即复苏。"颛顼是黄帝之孙，他能够死而复活的诀窍，就在于化蛇化鱼的变形潜力。"含珠鳞施"的葬俗，莫非是效法神话想象中的鱼妇？让死者口中含珠，模仿骊龙，身披鳞片玉衣，模仿游鱼。先秦的冥界神话将地下死者之国称为"黄泉"，汉以后又称"九泉"或"黄垆"等，指黑暗的大水围绕的状态。死者下黄泉之旅，要模拟鱼龙之类的水生动物，也就顺理成章。

> 章炳麟《信史下》说："古之葬者，含珠鳞施。鳞施者，玉柙是也。"越过秦汉，向上溯源，商周以来的以玉鱼铜鱼饰棺现象，当为汉代王侯玉衣葬制的雏形。[2]

这个研究其实向我们传递了这样一些信息：一是鱼鳖一类的鳞介动物在神话中普遍被视为能够长寿或死而复活的神物；二是鱼、蛇、龙等鳞介动物能互变、互化，具有一定神圣性。这也是后世龙鱼形玉佩大量出现的原因，当然，蛇类动物出现在《尔雅·释鱼》中也就不足为奇了。

综上所述，我们运用"N级编码论"，通过文献记载（《尔雅》等三级编码）和出土实物的对照，可以初步得出：在古人逻辑思维不明晰、分类标准不统一

---

① ［法］列维-布留尔：《原始思维》，丁由译，商务印书馆，1985年，第266页。
② 叶舒宪：《金缕玉衣何为》，载《能源评论》2012年第5期。

的情况下，具有多产、生命力强、长寿、再生能力、鳞介等共同特征的动物都可简单归为鱼类。

第二节　形态类比与贝之鱼属

形态类比即所谓的"取象类比"，指两类事物只要在形态上有一项相似，就可进行类比，甚至把它们完全等同。这种类比在《释鱼》中主要表现在对某些生命象征物形态的描述上。贝被编入《释鱼》中，与古人的形态类比思维不无关系。

贝在古代用途极广，既可供实用，也曾在商周时代被用作流通的货币。这在《尔雅》中有所记载："贝，居陆赎，在水者蜬。大者魧，小者鲼。玄贝，贻贝。余貾，黄白文。余泉，白黄文。蚆，博而颏。蜠，大而险。蟥，小而椭。"①

《尔雅正义》曰："《小雅·菁菁者莪》云：'锡我百朋。'郑笺云：'古者货币，五贝为朋。'……《汉书·食货志》云：'金刀龟贝，所以通有无也。'《说文》云：'古者货币而宝龟，周而有泉，至秦废贝行钱。'《礼记》疏云：'古者货币，以币为货，若今之用钱为货也。'古既以贝为货，又用以为饰。《鲁颂》所谓贝冑朱綅也。其用至广，故释之特详。"

或许是受这些文献资料的影响，众多学者在解释贝壳何以成为古代社会较为普遍的殉葬品时，基本上局囿于两种观点：一是贝壳作为装饰品的珍贵性；二是从"物以稀为贵"的角度出发，认为产于沿海的贝壳在内地是难得之物。如果仅从这两方面来解释古代贝壳殉葬品的屡见不鲜，就会让人质疑：在现实生活中，比贝壳美丽的东西随处可见，为何独以贝壳为当时的装饰品？如果仅因为贝壳为难得的物品视其为原始形态的货币，又怎么解释世界各地均以贝壳作为流通的交换媒介？

很多学者对这两个问题进行思考，提出了精辟见解。其中钱币专家赵忠格提出"钱币女阴崇拜"这一新说，认为当时的人类十分看重后代的繁衍，因此女阴被异常崇拜。由于海贝壳与女阴外形相近，就被当时有地位的原始人类作为一种推崇的饰物挂在身上，以表明自己对女阴的崇拜或以此来炫耀自己所占有

---

① 徐莉莉、詹鄞鑫：《尔雅：文词的渊海》，上海古籍出版社，1997年，第286页。

的女性数量。[①]

这一观点主要从贝壳与女阴外形的相似性上推究贝壳在古代社会备受推崇和重视的原因。这种形态上的类比正是古代神话思维的重要特征，即相信形态相似的物体具有相同的神秘属性。要想了解《尔雅·释鱼》中贝类在远古人心中具有的神秘属性，有必要整体观照其中的贝类名词。《尔雅·释鱼》的词条共计42个，贝类词条主要有以下5个：

16·27 魁陆。

《尔雅义疏》："……形圆长，似大腹槟榔，两头有孔，今出莱州。"

16·30 蛖，蠃。

《尔雅义证》："……产真珠，有名，孵化后三年则成熟，于此时期中体部之成长最发达，而能发见贵重之真珠亦在此年龄以上。"

16·31 蚌，含浆。

《尔雅义疏》："……郑注'鳖人'，以含浆为狸物之属，盖蚌类多薶伏泥中，含肉而饶浆，故被斯名矣。今江湖陂泽，此类实繁，形修而扁，如石决明而壳两片相合，腹亦生珠。……《吴都赋》云：'蚌蛤珠胎，与月亏全。'盖凡蚌之属，腹多孕珠者也……"

16·35 蜃，小者珧。

《尔雅义证》："……形似蚌而大，一头尖，一头渐阔，长一尺余，宽五六分，……轮切之，则形如圆扇，以之作羹，味甚美。"

16·37 贝，居陆䗦，在水者蜬。大者魧，小者鱧。玄贝，贻贝。余貾，黄白文。余泉，白黄文。蚆，博而頯。蜠，大而险。蟥，小而楕。

《尔雅义证》："……玄贝，贻贝。今子安贝也。近海产甚多，质黑而圆，有白文，大三四寸，妇人持之有安胎之效，故贻本又作胎。壳为圆卵形，甚美丽，以外套膜包之而匍匐……。"

综而观之，贝壳具有以下特征：

（1）形圆长或修扁；

（2）内有小肉或真珠；

（3）壳两片相合，既可张开，亦可夹住；

（4）形如圆扇或圆卵；

---

① 参见新浪网，2003 年 12 月 17 日。《钱币起源于女阴崇拜》，http://news.sina.com.cn/c/2003-12-17/16251365468s.shtml

（5）有安胎之效。

……

如果我们用简单的公式来表示形态类比，事先假定物体 A 和物体 B 的特征各自为：

A：{a，b，c，d，e}

B：{e，f，g，h，i}

按照形态类比的界定，只要有一项形似，便各项及整体皆可等同，也就是说只要 e（设为形态）大致相似，即 Ae≈Be，那么不仅 Ae＝Be，而且 A：{a，b，c，d，e}＝B：{e，f，g，h，i}。

贝壳：{动物；既可张开，亦可夹住；内有小小的肉体；形扁分扇；……}

A：{a，b，c，d，e}

女阴：{人体；可张开；形扁两扇；内有阴蒂；生命之门；……}

B：{e，f，g，h，i}

Ae {形扁分扇} ≈Be {形扁两扇}

这样不仅贝壳＝女阴，而且贝壳也像女阴一样成为繁盛、增殖的象征符号，甚至还是爱神、生殖之神的"生命之门"（希腊神话传说中阿芙洛狄忒诞生于贝壳中）。

这种猜想和推理在几千年前的中国古典文献中就能得到证实：《周易·说卦》："坤为地，为母，为布……"[1]这里的"布"指古代流行之货币。[2]古之货币即为贝，这为贝壳是繁殖、增殖的象征符号提供了又一个例证。

各地出土文物也提供了佐证：1966 年和 1976 年分别在江苏邳州大墩子遗址和邳县出土了属于大汶口文化的连贝纹缸形器（图 14-1）和连贝纹彩陶盆（图 14-2）。这些出土陶器以贝作为装饰题材反映了当时社会对于贝的喜好与崇尚。距今 4000 多年前的西藏卡若村出土的许多陶器中也发现有大量贝纹。[3]考古发现也表明：贝壳形是新石器时代三种陪葬品图案主题之一（其他两种是三角形和棋盘形），这一主题同性交、生产、复苏和符合等寓意有关的相当复杂的符号体系密不可分。我们可以假定，此类纹饰表明人们对于死后生命，对于彼岸世界

---

① 高亨：《周易大传今注》，齐鲁书社，1979 年，第 622 页。

② 叶舒宪：《高唐神女与维纳斯——中西文化中的爱与美主题》，陕西人民出版社，2005 年，第 109 页。

③ 白寿彝总主编，苏秉琦主编：《中国通史》第 2 卷《远古时代》，上海人民出版社，1994 年，第 542-543 页。

的期待。[①]在世界其他地方也发现反映古人生殖崇拜观念的维纳斯雕像常常和贝

图 14-1 连贝纹缸形器[②]

图 14-2 连贝纹彩陶盆[③]

图 14-3 公元 1 世纪罗马壁画：维纳斯在一个巨贝上休息，旁边是丘比特[④]

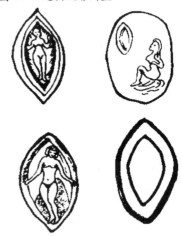

图 14-4 椭圆形的"大妣赤阴"（左上、右上：古埃及母神伊西丝的造像；左下：维纳斯的一种欧洲造型；右下：阴山岩画）[⑤]

①［美］米尔恰·伊利亚德：《宗教思想史》，晏可佳、吴晓群、姚蓓琴译，上海社会科学院出版社，2004 年，第 462 页。

②引自谷建祥编撰：《彩陶》，汪清、季倩翻译，郭群、韩祥、郭礼典摄影，上海古籍出版社，1999 年，第 50 页。

③引自谷建祥编撰：《彩陶》，汪清、季倩翻译，郭群、韩祥、郭礼典摄影，上海古籍出版社，1999 年，第 43 页。

④引自叶舒宪：《高唐神女与维纳斯——中西文化中的爱与美主题》，陕西人民出版社，2005 年，图 80。

⑤图片引自叶舒宪、萧兵、［韩］郑在书：《山海经的文化寻踪——"想象地理学"与东西文化碰触》，湖北人民出版社，2004 年，图 169。

壳一起表现（如图 14-3、图 14-4）。既然维纳斯是性爱女神，那么与维纳斯联系在一起的贝壳意义就不言而喻了。

中国白族的兄妹婚神话亦可旁证贝壳是"生命之门"的象征。故事说大洪水之后人类被灭绝，只有阿布帖和阿约帖兄妹二人躲在葫芦中逃生。兄妹二人在已无人烟的大地上分别寻找人种，三年无结果。为了繁衍人类，哥哥约妹妹成婚，妹妹说要问神意才能决定。哥哥在河西放了一个贝壳，妹妹拿银棍子从河东丢过去，刚好打在贝壳的正中间。天神也同意了，兄妹俩就结为夫妻，生下五个女儿，分别嫁给熊、虎、蛇、鼠等动物，繁衍出新的氏族。这个以繁衍人种为目的的神话故事中用了一对象征物——贝壳和银棍子，它们分别是女阴和阳物的象征。

总之，贝壳由于与女阴外在形态的相似，古人以其为婴儿出生门户的象征，视之为生命的源泉和繁盛、增殖的观念符号。但由于儒家学者难为"不雅"之言，所以顾此而言他，认为贝壳只是财富的象征或美丽的装饰品，这一观点误传至今。

第三节　属性类比与龟之鱼属

属性类比是指类比对象在属性上有一点相同就必然引出类比对象在其他属性上也相同的一种想象性类比。这有助于我们理解《释鱼》中何以出现龟类词条。

《释鱼》的词条共计 42 个，龟类词条有三：

16·32　鳖三足，能。龟三足，贲。

16·36　龟，俯者灵，仰者谢，前弇诸果，后弇诸猎，左倪不类，右倪不若。

16·42　一曰神龟，二曰灵龟，三曰摄龟，四曰宝龟，五曰文龟，六曰筮龟，七曰山龟，八曰泽龟，九曰水龟，十曰火龟。

这三条解释中，第一条是介绍龟之异形，第二条是解释《周礼·春官·卜师》中的"六龟"，第三条是阐释《周易·损卦》中的"十朋之龟"。这样详尽地解释一个物种，盖源于它的文化价值：（1）它是吉祥的象征。据说能获得大龟者，小则致富发财，大则称王强国。（2）它是占卜吉凶的重要工具。《周礼》的《大卜》《卜师》《龟人》《占人》等都对用龟占卜作了不同层面的介绍。（3）它曾作为一种图腾受到崇拜，商周青铜器中屡见龟纹，就是图腾的徽号。（4）因其长寿，被称为"神龟"。《史记·龟策列传》记载，古代南方有位老人，因为南方地气潮湿，他就用四只乌龟来支垫床脚，20多年后老人死了，后人在搬动他的床铺时发现，这四只乌龟经过20多年的不食不动，照样活着，于是人们知道龟能运气长寿，是长寿之物。

我们换位思考，就会发现在这些文化价值中，"因其长寿，被称为'神龟'"应是前面三种价值形成的源泉，也就是说，正是因其长寿，龟才被神化，成为人们崇拜的对象，才被视为吉祥的象征，被用作占卜吉凶的重要工具，甚至成为一种图腾符号。试想当时，生产力低下，人们与艰苦的自然环境做斗争，随时面临死亡，作为"四寿（龟、鹤、鹿、蛇）之冠"的龟自然会被他们视为"与日月齐寿"之"神物"。

在阐释《周易·损卦》中的"十朋之龟"的词条中，对灵龟的介绍包含了古人对龟的崇拜。《尔雅正义》引《说苑》云："灵龟文五色，似玉似金，背阴向阳，上隆象天，下平象地，四趾转运象四时，文着象二十八宿，蛇头龙翅，左精象日，右精象月，千岁之化，下气上通，能知吉凶存亡之变。"①在古人的思维中，龟是占卜吉凶的工具。在远古的神话传说中，人类赖以生存的大地是由四只巨鳌（神龟）驮着的，没有这些巨鳌的负重爬行，大地就会沉没，人类就会覆灭。龟的背甲上印着玄天的奥秘，龟的腹甲上印着地上以及人间的奥秘，龟自然成了明天地、通鬼神的灵物，因而可以作为占卜吉凶的工具。

龟能长寿，至少在百龄以上，灵龟则可寿在千年。在古人看来，一方面由于龟长寿，则阅世深，可以知古今，明祸福，因而人们在日常生活中遇到疑难时就自然会想到去合龟兆，视吉凶，实际上是向寿年长久的龟请教，即所谓"必问吉凶于龟者，以其历岁久矣"②。另一方面由于生活环境的恶劣，古人普遍寿命较短，面对如此长寿的龟，不能不觉得它是一种生命的奇迹，故加以崇拜。此外，龟还是化凶为吉的高手。"龟藏六"一词说的就是：龟在遇到危险时，就将首、尾、四足六部分藏入甲中，这是龟的本能。③但在古人看来，这种"龟藏"的本领正是他们在恶劣环境中生存迫切需要的"求生技巧"，按照他们的思维，他们能够通过龟卜获取这一本领。

---

① 朱祖延主编：《尔雅诂林》，湖北教育出版社，1996年，第4073页。
② 张双棣撰：《淮南子校释》，北京大学出版社，1997年，第1747页。
③ 陈雪良：《中华远古文明之谜》，文汇出版社，2003年，第251页。

第四节　以类比类与变形动物

在神话思维中,事物普遍联系的客观基础在于两个具体事物之间的同构对应关系。也就是说如果客体 A 与客体 B 的构成元素之间有单值对应关系,两个事物便是同构的。这种同构关系的发现,使得在某一个领域获得的所有认识可以立刻搬用于任何同构领域。人们在无法正确理解人类生殖的生理原因前,这种同构对应现象在神话思维中随处可见。后人将循环变化的月亮、能够蜕皮变形的动物如蛇、蜥蜴等视为生命不死的象征,便是出于同构对应这一思维习惯。《释鱼》中录入了大量可以循环变形的动物,如果从生命崇拜视角考虑,盖出于这一共同的神话生命观。试举几例:

（1）16·27 魁陆。

《十三经注疏正字》:"蛤厉,千岁雀所化,秦人谓之牡厉。海蛤者,百岁燕所化。魁蛤,一名复累,老服翼所化。"

（2）16·28 蝌蚓。

《尔雅补郭》:"《释虫》'蠜,蝮蜪'。……水涸为虫,水涨为鱼也。陆佃《埤雅》曰:'蝗即鱼卵所化。'《列子》'鱼卵之为虫',是也。春鱼遗子如粟,著于泥中,入夏水及故岸,则皆化为鱼。如遇旱干水缩不及故岸,则其子久阁,为日所蒸暴,乃成飞蝗。"

（3）16·29 鼀䗸,蟾诸。在水者黾。

《尔雅新义》:"蟾诸,月之诸也,亦或谓之蟾蜍,正一而已,其余为诸,亦蟾瞻兔顾,阴阳之义也,所谓银蟾玉兔以此。《楚辞》曰:顾兔在腹。兔吐而生,蟾吐而粪,亦吐而生。兔无溺所,蟾无粪所,二物皆视月之精华。"[1]

（4）16·38 蛾蝘,蜥蜴。蜥蜴,蝘蜓。蝘蜓,守宫也。

《尔雅义证》:"足短小不能支体重,故爬行时腹部常触地面,又尾以再生力强,被敌追捕时,则利用其尾使之折断而激跃动,以夺敌心,本体即乘间遁去。"

（5）16·39 镻,蝁。螣,螣蛇。蟒,王蛇。蝮虺,博三寸,首大如擘。

---

① (宋) 陆佃:《尔雅新义》,见 (清) 阮元辑编:《宛委别藏》卷十六,江苏古籍出版社,1988年,第 442 页。

261

《尔雅义证》："尾与蝎虎类，其质甚脆，触击则脆。居于土及树根下，扰之行极迅，往往急于遁去，并尾亦弃之，致捕者鲜能获其全体。尾失复长，亦与蝎虎同。"

（6）16·40 鲵，大者谓之鰕（虾）。

《尔雅义证》："运动不易，唯生活力强，堪受种种迫害，即割其半体，尤可生活。"

从前人的阐释中，我们不难发现上述几种动物具有某些相似性：一是能换形变化，二是尾失复长。如果用现代科学的观点看这两个特征，会发现换形变化是错误的，而尾失复长是某种动物逃避追捕的求生技巧。

在初民社会，人们认为女性是具有生养功能的唯一主体。根据他们的经验观察，"女性独特的存在方式有两个突出特点为男性所无，一是经血的规律性出现，另一是怀孕时的体形改变。这两者造成了关于女性神秘的种种神话和禁忌，使原始人确信女性异于男性的根本特点便在于周期性的变化，而此种周期性的变化与变形正是原始生命观的核心"[1]。因而在神话思维的联想类比中，人们容易把这些能够变形或尾失复长的动物视为生命不死或死而再生的象征符号。这其中的逻辑结构可以简单地用以下公式表示：

A {a, b, c}

B {a, d, e}

∴A 与 B 同构

∵A {a, b, c}

　A 与 B 同构

∴B {a, b, c}

由于女性（A）体形变化（a）、有经血的周期性（b）、生命的永恒延续（c）

动物（B）换形变化（a）、尾失复长（d）、出没于阴湿之地（e）

∴女性（A）与变形动物（B）同构

---

[1] 叶舒宪：《高唐神女与维纳斯——中西文化中的爱与美主题》，陕西人民出版社，2005 年，第 19 页

∴女性（A）体形变化（a）、有经血的周期性（b）、生命的永恒延续（c）

女性（A）与变形动物（B）同构

∴动物（B）也有体形变化（a）、有经血的周期性（b）、生命的永恒延续（c）

所以女性能使生命得到永久延续，这些变形动物也成为生命不死的象征。

总之，在这种类比推理中，人们不考虑基本前提的根基如何，形态、属性、性质的异同如何，只要一项成立，就可以把两者视为具有同构关系，就可——推将下去，构成类比链条。

第五节　本章小结：华夏鱼文化编码程序链

《尔雅·释鱼》中共有 42 个词条，所释各种鱼类的名词占一半以上（25 个词条）。我们按照词义的不同，把另外 17 个词条分为贝类、蛇类、龟类及其他 4 个子语义场与其下位词，从而得出以下系统图：

释鱼
- 鱼类（16·001—16·023，16·040，16·041）
- 贝类（16·027，16·030，16·031，16·035，16·037）
- 蛇类（16·039）
- 龟类（16·032，16·036，16·042）
- 其他：16·024 蚊子；16·026 科斗（青蛙的幼体）；16·025 水蛭；16·028 蝗虫的幼虫；16·029 蟾蜍；16·033 蜗牛；16·034 蝐蟟；16·038 蜥蜴

关于鱼、贝、蛇、龟作为古人生命崇拜神话意识的象征，已在前文详细论述。在此，我们对其他类动物的生命崇拜象征意义做一简单补充。

（1）依据现有经验，我们不难得知，16·024 蚊子与 16·028 蝗虫是多产的动物，容易被视为多产和繁殖的象征。

（2）16·026 科斗和 16·029 蟾蜍能成为生命崇拜和生命循环的象征，主要在于蟾蜍"寿三千岁"和科斗在成长过程中形体发生巨大变化的特质。

（3）16·025 水蛭和 16·038 蜥蜴有尾失复长的逃生技巧，它们亦成为古人关注并引以为神奇的动物。

（4）16·033 蜗牛与 16·034 蛞蝓引人注意的是其独有的特征：可以圆转并且中空而有所蕴含，因而被初民视若可能产生婴儿、产生万物的混沌式"肚腹—子宫—生殖腔"。此外，螺蚌之类的身体（尤其是生殖器官）、人类的躯体（尤其是妇女的躯体），都随着月亮的盈亏而涨缩——像潮水和月经一样，都是周期性的，因而被初民认为是一体化的"宇宙生命"的律动，所以螺蚌蜗蛤都是生命力和繁殖力的象征。[①]

综上所述，在图像、实物、出土文字、经典文献的多级编码中，我们初步蠡测到华夏鱼文化的编码程序链，也找到了文字想象的史前根源和早期字典的编码原则：基于人类死而复生的神话思维观念，具有多产、化形、长寿、失而复长等特征的动物被认为具有再生功能，自然而然被视为生命崇拜的象征体而被归为鱼类。这充分体现了来自神话信仰时代的生生不已、变化无穷的宇宙生命意识。

（谢美英）

---

① （宋）陆佃：《尔雅新义》，见（清）阮元辑编：《宛委别藏》卷十六，江苏古籍出版社，1988年，第 442 页。

第十五章　文身：从仪式符号到消费符码

关于文身，在中国的历史甚为悠久，《礼记·王制》中说："东方曰夷，被发文身，有不火食者矣。南方曰蛮，雕题交趾，有不火食者矣。"这说明在早期中国的东南方文身甚为广泛，这种文身不仅作为美的符号而长存，同时也包蕴着东南方民族特有的文化记忆和表述内涵。但从以中原王权叙事为核心的《礼记》的记载来看，这种习俗似乎等同于一种野蛮的行为，因为在中原人的眼里，文身既非文化符号也非美的标志。这也是当下大多数人对于文身的一种看法，他们更多的是将文身作为一种艺术行为看待，有时甚至认为它是一种"不学好"的标志。因此，从原初的文化象征符号蜕变为一门艺术和现代时尚生活的展示，文身在历史的长河里攀过一浪又一浪，其原初的意蕴已被遮蔽，经历了诸多的演变与编码后，留下的只有它的物理属性，即刺刻在人身上的纹饰。庆幸的是，活态的文身给我们寻求它原初的意蕴提供了一线希望，文身作为一种仪式行为尚在部分少数民族中留存。让我们通过"N级编码论"来探索文身编码下的遗失，纵向寻找出文身的演变轨迹。

第一节　N级编码："刺青"文学

刺青，文身的俗称。它以其神秘独特的内容受到广大文艺创作者的热爱，如日本关于刺青题材的有电影《蛇舌》，画册《雕猛者》，小说方面有高木彬光的《刺青杀人事件》和谷崎润一郎的《刺青》。中国比较著名的有初十的长篇反恐小说《刺青》、苏童的《刺青时代》以及台湾导演周美玲的电影《刺青》等等。在这些小说或电影里，刺青更多时候扮演的是一种类似摩斯码的角色，只不过这种有摩斯码性质的符号是刻在人体上的，这也更增添了其神秘性。

《刺青时代》是苏童在 1993 年完成的一部中篇小说，小说围绕着主人公小拐（学名安平，因其折了一腿，故称小拐），从受人欺凌到地位确立再到辉煌终结进行构架，而这三个阶段又以刺青的获得为核心。小拐第一次见到哥哥天平身上的刺青符号时的反应近乎一种新大陆的发现，文中这样描写了他当时的反应：

小拐迎着板车站起来，他怀着惶惑的心情朝天平的手臂猛地一触……男孩小拐的手像是被火烫了一下，或者是被冰刺了一下，他惊惶地缩回了他的手，曾经与他胼手胝足的那个身体突然变得如此恐怖如此遥远，男孩小拐第一次发现天平的手臂上刺了图纹，那是一只简单而丑陋的猪头。

他有刺青。男孩小拐突然叫道，他的手臂上有一只猪头，他是野猪帮的大哥了。

从这一刻起，刺青在小拐的心中留下了深深的烙印，少年小拐对刺青的迷恋则开始于天平死去的瞬间。在这样一个瞬间，小拐完成了对哥哥的重新认识，哥哥借助于刺青在少年小拐心中毫不含糊地确立了"野猪帮大哥"的地位。

第二次写小拐直面天平身上的刺青是在天平的灵车上：

小拐后来就坐在天平的灵车上吃西瓜……除此以外占据小拐记忆的依然是天平手臂上的刺青，在去火葬场的途中，男孩小拐多次撩起死者的衣袖，察看他左手臂上的猪头刺青，它在死者薄脆的皮肤上放射着神气的光芒。

在王德基载着天平尸体的灵车上，小拐的举动暗含了刺青仪式在他心里的奠定和飞跃，天平手臂上的刺青已然悄悄成为少年小拐新的精神寄托。接下来的时日里，小拐开始以自己的身体做实验，忍受着皮肤溃烂的痛苦进行技术的钻研，进行他不屈不挠的努力。最终在向哥哥天平的割头兄弟"座山雕"请教技术的路途中，他遭到了对手红旗等人的伏击。小说的结尾是小拐最终获得了刺青，但部位却由小拐梦寐以求的手臂转到了他光洁的前额，而所刺的也不是他想要的大哥的象征猪头，而是"孬种"两字。刺青位置的转移、内容的转变意味着悲剧的诞生，少年小拐从此不见天日。刺青，作为全文的主旨，既是少年小拐权力地位确立的最终仪式，也是导致他辉煌终结的滑铁卢，直至小拐的精神死亡之时都未实现。

苏童的整篇小说将主人公的命运系于刺青这一仪式行为上，这让我们感觉到了刺青的某种重要性。比如少年小拐开始憧憬的猪头刺青类似于一种英雄崇拜和暴力情结的象征物，有了这个象征物不仅代表着自己有着阳刚的英雄范儿，更代表着自己有了组织上的归属，是一种"明号"，极像古部族的族制徽号。这一点不仅在苏童的小说中有体现，大荧幕中亦有展示，从当年风靡一时的《古惑仔》到现下纷繁的警匪枪战片，刺青作为上述意义的象征物无处不在。即便在今日的 NBA 球星身上也赫然可见各类刺青，当然球星身上的文身更多时候是一种艺术的展示，要显示的是一种力量。①

我们可以看出，文身在当代文学作品中仅仅是作为一种符号、一种标志被加以展示，作家们可以以此为核心来写作，但文身的深层象征内涵却没有得到表述，有的可能已经丧失了原初的意义，比如上述有的作品仅将其作为摩斯码解读。而发展到今天琳琅的文身艺术节、人体彩绘博览会，文身成了模仿、猎奇、夸示等借以彰显个性的方式，已完全成了一种艺术符号，一种立足时尚和前卫的艺术消费行为。那么在文身最初出现时，它的含义是什么呢？这得从有文字的记载到无文字的图像去按图索骥，逐步还原文身的本来面目。

第二节 三级编码："历史"文身

如果说当代的文学创作属于 N 级码，那么依照方程式倒推的理论，我们可将古代经典中的文身记载视为三级编码。经历 N 级编程以后，文身只留下了"符号"这一重"物理性质"，没有了"文化"的深层内涵。然而，它的文化内涵我们却可以从历史"文身"这三级编码中找到蛛丝马迹并做相应的还原。

文身，在中国有着漫长的生成发展史，有文字记载的文身更是历史悠久，所蕴含的意义也能反映文身的初衷，关于历史的文身意义，主要有图腾说、驱邪避害说和励志说三种观点。②关于图腾说，岑家梧曾指出："中国古代各民族的纹身习俗，也颇足代表图腾记号或宗教魔术的用意。"③我国较早研究原始巫术和风俗的专家黄石也说："野蛮人都有的文身风俗，我们可以感应法术说来说明。他们身上所刺的形象多数是血族的图腾，或个人的图腾，即个人的守护神，或他们信以为有保护力的东西。所以把这些东西刺在身上的缘故，无非想以此来抵御各种危险的护符罢了。可惜有些旅行家不明白他们的意思，却误以为是装

---

① 关于 NBA 球星的文身有专门的文章论述，如曾红卒的《文身与中美篮球文化》，载《体育文化导刊》2005 年第 12 期。

② 关于文身的起源学界给出的观点有很多，也是争论已久的话题。本文无意追根，只从文献、出土文物、活态文化和文字发生中综合出关于文身意义的三种观点，最终要得出的是文身是一种跟驱邪避害有关的仪式行为。

③ 岑家梧：《图腾艺术史》，学林出版社，1986 年，第 37 页。

饰。"①学界这种关于文身有图腾意义的观点在跨文化的语境和文本中同样能找到对接。格罗塞在《艺术的起源》中就认为文身与图腾崇拜密切相关,他说:"我们研究用具的装潢,尤其容易发见澳洲人的衣著、盾牌、棍棒上的装饰,和他们的画身的图样很相仿佛,完全是摹拟兽类的。想用照样的绘画把他们自己扮成兽的模样,是和原始人认某一种兽类是他们同族者的保卫神,而喜欢摹仿兽类形象的心理,相去不远的。"②而弗雷泽在《图腾崇拜》一书中也曾指出:"北美洲的一些部落用刺纹的方法在自己皮肤上画了一些他们认为是他们部落的始祖的动物。"③之所以有上述的图腾文身,是因为初民在不能掌握自然规律的年代往往以为任何生物都是神圣不可侵犯的,他们忌惮这些灵物,同时也渴望能够拥有这些灵物身上神秘超人的力量,于是将其作为图腾来崇拜,而崇拜的最直接方式便是将神物文在自己的身上或脸上。古代广西、广东、福建三省区(尤以广东为多),有一种以"舟楫为家"的水上居民,史称"疍民"或"蜑民",明代邝露《赤雅》记载这些疍民"能辨水色,知龙所在,自云龙种,籍称龙户",而疍民之所以自称"龙种""龙户",就是因为他们生活在水上,龙既是他们忌惮也是他们向往的神物。此外《隋书》卷八十一《东夷传》载"妇女以墨黥手,为虫蛇之文",反映的也是图腾说。

图腾说和驱邪避害说两者有着一定的内在关系,具体而言,驱邪避害说应该是在图腾说的基础上发展而来的。人们在认识了一定的自然现象后已不再一味地供奉崇拜自然界的生物,他们在客观认识的基础上加入自己的智慧,以期能够减少这些生物带来的灾害。因此避灾之说应运而生。举例如下:

> 九疑之南,陆事寡而水事众,于是民人被发文身,以像鳞虫;短绻不绔,以便涉游;短袂攘卷,以便刺舟,因之也。(《淮南子·原道训》)

> 夏后少康之子封于会稽,断发文身以避蛟龙之害。今倭水人好沉没捕鱼蛤,文身亦以厌大鱼水禽,后稍以为饰。诸国文身各异,或左或右,或大或小,尊卑有差。(陈寿《三国志》卷三十《倭人传》)

> 粤(越)地……文身断发,以避蛟龙之害。(《汉书·地理志》)

文献记载的这种有特殊作用的文身在跨文化文本《圣经·创世记》中也有呈现,即该隐的标记。弗雷泽曾对该隐的记号提出疑问并做了相应的探讨。

---

① 转引自徐一青、张鹤仙:《信念的活史:文身世界》,四川人民出版社,1988年,第57页。
② [德]格罗塞:《艺术的起源》,蔡慕晖译,商务印书馆,1984年,第52页。
③ 转引自[俄]普列汉诺夫:《普列汉诺夫美学论文集》,曹葆华译,人民出版社,1983年,第416页。

在《创世记》中，我们读到，该隐在谋杀了弟弟亚伯之后，被神逐出社会，成为大地上的逃亡者和流浪者。由于害怕凡遇到他的人必杀他，所以他向上帝抗议，为什么给他如此悲惨的命运。上帝怜悯他，就给该隐"立一个记号，免得人遇到他就杀他"。那么上帝给这第一个杀人犯立的是什么记号呢？或者说，上帝为他指定的符号是什么呢？[①]

弗雷泽对该隐身上的标记进行追踪，在大量的田野调查基础上，他认为这个记号分为两种：一种具有保护性质，即保护杀人者，让他有这个记号进行伪装后，想要找杀人者报仇的人认不出他；一种具有警示性质，即让这个杀人者有这个记号后容易被人认出，让人们远离他。第一种是具有保护性质的记号，类似于上述保护说或者驱邪避害说。第二种是带有点惩罚性质的，这个在中国也有，类似于早期的刺面或者说黥刑。黥刑，又叫墨刑，上古五刑之一，《说文·黑部》："黥，墨刑在面也。从黑，京声。"最广为人知的被处以黥刑的人是秦末农民起义英雄之一的英布，司马迁在《史记》中称他为"黥布"，为其所作的传记即为《黥布列传》。黥刑，作为一种刑罚制度，同人类刺面文身的习俗有密切的关系。世界上许多民族在人类社会的早期大都有刺面文身的历史，和刑罚的黥面一样，也要用刀刻或针刺皮肉，有一定的野蛮性和残酷性。产生刺面文身现象的社会因素和人类的心理因素比较复杂，主要还是原始的自我美化意识和图腾崇拜意识的作用，刺面文身者所雕刺的内容主要是人们喜爱的象征美丽、勇敢或吉祥的文字和图像。黥面之刑是将刺面文身残酷的一面加以发展，用作惩罚罪人的手段，它给罪人的身体留下的是表示耻辱的标记，既给犯罪者造成精神上的压力，也对其他人起着警戒和震慑的作用。黥面，发展到后来也转向了一种非惩罚的性质，如北宋士兵刺字常常是骁勇的标志，最著名的刺字之军是"八字军"。名将王彦率岳飞等将士7000多人大破金军，后受挫退守太行山，王部将士为表示抗金决心，相率刺面，作"赤心报国，誓杀金贼"八字，这支队伍以刺字为荣，相互激励，文身在此成为励志的标志。其实这种励志在越王勾践身上已有过展示，"昔者越王勾践剪发文身，以治其国，其国治"（《孟子·公孟》）。虽说剪发文身在当时的吴越之地是一种民俗，但勾践从掌权时的未剪发文身到落魄时的剪发文身，显然带有励志的动机。到了南宋隆兴元年（1163）九

① [英]詹姆斯·乔治·弗雷泽：《〈旧约〉中的民间传说——宗教、神话和律法的比较研究》，叶舒宪、户晓辉译，陕西师范大学出版总社有限公司，2012年，第41页。

月，黥面又发展到了黥臂膀、黥手背，孝宗"诏诸州召募水手，于手上刺某州水军字，以革冒代之弊"（《文献通考》），军士刺字又成了检验员额、管理部伍的一种手段。

第三节　二级编码：文身之"文"义

有三级编码之称的文献记载告诉了我们典籍之中的"文身"最初包含着三种意义。在文字发生之初，也就是"文"字被创造出来的时候，这三种意义是否存在一致性呢？还能找出有"文身"的意义吗？

图 15-1　甲骨文、金文中的"文"字（前三个为甲骨文，后三个为金文）

"文"字常见于甲骨文和金文，朱芳圃在《殷周文字释丛》中曾经说过"文"字像人文身之形。在中国古代，对于史前时期曾经长期存在过的文身习俗，如果说还能找到迹象的话，那就是表现在象形文字中，从图 15-1 甲骨文到金文的演变中，我们也确实可看出甲骨文和金文之"文"字中的各种符号似文身之像。刘敦愿对"文"字也有过论述，他认为"文"字像正面的人形，大约在史前时期的绘画与图画文字（pictographic writing）中，已经是如此了。中国古代的"文"字采用这样的人形，目的在于特别夸张人形的胸部，以便在其上附加•、Ⅹ、ᵕ或∪之类的笔画，借以表示涂绘或刺刻在人体上的纹样……因此"文"字的本义，应指纹理、斑纹、花纹等具体的形象与进行刻绘花纹、纹样之类具体的动作；而"文"字之寓有华美、文雅、细致、文理、文治等抽象、复杂的含义，也都由此引申而来。①刘敦愿在这里对"文"字最初造字意义的界定也证实了象形文字之"文"字最初就是跟文身有关。

上述两位学者都不约而同指出了"文"字的最初意义跟文身有关，那么这种

———————
① 刘敦愿：《试论文与文字》，见《中国古代史论丛》1982 年第 2 辑，福建人民出版社，第31—32 页。

所文的纹饰仅仅是一种审美还是有仪式的性质在内呢？白川静对"文"的解释是：象形，文身之形，正面站立者的胸部写画"心""✖""✓"之形。这很可能是表示在死者胸前用朱色水彩画上巫术性装饰符号，以防死者之灵从遗体中逸出，从而祈愿死者的复活，同时防止邪恶自外进入遗体。"産（产）""彦"含有"文"。"産"表示出生时的新生仪礼，"彦"为"文""厂""彡"三者合成之形，表示在前额（厂）上描画文彩，义指男子达到一定年龄时的成人仪礼。死去的妇人双乳上描画"✖✖"形纹样，成为文身，因此，"爽""爾""奭"均为形容文身鲜丽之字。由此，"文"有了美丽的色彩、纹样、色调、装饰之义。[①]根据白川静的解释，文身起初并非是为了审美需求，作为有巫术性质的装饰符号，文身必然是一种仪式行为。荀子也曾说过一段话："雩而雨，何也？曰：无何也，犹不雩而雨也。日月食而救之，天旱而雩，卜筮然后决大事，非以为得求也，以文之也。故君子以为文，而百姓以为神。以为文则吉，以为神则凶也。"他这里的"文"也引起了一番讨论。"卜德翻译的《中国哲学史》中把'文'译为漂亮的表象或纹饰并不确切。中文里的'文'是一个多义字，具有多重涵义。在这里，把'文'理解为宗教仪式的庄严形式更为确切……"[②]这两个证据放在这里虽然没有直接的顺承和连接关系，但至少说明"文"最初就是文身的意思，而且"文"之举动包含着宗教仪式性，这点从现在依旧沿用的词语"虚文""繁文缛节"等仍可管窥。

第四节　一级编码：图像之"文"

从文学创作到经典发现再到文字解读，我们逐步还原了文身的原初意义，但这一切都是我们在阐释。那么有没有一种实物，它在被挖掘出来时就带有文身图像？这种图像言说的说服力应该会更大、更充分，我们将其称为编码的开始，即一级编码。考古学给寻找这一重要证据带来了希望。

早在1930年，黄文弼先生就在罗布淖尔湖畔发现了绘身女尸，此具女尸"头发截断，下披两肩，额部及两眉间，有红绿色所绘之横纹三道，极类本地女人

---

①〔日〕白川静：《常用字解》，苏冰译，九州出版社，2010年，第390页。

②〔美〕杨庆堃：《中国社会中的宗教：宗教的现代社会功能及历史因素之研究》，范丽珠等译，上海人民出版社，2007年，第74页。

间画眉"①。这里虽没有言明"横纹三道"究竟代表什么意思，但根据后来大量同一地点的类似文身可以推断出这属于一种族制徽号。我国出土于半坡文化遗址的人面鱼纹陶盆，据考古学家考证，这种人面与鱼纹相结合的图案表明了当时（新石器时代）人们已有文身的习俗。②在初民的眼中，彩陶作为一种艺术符号所承载的原始信息，作为一种文化现象，从来就不是作为艺术品来创造的，它实际上是先民们用于宗教崇拜和巫术的法器和礼器。所以，他们在彩陶上绘制的各种纹样，并非出自单纯的美化心理，而更多的是来自宗教和巫术的动机。③由此可知，彩陶上的"文"之图案不是因为审美而来，故而这种人面鱼纹图案的意义就更容易理解——这当属一种图腾崇拜，鱼本来就是多子之象征，而鱼身上的鱼鳞则又是"含珠鳞施"的另一层展示。《吕氏春秋·节丧》："国弥大，家弥富，葬弥厚。含珠鳞施，（夫）玩好货宝，钟鼎壶滥，舆马衣被戈剑，不可胜其数。"高诱注："含珠，口实也。"章炳麟《信史下》："古之葬者，含珠鳞施。鳞施者，玉柙是也。"玉柙就是玉衣，一种葬服，至于它的独特意义可参看《金缕玉衣何为》④。可用图腾符号解释的文身样例还有很多。1991 年 4 月，新疆文物考古所在鄯善县苏贝西沟畔的战国时期的墓葬中出土古尸 11 具，其中部分男性有几何形文面。1985 年、1989 年和 1997 年，新疆博物馆考古队和巴音郭楞蒙古自治州文管所先后三次对且末扎洪鲁克乡古代墓地进行发掘，出土古尸 22 具，其中多具古尸有绘身。如 1985 年 9 月发掘出土古尸 3 具，成年男女和婴儿干尸各一具，现藏于新疆博物馆。其中婴尸头发呈棕色，面部涂了颜料；男尸头发呈棕色，眼睛、鼻梁及两侧面颊、额侧部都有用黄色颜料绘的曲卷纹，曲卷纹上还带有放射状绘线；女尸面部的两侧、鼻梁及两鼻翼、眼睛上面有用黄色等颜料绘的曲卷纹，花纹左右基本对称。经新疆科学分院化学所鉴定，颜料为雄黄、雌黄、铅黄、赤铁矿的粉状物，调有某种胶质，色彩不褪。经检测分析，这些古尸距今约 3000 年，属欧罗巴人种。⑤学界一些学者根据且末、若羌一带为古羌人活动区域，这些挖掘出的古尸又都绘有曲卷纹，而《说文》中"羌"也解释为"从羊人"，因此认为"古代扎洪鲁克人是崇拜羊"的，"出土古尸脸部文

① 黄文弼：《罗布淖尔考古记》，国立北京大学出版部，1948 年，第 55 页。
② 刘敦愿：《再论半坡人面形彩陶花纹》，载《考古通讯》1957 年第 5 期。
③ 孙新周：《中国原始艺术符号的文化破译》，中央民族大学出版社，1998 年，第 24 页。
④ 见叶舒宪：《金枝玉叶——比较神话学的中国视角》，复旦大学出版社，2012 年，第 226-228 页。
⑤ 王炳华：《新疆古尸——古代新疆居民及其文化》，新疆人民出版社，2001 年，第 74 页。

身为羊角图案"。[1]

　　湖南宁乡出土的两件商代晚期"虎食人卣",虎所抱之人,断发、穿耳、全身文刺,可能跟图腾感生故事有关。[2]陕西宝鸡出土西周中期车具,其上之浮雕人物,披发,袒裸,着犊鼻裤,四肢黥刺带纹,两肩刺有尾部相对、彼此回首相望的双鹿,可能是当时西北地区鹿族的文身形象。[3]诸如此类的地下文身图像和实物的再现,对我们还原文身的初始意义提供了莫大的帮助。

　　如果说出土的实物是静态的、过去时的图像,那么存在于少数民族身上的文身图像就是动态的、现在时的。南方的不少民族,自古就有文身习俗,这在古籍中记载颇多。直至 20 世纪,我国部分少数民族如黎族、傣族、高山族、布朗族等,他们的身上依旧可以见到各类文身鲜活的例子,这为我们探寻文身的意义提供了第三重证据。按照古代南方少数民族的审美观念,文身是美丽的标志和象征,大部分少数民族都有自己传统的、专用的文身图案。但在作为美丽的标志和象征以外,文身还有其他的意义。以海南黎族为例,根据黎族的民间传统和个体访问调查,对于文身大致有六种说法,即美饰说、图腾说、尊荣说、避祸说、血缘婚配说和氏族归宗说。[4]以傣族为例,在傣族人的观念里,文身可以驱邪避祸、护身保命,文身可以博取女性欢爱,不文身娶不到妻子,文身才是男子汉,不文身是懦夫,文身是傣族,不文身不是傣族等。[5]以白族为例,白族人认为文身可以驱邪消灾,延年祈福。以独龙族为例,独龙族人文身有自我丑化以躲避藏族察瓦龙土司和傈僳族蓄奴主的抢虏说、装饰美化说、氏族与家族集团标志说、成年标志说、驱邪求吉说等。除了这几个具有代表性的文身部族外,其他如佤族、壮族、彝族、德昂族等,他们的文身目的或者说文身的功能都不外乎上述几点。

---

　　①穆舜英:《十年来（1979—1989 年）新疆文物考古工作取得的新成果》,载《新疆文物》1989年第 4 期。

　　②刘敦愿:《云梦泽与商周之际的民族迁徙》,载《江汉考古》1985 年第 2 期。

　　③刘敦愿:《中国古代文身遗俗考（上）》,载《民俗研究》1988 年第 1 期。

　　④王海、江冰:《从远古走向现代——黎族文化与黎族文学》,华南理工大学出版社,2004 年,第 77 页。

　　⑤刘军:《肌肤上的文化符号——黎族和傣族传统文身研究》,民族出版社,2007 年,第 98 页。

第五节　编码理论的源头：神话思维

"N 级编码论"作为文学人类学新提出的一个观点，其存在的基础是广博而深厚的，从原型到四重证据再到大小传统，无一不是这个新的理论的基础，然而我们往深处挖掘，真正主宰着编码的完成和实现的当属神话思维。在很多人的观念里，思维是一种不可捉摸的东西，无从把握，没有存在的客观形式。然而卡西尔在《神话思维》中曾说过："（神话的）这种客观性既不在于隐藏其后的玄学实在，也不在于隐藏其后的经验—心理的实在，而在于神话本身，在于神话所造就的东西，在于神话完成的客观化过程的方式和形式。"①先民们创造神话，继而投注在实物载体之上，于是便有了一级编码。因此，当下依旧在少数民族中流传着的神话总能为我们探寻事物最初的发生提供证据。仍以文身为例来说明。

海南黎族文身的起源主要有以下三种说法：

（1）相传，上古时期，海南岛人烟稀少，一巨蟒卵生一女，蛇女长大后，偶遇一进山采沉香的青年，两人相互爱慕，结为夫妻。不久，生一男。后夫死，蛇女与子相依为命。儿子长大后，为了延续子嗣，蛇女不得已用"勾花"的办法在自己脸上刻刺花纹，改变容貌，与儿子成婚，繁衍后代。从那时起，后来所有的黎族姑娘都沿袭母辈"勾花"的习惯，形成文身之俗。②

（2）远古之时，皇帝有一女儿，脚生疮，百医不能治，于是皇帝便昭告天下，说能治好公主脚疮者，必将公主嫁给他，结果无人能应。过了很久，来了一条黑犬，为公主舔好了脚疮。此时皇帝已经去世，但公主还是遵从父皇遗命，嫁给了黑犬，并很快生了一个儿子。儿子长大后，喜欢携黑犬行猎，而且每次都收获颇丰。后来，黑犬渐渐老去，力弱神衰，终于有一天被儿子怒杀于山中。母亲知道后，十分悲伤，母子相抱哀号痛哭。恰在此时，灾难突起，天变地迁，人群灭绝，仅剩下此母子二人。母子不可以婚媾，而人类更不能灭绝，于是上帝降旨，让母亲文面，使儿子无法辨识。母子成婚后繁衍了人类，黎族即为其

---

① ［德］恩斯特·卡西尔：《神话思维》，黄龙保、周振选译，中国社会科学出版社，1992 年，第 16 页。

② 王养民、马姿燕：《黎族文化初探》，广西民族出版社，1993 年，第 169 — 170 页。

中的一支。①

（3）远古之时，洪水滔天，天翻地覆，世界生物几近灭绝，人类仅存姐弟二人。他们相依为命，感情笃深，但毕竟是亲生姐弟，不能成婚。为了延续生命，繁衍后代，他们只好各奔东西，分别去寻夫觅妇，但数度分别，又数度重逢，终无所获。后来，雷公知晓此事，便化为人身，下凡来到姐弟俩的身边，对弟弟说："有我在此，你们二人可以结为夫妻。"弟弟说："姐弟是不能成婚的，否则必遭雷公打。"雷公说："我就是雷公，绝不打你。"弟弟仍然不同意，又外出觅妻。于是雷公就将姐姐的脸画黑。没过多久，弟弟遇到姐姐，但已经认不出她了，于是就向其求婚。二人终于结为连理，繁衍了今天的黎族。②

同样，傣族文身的起源也有着对应的民族神话与传说，主要底本有以下两种：

（1）传说远古的时候，水中有一种叫作"批厄"的水怪，经常伤害下河捕鱼捞虾的男人，弄得人们提心吊胆，几乎不敢独自入水劳作。只有一个叫作岩比节的小伙子不顾危险，照旧天天下水捕鱼以赡养年老多病的母亲。一天，他用网捕回了变成鲤鱼的龙王的七女儿。龙王得知消息，立刻派大臣携金银财宝前来寻找。岩比节得知实情后，分文不要，并愿护送龙女回宫。龙王的大臣感激不尽，就在岩比节的腿上、身上刺了许多鱼鳞状的花纹。从此以后，只要他入水，水就会自然分开，水中的怪物也纷纷躲避他，就连水怪"批厄"也不敢靠近了。后来，人们都纷纷学着他的样子，在身上文刺花纹，借以防身护体。③

（2）很久很久以前，龙王的儿子爱上了一位美丽的傣家姑娘，便变成人形上门为婿，安家度日。他水性好、捕鱼技术高，而且胆子特别大，别人不敢去的地方他都敢去。不仅如此，其他人下水经常被水中动物咬伤，甚至被龙王"吃掉"（淹死），只有他不但每次都能捕到很多鱼，而且从未受过伤。人们觉得很奇怪，便向他询问原因。龙子脱下衣服让人们看到他身上的鳞纹，并据实相告：他身上有鳞纹，龙王见了就知道是自己人，就不会伤害他了。从那以后，每次下水前人们都仿照他的样子，用锅烟灰在身上涂上鳞纹。但这种方法画的鳞纹

① 刘咸：《海南黎人文身之研究》，见詹慈编：《黎族研究参考资料选辑》（第1辑），广东省民族研究所编印，1983年，第201—202页。

② 刘咸：《海南黎人文身之研究》，见詹慈编：《黎族研究参考资料选辑》（第1辑），广东省民族研究所编印，1983年，第201页。

③ 张文勋主编：《滇文化与民族审美》，云南大学出版社，1992年，第380—381页。

难以持久，下水后很快就被冲掉了，于是人们又想出了在身上文刺鳞纹的方法。这一招果然奏效，无论怎样冲洗浸泡，身上的花纹都不掉了，而且大家都从此不再受伤害，捕的鱼也比过去多了。[①]

以上我们分析了文身的历史记载与文身在当下的活态存在，从中可以看出文身的意义变化和仿生学神话观念。褪掉古朴的外衣，文身的美丽和其富含的多重文化意义得以呈现。

（吴玉萍）

---

① 张元庆：《傣族文身习俗调查和研究》，载《民族学》1989 年第 2 期。

第十六章　华夏宇宙观的空间编码

——以东汉洛阳礼仪空间为例

中国文化的一个核心问题是宇宙观，如"天人合一"。如果从"神话是中国文化的基因"这个命题来看，天人神话是探讨中国文化绕不开的一个话题。在《中国神话哲学》①中，曾经探讨了中国神话宇宙观，宇宙观是理解中国文化的关键，因此，我将以此为中心，探讨中国文化的一级编码，以及宇宙观在东汉洛阳都城布局的空间体现。

第一节　华夏宇宙观的研究

《中国神话哲学》上编"易有太极"的副标题是"神话哲学的元语言"，因为研究中国哲学思维模式只有与神话思维模式相联系，才能从根源上做出解释。《汉书·礼乐志》祭拜太一的四首礼仪歌词《青阳》《朱明》《西颢》《玄冥》的原型观念是太阳神话观念，而中国神话宇宙观的原型模式则是："(1)东方模式：日出处，春，青色，晨，旸（汤）谷。(2)南方模式：日中处，夏，朱色，午，昆吾。(3)西方模式：日落处，秋，白色，昏，昧谷。(4)北方模式：日隐处，冬，黑色，夜，幽都。"②"昆"与"昔"是中国神话宇宙观的垂直系统，"旦"与"昏"是中国神话宇宙观的水平系统，天、地、水构成三分世界。

《中国神话哲学》的一个分析方法是结构主义。在运用结构主义研究中国宇宙观方面，国际汉学界有不少值得注意的成果。涂尔干、莫斯《原始分类》中就探讨了中国的四象、八卦、五行、二十四节气、天干地支等分类方式③，不过，

---

① 叶舒宪：《中国神话哲学》，陕西人民出版社，2005年。
② 叶舒宪：《中国神话哲学》，陕西人民出版社，2005年，第18页。
③ ［法］爱弥尔·涂尔干、马塞尔·莫斯：《原始分类》，汲喆译，上海人民出版社，2000年，第73—83页。

在《原始分类》中并未见及对中国分类方式与社会的具体分析。葛兰言（Marcel Granet）最早用"关联"一词概括包括时间、空间、阴阳与占卜系统的中国宇宙观，并称之为"中国思维"（la pensée chinoise），他认为这一思想体系是建立在相应与对立的双重原则之上，是整个中国文明的"思想架构"。①葛兰言认为中国关联宇宙观是一个具有高度秩序性和逻辑性的先进系统，而非涂尔干所说的"原始分类"。

李约瑟十分欣赏葛兰言的研究，但也用甲骨文等新材料反驳了葛兰言所说的"中国却似乎决心只是通过一层文学和书本的面纱来表现自己"②。李约瑟在《中国科学技术史》中同样认为，中国的关联思维并非原始思维，而是对高度精确有序的宇宙图景的描绘。马绛（John S. Major）在《神话、宇宙观与中国科学的起源》（1978）中认为中国神话的主要结构是符合创世神话模式的，其证据是宇宙观。在实物证据方面，马绛认为商代的礼器玉琮和玉璧可以作为早期神话主题天地之轴出现的证据，而良渚文化的墓葬壁刻、濮阳西水坡的蚌塑青龙白虎、凌家滩的玉版都证明了中国宇宙观的基本特征；商代青铜器上的龙纹、淮式青铜器和长江流域的木器上的龙蛇纹饰与中国神话中描写有鳞、一足或蛇身的神或神话人物同时存在，并行发展。③

英国学者葛瑞汉（A. C. Graham）在研究中国宇宙观时将结构主义与比较语言学、哲学及历史的方法结合。他在其名作《阴阳与关联思维的本质》（Yin-Yang and the Nature of Correlative Thinking, 1986）中将结构主义带入历史层面，他指出关联思维是人类思维的一种普遍形式，阴阳思维就是建立在关联思维的基础上的。葛瑞汉指出阴阳五行学说在公元前 300 年之前主要是在天文家、方士、乐师和贞人中间流行，此后才被哲学家所用，邹衍将五行说发展成政治理论，以"五德终始"来解释朝代更替。葛瑞汉运用索绪尔的结构主义语言学分析阴阳与五行。如《淮南子》中宇宙演化是按照二元对立的结构展开的，在《周易》中二元对立演进为一个数字结构。④

① 王爱和：《中国古代宇宙观与政治文化》，[美] 金蕾、徐峰译，上海古籍出版社，2011 年，第 12 页。

② [美] 李约瑟：《中国科学技术史》第 2 卷《科学思想史》，李约瑟《中国科学技术史》翻译出版委员会译，科学出版社、上海古籍出版社，1990 年，第 240 页。

③ 艾兰、汪涛、范毓周主编：《中国古代思维模式与阴阳五行说探源》，江苏古籍出版社，1998 年，第 101—117 页。

④ 艾兰、汪涛、范毓周主编：《中国古代思维模式与阴阳五行说探源》，江苏古籍出版社，1998 年，第 1—57 页。

结构主义的魅力在于从人们习以为常的事象中出乎意料地发现人类思维的普遍法则，但是结构主义的局限也是备受争议的，罗兰·巴特就曾讥讽结构主义者想从一粒蚕豆中发现整个世界，结构主义是以忽视历史为代价的。自 20 世纪 70 年代以来，结构主义的分析先后受到了以萨林斯、布尔迪厄为代表的"实践方法论"、新马克思主义及诸种后现代主义理论的挑战。如萨林斯在《历史之岛》中认为"结构"——文化秩序的象征性关系，是一种历史客体，历史是文化给定的，同时文化也是历史给定的，在历史主体的行动中二者是对立统一的。在某种程度上，文化在行动中历史性地改变，甚至是结构性地改变。[1]

新马克思主义、后现代主义理论则进一步消解了权力与文化的分野。受新理论与新材料的影响，思想之下的身体，以及潜藏在哲学思辨下的象征性、实用性的日常社会生活，受到了更多关注。如叶山（Robin Yates）《秦代官僚制度的国家控制：技术与过程》、席文《公元前最后三个世纪的国家、宇宙与身体》都是这方面的研究成果。值得注意的是，王爱和《中国古代宇宙观与政治文化》认为商代和西周的宇宙观是四方宇宙观，战国时的宇宙观由四方向五行转变，并考察了秦汉时期五行话语如何表达不同社会力量围绕权力更迭、社会政治秩序、皇权展开的斗争，以及这种斗争如何在实践中改造了五行宇宙观。[2]

从中国宇宙观的研究变迁可以看出，"N 级编码论"可以视为一种结合共时研究与历时研究、大传统与小传统、实证与人文阐释的努力。

第二节　空间的文化编码——"中"的建构

对东汉洛阳城的礼仪空间的文化考察可以从大传统与小传统、共时与历时两个层面上展开。东汉没有选择西汉的都城长安作为京城，而是选择了洛阳。与西汉相比，东汉的明显变化是修建了明堂、辟雍、灵台。另外，西汉以前都城布局为坐西布局，东汉都城布局则改为坐北朝南，并为后世所沿用。在礼仪方面，光武帝有封禅、北郊之礼；明帝即位，增之以南郊、迎五气、养三老五更，行大射之礼，并改大乐为大予乐；章帝下诏增修山川百神宜享祭祀者；安帝更立六宗。国之大事，在祀与戎，以上东汉诸帝的作为显示了皇权正统化的努力，

---

① Marshall Sahlins, *Islands of History*. Chicago: The Chicago University Press, 1985，P. Ⅶ.

② 王爱和：《中国古代宇宙观与政治文化》，[美] 金蕾、徐峰译，上海古籍出版社，2001 年，第 26—43 页。

表明宇宙观、礼仪与政治存在密切关系。

从大传统上看，西山城址是目前中原地区最早的一座城址，绝对年代距今4800—5300年。中原龙山文化城址主要有陶寺城址、后岗城址、王城岗城址等七座。中原龙山文化城址已明显脱离了西山仰韶城址继承的聚落环濠特征，平面已不再呈圆形，而是正方形或长方形，比较规整。龙山文化伊洛区聚落、临汾区聚落、颍河区聚落、弘涧区聚落四处聚落群已存在"向心式"布局。①二里头城址被认为是夏文化的城址，杜金鹏指出二里头都邑规划的特点包括：择中立宫、宫城居前、坛墠在后、显贵拱卫、居址墓葬混杂。而"择中立宫"还可见于偃师商城、垣曲商城、洹北商城、安阳殷墟等遗址。值得一提的是，杜金鹏认为二里头城址的4号宫殿可能是"明堂"。在二里头城址中还可发现两经两纬四条干道的交通网络，形成"八门"，尚未推定是否含有"象天法地""以象八风"的寓意，但显然有某种特殊的政治、宗教含义。偃师二里头城址处于洛阳平原，自然位置适中。在人文地理上，二里头处于华夏文化共同体的中心。杜金鹏认为，二里头夏都体现的是"王者必居天下之中"的思想。西周初年的"何尊"记载武王建都洛邑，有"余其宅此中国，自之乂民"之文，是最早关于"中国"的记载，也是最早把洛阳称为"中国"的记载。②

在大传统语境中，我们可以考察定都洛阳的宇宙观根源及其意识形态含义。张衡的《东京赋》指出洛阳处天下之中："昔先王之经邑也，掩观九隩，靡地不营；土圭测景，不缩不盈，总风雨之所交，然后以建王城。"③《周礼·地官·大司徒》对国都的选址要求是"地中"："日至之景尺有五寸，谓之地中：天地之所合也，四时之所交也，风雨之所会也，阴阳之所和也。然则百物阜安，乃建王国焉。"④按照伊利亚德的看法，中心是一个神圣的区域。不少民众都宣称自己的圣城为"天下之中"。对于中世纪的教会来说，各各他（Golgotha）是天下之中；对于希伯来人来说，耶路撒冷圣殿是天下之中；对于伊斯兰教徒来说，麦加是天下之中；希腊人的德尔斐神庙也被认为是世界之中。世界之中可以说是天地之轴、上下天庭之梯，占据天下之中即是离神圣距离最近，离上帝最近，垄断

①高江涛：《中原地区文明化进程的考古学研究》，社会科学文献出版社，2009年，第186—245页。

②杜金鹏：《夏商周考古学研究》，科学出版社，2007年，第107—128页。

③费振刚、胡双宝、宗明华辑校：《全汉赋》，北京大学出版社，1993年，第440页。

④（汉）郑玄注，（唐）贾公彦疏：《周礼注疏》，北京大学出版社，1999年，第252—253页。

天下之中是一种得到天命庇佑的象征与保证。"中"字甲骨文作"𐂇""𐂇""𐂇"等字形，冯时先生认为"中"字体现了立表测影的过程。"中"字本作斿饰，反映了古人立表与建旗共行的做法。①

伊利亚德区分了赋予居住地以小世界的两种方法："（1）通过从中心点向空间的四个方位的延伸，或者象征性地确立一个小世界（比如对于房子而言）从而使居住地宇宙化；（2）重复的方法，即通过建筑的仪式，对诸神从海龙或者原初巨人的身体而创造世界的范式行为进行模仿而进行的行为。"②宝鸡北首岭遗址居住区中央有一约6000平方米的广场，所有房屋围绕广场而建，所有房门均面向广场。西安半坡遗址居民点中央是公共活动用的大房子，周围环绕着小住宅。与中相对的是四方，四方—中心结构暗示了天圆地方的观念。安徽含山凌家滩的玉版就暗示了天圆地方的宇宙结构，而且圆形、方形拥有共同的中心。良渚文化的瑶山遗址有一方形祭坛，与传统的"地方说"也许不是偶然的巧合。《诗经·商颂·殷武》："商邑翼翼，四方之极。"③也就是说，商邑处于四方之中。《尚书·召诰》中，召公说："王来绍上帝，自服于土中。"④在"地中"建立一个小世界以模拟天上的世界，在秦始皇建信宫、直道和阿房宫的行为中显露无疑。《史记》记载秦始皇于秦始皇二十七（公元前220）年造信宫，建好后信宫更名为"极庙"，象天极；秦始皇三十五（公元前212）年修筑直道与阿房宫，"为复道，自阿房渡渭，属之咸阳，以象天极阁道，绝汉抵营室也"⑤。秦始皇所效法的是北极星，居其所而众星拱之。西汉都城长安的宫室也是模拟天地之象，《西都赋》说："其宫室也，体象乎天地，经纬乎阴阳，据坤灵之正位，放泰紫之圆方。"⑥西汉都城仿效天上的太微垣、紫微垣，长安宫室布局有北宫、未央宫。由此我们可以推出，定都洛阳有深远的大传统，其意识形态含义在于表明君权天授，帝王是天的代理人。按照班固的看法，定都西安行的是霸道，定都洛阳行的是王道。

① 冯时：《中国古代的天文与人文》，中国社会科学出版社，2006年，第22—23页。
② ［罗马尼亚］米尔恰·伊利亚德：《神圣与世俗》，王建光译，华夏出版社，2002年，第22页。
③ 高亨：《诗经今注》，上海古籍出版社，1980年，第533页。
④ （汉）孔安国传，（唐）孔颖达疏：《尚书正义》，北京大学出版社，1999年，第397页。
⑤ （汉）司马迁：《史记》，中华书局，1959年，第256页。
⑥ 费振刚、胡双宝、宗明华辑校：《全汉赋》，北京大学出版社，1993年，第313页。

第三节　东汉洛阳礼仪空间编码

《周礼·考工记》关于王城的规划要求是："匠人营国，方九里，旁三门，国中九经九纬，经途九轨。"①旁三门，总数一共是十二门，象征着一年十二月。《考工记》的布局要求是"左祖右社，面朝后市"。与《周礼》所述的都城原型相对照，考古发现东汉洛阳故城呈不规则的长方形，南北长约当时九里多，东西约当时六里多，是所谓的"九六城"。东汉洛阳故城十二门：北有两门，夏门和榖门；南有四门，津门、小苑门、平城门、开阳门；东有三门，上东门、中东门、耗门；西有三门，上西门、雍门、广阳门。为了方便皇帝到南郊祭祀，群臣前往南宫前殿参加朝会，开辟了平城门。南宫—平城门—明堂构成东汉洛阳城的南北向的礼仪中轴线。《后汉书·祭祀下》记载："建武二年，立太社稷于洛阳，在宗庙之右，方坛，无屋，有墙门而已。"②方以象地，太社自然要呈方形，"在宗庙之右"说明符合"左祖右社"的要求。洛阳东有马市、西有金市、南有南市，粟市位于北宫偏东北，基本上符合"面朝后市"的要求。

东汉礼制建筑的特色是建三雍：明堂、灵台、辟雍。三雍不仅是宇宙观的空间体现，还是东汉王朝实施礼仪的重要场所。《后汉书·郊祀志》"明堂"注曰："上圆法天，下方法地，八窗法八风，四达法四时，九室法九州，十二坐法十二月，三十六户法三十六雨，七十二牖法七十二风。"③"辟雍"环之以水，《白虎通》认为是象教化流行，考古发现圜水沟为方形，而桓谭认为"王者作圆池，如壁形，实水其中，以环雍之，名曰辟雍"④，考古发现与传统礼制不符。辟雍象征着"地载于海"的神话宇宙观，这一看法更能解释考古发现与文献记载的不合。灵台遗址考古发现遗址中心是方形台基，边长约50米，有上下两层，值得注意的是，上层平台东南西北分别以青赤白黑四色相配，体现了中国宇宙观的结构。文献记载，灵台有十二门，象征一年十二月。礼仪功能上，东汉明堂是举行祭祀的场所，辟雍行乡射、饮酒之礼，灵台辨云物、观休征。以《东京赋》

---

① （汉）郑玄注，（唐）贾公彦疏：《周礼注疏》，北京大学出版社，1999年，第1149页。
② （南朝宋）范晔，（唐）李贤等注：《后汉书》，中华书局，1965年，第3200页。
③ （南朝宋）范晔，（唐）李贤等注：《后汉书》，中华书局，1965年，第3177页。
④ 叶舒宪：《中国神话哲学》，陕西人民出版社，2005年，第162页。

为例，"宗上帝于明堂，推光武以作配……春日载阳，合射辟雍……"①在灵台"冯相观祲，祈禳禳灾"②。班固的《东都赋》后则附有《明堂》《灵台》《辟雍》等诗。

要指出的是，三雍的修建是一种"传统的发明"，关涉到当时的政治。明堂、辟雍、灵台是儒家王政教化的象征。《孟子·梁惠王下》："夫明堂者，王者之堂也。王欲行王政，则勿毁之矣。"汉武帝时，想建立三雍，遭到信奉黄老的窦太后反对，未果。成帝时，王莽奏起明堂、辟雍、灵台，才得以修建三雍。东汉在洛阳定都后，光武帝营建三雍，体现了意识形态建设上的努力。光武帝封禅泰山，刻石，文中提及其文治武功，把建明堂、立辟雍、起灵台与设庠序、同律度量衡、修五礼相提并论，而且列为首位，可见光武帝对建三雍的看重。在王朝礼仪上，明堂主要祭祀五帝，光武作配，联系《孝经》所云："孝莫大于严父，严父莫大于配天，则周公其人也。昔者周公郊祀后稷以配天，宗祀文王于明堂，以配上帝。"③明帝以光武帝配祀五帝的做法显然是在"以孝治国"，塑造自己的孝子形象。东汉尊崇孝道，光武帝让虎贲士习《孝经》，明帝让期门羽林通《孝经》章句，明帝即位元年，因为想到光武帝不能目睹盛会，遂率百官朝于先帝之陵，上食奏乐，郡国计吏以次占其谷价及民疾苦，这后来成为定制。于私，明帝的追思似乎出自孝子之情；于公，光武帝配祀五帝是政治所必需。我们可以简单统计《后汉书》所载在三雍举行的王朝礼仪活动（见表16-1）：

表16-1 《后汉书》三雍礼仪记载

光武帝	中元元年	初营明堂、辟雍、灵台，未用事
明帝	永平二年正月辛未	初祀五帝于明堂，光武帝配。礼毕，登灵台
章帝	建初三年春正月己酉	宗祀明堂；礼毕，登灵台，望云物
和帝	永元五年春正月乙亥	宗祀五帝于明堂，遂登灵台，望云物
安帝	汉安元年正月癸巳	宗祀明堂，大赦，改元
顺帝	阳嘉二年冬十月庚午	行礼辟雍，奏应钟，始复黄钟，作乐器随月律
	永和元年正月己巳	宗祀明堂，登灵台，改元，大赦

① 费振刚、胡双宝、宗明华辑校：《全汉赋》，北京大学出版社，1993年。
② 费振刚、胡双宝、宗明华辑校：《全汉赋》，北京大学出版社，1993年。
③（唐）李隆基注，（宋）邢昺疏：《孝经注疏》，北京大学出版社，1999年，第28—29页。

从上表还可以看出，在明堂举行的王朝礼仪似乎还成了东汉国运的晴雨表，顺帝之后就未见有皇帝在明堂行礼的记载。

在《后汉书》中还可以发现在南郊、北郊祭祀皇天后土，在五郊坛迎五气，而其形制与位置都有术数依据。祭天的南郊距洛阳城南七里，祭地的北郊在城北四里，立春之日祭青帝的东郊去邑八里，立夏之日祭赤帝的南郊去邑七里，先立秋十八日祭黄帝的黄郊去邑五里，立秋之日祭白帝的西郊去邑九里，立冬之日祭黑帝的北郊去邑六里。（见表16-2）迎五气的依据是《礼谶》《月令》及元始故事，所歌的《青阳》《朱明》《西皓》《玄冥》，应该就是汉武帝祭太一的仪式歌词，由此看出，迎五气的宇宙观模式是天人感应宇宙观模式之变体。值得注意的是，良渚文化瑶山祭坛中央是红土台，红土台外围是灰土带，最外侧是黄褐土带。这红、灰、黄三色与后世的五色土应该同样具有象征含义。而在洛阳西北戌亥之地更立六宗，在洛阳城南郊有高禖祠、灵星祠、老人星祠、心星庙。此外，还有籍田，不过多不在京城行事。

表16-2 《后汉书》迎五气礼仪

时　间	地　点	帝、神	车骑服饰颜色	歌	八佾之舞
立春之日	东郊	祭青帝句芒	青	《青阳》	《云翘》
立夏之日	南郊	祭赤帝祝融	赤	《朱明》	《云翘》
先立秋十八日	黄郊	祭黄帝后土	黄	《朱明》	《云翘》《育命》
立秋之日	西郊	祭白帝蓐收	白	《西皓》	《育命》
立冬之日	北郊	祭黑帝玄冥	黑	《玄冥》	《育命》

祀天郊、报地功、迎五气是王朝礼仪的重要活动，要求帝王亲临。如果帝王没有亲临，则为失礼。《后汉书·五行志四》记载："灵帝建宁二年四月癸巳，京都大风雨雹，拔郊道树十围已上百余枚。其后晨迎气黄郊，道于雒水西桥，逢暴风雨，道卤簿车或发盖，百官沾濡，还不至郊，使有司行礼。迎气西郊，亦壹如此。"[1]灵帝在迎黄气时碰到暴风雨，心生退意，让官员代为行礼，同样的事也发生在迎秋气之礼时。熹平六年（177），由于当时频有雷霆疾风、地震、阴

① （南朝宋）范晔：《后汉书》，中华书局，1965年，第3335页。

雹、蝗虫之害，蔡邕上封事，谈到天降灾异的原因，他认为"国之大事，实先祀典，天子圣躬所当恭事。臣自在宰府，及备朱衣，迎气五郊，而车驾稀出，四时至敬，屡委有司，虽有解除，犹为疏废。故皇天不悦，显此诸异"①。蔡邕认为灾异的原因在于灵帝怠慢迎五气的祀典，因为灵帝的怠慢，所以皇天不悦，降下灾异。由此，我们可以看到东汉的宇宙观、礼仪、身体、政治如何关联在一起，源于大传统的天人合一神话观念如何支配着汉代统治阶层的言论和行为。

（陈金星）

---

① （南朝宋）范晔：《后汉书》，中华书局，1965 年，第 1992 页。

第十七章　华夏的"气"观念的多级编码

当人类意识到自身呼吸的气息时，关于生命力量的神秘概念已开始萌芽。大自然的风雨雷电让脆弱的人类深感惊惧，仰"老天"之鼻息是人类生存的基本条件。"气"是华夏文明从未断裂，但又经历了千万般幻化的古老意象，它源自生命的觉悟，肇始于巫术活动，与"气"有关的独特的自然、哲学、医学、文学、宗教概念也逐渐形成了。它既有形又无形，既可察又不可察，在逻各斯体系的认识中，"气"所蕴含的哲理缺乏物质的基础，故而中国文化中这一重要的思想被斥为非科学的诡辩。同时，也有科学家执着于它的事实存在，直至21世纪，电机系出身的台湾大学校长李嗣涔还在一次讲演中说："气是时间、空间的扭曲现象。"

《荀子·王制》曰："水火有气而无生，草木有生而无知，禽兽有知而无义，人有气、有生、有知，亦且有义，故最为天下贵也。"即有生命的人兽草木有气，无生命的水火亦有气。笔者认为，自上古以降，"气"始终没有脱离"生命观"的范畴，但绝不能单纯地把它理解为生命力。先民在意识到物理之气的同时，就已经产生了"一气涵五理"[①]的模糊认知，只是在漫长的岁月中，气的哲学内涵通过不同的载体以不同的方式言说。

第一节　器物之"气"

在生产力较为低下的新石器时代，中华大地先后存续着仰韶、红山、良渚、龙山、齐家等多地域文明，这些遗址普遍出土了以玉石为代表的神圣器物。先人如此煞费苦心地琢玉并不为果腹蔽体，只为让天地之神见证人的诚心，使那些能与神灵沟通的巫王执掌权杖以维护氏族的生存延续。在先民朴素的世界观

---

① 李存山认为"气"概念有物理、生理、心理、伦理、哲理五个层次的含义。

中，美石本属天界之物，但人间的器物则需赋予生命的气息方可在天地间灵动。日本的玉器和兽面纹专家林巳奈夫注意到了一种"の"字涡状纹，它们存在于良渚文化的福泉山黑皮陶以及其他的一些玉器上，作为禽鸟纹与月牙花纹的周围装饰。殷商时代的青铜器继续沿用了"の"字花纹，据林巳奈夫推测，工匠们是为了使这些物件所表现的情景或者神像充满"气"[①]。但此举意欲何为？笔者认为先民之所以将"气"视为神圣标志的原因有二：其一，人类呼吸则生，气绝则亡。气绝代表着肉体生命状态的结束，致使灵魂进入另一重世界。因此，气无疑是肉体生命或者说现世生命的重要标志。其二，水蒸发成水蒸气，凝结成冰，但三态之中，气最虚无缥缈，其形态上的弥散性易被当作万物之原始发端，甚至是传说中的混沌之态。对水气转换现象的观察不外乎大自然的云雨气候变化，叶舒宪在论述风云雨露的隐喻时指出"云雨"自古以来便结合在一起成为天地交合的特殊表征[②]，这又是和生殖繁衍紧密相连的神话想象了。

早期"の"字花纹出现于禽鸟纹周围，便不得不提鸟类在天地之间运送气息所负载的功能。乘风而翔的鸟儿是先民眼中最有可能接近神灵的动物之一，以至于"玄鸟降而生商"。自然界的风是天上大神的呼吸，直接在这风中翱翔的鸟儿无疑是天的使者，鸟与气的关系就在不知不觉中确立。在分析早期文明的过程中，简单直白的读图方式反而更接近原始思维。

随着巫文化的发展，先民已渐渐不满足于仅依靠禽鸟野兽来贯通天地，从而把这个神圣的任务转移到人神身上。林巳奈夫举了另一例，一件制于西周，却仿殷商中期风格的龙虎尊。该尊腹部的纹饰是一个人虎相通的场面，虎口大张，虎身却分为对称的左右两半，虎口下方"衔"着人头，人头的上半部分已经在虎口里了，人身四肢打开呈半蹲状，全身裸露。从这个人泰然自若的姿态可以判断，这表现的绝非猛兽食人这样的题材，虽然有很多考据认为这是表现人死而复生的仪式，但根据古代中国赤身裸体者和披头散发者皆非常人的观点，林巳奈夫推断这个人不是灵魂就是神。加之此人口中的舌头露出像天线似的"气"，显然是一位与至上神配享的祖先神灵，与虎通过伸出的舌头互通灵气。[③]类似的

①［日］林巳奈夫：《神与兽的纹样学——中国古代诸神》，常耀华、刘晓燕、李环译，生活·读书·新知三联书店，2009年，第11、13页。

②叶舒宪：《风、云、雨、露的隐喻通释——兼论汉语中性词汇的文化编码逻辑》，载《新东方》1997年第1期。

③［日］林巳奈夫：《神与兽的纹样学——中国古代诸神》，常耀华、刘晓燕、李环译，生活·读书·新知三联书店，2009年，第17、19页。

例子以及出土实物还有很多，因累及篇幅不一一列举，但需要指出的是，在青铜器、玉器等各类礼器的制造过程中，突出灵气的表现手法越来越抽象，甚至最终演变为某个具有共识性的简单标记。如在欧洲古代女神的制作中，在阴部区域画三角形以代表生殖和性别，中国的工匠也用"V"字形鼻子代表神灵（灵气）。后文要讨论的围绕"气"概念的三个汉字，就有一个被指来源于"V"。

以上提及的皆是中国上古文明的神话思维，更接地气一些的日常文化则可举西安半坡先民埋葬孩童一例。死后的孩童以陶瓮为葬具，童尸模拟胎儿在子宫中的形态，以期死而复生或投胎再生。在瓮棺口上所覆盖的陶片则开一小孔。郭沫若有诗云："半坡小儿冢，瓮棺盛尸骸。瓮盖有圆孔，气可通内外。"刘长林据此认为，流通的空气是死者复生的决定性因素。①而距今 4000 —4500 年的青海半山马厂文化遗址还出土了一个彩绘浮雕人像的彩陶罐，该人像呈站桩功、气沉丹田的姿势，是我国目前发现最早的以艺术形象显现气功演练的实物。②

从出土的玉器、青铜器和地方丧葬礼制来看，"气"与生命观的联系已在器物上被多角度记录。然这一阶段的"气"更多遵循的是前逻辑的"互渗律"，还没有真正走到哲学层面。正所谓"同气相求"（《易传》），宇宙万物的沟通、交感都离不开"气"这个中介。

第二节　文字之"气"

文字和语言是人类思维主体进行主观投射与想象幻化的传达工具③，"气"在形成文字的过程中仍旧带着朴素的原始思维和巫术气息。李景生认为汉字在字形创造时体现了人本位的构形思维④，这意味着汉字足以体现先民对世界的认知方式，尤其是甲骨文，它既承上——出现在陶器上的记事符号、图画，又启下——在构形演变中的辩证思维，是 3000 年华夏文明的"书记员"。而"气"在

① 刘长林：《说"气"》，见杨儒宾主编：《中国古代思想中的气论及身体观》，巨流图书股份有限公司，1993 年，第 104 页。

② 刘长林：《说"气"》，见杨儒宾主编：《中国古代思想中的气论及身体观》，巨流图书股份有限公司，1993 年，第 105 页。

③ 郑志明：《想象：图像·文字·数字·故事——中国神话与仪式》，贵州人民出版社，2010 年，第 133 页。

④ 李景生：《汉字与上古文化》，中国社会科学出版社，2009 年，第 18 页。

符号化的初始，其所指与能指的对应关系并不如今日这般单纯、确定，基于可及的文献资料，在此先解析三个字：气、氣、辛。

　　未曾得见甲骨文真颜的许慎在《说文》中写道："气，云气也，象形。云，山川气也。"段玉裁注："气本云气，引申为凡气之称。"许慎所解构的"气"是小篆体，其形象如冉冉上升的水汽，这个造型似乎符合"六书"中的象形之法。在甲骨文中，"气"一开始写作"三"，徐中舒解字[①]："象河床涸竭之形，二象河之两岸，加一于其中表示水流已尽。即汔之本字。在金文中写作'彡'，在洹子孟姜壶作'彡'。"[②]这样看来，"气"从甲骨文中干涸的河床，演变成上升的水汽。水汽一说只是笔者的看图说话，但河床也好，水汽也罢，气是水之消散的逻辑却是一致的，也就是物理学称之为蒸发的状态。下文还会提到古希腊伊奥尼亚学派将水视作万物之源，在先民的观察中水汽在不同的气候条件下相互转化，且水和气都具备无形、连续、弥散的特质。视哪一项为物质的始基，与当地的气候条件、自然环境密切相关。

　　定格于文字的"气"意义显得单一，并不具备生命观的内涵，但进一步联想则能发现，在先民眼中，能够向八方发散，尤其是上升的物质无疑都具备通灵之气。暖气上升，寒气下沉，气通天地，它似乎能够担负某种与神灵沟通的职能。甲骨文诞生于商代，这是一个鬼神崇拜达到高峰的时代，商王几乎每事必使贞人占卜。有一条关于乞雨的卜辞："贞：今日其〔雨〕，王占曰：疑，兹乞雨，之日允雨。三月。"[③]"三"在占卜中用作乞雨之意，进而弱化为乞求，从"气"到"乞"，文字的演变包含了深刻的巫术思想，上升的水汽和通天的云气负载了先民对五谷丰登、氏族繁衍的深切祈愿。

　　以"气"来作为人神感应的交通工具还体现在"魂""魄"的解释上，《说文》："魂，阳气也。从鬼云声。""魄，阴神也。从鬼白声。"人身上所带有的"阳气"和"阴神"以灵力和灵气的形式实现了神灵相感，因此不仅可乞雨，还可问生死，求吉凶。

　　"气"在卜辞中还假借作"迄""讫"。"迄"字意指"止、尽"，"讫"字意

　　① 徐中舒：《甲骨文字典》，四川辞书出版社，2006年，第38页。
　　② 刘兴隆：《新编甲骨文字典》，国际文化出版公司，2005年，第27页。
　　③ 马如森：《殷墟甲骨文实用字典》，上海大学出版社，2008年，第20页。

指"完结、终了"，皆是水分蒸发、干涸之意的衍生。

除了以上的经典之说，熊国英另指出："甲骨文的写作"三"上下两横表示天地，中间短横是指事符，指出天地之间看不到的东西是空气。"①空气，生命之所需，也是人体之外宇宙的流通。古人虽尚不清楚空气的物理运动及化学构成，但通过观察天然的风和人为的风（手摇可得），已体会到无所不在的气是世间万物存续的根本。再加之人们在生活中所注意到的热气升腾，寒气低沉，所以中国古代又用"阳气"表示天气，用"阴气"表示地气。继而用"阴阳"表示四方之气和天地之气。②然而笔者以为，用"空气说"来解释甲骨文的三初看有理，但却无法进一步解释其通假字"乞""迄""讫"的含义，因此仍应当取"河床干涸说"。

但认为中国的汉字起源于殷商时代的甲骨文是不完全确切的，被认为"可能最早的汉字"可以一直推断到史前和有史早期的陶文。唐兰先生说："从文字本身说，我们目前能得到大批材料的，只有商代的文字，这里包括了甲骨卜辞和铜器铭文，卜辞是盘庚以后的作品，器铭却只有少数可确定为商末。商代文字还保存着很多的图画文字，在卜辞里已经有了大批形声文字，铜器文字也是如此……形声文字的产生，总是在图画文字的后面……那么我们所见到的商代文字，只是近古期，离文字初发生时，已经很遥远了。"③在出土的西安半坡陶文、山东城子崖陶文、河南偃师二里头陶文、小屯殷墟陶文上都见证了早期文字在陶器上的发生。它们既是简单的刻符，又显然代表着可考的意义。只是因为它们看起来太过简单，以至于被认为这不是真正有着固定意义的成形文字。李孝定对陶文过于简单的现象做了说明："陶器是先民日常生活中经常使用的器物，不是书写文字的素材，也不像殷商的甲骨和两周的彝器，为了特定的目的，有大量刻铸文字的必要，因之除了陶工和器物的使用者，为了分辨该器物在同组器物中的序数或位置，或者其他目的，有些更是极偶然的于兴之所至随意刻画一些文字外，原无大量刻记文字的必要。"④文化的传承是一个渐续的过程，文字绝无可能出现突然的转折点，在它走向成熟的过程中，其意义是环环相扣、层层相继的。如此，出现在陶片上的刻符不该全然忽视。"三"在甲骨文中除了表

① 熊国英：《图释古汉字》，齐鲁书社，2006年，第166页。
② 李存山：《气论与仁学》，中州古籍出版社，2009年，第24页。
③ 唐兰：《中国文字学》，太平书局，1963年，第63—64页。
④ 李孝定：《汉字史话》，海豚出版社，2011年，第41页。

示"气"，也有被认为是计数为三的意义。横向的三横与纵向的三竖皆表示"三"，而在二里头和小屯殷墟的陶片中也有"三"。"气"与"三"这个数字在早期的关联，和后来"道气说"及"三生万物"的道家思想产生了一种隐秘的联系。从文字角度来推测这个关联，需要对上古的计数方法和神话思维做进一步梳理。

金文中另有一字"氣"，底下加了个"米"，也就成了我们所谓的"气"的繁体字"氣"。这两个字到底是承续关系还是并列关系？"氣"的出现无疑是建立在"气"的基础上的，白川静在《常用字解》中解释："古人相信'米'（谷物）有滋养'气'之功，于是'气'加'米'构成了'氣'。'氣'为'餼'（赠品）之初文。"①在《说文》中，"气"与"氣"是两个字，《说文》："氣，馈客刍米也。从米气声。"念"xì"。《春秋传》曰："齐人氣诸侯"，意思是齐国人把饲料和粮食馈赠给了诸侯国的军队，"氣"在此处当解释为馈赠，且馈赠物是粮食。

试图在"气"和"氣"之间搭起一座桥梁时，还需稍稍提一下"米"。作为一个简单的象形字，"米"在《说文》中的解释是："粟食也，象禾实之形，凡米之属皆从米。"氣"当然是"米之属"，是"米"与"气"的化学反应，或就是吃了谷物之后从人体内排出的气，即通俗意义上的嗝和屁。这就不奇怪从"氣"的汉字表现人的七情六欲，再看《说文》中的例子："愾，大息也，从心从氣。""鎎，怒战也，从金氣声，《春秋传》曰：诸侯敌王所鎎。"虽然"愾""鎎"两字今天都读作"kài"，但当时都念作"xì"。"气"与"米"两字的合并，实则是天地之气与人体之气，大宇宙与小宇宙的内外统一。"气"后来被大量地用于形容人的特征，如"气质""气度""风气"。

因为前段提到了青铜器上的 V 形鼻子，所以这儿再略微提一下"辛"字，甲骨文作"辛"，金文作"辛"。《说文》："辛，辠也。"据徐中舒考证，该字可从郭沫若之说，即"象古之剞劂，即刻镂之曲刀形，因亦用于黥凿罪人或俘虏之额。故借施黥之刑具剞劂表现罪愆之义"。且不论中国刑法之渊薮，单看这个工具是在额部施行的，不由让人联想到青铜纹饰上人首的额部完全隐入虎口的造型。

---

① ［日］白川静：《常用字解》，苏冰译，九州出版社，2010 年，第 62—63 页。

第三节　文化之"气"

"气学"也好，"气论"也罢，关于中国文化气之哲学、中医气学、文气之说的论著已汗牛充栋。刘长林在《说"气"》一文中论述："中国气概念……自从被确定为世界万物的本源之后，直到近代哲学拉开序幕以前，从来没有被否定过。然而它的内涵和外延，却从未在某一范围内固定下来。就外延上说，从呼吸之气到'有形亦是气，无形亦是气'，成为无所不包。就内涵而言，则由感性直观不断向理性抽象上升，直至成为宇宙万物的本体。"①李泽厚把孔子之前的中国文化称为"巫史传统"，并认为这便是一以贯之的华夏文明大传统。古代经典文献所记录的大量天文历象都是展示天象与人事、"天道"与人道的直接关联。②要实现这种关联，古人采用了大量被弗雷泽定义为"交感巫术"的方式。之所以会借助于巫术，杨儒宾认为，"人不但原则上为天地之气所化，现实上他还可溶进天地之气的具体流动中，使'人文'与'自然'合而为一。但初民此时的存在性格虽已转变，在这种意识转化的结构底下，他的意图并没有跟着消失，反而认定可以和天地之气同流，并在原有的自然秩序上面，加速甚或转变其运作的轨道"③。

中国巫史传统在殷商时代达到了极为成熟的高度，相信鬼神能主宰命运的思想体现在整个大传统中，出土的殷商卜辞揭开了鬼神论的主要实践形式——观云气。展开说，则包括"在今人看来与大气有关的云、虹、隮、祋等天气现象，殷人把它们当作神灵所为，进行适时而系统的观察……这些'气物'现象与殷人神灵信仰相联系，殷人关注的是神，认为各种天气物象是神灵意志的显现和吉凶的表征，因此可以说商代'气物'观念一直紧扣神意。在气象占卜中灵验的很多，这当然不是来自神意的启示，而是占卜者长期观测的经验积累。商代对'气物'的占候，应是后世望云气以测吉凶变化的滥觞"④。这一时期的"气"之意义，是大自然的云气天象与天人鬼神共同作用的结果，气之物理形态只是

---

① 刘长林：《说"气"》，见杨儒宾主编：《中国古代思想中的气论及身体观》，巨流图书股份有限公司，1993年，第117—118页。

② 李泽厚：《说巫史传统》，上海译文出版社，2012年，第23页。

③ 杨儒宾：《中国古代思想中的气论及身体观》，巨流图书股份有限公司，1993年，第8页。

④ 黄鸿春：《从"事神"到"敬德"：商周"气物"观的变迁》，载《历史研究》2013年第2期。

表象，但形成种种物理表象的，是超越人类意志的神话力量。

至周代，在"敬德保民"的施政思想指导下，西周的鬼神观超越了殷商时期纯粹的问鬼神，在天地人之间开始了对自身的反思。"周人开始积极地由人自身去认识天命，观祲望氛是为占验吉凶以修行政务，'气物'观念逐渐走出浓郁的神灵观的笼罩，体现出周人对于社会历史发展的新认识。这是西周'气物'观念的一个重大变革。"①《国语·周语上》记载：

> 太史顺时覛土，阳瘅愤盈，土气震发，农祥晨正，日月底于天庙，土乃脉发。先时九日，太史告稷曰："自今至于初吉，阳气俱蒸，土膏其动。弗震弗渝，脉其满眚，谷乃不殖。"稷以告王……瞽告有协风至……瞽帅音官以省风土……稷则遍诫百姓，纪农协功，曰："阴阳分布，震雷出滞。"

虢文公进谏宣王时讲解安排农事的重要性：立春之日，阳气聚升、土气润湿，和风、震雷也应时而至，阴阳协和有序，正是准备春耕的好时节。此时，天子要举行盛大的祭祀活动，亲耕籍田；职官、百姓紧张地准备农事以不误农时。上下齐心协力，勤勉农事，践行天意以至天人和谐。②在这一阶段，知识分子阶层对气的认知为后来成为气论的哲学思想打下了重要基础。

在先秦哲学百家争鸣的时代，对于气的阐述在不断补充和修正中得到了迅速发展。其中，极为重要的一个观点是老子所指出的"道"为世界本原，万物由阴阳二气组成。"道生一，一生二，二生三，三生万物。万物负阴而抱阳，冲气以为和。"（《道德经》第四十二章）相对于中国先秦的气论，古希腊伊奥尼亚学派创始人泰勒斯则把水看作万物之源。两个古老文明的朴素唯物主义哲学观具有极高的相似性，但李存山认为，两种不同的观点源于两种不同的生产方式和地理环境，古希腊崇拜"海神"，自然倾向于认为水为万物之源，中国的殷周时期崇拜"云""风"和"天神"，对"气"的观察会更多。③春秋时期，君王在八节时登台望气的仪式，集宗教、礼仪、王权和生产需要为一体。选择在传统的八个重要的节气观气，深具农耕民族的特点，也反映出当时对于天象、历法的掌握程度。观气，或者说观天象，以预测灾难，祈求风调雨顺，正反映了此时神话思维与自然科学思维的早期合流。

在这个日趋理性的时期，气之单纯的生命观逐渐升华，借助于丰富的经典文

---

① 黄鸿春：《从"事神"到"敬德"：商周"气物"观的变迁》，载《历史研究》2013 年第 2 期。
② 黄鸿春：《从"事神"到"敬德"：商周"气物"观的变迁》，载《历史研究》2013 年第 2 期。
③ 李存山：《气论与仁学》，中州古籍出版社，2009 年，第 27 页。

献，后人可以得到气论应用于不同领域的书证。如气对人体健康的影响，记载在《左传·昭公元年》，医和给晋平公看病所说："天有六气，降生五味，发为五色，征为五声，淫生六疾……"这里提出了中医的"六气致病论"，也为医学找到了依托的理论基础。再如《左传·昭公二十五年》："民有好、恶、喜、怒、哀、乐，生于六气，是故审则宜类，以制六志。"这里的气与人的情绪建立了关联。此外，中医指出了"血气"一说，从而把人的生理和心理统一起来。

有研究者指出，在中国古代，气的两大基本义项分别是物质存在和精神境界。[1]在诸多经典论说中，成熟于战国时期稷下学派的"元气论"尤其值得注意。元气论的根本观点是以气为天地万物的元素和本原，其主要特点是以未成形质、连续无间的气为天地万物的本原和远近万物相互作用的中介。[2]稷下学派最重要的创造是发展了"精气学说"，并记录在《管子》的《心术》《白心》《内业》等篇章中。

> 凡物之精，此则为生。下生五谷，上为列星。流于天地之间，谓之鬼神；藏于胸中，谓之圣人。是故此气，杲乎如登于天，杳乎如入于渊，淖乎如在于海，卒乎如在于己。是故此气也，不可止以力，而可安以德；不可呼以声，而可迎以意。敬守勿失，是为成德。德成而智出，万物毕得。（《内业》）

《内业》解释了天地山川、五谷星辰和鬼神都乃精气所化。[3]稷下学派还将精气与人的健康和精神现象联系了起来。此时的气不再是鬼神论的生命观，而进入了哲学领域。与之对应的是古希腊哲学的"原子论"，两者同中有异，异中有同。相同点在于，对客观世界的认识都进入了物质范畴，突破了原始思维和神话思维；区别在于，原子论绝对地割裂了有生命之物和无生命之物，而元气论并没有走上唯物主义的单行道，而是依旧保持着与神同在的共生情感。如《内业》中提到的"气道（导）乃生"，就是指如果气不在人的身体内通导流行，那么生命就转化为死亡。[4]稷下学派奠定了中国古代气一元论的思想，气作为哲学本体，与老子的"道"合二为一，互为辩证。气正是老子为"道"所寻求到的一个中介。[5]从此往后，气以万物之源的面貌转换成了中国哲学思想之源。

（章米力）

---

① 第环宁：《"气"文化与中国古典文艺美学》，载《西北民族大学学报》（哲学社会科学版）2004年第6期。

② 张俊龙：《中医气学导论》，科学出版社，2003年，第60—61页。

③ 马伯英：《中国医学文化史》，上海人民出版社，2010年，第186页。

④ 李存山：《气论与仁学》，中州古籍出版社，2009年，第205—206页。

⑤ 马伯英：《中国医学文化史》，上海人民出版社，2010年，第185页。

第十八章 探案式逆推与多重解码

——大传统、N 级编码论与 N 重证据的关系

"N 级编码论"的重点在于通过编码分级，确定原型编码，即进入大传统的由物叙事和图像叙事为代码的原型编码。原型编码在文化意义生成上具有基础性符号的地位，通过原型编码，文化在历时性的阐释和生成中引譬连类、相互关联，具有动态和相对稳定的特点。在此基础上，从多重证据角度去看，可以逆时倒推，通过解码，揭橥纷繁复杂的表象背后的历时性文化事象编码的规则和程序。

从 20 世纪 90 年代倡导三重证据，发展到 2005 年提出四重证据①。从时间顺序上看，求证文化事象的本原的过程和文化事象的历时性编码符号过程的方向是相对的。认真推求，我们发现，和历时性的 "N 级编码论" 相对应的应该是逆时探案式地捕获 N 重证据。N 重证据是针对文化事象发生场域，打通人体的各个感官领域，基于多重证据、多重媒介的整合，②实现把审美上的生理物质感受和心理精神感受的 "通感" 转化为信息捕捉上的全息式 "通感" 的证据新格局，这里面也包含各种学科方法所产出成果的整合。

第一节 N 级编码论与 N 重证据

我们知道，四重证据包括：传世文本叙事，文字文献、域外汉籍等历史文献；出土或传世的文物、实物（器物铭文、帛书、文书、汉简、殷墟甲骨文字、敦煌塞上及西域各地之简牍、敦煌千佛洞之六朝唐人写本书卷、内阁大库之书籍档案、中国境内之古外族遗文）等文本叙事；口传叙事资料（神话传说、口

---

① 叶舒宪：《第四重证据：比较图像学的视觉说服力——以猫头鹰象征的跨文化解读为例》，载《文学评论》2006 年第 5 期。

② 钱锺书：《七缀集》，生活·读书·新知三联书店，2002 年，第 64 页。

述历史、口头史诗等非物质文化遗产）；图绘图像数据，包括出土或传世的历史图片、插图、版画、年画等；仪式、场域等。它对应的是人类学"写"文化的五种叙事：文字叙事（一重证据，二重证据）人证之书证；口传叙事（三重证据）人证之证词；图像叙事（四重证据）物证；物的叙事（四重证据）物证；仪式（礼乐）叙事、仪式展演（三重证据、四重证据）人证、物证。

其实可以把四重证据扩展为 N 重证据。一重证据为传世文献；二重证据为地下出土文献，即用来印证、补充或者纠正传世文献的地下新出土的文字、文献材料。以知识—权力的公式来判断，地下的文字材料和传世的文字材料在媒介意义上具有同等性质，其实都是书写权力的某种体现；三重证据是民间地方流传的口传与身体叙事，包括仪式叙事和展演；第四重证据是考古发掘或者传世的古代文物及其图像，包括今人所称"美术考古"的各种对象和资料；第 N 重证据可称为多维全息证据。中国文化传统是整体思维模式，在破解文化事象上，随着观念的进步，出现了日益精进的分析方法，譬如分子遗传学方法、加速器质谱法、热释光测年法、电子自旋共振测年法、古天文历法等等[①]，通过这些方法，最终要探求整合出全息证据。笔者认为，随着人类认识层次的提高和求证水平的提升，和 N 级编码一样，也存在求证失落的文化记忆的"N 重全息式证据"。

不难看出，N 重证据与 N 级编码非常相似，N 级编码的前三级就是作为四重证据的所有材料，只不过分法上由四分变成了三分，N 级中多了一级以"N"为编号的无限多当代相关文本。可以说 N 重证据法与"N 级编码论"都是基于新领域、新材料，针对文化事象探寻这一新问题做出的理论探索，都是文学人类学理论前沿的新思考。

在波普看来，科学知识的积累和知识谱系的更新是在不断解决问题的过程中完成的。科学不是始于观察，而是始于问题（problem）的探究。面临着问题，人们首先提出假说，作为对此问题的尝试性解决，即 TS（tentative solution）。然后，再对这一假设进行严格的检验，也就是通过证伪消除错误，即 EE (error elimination)，进而产生新的问题。如此反复，问题愈来愈深入、广泛，对问题做尝试性解决的理论的确认度和逼真度也愈来愈高。根据这一模式，人类知识的积

---

① ［美］卡洛斯出版集团：《尖端科学：追寻我们的祖先》，小多（北京）文化传媒有限公司编译，广西教育出版社，2012 年，第 11 — 12 页。

累应当被看作是新理论代替旧理论的质变。我们追溯文化事象的本源，其间所遇到的问题引领我们发现、探究未知领域，在这一过程中形成新的观念、知识和方法，这一知识谱系的生产和积累正是波普的问题导向式的。[①]

我们破译中国文化未解之谜的努力，在比较神话学的层面上，是通过原型编码神话探寻中华文明起源问题，反向套用雷德菲尔德"大传统、小传统"的分类，对文化大传统内部进行文化编码体系探究。它同时融通了探索文明起源和发掘文化符号资本两个至关重要的文化问题事象的关系，将文化意义的确认建立在多种文化文本及其互文关系的基础上，尝试一种全息的溯源释古方法，寻求当代社会事象之远古神话历史的文化基因。在这个过程中，我们要多角度多层面地综合运用迄今可以得到的多重证据，并注重探究新老证据之间的互动阐释作用，重构失落的文化传统，整合零落的集体记忆，以激活那些历史悠久、生生不息的文化大传统信息。神话学研究，因此成为"中华文明探源工程"的重要构成部分。

我们可以把追寻文明起源这一文化事象用刑侦"破案"来做一个类比，两者背后的思维模式贴合中国传统知识分子的人生实践，所以许多问题的理解较为直观。从"考据""考证""辨证""辨伪"等词语上看，这些迄今为止仍然影响深远的国学研究的基本方法是和法官判案工作相关联的。众所周知，古代科举录取的知识分子大都要在州县等基层一级官府任职。能否审定诉讼双方的证言、人证、物证，做出公平公正的裁量，是衡量这群朝廷命官称职与否的重要标准。这样，如何公平公正地审理地方诉讼案件，争取清廉而公正的美誉，就成为古代知识分子的基本功。由这样的一个群体世代传承下来的国学，也就理所当然地将判词"考据""考证"之类作为穷本溯源式知识生产的基本术语。[②]胡适先生在《考据学的责任与方法》一文中对传统知识人受惠于判案实践经验的现象做出过生动的描述："我相信文人审判狱讼的经验大概是考证学的一个比较重要的来源。"[③]善于考据的学者被推崇为学界士林中的判官，其考辨真伪的功夫就相当于包青天的明鉴断案：褒见一字，贵逾轩冕；贬在片言，诛深斧钺。

同时，探究两者的真相所依据的证据都必须超越文字小传统的局限。人类不

① 赵敦华：《现代西方哲学新编》，北京大学出版社，2001年，第202页。
② 叶舒宪：《国学考据学的证据法研究及展望——从一重证据法到四重证据法》，载《证据科学》2009年第4期。
③ 胡适：《考据学的责任与方法》，见《胡适作品集》(15)，联经出版公司，1986年，第176页。

是因为有了文字书写才开始认识和表现世界的。追寻文明起源的文化事象和探案一样，需要发掘那些被遮蔽的、被埋没的或者曾经发挥过重大历史作用的"表述"，找到进入前文字时代世界的方法。所不同的是，"破获"枉法案件的工作往往距离发案的时间短，案件的有关线索在理论上容易取得。而追溯破解一万年以来的大传统视野中的文化事象，往往因为追溯的时间跨度太大增加了破解的难度。同时，侦查探案的终点在于破获案件，对文化事象"案件"发生背后文明发生的地缘要素、早期文化交往关系、社会心理根源等一套价值体系的发掘却是文明探源和文化符号资本发掘所要追溯的核心任务。

从理论上讲，没有不能破解的"案件"，前提是在时间上的成本足够大，破案成本足够高，态度足够虔诚，技术足够发达。因为这些都会影响获取破案信息的层次和数量。试想一下，137亿年前的宇宙大爆炸事件，在没有高端探测设备和宇宙理论支持的情况下，无论我们怎么言之凿凿，它都只能是一种假设。在不具备材料或技术装备的条件的情况下，我们提不出要解决的问题，或者找不到"侦查"的方法，或者捕捉不到"铁证"。当我们的技术达到能用哈勃定律来测定宇宙膨胀，能对宇宙微波背景辐射进行精细测量，掌握宇宙间轻元素的丰度，对宇宙大尺度结构和星系演化能准确观测，我们才由此推论，宇宙本是存在于300亿年至230亿年前的集中的一个点，这就是宇宙大爆炸的理论来源。

同样，南宋法医学鼻祖宋慈所判的亲子鉴定案件，依靠检滴骨亲法："谓如某甲是父或母，有骸骨在，某乙来认亲生男或女，何以验之？试令某乙就身刺一两点血滴骸骨上，是亲生的则血沁入骨内，否则不入。"（《洗冤录》）这很难还原到真相层面，而今天的亲子鉴定技术依据遗传编码比对锁定，使得这类案件能实现百分之百的事实判断。基于这一推理，笔者认为，只要技术足够强大，我们就可以"全息化"地逆向捕捉并破解包括案发现场空气中的微粒和遗留的各种气味等在内的N重编码的所有信息，直指一个相同的真相，像穿越时空逆时播放现场"影像"一样还原事实真相。

我们完全可以把"解码"理解成"编码"的逆向过程。犯罪嫌疑人的作案过程和反侦查证据灭失，发案现场转移，案发以后的现场扰动，是在历时性的线性时间中完成一系列"编码"行为，而侦破案件的过程本质是依照勘验发案现场，区分非案发原始痕迹，提取发案遗留的蛛丝马迹（信息编码）进行逆推，沿波讨源，尽力实现N级解码，还原发案过程，倒逼真相。作案和破案，即编码和解码的思维模式是相向的。

这里有一点需要提示，在直达真相问题上，一方面，解码能力的大小和人类某个阶段的证据收集水平、认识能力相适应。南宋的法医学家不会想到做 DNA 检测，所以对现场的痕迹收集不会精准到分子水平上。另一方面，解码未必要遵循编码的路径，有超越路径解码的可能存在。比如民俗中的禁忌、吉祥物、仪式、放血疗法等都是"多重编码丛"，在逆向解码中，它们可能就是捷径，可以把它们打包跨越。此外，直觉联想虽不是理性的破解编码的方法，但完全存在通过直寻顿悟直达真相"靶标"的可能，如至今仍流行于华人社会的乩童断案。[①]

第二节　大传统文本、N 级编码论、N 重证据法的会通

正因为追寻破解文化事象的未解之谜的过程和破案过程有线性时间结构、思维方式等方面的类似性，所以我们将从破案角度理解破解文化事象的过程，揭橥在这个过程中可能面临的所有问题。

当我们来到一个案发现场试图穷尽所能破获大案，首先必须做的一点是：及时勘验现场，全面了解案情，获取所有有价值的破案线索，一点蛛丝马迹都不能放过。案发现场是最宝贵的线索源，很多痕迹物证稍纵即逝，所以侦查人员要高度重视第一现场的"高保真"，随后对现场及其周边环境进行全面的勘验取证并了解案件的相关社会背景。这里面的问题是，我们必须穷尽我们的手段收集可能破解的信息。证据收集的程度取决于我们当下认识水平指导下的证据理论。文化解码的多重证据法，相比王国维以来的二重证据，其本质意义是及时使用当代新技术和新的理论工具，保证对尽可能多的信息动用破解工具，这其中包括实现社会科学与自然科学之间能指系统的开放与互通。夏商周断代工程为了证明武王克商之年，参考了沣西 18 号灰坑（H18）出土的木炭和碳化小米的碳－14 测年数据，对出土晋侯苏钟的晋侯墓地 8 号墓的样品进行了常规法与加速器质谱计法（AMS）碳－14 年代测定，并与《史记》所记周厉王年数相比照。[②]

对一个时间跨度长，现场情况复杂，人证物证非常少，嫌疑人又有反侦查经验的案件，破案难度自然很大。我们一般的经验是侦查人员依据整体的现场信

① 参看李霆威：《人判与神判：乩童断案》，见叶舒宪、陈器文编《宝岛诸神——台湾的神话历史古层》，南方日报出版社，2011 年，第二十一章。

② 李学勤：《中国古代文明研究》，华东师范大学出版社，2005 年，第 426 页。

息，对作案动机有一个基本推断，由此确定侦查方向，大胆地提出猜测和假说，然后通过试错——排除，逐渐接近真相。证伪过程中使用的方法是试错法。在这个过程中，有已经进入侦查学教材，为大家所熟悉的显性证据线索，同时也有更多还没有进入人类认识视野，需要我们通过逻辑判断推理的隐性证据。

在文化事象的文本之中，掺杂了多声道叙述的重构和置换变形，比如历史的神话化和神话的历史化。可以说，中国文化的内在精神来自神话的观念，或者说是直接来自神话思维的信仰观念，它对于整个中国传统来说，具有文化基因的作用。就连自我标榜"不语怪力乱神"的孔圣人，其实也坚信"天命"，特别关注超自然的生物如麒麟与凤凰之类的神话象征意义。①历史叙事与神话能达成一种并置关系，首先在于历史叙事拥有神话的外在表达形式，即变形（metamorphosis）。古罗马伟大的思想家、诗人奥维德强调所有的古希腊罗马神话故事都有一个共同点——变形。②正如特纳所指出的，虽然神话采用了超自然、超个人的"专用的言语"③，但它并不是一种神性意识，而是对人们的日常社会实践的另一种表述，它使社会能够被理解和再创造，使现实中的人们能够参照神话祖先的行为而融入相应的社会角色中。④这也正是神话与历史叙事能够互渗、互融，具有同一性的本质所在。变形之中所蕴含的是人类的文化知识伴随自然界的律动与生命节奏的积累与转换，在这一过程中充满了人类所赋予事物的丰富的象征符号与生成转换意义。"人类创造性地展开对动物的驯化、对植物的耕作改造，并将这样的认知、观照作为人类经验的积累和对自身进步的肯定一并交织，其中的基本规律正是变形，是文化变形中族群/区域、时间/空间、功能/结构相互作用下的实践原则和美学范式。"⑤

在一个案发现场，事实真相和人们对案件的直觉重构之间经常性地存在错位。要全面分析研究案情，确定主要的侦查方向和范围，首先是动机推定：分

① 叶舒宪：《神话：中国文化的原型编码》（"神话历史丛书"总序），见黄悦：《神话叙事与集体记忆——〈淮南子〉的文化阐释》，南方日报出版社，2010年。

② ［古罗马］奥维德：《变形记》，杨周翰译，人民文学出版社，1984年。

③ ［匈］格雷戈里·纳吉：《荷马诸问题》，巴莫曲布嫫译，广西师范大学出版社，2008年，第179页。

④ Turner Terence, "Commentary Ethno-Ethnohistory: Myth and History in Native South American Representations of Contact with Western Society," in *Rethinking History and Myth: Indigenous South American Perspectives on the Past*. Jonathan D. Hill, ed. Urbana and Chicago: University of Illinois Press, 1988.

⑤ 彭兆荣：《人类学仪式的理论与实践》，民族出版社，2007年，第209页。

析判断犯罪行为人作案前是否有预谋，分析和动机有关的信息，寻找线索。从文化事象角度看，这主要是对文化事象的信仰根源的还原，也就是找到今天纷繁复杂的文化事象的最初的原动力。文化事象的深层动因是文化当事人原初的思维模式，即列维－斯特劳斯所说的"野性的思维"，本质上看是一种类似联想的"关联性思维"。社会早期意识形态的信仰之原型范式是文化编码必经的神话，它对应到文化研究的多重证据方法是在仪式、场域、程序等证据中追寻真相。

其次是对案发现场的人证及痕迹、作案工具和作案习惯进行分析，获取信息和线索。这些信息可能包括口音、交通工具、指纹、鞋印、DNA、作案特点与相似性。这一点对应文化文本的多重证据可能是：（1）传世文本叙事，文字文献、域外汉籍等历史文献；（2）图片图像数据，包括出土或传世的历史图像、插图、雕塑、年画、图表，实现图文互动；（3）口传叙事资料，如神话传说、口述历史、口头史诗等非物质文化遗产、仪式、礼俗等。

另外，从反侦查信息中获取信息。通过对现场信息特点的把握分析，寻找类似案件，进行串案、并案侦查，尽量扩大和案件相关的信息收集，以便及时获得相关线索。如果是侵财案件，可以从赃款赃物的流通渠道入手，寻获破案线索。沿着物的流通叙事，追寻与之相关的事实真相（物证）。

对 N 级编码级别层次的认识，决定了解码技术的程度和层次。同时，解码技术和对编码文化的掌握是相互依存的。为了文化事象的破解，我们继甲骨学、敦煌学之后，又拿起了简牍学的工具。毛公鼎、利簋、走马楼、郭店简牍等一批批新的证据的出现，使每每陷入僵局的"案件"有了新的转机。

在有限的篇幅里无法详细探讨编码规则形成的内在机制和根本原因。但是，从对神话、中国文化具体文本分析的前沿问题中，我们可以看到证据学、编码规则和表述媒介之间隐含的一些基本原理：

（1）存在影响了信仰体系，信仰体系决定了理解方式，理解方式导致了符号形态。

（2）人类自觉的文化创作都是一个将复杂意义隐藏在抽象和可数符号背后的过程。

（3）创作者在文本中使用的符号有其自觉或不自觉的认知来源。这些认知既来源于其特殊的个体经验，也受限于其生存的社会之集体意识，此即为文本中符号的象征原型。[①]

---

① 唐蓉：《N 级编码理论的逻辑梳理》，载《百色学院学报》2013 年第 1 期。

表 18-1

文化传统	文化事象	编码理论	求证探案	证据理论	媒介理论
大传统	存在 信仰仪式 考古文物及图像 口头传统	元编码 一级编码	事实真相 作案动机 物证、痕迹 证言	N 重全息证据 四重证据 三重证据	全息（通感） 视、听 视觉口传媒介
小传统	文字	二级编码	书证（传世文献）	（一、二重证据）	文字媒介
	古代经典（次生口头传统）	三级编码		（一、二重证据）	印刷媒介
	后代的创作	四级编码	DNA 身份锁定	口传与身体叙事	文字媒介
	当代的创作	N 级编码			文字媒介

在小传统的理性视野下，编码和解码过程层次少，过程清晰，其编码的多维理解视域融通，具有普适性和可靠性，由于长期的媒介霸权，人们常常在潜意识里把历史和历史的文字编码等同起来。在现代性之后，海登·怀特把历史等同于叙事，但图像叙事、物叙事的历史证明效用问题却鲜有提及。在大传统视野下，无论是文化传播学派，还是文化结构主义，都认为原编码具有世界范围内的同一性，在某种意义上是神话思维的人类普适性。大传统视野能保证解码的层次深度，对事实真相的还原能力相对较强，但清晰度低，解码工具的掌握难度大，没有实现视域融通，而且在当前背景下，越迈向高层编码，对工具性依赖越低，清晰度越低，所以解码成果的可靠性受到质疑。

第三节 余论

在大传统的视域内，N 级编码之间能级不同，越古老的编码，越接近文化的基因和人类文明演化的密码，其能级越大，分蘖力越强。但这个编码阶段涉及人及其族群最根本的思维方式，比如，巫术的"引譬连类"式关联性思维模式，所以从原始时代起就以"模拟思维"方式理解并编码的世界，需要动用强有力的破解能量和原初语境的还原技术。

反过来，在当代文化产品的编码中，谁善于创造性地调动程序中的前三级编码，尤其是程序底端的深层编码，谁就较容易获取深厚的文化蕴涵，给作品带来巨大的意义张力空间，而不只停留在就事论事的表层描写上，用心理学家荣格的说法，就是揭示"集体无意识"背后的深层"原型"。

从阐释学立场看，多级编码之间交融互摄，能指无限接近所指，但很难做到绝对所指。阐释主体具有将以往的阐释活动再度"能指化"的权利，阐释活动自身具有无穷生长性，这种生长性使得阐释不可穷尽，而阐释贯穿人文学科的始终。

（李永平）

第十九章 人类学研究知识与技能培养

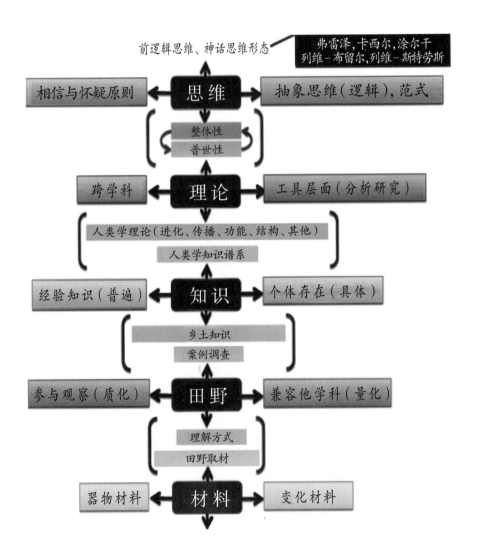

前逻辑思维、神话思维形态 —— 弗雷泽,卡西尔,涂尔干 列维-布留尔,列维-斯特劳斯

思维
相信与怀疑原则 ← → 抽象思维（逻辑）,范式
整体性
普世性

理论
跨学科 ← → 工具层面（分析研究）
人类学理论(进化、传播、功能、结构、其他)
人类学知识谱系

知识
经验知识（普遍）← → 个体存在（具体）
乡土知识
案例调查

田野
参与观察（质化）← → 兼容他学科（量化）
理解方式
田野取材

材料
器物材料 ← → 变化材料

类型：文字（官方/地方）、口传、声响（诗、歌、乐）、图像（符号、形态），器物（自然/人为）、族谱（族、家谱—文字、碑）、体姿（动作、跳舞、程序）、仪式等
民族学/人类学研究的知识和技术体系

第一节　思维形态

　　"思维"是一个不易完整定义的存在性概念，查阅一些民族学/人类学专业词典，大多没有专门条目。键入谷歌或百度的搜索框，解释虽多，却人言言殊。不同的学科，特别是心理学、哲学、逻辑学、政治学、认知研究等，因视角不同，差异甚大。可是，在人类学的知识谱系中，有关原始思维、神话思维、"野蛮思维"、前逻辑思维、史前思维等的使用频率却很高，有些著作似乎还是专门研究原始思维的，比如列维－斯特劳斯的《野性的思维》、列维－布留尔的《原始思维》等，涂尔干、莫斯等人类学家也频繁地使用相关概念。而像泰勒、史密斯、弗雷泽等早期人类学家虽未囿于某一个概念模式，对原始思维现象和特征也多有论述，比如泰勒的"万物有灵说"，弗雷泽的"交感巫术"等，马林诺夫斯基则将心理学的精神分析学说应用于"原始人"的事务分析，进而取道对原始思维进行讨论。原始思维是否具有普世特性迄今仍有不同看法，定义也不统一；但它是我们理解原始文化的一个路径。究其要者，可以简化为这样的表述：只有了解人类祖先是怎么想的，才能理解他们的文化。毕竟，文化存续与思维形态关系密切。

　　对原始思维的解释性着眼点方家并不一致。列维－布留尔《原始思维》认为原始人类将自己的情感、认知与其他生物、事物相互交织渗透，并通过这种方式解释他们与自然的关系，即他们用自己的"大脑图"——这唯一的可能途径来解释事实，并提出了著名的"互渗律"——这一原始思维所特有的支配这些表象的关联和关联原则。①卡西尔在使用原始思维时，时常交替使用神话思维和前逻辑思维，他认为，神话思维所寻求的原因不是逻辑的，也不是经验的，而是"神秘的原因"。人类在神话时代所遵循的生命原则是什么？卡西尔说，在远古社会，人类与其他生物种类形成了"生命一体化"（solidarity of life）。原始人并不认为自己处于自然等级中独一无二的特权位置，生命之间存在亲属关系似乎是神话思维的一个普遍预设。图腾崇拜的信念是原始文化最典型的特征。②

---

① ［法］列维－布留尔：《原始思维》，丁由译，商务印书馆，1985年，第69页。
② ［德］恩斯特·卡西尔：《人论》，甘阳译，上海译文出版社，1985年，第105页。

在图腾制度中，那些与特定族群建立关系的动植物，它们的生命、生活是一个维系在一起的社会，相互之间具有"亲属关系"，并可以转换。这是一种理解生命的特殊方式，也被认为是物种进化的组成部分。列维－斯特劳斯在《野性的思维》中这样解说神话思维："其特征是，它建立起有结构的组合，……把事件的碎屑拼合在一起。"①另一方面，神话思维本身不只是被禁闭于事件和经验之中，而是不断地把这些事件和经验加以排列和重新排列，形成特殊的意义。

原始思维既非我们通常所说的逻辑思维，亦非形象思维，而是一种"感通思维"——主客体并未形成严格界限的相互体认。人们以己推他，相信世间万物都是同情和感通的，所以，无论世界上的神系统有多么大的差异，都不过是人类根据自己的形象、认知、情感附会"神态"的过程，任何神祇都是人类、人体、人形的变种、变异、变形。变形（metamorphosis）原指由魔术而产生的形体变化，变形的形态主要有三种：（1）人形物性——在人身上附加某种动植物、自然现象的特征；（2）物形人性——在某些物上赋予人性的特性；（3）半人半神——直接在形体上整合不同物种的形态和体态。变形的根本其实是以人类自身为摹本的拼凑。如果说"生命一体化"将人与动植物视为同类，以人的自我形体、形态、形象为基型的组合则呈现了感通外在的具体和具象，而这些变化和感通在原始思维的产生过程中所秉承的原则是相信。相信是原始宗教的基础，相信与信仰是相同类型的认同，差别只是程度而已，所以在西文中，二者（believe、beliefs）本来就是同一个词。原始思维与逻辑思维的一个差别在于，前者大致贯彻相信原则，后者则偏向贯彻怀疑假定，所以，前者不需要证明，后者则需要求证。

人类学是讲求整体的学科，包括整合、比较和统合，它不仅连接生物（体质）与社会（文化）两大畛域——人类学的基本分支即生物-体质人类学与社会-文化人类学，重视工具性（功能）与普世性（结构），透视历时（历史）与共时（语境）两大维度。人类学学科产生的学理依据是进化论，社会依据是资本主义的发展与殖民主义的扩张，方法论依据是实验科学。人类学专门从事对"异文化"的研究，却包含着明确的比较性、跨学科性和统合性，表现"以我推他"和"以他及我"的互动关系，突出"自我的他性"（the otherness of self）。

---

① ［法］列维－斯特劳斯：《野性的思维》，李幼蒸译，商务印书馆，1987年，第28—29页。

第二节 理论问题

人类学研究的理论与理论范式包含着完全不同的维度,主要表现在四个方面。

一、普世价值的追求与限度

与其他学科研究的科学努力一样,人类学在理论上试图寻找学科领域的普世性。与讲究整体性相吻合,人类学通过学科的研究在理论上寻求具有超越单一学科的价值,比如在继承生物进化论的基础上,它也在致力于进行社会进化论的探索。这构成了人类学早期理论学派最基础也是最核心的价值。它与马克思主义的"阶序式"社会发展理论具有同质性。马克思主义在很大程度上接受了"阶序式"这一演进范式,从马克思主义的经典理论,比如恩格斯的《家庭、私有制和国家的起源》以及马克思晚年的人类学思想、理论指向可以清晰地看到这一理论脉络。

需要同时指出的是,任何人文社会科学在理论上对普世价值的追求都是有限度性和限制性的——自然科学亦然,即不能将普世价值视作唯一和不变的教条。这么说有两个逻辑依据:社会与事物一样,总是处在变化和发展中;不同的时代、环境、条件、技术、语境可以或可能产生和生产出独特的价值。生物多样性与文化多样性是不争的存在事实,如果说多样性具有普世意义的话,那么,它正好说明普世性的限度和限制。另外,任何理论都需要置于和植入具体进行验证和创新,任何教条的、对"普世性理论"的套用都是有害的。

二、人类学理论的跨学科性

人类学原本属于跨学科的学科,这是与许多学科不同的特点,因此,人类学理论也具有跨学科性质,它不仅在生物(体质)与社会(文化)这样大的视野上如此,也在具体的理论研究上羼入多学科的性质,比如我国的学科分类有生物人类学、考古人类学、社会人类学和文化人类学,表面上它们分属不同范畴,其实都是跨学、跨域和跨界的。人类学在理论上非常强调交流、借用和融合。考察人类学的理论线索,没有一个人类学理论完全属于人类学学科——进化学派直接来自于达尔文的进化论,传播学派受惠于地理学,结构主义从语言学那儿借用了基本概念和理论模式……，至于人类学的应用学科，单从名目上就足以表明其跨学科性，诸如生态人类学、经济人类学、旅游人类学等等。人类学理论的这种跨学科性与多学科性，一方面说明人类学充分地汲取了其他学科的养分，另一方面，它对其他学科也具有特别的影响作用，当某种理论在人类学学科成形、定型，对其他学科也具有强大的辐射力，比如，结构主义理论的集大成者当属人类学，它曾在国际理论界引领风骚近半个世纪，后来的所谓解构主义、后结构主义都直接就此而言说。

既然人类学的理论谱系中折射出相关理论的光芒，对那些给予人类学重大影响和重要作用的具有指导性的理论就有必要做大致的了解，比如福柯的"话语理论"、布迪尔的"实践社会学"、法国"历史年鉴学派"、萨义德的"后殖民主义东方学理论"、哈贝马斯的"民族、民族主义与后民族结构"等。

三、作为分析工具的人类学理论

理论有其自身的演化轨迹，据考，"理论"（theory）一词源自希腊语"theōriā"，意思是"观点""视域"。"theōriā"的动词词根为"theōreein"，本义是"观看""观察"。在古代希腊，"理论"原指旅行和观察活动，具体的行为是一个城邦派专人到另一个城邦观摩宗教庆典仪式。理论的原初意象指涉空间上的离家与回归，以强调不同空间的差异所产生的距离、转换和比较等现象。简言之，理论即移动和变化——指一种脱离中心、离开家园熟悉的环境和自我的文化，到一个陌生的、异己的文化空间的观察和体验。①而这种独特的、以旅行和观察为纽带的体认是现代民族志田野作业最简捷和简朴的概括，表现为在异质空间进行转换和交流的契机，也是建立各种关系，包括"我者/他者""主体/客体""主位/客位""知识/权力""分类/排斥"的纽带。理论除了强调某一特指"视域"（包括学科、学理和学术）的知识谱系外，作为分析工具也需要对研究对象的事实以及不同语境下的"日常"与"非常"进行解释。具体而言，如果一个研究者确定了研究对象和内容，那么，选择合适的理论，进而对其做知识谱系上的梳理便成为重要的一环。以王明珂先生的《华夏边缘》为例，当他选择以"当代人类学族群理论"为视域来讨论"什么是中国人"时，他首先对人类学族群理论做了长达94页的梳理和讨论，并将西方的族群理论作为检验中国人的历史情

①参见陶家俊：《思想认同的焦虑——旅行后殖民理论的对话与超越精神》，中国社会科学出版社，2008年，第88页。

状的依据,进而结合具体的田野案例进行分析,并以此为基础提出自己的见解。①

四、作为人类学学科传统的理论

人类学作为一个具有 100 多年历史的学科,已经形成了历史性的理论传统和特色,一个民族学与人类学的学者需要完整地了解进化学派、传播学派、历史学派、功能学派、结构主义、新进化论、解释人类学、实验民族志等。如果选择某一个分支领域,那么,对具体分支领域的理论传统也要有详细的了解,比如选择旅游人类学,那么,对这个分支的学理依据、社会依据、知识谱系、表述范畴和认同边界,以及支撑这一分支学科的主要理论、代表性学者(如 D. Mac Cannell, H. N. Graburn, V. L. Smith, J. Jafari, E. Cohen, D. Nash, J. Urry, C. Rojek 等)及其在理论上的主要贡献都需要了解清楚。

第三节　知识问题

人类学的知识首先指学科范畴内的知识体系,包括人类学的基本概念、学科特质、理论流派,还包括民族志范式,甚至人类学学术论文的表述习惯、基本体例等。人类学的知识是体现人类学学科特点的重要依据。人类学有自己的知识特色、透视角度和分析方法,比如对礼物的交换问题,它可能与物理学的物质构造有关系,与经济学的商品构成有关系,与政治学的权力构造有关系,与社会学的社会分层构件有关系,与民俗学的风俗构图有关系,等等,但是,人类学的礼物研究有自己鲜明的特色,礼物的交换在人类学研究中是一个非常醒目的题目。早期人类学家莫斯的代表作《礼物》奠定了民族志范式的基础,对后来的人类学家,包括拉德克利夫-布朗、马林诺夫斯基、埃文斯-普里查德、费斯、尼德汉姆、列维-斯特劳斯、杜蒙、萨林斯、韦娜、古德利尔、格雷戈里、麦克柯马克及经济人类学家波拉尼等都有深刻的影响。首先,莫斯确立了礼物的"整体馈赠"原则,提出既相对独立又相互关联的"义务",即给予、接受和回赠这样一个三阶段的"演进图式"和礼物交换的互惠关系。②其次,把物

---

① 参见王明珂:《华夏边缘——历史记忆与族群认同》,允晨文化实业股份有限公司,1997 年。
② 阎云翔:《礼物的流动——一个中国村庄中的互惠原则与社会网络》,李放春、刘瑜译,上海人民出版社,2000 年,第 5 页。

的交换同与"灵""精神"相联系的传媒力量,比如"奥"［礼物之灵(the spirit of the gift)］相联系。①韦娜认为:互惠的动机是其反面——即在给予与接受的社会压力下保留某种东西的欲望,遵循"给予但又同时保留"(keeping-while-giving)原则。②第三,物的"超物"和"超越市场"的特殊形态。③把礼物交换中的非计量性因素诸如"声望""荣誉""权力"等加以重点的呈现,与同时代的马林诺夫斯基关于特罗布里安岛的库拉(Kula),即"物"与"声望"的交换模式进行"对话"。④第四,日常的礼物交换延伸出其他的交换形态,如亲属关系的交换以及社会关系的交换等。在列维-斯特劳斯那里还引申出了"乱伦禁忌"等许多重要问题。⑤马林诺夫斯基被学者们称为"物质主义者"。⑥他发现了一些有意思的交换形式:一种叫gimwali——纯粹的物物交换;另一种著名的交换叫kula——交换的不是具体的生活物质,而是代表声望的象征物,这成为后来经济人类学中所谓的"形式论派"和"实质论派"争论的根由。第五,"礼物"的性别与婚姻交换。列维-斯特劳斯是最卓越的将礼物的交换延伸到亲属制度中的人类学家,特别是在通过相关社会集团之间的女人交换来分析社会的等级关系和亲属制度方面。第六,礼物转换与不可更变性质。古德利尔在《礼物之谜》一书中认为,礼物首先需要进行分类,即"可赠与之物、可出售之物以及不可赠与或出售只能保存之物"。他通过对礼物的细致分类,凸显在赠与中存在着"不对称"的礼物交换等现象。⑦第七,礼物与商品。格雷戈里不仅注意到了礼物与商品间的差异,⑧也注意到了物的交换之于人与神在对象上的不同所形成的差异,包括义务和物的不可分割性,以及所形成的给予、

————————

① M. Mauss, *The Gift: The Form and Reason for Exchange in Archaic Societies.* Trans. By W. D. Halls. New York and London: Routledge. 1990. pp. 10–12.

② A. Weiner, "Inalienable Possessions," in *Inalienable Possessions: The Paradox of Keeping-While-Giving.* Berkeley and Los Angeles: University of California Press, 1992. pp. 1–22

③ ［法］莫里斯·古德利尔:《礼物之谜》,王毅译,上海人民出版社,2007年,第250页。

④ M. Mauss, *The Gift: The Form and Reason for Exchange in Archaic Societies.* Trans. By W. D. Halls. New York and London: Routledge. 1990. p. 5.

⑤ C. Levi-Strauss, *The Elementary Structures of Kinship.* Trans. By J. H. Bell and J. R. von Sturmer. Boston: Beacon Press. 1969.

⑥ Adam Kuper, *Anthropology and Anthropologists: The Modern British School.* London and New York: Routledge. 1996. p. 29.

⑦ ［法］莫里斯·古德利尔:《礼物之谜》,王毅译,上海人民出版社,2007年,第170页。

⑧ ［英］格雷戈里(Gregory, C. A.):《礼物与商品》,杜杉杉、姚继德、郭锐译,云南大学出版社,2001年。

互惠和社会关系。①礼物系统和商品系统完全不一样，它们分别建立了"礼物系统"和"商品系统"。②

知识包括一般性经验知识和具体个案，某一个特定民族、族群、宗教、地缘等所反映出来的知识范畴，也涉及方法论问题。对于民族志研究而言，"理想类型"便显得特别重要，因为它有助于人们在"现实"之上寻找到"终极事实"（the permanent fact）。③如何通过具体的对象研究寻找带有一般经验价值的东西，一直是民族志方法论试图解答却很难得到圆满答案的问题。费孝通先生与他的师兄弗斯争论："开弦弓的生活"是否足以反映"中国的农民生活"？对此，我们也可以反问：没有"开弦弓的生活"还会有"中国的农民生活"吗？

地方知识、乡土知识是近30年来人类学研究的一个热议话题，它来自美国著名人类学家格尔兹阐释人类学的一个组成部分——地方群体所代表的地方知识。④"地方"具有许多完全不同的指示与意义，在中国传统使用上有不同的意思和变化，主要有以下几种意思：（1）与"天圆"相属和相对的意义，即"天圆地方"的古老宇宙观和认知模式；（2）指示地域和范围，特别是在强调帝王疆域的时候，用以突出其广大无边；（3）古代某些时代特指对地缘的管理，它既可以指某一特殊的、可计量的区域，有时也直接指在特定的地区内的管理体系和地方官，所以，"地方"也可以是地方管理者的简称；（4）在语言的使用中"地方"指示某一个具体的地理范围，用作名词，但它亦可用作形容词、副词甚至动词，如"地方××里"等；（5）在国家行政区划和行政管理体制中，"中央/地方"形成了一套特有的话语体系，它既是"天圆地方"的帝国疆域模式，又直接演绎为中国传统的"一点四方"帝国区划，"一点"为中，中心、中央、中原、中州，乃至中国、中华皆缘此而出，"四方"为东西南北四个方位，显然，这是一个政治地理学的形象注疏。

人类学视野中的"地方"概念总体上属于西方的知识系统。在西文中，"地

① C. A. Gregory, "Gifts to Men and Gifts to God: Gift Exchange and Capital Accumulation in Contemporary Papua," in *Man* (n. s.), 1980. 15: 640.

② J. G. Carrier, "Exchange," In C. Tilley, W. Keane, S. Küchler, M. Rowlands, and P. Spyer, (eds.) *Handbook of Material Culture.* London: SAGE Publications. 2006. pp. 376－377.

③［美］马歇尔·萨林斯：《石器时代经济学》，张经纬、郑少雄、张帆译，生活·读书·新知三联书店，2009年，第86－87页。

④［美］克利福德·吉尔兹：《地方性知识——阐释人类学论文集》，王海龙、张家瑄译，中央编译出版社，2000年。

方"（place）也是一个具有多种认知和表述的概念。首先，它是一个地理学概念，我们通常所说的"地方"，在西方传统实验科学的意义范围内，经常有经纬度予以精确的标注，它与纯粹的地理意义相属，以强调一个"毫无意义的地址（site）"。其次，地方强调其所属空间和范围，它经常与"领域"（territory）联系在一起，以说明在某个特定领域的归属性。它既可以强调相对自然属性的空间（space），也可以延伸出特权化空间和位置（position）。第三，突出某一个地方的特色和特质，比如"地景"（landscape）。第四，在日常生活中，它经常用来指示场所（locale）和位置。另外，与中国传统文化相同的地方还在于，在西方，"地方"也作为一种人们的认知方式[①]，形成了所谓的"地方感"。当代人类学在此概念中产生出诸如"再地化""非地方"等衍义。

第四节　田野作业

性质：田野作业是人类学的"商标"，"参与观察"成了民族志的专属性概念和方法，也是"解剖麻雀"的具体行为。在人类学的视域里，民族志（ethnography）一般有大小之分，前者指这种研究在性质上属于定性研究（qualitative research），以强调人类学在学科上的特性，而后者则严格地指称田野研究（field research），以强调人类学在方法上的特点。不过，随着人类学与其他学科的交流与交通、借鉴与借用，特别是与社会学之间"亲缘"关系的加强，同时，随着城乡之间的互动越来越紧密、频繁，差距的缩小，一些学科在传统上相对确定、固定的研究对象已经发生了巨大的变化和变迁，民族志研究也加入了部分定量的因素和方法，尤其表现在应用人类学上。

对象：传统人类学研究的对象是所谓的"异文化"——落后的、无文字（no-literary）的、封闭的、原始的、野蛮的社会，被当作"文明社会"——以"欧洲中心"为主导、参照的分类化社会形态的比照。这样的分类带有殖民时代的政治意味。就历史语境而言，它是针对"现代主义"的。从这个层面看，与原始主义概念相一致的"原始文化"主要是从时间上进行区分的一个历史阶段。但

---

① ［美］Tim Cresswell：《地方：记忆、想像与认同》，徐苔玲、王志弘译，群学出版有限公司，2006 年。

是，从时间上进行区分的学者并不多，它更主要的还是一个"对话性分类"（a dialogical category）①，即在时间上与"现代"相对，性质上实指那些未发展的、部落的、史前的、非西方的、小规模的、无文字的、静止的、落后的、异民族的、野蛮的社会形态。人类学传统的学科性质，包括对"异文化"田野调查的民族志研究特点——对那些异族的、无时间的、部落的、口传的、仪式的、集体的、非理性的、封闭的文化和社会形态进行参与式分析和解释，使之成为"民族志"的一种标志性表述范式。

田野点：一个具体而确定的田野点，比如一个村庄、一个部落、一个社区、一条街区，对于人类学研究之所以重要，在于它能够为人类学家提供相对稳定和固定的生活场所，让人类学家们有可能全面观察和了解当地人民生活的全貌，以便做深度描述。田野是人类学家的"工作坊"。没有这样一个确定的场所，人类学家便无法进行他们的民族志"生产"，无法参与到当地"社会再生产"的工作程序中去（在某种意义上说，人类学家也多少参与了当地的"社会再生产"），也无法展示旨在表达不同文化交流、价值互动、人员流通、社会变迁的人类学的独特视点和知识体系。

时间：就传统的一般民族志而言，民族志者在田野调查中需要相对较长的时间，以保证对对象有足够和充分的了解。在西方，人类学博士研究生的田野作业要求不少于一整年的时间，以保证对调查对象在一年四季中所有发生和可能发生的事件、活动、变化进行参与观察。所以，传统典范的民族志名著，都是人类学家经过相当长时间的田野调查所完成的"作业"。不过，随着"应用人类学"在学科范围内从被拒绝到被争议再到被认可的过程和变化，人类学的应用研究越来越多，涉及范围也越来越广泛，研究名目和形式也越来越多样，包括专门研究、专题研究、专项研究，不同的项目研究会根据目的、目标的需要，在时间的要求上也做出改变。

位格：民族志研究讲究"主位（emic）/客位（etic）"的关系和变化。主位研究指民族志者站在被研究者的立场上对对象进行的研究；客位研究指民族志者根据自己的观点和方法对对象进行研究。在人类学的发展历程中，不同时段

---

① F. Myers, "'Primitivism', Anthropology, and the Category of Primitive art'," Anthropology and the Category of 'Primitive Art,' In C. Tilley, W. Keane, S. Küchler, M. Rowlands, and P. Spyer, (eds.) *Handbook of Material Culture.* London: SAGE Publications. 2006, p. 268.

对位格的侧重不同，早期的民族志作品主张"客观－科学"，越往现在，就越出现"主观－艺术"的趋向。总体而言，民族志研究很难泾渭分明地将二者做严格的区分，田野作业本身就包含着两个位格的存在、交替、变化和融合。一个完整的、严格的田野调查有一个所谓"出—进—出"的阶段性程序变化，在进入田野之前，民族志者作为科研人员，需要有一个详细的计划方案，需要做各种各样的准备；在进入田野期间，民族志者要尽可能成为对象中的一员，不仅要身临其境，而且要感同身受，做到知其然，亦知其所以然；田野调查完成后，民族志者返回大学、科研机构，返回图书馆、工作室，也归复其科研人员的身份和位格。

方法：民族志研究在田野调查中所秉持的主导方法就是参与观察，这是必须严格遵循的原则。但在调查过程中，一些具体的、操作性的方法要视情境而定，可兼用访谈、抽样、问卷、记录、核实等方法，记录可以采用影像记录、录音记录、方案记录等方式，文字记录中又可采用现场记录、过后记录、日记记录、图表记录、速记等。[①]但是，任何调查的方法都要遵循一个原则，即尽最大可能保证获取的材料是真实的、客观的和具有说明性的，这就要求调查者与调查对象之间的关系是信任关系，同时调查者要尊重调查对象的意愿。因此，何时何地采用何种方法需慎重，需要民族志者在特殊的情境做出适当的判断，比如民族志者与记者同样使用拍照的方法，但二者是完全不一样的，对于民族志者来说，是否采用摄影手段，何时可以拿出照相机，这些都很有讲究。

第五节 民族志取材

人文科学之所以冠以"科学"，重要的原因在于最大限度地用事实说话，即所谓"有一分材料说一话"。就人类学研究的根本而言，民族志研究的主要功能就是要用具体的、各式各样的材料说话，这构成了民族志的一个特点。比如在政治语汇中，我们经常听到说"××人民勤劳勇敢""××民族慷慨大方"，就政治表述而言，言及至此就"够了"，而民族志研究则绝对不够，还必须以事实说明如何勤劳勇敢、如何慷慨大方，包括其表达方式，范畴边界，历史缘由，"勤劳勇敢""慷慨大方"在特定民族、族群社会结构中的具体行为、方式的功能和

[①] 汪宁生：《文化人类学调查——正确认识社会的方法》（增订本），文物出版社，2002年。

意义等。因此，求取事实的手段、能力、范围、效度也就成了民族志研究和调查中的重要组成部分。即使是具体的方法，也包含着方法论的意义，比如，如何对待文本的问题。"文字"素为人文科学表述范式之正宗，致使"书写文化"成为名副其实的权力话语。这也是为什么近些年来学界密集对"书写文化"权力话语进行反思性批判的原因。①但民族志研究的对象多为无文字社会，如何在学理上给予非文字表述以合法地位，就具有方法论的意义，而以什么方式获得各种有效、有用的材料就成了民族志训练的一个重要内容。

既然"异文化"大都属于无文字表述，那么，文字以外的材料，比如口述材料、器物材料等也就必然进入人类学科学研究的视野。人类学从诞生伊始便开始了二重甚至多重考据，古典人类学的代表人物弗雷泽爵士采用了一种"二重证据法"，即口述与文献相结合的方法。他广泛听取了传教士和旅行者们的口述故事，并将这些口述材料与文献文本并置，完成了洋洋12卷的不朽之作《金枝》。虽然在正统的学术研究中，口述作为研究上的"举证"材料一直为学术界所讳，弗雷泽也没有提出"文献/口述"的二重证据说，但他事实上是执此为学的。简·艾伦·赫丽生，这位同为剑桥学派的重要女人类学家明确提出了"二重证据法"，即结合现代考古学的材料和古典文献去解释古希腊的宗教、神话和仪式等。②现当代人类学的发展更是在不同的取证方法和方向上呈现百花齐放的态势，除了传统的田野现场资料和文字的、口述的、器物的材料以外，声响的、图像的、体姿的、民俗的、生态环境的、符号化的、仪式性的、统计的、体质特征的材料，甚至分子数据、DNA样本等能以科学手段获得的材料都不浪费。

中国学术研究的历程也有相似的演化轨迹。自古以来，文人与文献一直是互动注释模式，即所谓"六经注我/我注六注"之法——以文人为主体、以文献为客体的互疏循环方式。《诗经》原系民间各类诗歌的文人采撷集成，《论语》其实就是孔子的演讲录。更早传说文字由仓颉所创，《春秋元命苞》说他："四目灵光，生而能书。于是穷天地之变，仰观奎星圆曲之势，俯察龟文鸟羽、山川指掌而创文字。""仓颉造字"所集合者为原始巫术，包括卜术、邪技、口占、灵异、天象等。

进入20世纪以后，考古材料对学术界形成了一个不断开发的资料库，"地下

---

① 参见［美］詹姆斯·克利福德、［美］乔治·E.马库斯编：《写文化——民族志的诗学与政治学》，高丙中、吴晓黎、李霞等译，商务印书馆，2006年。

② 参见［英］简·艾伦·哈里森：《古代艺术与仪式》，刘宗迪译，生活·读书·新知三联书店，2008年，第1页。

315

的材料"也已经对相对狭窄的金石学方法提出了方法上的革新的要求。张光直先生简练地将考古学概括为"现代的考古学基本上是实地研究与实地发掘地上材料与地下材料的学科。这门学科一方面是发掘新材料,一方面又是研究新、旧材料的"①。就材料而言,主要包括遗物、遗迹和遗址。三者之间的关系以及与时间、空间的关系也是资料。②考古人类学这一源自西方,借由日本转道至中国以来,地下材料成了传统国学之治的重要补充,对传统的学问方式也形成了巨大的挑战。

为了突破传统国学的知识分类,一些饱学之士开始运用地下材料与文献相结合的方法尝试。1925年王国维在清华研究院讲"古史新证"明确提出"二重证据法":

> 吾辈生于今日,幸于纸上之材料外,更得地下之新材料。由此种材料,我辈固得据以补正纸上之材料,亦得证明古书之某部分全为实录,即百家不雅驯之言亦不无表示一面之事实。此二重证据法,惟在今日始得为之。虽古书之未得证明者,不能加以否定,而其已得证明者,不能不加以肯定:可断言也。③

至郭沫若有了实质性的进展,在继承王氏的"二重"之上,又加入了外国的内容,尤其是人类学科方面的成果,用于研究中国古史。闻一多先生则从学科的分类方面介入,明确提出文史研究三个学科方法的更替,即"三种旧的读法"——经学的、历史的、文学的;而他在提倡新式读法"社会学的"之下,以三个学科取而代之,它们是考古学、民俗学和语言学。④郑振铎、凌纯声、钟敬文等人也都从不同的学科角度直接或间接地讨论和言及人文研究的求证方法。近年来,我国的学术界在这方面讨论最为集中和深入者当属文学人类学一派的学者们,他们提出"四重考据说"(即四重证据法),四重证据即传统的文字训诂、出土的甲骨文金文等、多民族民俗资料以及古代的实物与图像。⑤

综合而论,科学研究所遵循的原则就是以各种方式、方法和手段获取尽可能多的材料去证明和说明所设问题。所以,"多重证据法"无疑是科学研究的一个发展方向。

(彭兆荣)

---

① [美] 张光直:《考古学专题六讲》,文物出版社,1986年,第54页。

② [美] 张光直:《考古学专题六讲》,文物出版社,1986年,第58页。

③ 王国维:《古史新证》,来薰阁书店,1934年。

④ 参见闻一多:《风诗类钞·序例提纲》,见《闻一多全集》第4册,生活·读书·新知三联书店,1982年,第5—7页。

⑤ 叶舒宪:《熊图腾——中华祖先神话探源》,上海锦绣文章出版社、上海故事会文化传媒有限公司,2007年,第14页。

参考书目

［1］Ariel Golan. *Prehistoric Religion: Mythology, Symbolism.* Jerusalem, 2003.

［2］Arthur. J. Evans. *The Palace of Minos*: *A Comparative Account of the Successive Stages of the Early Cretan Civilization as Illustrated by the Discoveries at Knossos*. London: Macmillan and Co., Ltd., 1921-1935.

［3］Anne Baring & Jules Cashford. *The Myth of the Goddess: Evolution of an Image.* Arkana: Penguin Books, 1993.

［4］Adam Kuper. *Anthropology and Anthropologists: The Modern British School.* London and New York: Routledge, 1996.

［5］A. Weiner. "Inalienable Possessions," in *Inalienable Possessions: The Paradox of Keeping-While-Giving.* Berkeley and Los Angeles: University of California Press, 1992.

［6］C. A. Gregory. *"Gifts to Men and Gifts to God: Gift Exchange and Capital Accumulation in Contemporary Papua," in Man* (n. s.), 1980.

［7］C. Levi-Strauss. *The Elementary Structures of Kinship.* Trans. By J. H. Bell and J. R. von Sturmer. Boston: Beacon Press, 1969.

［8］Charles Penglase. *Greek Myths and Mesopotamia: Parallels and Influence in the Homeric Hymns and Hesiod.* London: Routledge, 1994.

［9］David W. Anthony. *The Horse, the Wheel and Language.* New Jersey: Princeton University Press, 2007.

［10］David Creighton. *Myths Within.* Toronto: Gage Educational Publishing Company, 1992.

［11］Eva M. Thury. *Introduction to Mythology: Contemporary Approaches to Classical and World Myths.* New York: Oxford University Press, 2005.

［12］Hesiod, *Theogony.* M. L. West, ed. Oxford: Oxford University Press, 1966.

[13] Homer. *Iliad.* Englishtranslated by A. T. Murray, revised by William F. Wyatt. London: Harvard University Press, 1999.

[14] Izak Cornelius. *The Many Faces of the Goddess.* Fribourg, Switzerland : Academic Press ; Göttingen : Vandenhoeck & Ruprecht, 2004.

[15] Jenifer Neils eds. *Worshipping Athena.* Wisconsin: The University of Wisconsin Press, 1996.

[16] Jennifer Larson. *Ancient Greek Cults: A guide.* New York and London: Routledge, 2007.

[17] Jeremy Black and Anthony Green: Gods, Demons and Symbols of Ancient Mesopotamia: An Illustrated Dictionary. University of Texas Press, 1992.

[18] Josine H. Blok. *The Early Amazons.* Leiden, New York, Köln : E. J. Brill, 1995.

[19] Kuzmina, E. E. *The Prehistory of the Silk Road.* Philadelphia: University of Pennsylvania Press, 2008.

[20] Marija Gimbutas, Joseph Cambell. *The Language of the Goddess.* London: Thames & Hudson, 2001.

[21] Mackenzie, Donald Alexander. *Myths of Crete and Pre-Hellenic Europe.* London: Gresham Publishing Company, 1917.

[22] Marshall Sahlins. *Islands of History.* Chicago: The University Press of Chicago, 1985.

[23] Martin Bernal. *Black Athena: The Afroasiatic Roots of Classical Civilization.* Volume II, *The Archaeological and Documentary Evidence.* London: Free Association Books, 1991.

[24] Martin P. Nilsson. *The Minoan-Mycenaean Religion and Its Survival in Greek Religion.* Znd ed. Lund: Kungl. Humanistiska Vetenskapssamfundet, 1950.

[25] M. Mauss. *The Gift: The Form and Reason for Exchange in Archaic societies.* Trans. By W. D. Halls. New York and London: Routledge, 1990.

[26] Marting L. West ed. *Homeric Hymns. Homeric Apocrypha. Lives of Homer.* Cambridge, massachusetts: Harvard University Press, 2003.

[27] Nanno Marinatos. *Minoan Kingship and the Solar Goddess : A Near Eastern Koine.* Urbana, Chicago, and Springfield: University of Illinois Press, 2010.

[28] Nicolas Wyatt. *Religious Texts from Ugarit: The Words of Ilimilku and His Colleagues.* The Biblical Seminar 33 2nd ed. Sheffield: Sheffield Academic Press, 2002.

[29] Nicolas Wyatt. *Space and Time in the Religious Life of the Near East.* The Biblical Seminar 85. Sheffield: Sheffield Academic Press, 2001.

[30] Patrick Geary. *Women at the Beginning : Origin Myths from the Amazons to the Virgin Mary.* New Jersey: Princeton University Press, 2006.

[31] Pierre Bourdieu. *The Fields of Cultural Production,* New You: Columbia University Press, 1993.

[32] Roger D. Woodard. *The Cambridge Companion to Greek Mythology.* Cambridge: Cambridge University Press, 2007.

[33] Sue Blundell and Margaret Williamson ed. *The Sacred and the Feminine in Ancient Greece.* London and New York: Routledge. 1998.

[34] Turner, Terence. "Commentary: Ethno-Ethnohistory: *Myth and History in Native South American Representations of Contact with Western Society,*" in Jonathan D. Hill, ed. *Rethinking History and Myth: Indigenous South American Perspectives on the Past.* Urbana and Chicago: University of Illinois Press, 1988.

[35] Tilley C., Kuechler S., Rowlands M., and Spyer P. (eds.) *Handbook of Material Culture.* London: SAGE Publications. 2006.

[36] Timothy Gantz, *Early Greek Myth: A Guide to Literary and Artistic Sources.* Volume I, Baltimore and London: The Johns Hopkins University Press, 1993.

[37] Timothy Taylor, *The Prehistory of Sex: Four Million Years of Human Sexual Culture.* New York: Bantam Books, 1996.

[38] Tryggve N. D. Mettinger. *No Graven Image? Israelite Aniconism in Its Ancient Near Eastern Context.* Coniectanea Biblica. Old Testament Series 42. Stockholm: Almqvist & Wiksell, 1995.

[39] Virgil. *The Aeneid.* Translated by John Dryden with Introduction and Notes. New York: P. F. Collier and Son, 1909.

[40] Walter Burkert. *Greek Religion.* Translated by John Raffan. Cambridge, Massachusetts: Harvard University Press, 1985.

[41] Walter Burkert. "Epiphanies and Signs of Power," in Danuta Shanzer, ed, and Nanno Marinatos, guest, ed. *Divine Epiphanies in the Ancient World.* Illinois

Classical Studies 29. Urbana: University of Illinois, 2004.

［42］〔晋〕郭璞注，〔宋〕邢昺疏，李传书整理：《十三经注疏·尔雅注疏》，北京大学出版社，1999 年。

［43］〔清〕阮元辑编：《宛委别藏》卷十六，台湾商务印书馆，1988 年。

［44］〔清〕阮元校刻：《十三经注疏·周易正义》，中华书局，1980 年影印本。

［45］〔汉〕郑玄注，〔唐〕贾公彦疏：《周礼注疏》，北京大学出版社，1999 年。

［46］〔汉〕孔安国传，〔唐〕孔颖达疏：《尚书正义》，北京大学出版社，1999 年。

［47］〔西汉〕焦延寿著，尚秉和注：《焦氏易林注》，常秉义点校，光明日报出版社，2005 年。

［48］〔唐〕李隆基注，〔宋〕邢昺疏：《孝经注疏》，北京大学出版社，1999 年。

［49］〔三国魏〕王弼：《道德真经注》，文物出版社、上海书店、天津古籍出版社，1988 年影印本。

［50］〔宋〕朱熹：《周易本义》，苏勇校注，北京大学出版社，1992 年。

［51］〔宋〕朱熹集注：《诗集传》，中华书局，1958 年。

［52］〔元〕脱脱等：《宋史》，中华书局，1985 年。

［53］［德］埃利希·诺伊曼：《大母神——原型分析》，李以洪译，东方出版社，1998 年。

［54］［德］恩斯特·卡西尔：《神话思维》，黄龙保、周振选译，中国社会科学出版社，1992 年。

［55］［德］恩斯特·卡西尔：《人论》，甘阳译，上海译文出版社，1985 年。

［56］［德］格罗塞：《艺术的起源》，蔡慕晖译，商务印书馆，1984 年。

［57］［德］黑格尔：《美学》第 3 卷上，朱光潜译，商务印书馆，1979 年。

［58］［德］沃尔夫冈·韦尔施：《我们的后现代的现代》，洪天富译，商务印书馆，2004 年。

［59］［德］卡尔·雅斯贝斯：《历史的起源与目标》，魏楚雄、俞新天译，华夏出版社，1989 年。

［60］〔俄〕普列汉诺夫：《普列汉诺夫美学论文集》，曹葆华译，人民出版社，1983 年。

［61］〔俄〕谢苗诺夫：《婚姻和家庭的起源》，蔡俊生译，中国社会科学出版社，1983 年。

［62］［法］爱弥尔·涂尔干、马塞尔·莫斯：《原始分类》，汲喆译，上海人

民出版社，2000 年。

［63］［法］爱弥尔·涂尔干：《宗教生活的基本形式》，渠东、汲喆译，商务印书馆，2011 年。

［64］［法］安德列·勒鲁瓦-古昂：《史前宗教》，俞灏敏译，上海文艺出版社，1990 年。

［65］［法］蒂费纳·萨莫瓦约：《互文性研究》，邵炜译，天津人民出版社，2003 年。

［66］［法］费尔南·布罗代尔：《地中海考古——史前史和古代史》，蒋明炜、吕华、曹青林、刘驯刚译，社会科学文献出版社，2005 年。

［67］［法］列维-布留尔：《原始思维》，丁由译，商务印书馆，1985 年。

［68］［法］列维-斯特劳斯：《野性的思维》，李幼蒸译，商务印书馆，1987 年。

［69］［法］罗兰·巴特：《神话修辞术——批评与真实》，屠友祥、温晋仪译，上海人民出版社，2009 年。

［70］［法］米歇尔·福柯：《词与物——人文科学考古学》，莫伟民译，上海三联书店，2002 年。

［71］［法］米歇尔·福柯：《知识考古学》，谢强、马月译，生活·读书·新知三联书店，1998 年。

［72］［法］莫里斯·古德利尔：《礼物之谜》，王毅译，上海人民出版社，2007 年。

［73］［古罗马］奥维德：《变形记》，杨周翰译，人民文学出版社，1984 年。

［74］［古罗马］维吉尔：《埃涅阿斯纪》，杨周翰译，人民文学出版社，1984 年。

［75］［古希腊］荷马：《奥德赛》，陈中梅译注，译林出版社，2003 年。

［76］［古希腊］荷马：《伊利亚特》，陈中梅译注，译林出版社，2000 年。

［77］［古希腊］赫西俄德：《神谱》，张竹明、蒋平译，商务印书馆，1991 年。

［78］［古希腊］希波克拉底：《希波克拉底文集》，赵洪钧译，中国中医药出版社，2007 年。

［79］［古希腊］亚里士多德：《亚里士多德全集》第 9 卷，苗力田主编，颜一、秦典华译，中国人民大学出版社，1994 年。

［80］［加拿大］布鲁斯·G·特里格：《考古学思想史》，陈淳译，中国人民

大学出版社，2010年。

［81］［加拿大］诺思洛普·弗莱：《世俗的经典——传奇故事结构研究》，孟祥春译，上海人民出版社，2010年。

［82］［加拿大］诺思罗普·弗莱：《批评的解剖》，陈慧、袁宪军、吴伟仁译，百花文艺出版社，2006年。

［83］［加拿大］诺思洛普·弗莱：《伟大的代码——圣经与文学》，郝振益、樊振帼、何成洲译，北京大学出版社，1998年。

［84］［罗马尼亚］米尔恰·伊利亚德：《神圣与世俗》，王建光译，华夏出版社，2002年。

［85］［美］米尔恰·伊利亚德：《宗教思想史》，晏可佳、吴晓群、姚蓓琴译，上海社会科学院出版社，2004年。

［86］［美］Tim Cresswell：《地方：记忆、想像与认同》，徐苔玲、王志弘译，群学出版有限公司，2006年。

［87］［美］阿兰·邓迪斯编：《西方神话学读本》，朝戈金等译，广西师范大学出版社，2006年。

［88］［美］埃利希·弗洛姆：《健全的社会》，欧阳谦译，中国文联出版公司，1988年。

［89］［美］爱德华·W.萨义德：《东方学》，王宇根译，三联书店，2007年。

［90］［美］本杰明·B.莱希：《心理学导论》，吴庆麟等译，上海人民出版社，2010年。

［91］［美］彼得·金斯利：《智慧的暗处——一个被遗忘的西方文明之源》，梁永安译，立绪文化事业有限公司，2003年。

［92］［美］戴维·斯沃茨：《文化与权力——布尔迪厄的社会学》，陶东风译，上海译文出版社，2006年。

［93］［美］郝大维、安乐哲：《期望中国——对中西文化的哲学比较》，施忠连等译，学林出版社，2005年。

［94］［美］卡洛斯出版集团：《尖端科学：追寻我们的祖先》，小多（北京）文化传媒有限公司编译，广西教育出版社，2012年。

［95］［美］康拉德·菲利普·科塔克：《人类学——人类多样性的探索》，黄剑波、方静文等译，中国人民大学出版社，2012年。

［96］［美］克利福德·吉尔兹：《地方性知识——阐释人类学论文集》，王海

龙、张家瑄译，中央编译出版社，2000 年。

［97］［美］李约瑟：《中国科学技术史》第 2 卷《科学思想史》，李约瑟《中国科学技术史》翻译出版委员会译，科学出版社、上海古籍出版社，1990 年。

［98］［美］刘易斯·芒福德：《技术与文明》，陈允明、王克仁、李华山译，中国建筑工业出版社，2009 年。

［99］［美］阿尔伯特·贝茨·洛德：《故事的歌手》，尹虎彬译，中华书局，2004 年。

［100］［美］马歇尔·萨林斯：《石器时代经济学》，张经纬、郑少雄、张帆译，生活·读书·新知三联书店，2009 年。

［101］［美］马丽加·金芭塔丝：《活着的女神》，叶舒宪等译，广西师范大学出版社，2008 年。

［102］［美］麦克金德里克：《会说话的希腊石头》，晏绍祥译，浙江人民出版社，2000 年。

［103］［美］乔纳森·马克·基诺耶：《走近古印度城》，张春旭译，浙江人民出版社，2000 年。

［104］［美］沃尔特·翁：《口语文化与书面文化：语词的技术化》，何道宽译，北京大学出版社，2008 年。

［105］［美］约翰·迈尔斯·弗里：《口头诗学：帕里-洛德理论》，朝戈金译，社会科学文献出版社，2000 年。

［106］［美］约翰·迪利：《符号学基础》（第六版），张祖建译，中国人民大学出版社，2012 年。

［107］［美］詹姆斯·克利福德、［美］乔治·E. 马库斯编：《写文化——民族志的诗学与政治学》，高丙中、吴晓黎、李霞等译，商务印书馆，2006 年。

［108］［美］杨庆堃：《中国社会中的宗教：宗教的现代化社会功能及历史因素之研究》，范丽珠等译，上海人民出版社，2007 年。

［109］［美］张光直：《古代中国考古学》，印群译，辽宁教育出版社，2002 年。

［110］［美］张光直：《考古学专题六讲》，文物出版社，1986 年。

［111］［美］张光直：《中国青铜时代》，三联书店，1983 年。

［112］［日］白川静：《常用字解》，苏冰译，九州出版社，2013 年。

［113］［日］江上波夫：《亚洲文化史研究》，东京大学东洋文化研究所，1967 年。

[114]［日］林巳奈夫:《神与兽的纹样学——中国古代诸神》，常耀华、刘晓燕、李环译，生活·读书·新知三联书店，2009年。

[115]［日］梅原末治:《中国青铜时代考》，胡厚宣译，商务印书馆，1936年。

[116]［希腊］索菲娅·斯菲罗亚:《希腊诸神传》，张云江译，国际文化出版公司，2007年。

[117]［匈］格雷戈里·纳吉:《荷马诸问题》，巴莫曲布嫫译，广西师范大学出版社，2008年。

[118]［以色列］吉迪:《中国北方边疆地区的史前社会——公元前一千年间身份标识的形成与经济转变的考古学观察》，余静译，中国社会科学出版社，2012年。

[119]［英］保罗·卡特里奇主编:《剑桥插图古希腊史》，郭小凌、张俊、叶梅斌、郭强译，山东画报出版社，2005年。

[120]［英］戴安娜·弗格森:《人类的传说》，喻满意、许哲娜、沈沛晶译，希望出版社，2005年。

[121]［英］弗雷泽:《金枝》，徐育新、汪培基、张泽石译，新世界出版社，2006年。

[122]［英］格雷戈里（Gregory, C. A.）:《礼物与商品》，杜杉杉、姚继德、郭锐译，云南大学出版社，2001年。

[123]［英］简·艾伦·哈里森:《古代艺术与仪式》，刘宗迪译，生活·读书·新知三联书店，2008年。

[124]［英］简·艾伦·赫丽生:《希腊宗教研究导论》，谢世坚译，广西师范大学出版社，2006年。

[125]［英］凯伦·阿姆斯特朗:《神话简史》，胡亚豳译，重庆出版社，2005年。

[126]［英］麦克斯·缪勒:《宗教的起源与发展》，金泽译，上海人民出版社，1989年。

[127]［英］奈杰尔·拉波特、乔安娜·奥弗林:《社会文化人类学的关键概念》，鲍雯妍、张亚辉译，华夏出版社，2009年。

[128]［英］詹姆斯·乔治·弗雷泽:《〈旧约〉中的民间传说——宗教、神话和律法的比较研究》，叶舒宪、户晓辉译，陕西师范大学出版总社有限公司，2012年。

[129]［意］马可波罗:《马可波罗行纪》，冯承钧译，上海书店出版社，2001

年。

[130]《辞海》，上海辞书出版社，1990年。

[131] 艾兰、汪涛、范毓周主编：《中国古代思维模式与阴阳五行说探源》，江苏古籍出版社，1998年。

[132] 巴莫阿依：《彝族祖灵信仰研究》，四川民族出版社，1994年。

[133] 白寿彝总主编，苏秉琦主编：《中国通史》第2卷《远古时代》，上海人民出版社，1994年。

[134] 蔡元亨：《大魂之音——巴人精神秘史》，中央民族大学出版社，2001年。

[135] 岑家梧：《图腾艺术史》，学林出版社，1986年。

[136] 陈雪良：《中华远古文明之谜》，文汇出版社，2003年。

[137] 陈寅恪：《金明馆丛稿二编》，生活·读书·新知三联书店，2009年。

[138] 陈泳超：《中国民间文学研究的现代轨辙》，北京大学出版社，2005年。

[139] 代云红：《中国文学人类学基本问题研究》，云南大学出版社，2012年。

[140] 邓球柏：《帛书周易校释》，湖南出版社，1996年。

[141] 丁尔苏：《符号学与跨文化研究》，复旦大学出版社，2011年。

[142] 杜金鹏：《夏商周考古学研究》，科学出版社，2007年。

[143] 费振刚、胡双宝、宗明华辑校：《全汉赋》，北京大学出版社，1993年。

[144] 冯时：《中国古代的天文与人文》，中国社会科学出版社，2006年。

[145] 冯文楼：《四大奇书的文本文化学阐释》，中国社会科学出版社，2003年。

[146] 傅云龙、柴尚金：《易学的思维》，沈阳出版社，1997年。

[147] 高亨：《诗经今注》，上海古籍出版社，1980年。

[148] 高亨：《周易大传今注》，齐鲁书社，1998年。

[149] 高江涛：《中原地区文明化进程的考古学研究》，社会科学文献出版社，2009年。

[150] 古方主编：《中国出土玉器全集》第5卷，科学出版社，2005年。

[151] 谷建祥编撰：《彩陶》，汪清、季倩翻译，郭群、韩祥、郭礼典摄影，上海古籍出版社，1999年。

[152] 顾颉刚：《古史辨》第3册，上海古籍出版社，1982年。

[153] 顾准：《希腊城邦制度——读希腊史笔记》，中国社会科学出版社，

1982 年。

［154］贺年主编：《世界经典神话故事金榜》（下），内蒙古人民出版社，2003 年。

［155］洪英圣：《台湾先住民脚印——十族文化传奇》，时报文化出版社，1993 年。

［156］胡适：《胡适全集》第 3 卷，安徽教育出版社，2003 年。

［157］胡适：《胡适作品集》（15），联经出版公司，1986 年。

［158］黄文弼：《罗布淖尔考古记》，国立北京大学出版部，1948 年。

［159］金景芳：《学易四种》，吉林文史出版社，1987 年。

［160］荆州博物馆编著：《石家河文化玉器》，文物出版社，2008 年。

［161］李存山：《气论与仁学》，中州古籍出版社，2009 年。

［162］李景生：《汉字与上古文化》，中国社会科学出版社，2009 年。

［163］李申：《易图考》，北京大学出版社，2001 年。

［164］李小龙译注：《墨子》，中华书局，2011 年。

［165］李孝定：《汉字史话》，海豚出版社，2011 年。

［166］李学勤：《中国古代文明研究》，华东师范大学出版社，2005 年。

［167］李学勤：《周易溯源》（增订本），巴蜀书社，2006 年。

［168］李泽厚：《说巫史传统》，上海译文出版社，2012 年。

［169］梁实秋：《谈闻一多》，传记文学出版社，1987 年。

［170］张双棣撰：《淮南子校释》，北京大学出版社，1997 年。

［171］刘保贞：《〈易图明辨〉导读》，齐鲁书社，2004 年。

［172］刘军：《肌肤上的文化符号——黎族和傣族传统文身研究》，民族出版社，2007 年。

［173］刘文典：《淮南鸿烈集解》（上），中华书局，1989 年。

［174］刘兴隆：《新编甲骨文字典》，国际文化出版公司，2005 年。

［175］刘兆祐、江弘毅等：《国学导读》，中国人民大学出版社，2009 年。

［176］卢国屏：《尔雅语言文化学》，学生书局，1999 年。

［177］吕大吉等主编：《中国各民族原始宗教资料集成·彝族卷》，中国社会科学出版社，1996 年。

［178］吕微：《神话何为——神圣叙事的传承与阐释》，社会科学文献出版社，2001 年。

［179］马伯英：《中国医学文化史》，上海人民出版社，2010 年。

［180］马如森：《殷墟甲骨文实用字典》，上海大学出版社，2008 年。

［181］孟华主编：《比较文学形象学》，北京大学出版社，2001 年。

［182］莫言：《蛙》，上海文艺出版社，2012 年。

［183］彭兆荣：《人类学仪式的理论与实践》，民族出版社，2007 年。

［184］钱锺书：《七缀集》，生活·读书·新知三联书店，2002 年。

［185］尚秉和：《焦氏易诂》，常秉义点校，光明日报出版社，2005 年。

［186］尚秉和原著，刘光本撰：《周易古筮考通解》，山西古籍出版社，1994 年。

［187］史习成主编：《东方神话传说》第 8 卷，北京大学出版社，1999 年。

［188］孙新周：《中国原始艺术符号的文化破译》，中央民族大学出版社，1998 年。

［189］唐兰：《中国文字学》，太平书局，1963 年。

［190］陶家俊：《思想认同的焦虑——旅行后殖民理论的对话与超越精神》，中国社会科学出版社，2008 年。

［191］汪宁生：《文化人类学调查——正确认识社会的方法》（增订本），文物出版社，2002 年。

［192］王爱和：《中国古代宇宙观与政治文化》，［美］金蕾、徐峰译，上海古籍出版社，2011 年。

［193］王炳华：《新疆古尸——古代新疆居民及其文化》，新疆人民出版社，2001 年。

［194］王国维：《古史新证》，来薰阁书店，1934 年。

［195］王国维：《王国维全集》第 14 卷，浙江教育出版社，2009 年。

［196］王海、江冰：《从远古走向现代——黎族文化与黎族文学》，华南理工大学出版社，2004 年。

［197］王纪、王纯信：《萨满剪纸考释》，时代文艺出版社，2004 年。

［198］王明珂：《华夏边缘——历史记忆与族群认同》，社会科学文献出版社，2006 年。

［199］王平、［德］顾彬：《甲骨文与殷商人祭》，大象出版社，2007 年。

［200］王善才：《考古发现与早期巴人揭秘》，湖北人民出版社，2003 年。

［201］王善才：《清江考古》（长阳地区考古发掘报告)，科学出版社，2004 年。

［202］王养民、马姿燕：《黎族文化初探》，广西民族出版社，1993年。

［203］王以欣：《寻找迷宫——神话·考古与米诺文明》，天津人民出版社，2000年。

［204］王岳川：《后现代后殖民主义在中国》，首都师范大学出版社，2011年。

［205］王子光等：《闻一多纪念文集》，生活·读书·新知三联书店，1980年。

［206］闻黎明、侯菊坤：《闻一多年谱长编》，湖北人民出版社，1994年。

［207］闻一多：《神话与诗》，上海人民出版社，2006年。

［208］闻一多：《闻一多全集》第12卷，湖北人民出版社，1993年。

［209］吴持哲编：《诺思洛普·弗莱文论选集》，中国社会科学出版社，1997年。

［210］萧兵：《避邪趣谈》，上海古籍出版社，2003年。

［211］萧国松：《土家民间故事》，湖北人民出版社，2003年。

［212］向禹九编，陈金祥校注：《长阳文艺搜存集（初编）》，云南人民出版社，2008年。

［213］熊国英：《图释古汉字》，齐鲁书社，2006年。

［214］徐复、宋文民：《说文五百四十部首正解》，江苏古籍出版社，2003年。

［215］徐莉莉、詹鄞鑫：《尔雅：文词的渊海》，上海古籍出版社，1997年。

［216］徐新建：《全球语境与本土认同——比较文学与族群研究》，巴蜀书社，2008年。

［217］徐一青、张鹤仙：《信念的活史：文身世界》，四川人民出版社，1988年。

［218］徐中舒：《甲骨文字典》，四川辞书出版社，2006年。

［219］徐中舒：《先秦史论稿》，巴蜀书社，1992年。

［220］阎云翔：《礼物的流动——一个中国村庄中的互惠原则与社会网络》，李放春、刘瑜译，上海人民出版社，2000年。

［221］杨伯达主编：《中国玉文化玉学论丛》（续编），紫禁城出版社，2004年。

［222］杨谦：《商代中原地区建筑类祭祀研究》，山东大学硕士论文，2012年。

［223］杨儒宾主编：《中国古代思想中的气论及身体观》，巨流图书股份有限公司，1993年。

［224］姚春鹏译注：《黄帝内经》（上），中华书局，2010年。

［225］叶舒宪、陈器文主编：《宝岛诸神——台湾的神话历史古层》，南方日报出版社，2011 年。

［226］叶舒宪、萧兵、［韩］郑在书：《山海经的文化寻踪——"想象地理学"与东西文化碰触》，湖北人民出版社，2004 年。

［227］叶舒宪：《高唐神女与维纳斯——中西文化中的爱与美主题》，中国社会科学出版社，1997 年；第二版，陕西人民出版社，2005 年。

［228］叶舒宪：《河西走廊：西部神话与华夏源流》，云南教育出版社，2008 年。

［229］叶舒宪：《金枝玉叶——比较神话学的中国视角》，复旦大学出版社，2012 年。

［230］叶舒宪：《老子与神话》，陕西人民出版社，2005 年。

［231］叶舒宪：《两种旅行的足迹》，上海文艺出版社，2000 年。

［232］叶舒宪：《千面女神——性别神话的象征史》，上海社会科学院出版社，2004 年。

［233］叶舒宪：《神话意象》，北京大学出版社，2007 年。

［234］叶舒宪：《神话——原型批评》，陕西师范大学出版社，1987 年；增订版，2012 年。

［235］叶舒宪：《诗经的文化阐释——中国诗歌的发生研究》，湖北人民出版社，1994 年；第二版，陕西人民出版社，2005 年。

［236］叶舒宪：《英雄与太阳——中国上古史诗的原型重构》，上海社会科学院出版社，1991 年；第二版，陕西人民出版社，2005 年。

［237］叶舒宪：《文学人类学教程》，中国社会科学出版社，2010 年。

［238］叶舒宪：《熊图腾——中华祖先神话探源》，上海锦绣文章出版社、上海故事会文化传媒有限公司，2007 年。

［239］叶舒宪主编：《文化与符号经济》，广东人民出版社，2012 年。

［240］叶舒宪主编：《文化与文本》，中央编译出版社，1998 年。

［241］易华：《夷夏先后说》，民族出版社，2012 年。

［242］余太山：《塞种史研究》，中国社会科学出版社，1992 年。

［243］余西云：《巴史——以三峡考古为证》（长江三峡工程文物保护项目报告），科学出版社，2010 年。

［244］俞建章、叶舒宪：《符号：语言与艺术》，上海人民出版社，1988 年。

［245］袁珂、周明编：《中国神话资料萃编》，四川省社会科学院出版社，1985 年。

［246］袁珂：《山海经校译》，上海古籍出版社，1985 年。

［247］臧克和：《尚书文字校诂》，上海教育出版社，1999 年。

［248］詹慈编：《黎族研究参考资料选辑》（第 1 辑），广东省民族研究所编印，1983 年。

［249］张俊龙：《中医气学导论》，科学出版社，2003 年。

［250］张文勋主编：《滇文化与民族审美》，云南大学出版社，1992 年。

［251］赵敦华：《现代西方哲学新编》，北京大学出版社，2001 年。

［252］赵毅衡编选：《符号学文学论文集》，百花文艺出版社，2004 年。

［253］赵子贤编：《西和乞巧歌》，香港银河出版社，2010 年。

［254］郑志明：《想象：图像·文字·数字·故事——中国神话与仪式》，贵州人民出版社，2010 年。

［255］中国社会科学院考古研究所编著：《安阳殷墟出土玉器》，科学出版社，2005 年。

［256］中国社会科学院考古研究所编：《张家坡西周玉器》，文物出版社，2007 年。

［257］朱祖延主编：《尔雅诂林》，湖北教育出版社，1996 年。

本书作者名录

代序　徐新建（上海交通大学特聘教授，四川大学文学院教授）

导论、上编导读、第一章一节、第四章、第九章、第十一章、编后记
叶舒宪（上海交通大学讲席教授，中国社会科学院文学所研究员）

第一章二节三节、第十八章　李永平（陕西师范大学文学院教授）

第二章一节、三节　代云红（曲靖师范学院人文学院教授）

第二章二节　权雅宁（宝鸡文理学院文化与新闻传播学院教授）

第三章一节二节　赵周宽（西安外国语大学汉学院讲师）

第三章三节　唐蓉（中国社会科学院文学所博士后）

第三章四节五节　夏陆然（中国社会科学院研究生院文学系博士生）

第五章、第十二章　柳倩月（湖北民族学院文学与传媒学院教授）

第六章一节二节　苏永前（西安外国语大学文学院副教授）

第六章三节　黄悦（北京语言大学人文学院副教授）

第七章　唐卉（中国社会科学院外国文学研究所副研究员）

第八章、第十一章　王倩（淮北师范大学文学院副教授）

第十三章　栾为（上海交通大学人文学院博士生）

第十四章　谢美英（宜宾学院文学与新闻传媒学院副教授）

第十五章　吴玉萍（上海交通大学人文学院博士生）

第十六章　陈金星（中国社会科学院研究生院文学系博士生）

下编导读、第十七章、第二章四节　章米力（上海交通大学人文学院博士生）

第十九章　彭兆荣（厦门大学人类学系教授）

编后记

　　自从有了詹姆斯·乔伊斯式的深层用典的编码写作方式，作家和批评家都面临着文化编码和解码自觉教育的新机缘。今年新问世的《芬尼根的守灵夜》第一卷中译本，所加注释的数量是 1710 个，注释文字的篇幅大大超过了小说正文的篇幅。这个现象对于研究神话与文学的人意味着什么？深度编码其实不仅是当代小说的一种潮流，看过《黑客帝国》和《阿凡达》等影片，对这种当代文化现象，可以在学院人士中催生出一定的学术敏感和关注。

　　2010 年底获得立项的"中国文学人类学理论与方法研究"至今已经按计划进行了两年多时间。自 2010 年提出重新划分文化的大小传统，到 2012 年 10 月提出文化文本的多级编码理论架构，本学会的各位同仁热烈参与切磋讨论，使得国内的文学人类学研究近 30 年来首次需要建构一种具有本土特色的文学与文化符号理论，原先就叫 N 级编码理论或文化文本的多级编码论。到 2013 年夏季，在百年不遇的 40℃酷暑中，从上海到北京，几易其稿，编完本书，曾改名叫"文化的历史编码论"，并已经交给出版社，但最终还是接受大家的意见，不效法乔伊斯的晦涩战略，改为更加通俗易懂的书名《文化符号学——大小传统新视野》。

　　记得本人走入学界出版的第一部书（与俞建章合著的《符号：语言与艺术》）就关系到文化与符号。整整 25 年过去了，没想到我又回到了当年的出发点，编出又一部以"符号"为题的书。回想当年对理论研究的那份热情，如今虽又回到理论建构的立场上，其间经历的个案研究实践，使得我们今日提出的文化符号学理论不同于从理论到理论的研究范式，而要充分显现来自文学和文化研究实践的现实需求和实际的可操作性。本书下编各章就是中国文学人类学研究会的青年学者们尝试应用这一套文化符号学理论所做的个案探索。目前看来，照猫画虎式的研究风格较为明显，而更具批判性和反思性的研究还有待于将来。

　　最后向协助本书编撰工作的各位执笔人表示衷心感谢，尤其是承担协编工作的章米力、柳倩月和石朝慧三位。她们为这部书的问世在暑假中加班工作，挥汗如雨。还要特别鸣谢《百色学院学报》自 2009 年以来开辟文学人类学专栏，坚持至今，已经发表文章和译文近百篇。2013 年第 1 期、第 2 期和第 4 期连续推出文化编码理论的专栏文章，实际成为本书的雏形。还要鸣谢《民族艺术》《上海交通大学学报》《兰州大学学报》与《思想战线》杂志，本书的若干章节也是今年首发在这两个刊物的专栏上。最后感谢陕西师范大学出版总社的各位友人，这部书和这套丛书能在短时间内里面世，和他们的学术虔诚与高效率工作密不可分。

叶舒宪

2013 年 8 月 21 日于北京太阳宫